KB250136

# 침략전쟁기 친일 조선인의
# 해외활동 Ⅱ


강대민·황묘희·김인호·김용희
미쓰이 다카시·나승회·崔峰龍
김명구·민경준·정혁진·정영진



景仁文化社

이 저작은 2003년도 한국학술진흥재단의 지원에 의하여 출간되었음.
(KRF - 2003 - 073 - AM1001)

# 연구 성과의 발간에 부쳐

역사적 관점에서 식민지 하 친일세력에 대한 인식에는 많은 편차가 존재한다. 그동안 법치주의 감각에서의 전범 재판 혹은 실정법적 차원의 단죄는 고사하고 최소한 친일파 발굴과 평가는 그 자체로 큰 한계를 보인 것이 사실이다. 이른바 법리적 차원에서의 친일파 징벌 혹은 일정한 친일의 범주 설정을 통한 인위적 친일파 분류 방식에서 정작 간과한 것은 바로 합법을 위장하거나 대세론에 기반한 교묘한 반민족 혹은 반역사적 행각이었다. 그리고 그것은 친일의 범주 설정과 이론적 연역을 힘들게 하고 결국 반민족세력이라는 다소 모호한 개념으로 이해되고 있다.

그런데 그보다 무서운 반인류적, 반역사적 행태가 존재했다. 그것은 월남전에서 미국을 대신하여 한국인들이 베트남 주민에게 자행했던 것처럼 이미 일제 말 전쟁시기에도 중국 만주 등지는 물론 동남아에 일본 침략세력의 일원이 되어 수많은 반역사적 행각을 자행했다는 사실이다. 이른바 침략세력의 전위대로서 제국주의자들보다 앞서 달려갔던 친일 조선인들의 행적은 분명히 과학적인 분석의 대상이며 역사의 어두운 면에서 나와야 한다.

이러한 친일이라는 역사적 사실이 존재하면서도 제대로 그들에 대한 역사적 과오에 대한 단죄나 평가가 어려웠던 것은 역시 역사의식과 그것을 뒷받침할 친일에 대한 과학적 인식이 결여되었던 사정 때문이었다. 어쩌면 자민족에게 자행한 반민족적 행각보다도 더욱 단죄되어야 할 반인류적 범죄에 대해서 여전히 가해자들은 민족의 울타리에서 떳떳한 것이 사실이다.

본 연구에서 주목하는 것은 친일조선인이 자행한 해외에서의 침략적 행각에 관한 것이다. 그들은 우연히 해외로 갔던 조선인, 강제적으로 동원되었던 조선인과 달리 조직적이었고, 일제의 보호막을 이용하여 다양한 영역에서 활동하고 있었다. 그렇다면 왜 친일조선인의 해외활동에 대해서 보다 새로운 각도에서 이해해야 하는가. 바로 그러한 역사적 사실의 분석을 통하여 무엇을 얻고자 하는 것인가.

만주사변 중일전쟁 태평양전쟁을 경과하면서 많은 친일 조선인들이 일제가 추진한 대동아공영권 수립 공작에 참가하면서 그들을 따라 만주 및 중국에 진출했다. 대체로 이들 집단은 장교, 군속(강제동원 인원 제외), 행정 관료 등 정치 군사방면 이외에도 친일밀정이나 종군 문예활동 및 선무공작반 등 다양한 분야에 종사하여 침략전쟁을 직간접적으로 지원하거나 전쟁의 전위대로 활동했다. 나아가 해외에서 일본 재벌의 지점경영이나 군수품 제조, 판매를 통하여 이른바 대동아공영권 수립의 정당성을 설파하고, 많은 부를 축적하기도 했다.

그동안 일제 말 친일 조선인의 행적에 관한 연구는 주로 국내에서 두드러진 친일 혹은 반민족 행각을 벌인 친일파(반민족행위자) 혹은 관변조직 등에 대한 분석에 집중되었지만 해외에서 침략전쟁의 선봉에 나서거나 침략전쟁에 편승하여 다양한 친일 활동을 전개한 조선인 집단에 대한 규명은 대단히 소략하였다.

대체로 1930년대까지 조선사회는 기왕의 일제의 대륙침략의 전초기지라는 정치적 의미와 함께 식민모국의 원료공급지, 식량공급지의 역할에 머물렀고, 20년대 말부터 30년대 초반에 와서 비로소 자본수출기지라는 성격을 포함하기 시작했다. 하지만 1930년대 후반 조선사회는 침략전쟁과 긴밀한 관계를 맺는 전시체제로 개편되었다. 이에 일제는 정치적으로 조선인들의 전쟁동원 능력을 앙양하기 위한 일원적 통제를 확보하고자 파시즘체제를 강화하는 한편, 경제적으로는 침략전쟁에 필요한 제 요소의 확보를 겨냥한 총력동원체제를 구축하고자 했다. 이러한 일제의 전시재편 정책에 의해 조선사회는 기왕의 식민지적 기형성, 탈구성에 더하여 침략전쟁의 후원기지라는 대외지향적인 성격을 강하게 드러내었다.

이러한 침략전쟁의 확산과 조선사회의 전시재편에 편승하여 일제는 식민지 조선의 자발적 동원을 겨냥하여 관념적 내선동화 논리를 강화하고, 침략전쟁에서 조선의 역할을 크게 강조하기 시작했다. 그것은 다양한 루트에서 조선인의 '전향'을 가져오고, 근대와 민족의 기로에서 방황하는 조선인들이 침략전쟁에 적극적으로 참가하려는 의식을 증폭시켰다. 그 중에서도 조선인 자본가들의 해외진출이 두드러졌으며, 단순히 경제인뿐만 아니라 영화감독, 문예인 등 유명 인사들이 일본의 대외 팽창과정에 편승하여 해외로 진출했다.

이들 친일 조선인 집단의 해외 활동은 1940년대 조선경제의 대외적 성격이 강화되면서 더욱 활발해졌고, 침략전쟁의 일원으로 참가하는 조선인의 수효도 날로 늘어갔다. 이들의 행적은 해방 이후 조선 내 친일분자에 대한 역사적 심판과는 상관없이 역사의 뒤편에 묻혀 있었고 그들에 대한 연구도 무척 소략했다.

이에 본 연구는 침략전쟁 시기(1937~1945) 일제의 대륙침략과 함께 조선사회의 대외적 성격이 강화되는 상황 속에서 조선사회의 침략적 재편성과 거기서 고무된 친일 조선인 집단의 대외 진출 상황 그리고 그들이 소위 대동아공영권에서 활동했던 행적에 관한 종합적인 실태 파악을 목적으로 연구를 진행하였다. 연차별 연구 주제로 제1차 년도에는 「침략전쟁시기 친일조선인의 해외활동」을, 제2차 년도에는 「침략전쟁시기 친일조선인의 전쟁참가와 논리」를 각각 주제로 삼았다. 연구의 대체적인 범위는 경제 부문에서 조선인 자본가의 중국 동남아 지역으로의 진출, 일제의 대륙침략 논리와 재만조선인의 친일논리, 민족담론을 포괄한다.

또한 본 연구를 위해 한국근대사, 한국현대사, 동양사, 법사학, 음악사 등 각 학문 분야의 전문 인력을 동원한 이른바 학제간 공동연구 방

vi

식을 채택하였다. 한국사 및 동양사 전공자는 침략전쟁에 동반하여 해외로 진출한 조선인 집단의 실상 및 그들의 민족 논의 및 해외 진출 논리에 관한 연구에 임하는 한편, 법사학 전공자는 기왕의 연구에서 재기된 전범 관련 자료조사와 법률적 해석 그리고 전범으로 처벌된 조선인들의 법적 지위나 형사소추상의 문제 등에 관하여 이해를 증진하고, 더불어 해외로 진출한 조선인들의 전쟁범죄 사실과 동경국제재판이나 미군정 문서에서 제시된 각종 해외조선인 관련 범죄사실을 연구하였다. 음악사 및 일본문학 전공자는 해외로 진출한 조선인 인사가 일반적으로 정치 혹은 경제인에 국한된 것이 아니라 종군 연예나 종군 문학인, 나아가 연극 영화에 이르기까지 다방면에 걸쳐 있음을 확인하고 각종 보국단체와 문예단체의 결성과 해외활동 행적을 연구하였다.

본 연구 팀은 이미 위의 문제의식에 입각한 제1차년도 연구에서 일제의 대륙침략과 함께 조선사회의 대외적 성격이 강화되는 상황 속에서 조선사회의 침략적 재편성과 거기서 고무된 친일조선인 집단의 대외진출 양상 그리고 그 논리에 관해 다양한 각도에서 접근하여 그 성과를 검증받은 바 있다. 본『침략전쟁기 친일 조선인의 해외활동 Ⅱ』는 이와 같은 연구 성과를 바탕으로 더 심화된 접근 방법을 통해 친일조선인의 전쟁 참가 논리 및, 식민지, 점령지에서 자행한 친일행각의 구체적 실태를 조사, 연구하여 그 성격을 구명하고자 한 결과물로, 총론을 포함 총 11편의 논문을 담고 있다. 이들 성과는 소주제에 맞춰 개별 논문으로 실렸지만 제1차년도와 마찬가지로 여러 차례의 공동 토론을 통해 문제의식을 공유하면서 진행한 결과물임은 두말할 것도 없다. 나아가 본서의 연구가 침략전쟁시기 일제의 경제 구상, 동아공영권과 친일 조선인의 참가에 대한 인식 문제 등 '친일'의 학술적, 과학적 구명과 논의의 진전에 일조할 수 있기를 기대한다. 이하 본서에 실린 각 논문의 개요를 소개하면서 연구 성과의 발간에 붙이는 말을 맺고자 한다.

김명구의「만주국 수립 이후 일제의 재만조선인 사회 지배논리-「재만조선인통신」 게재문을 중심으로」 : 중일전쟁 이후의 만주 및 조선에 대한 정책을 통일적으로 시야에 넣고, 국내와 만주를 포괄한 친일지식인의 민족담론을 중점적으로 파악 정리하고자 하였다. 이는 중일전쟁 이후에는 조선총독부의 재만조선인에 대한 통합정책 또한 강화되었고 따라서 지식인 집단의 인식 또한 만주와 조선에 있어 큰 차이가 없어졌기 때문이다.

김인호의 「조선총독부의 남방 연계 구상과 조선인의 남방 인식」 : 태평양전쟁시기 조선인의 남방 붐은 무척 컸으며, 많은 인원이 동남아로 진출했다. 하지만 물자교류는 낮은 해운능력이나 실질적인 남방 수요물자 생산능력이 제대로 구비되지 못한 상황에서 그야말로 ‘구상’으로 끝났다. 물자 교류의 두절은 엔블록 아래서 동남아 물자 위기를 조선이 대신 담당하도록 하는 이른바 자원 재생이나 대용품 중심의 공업만 양산했다. 따라서 당시 조선 공업화는 거창한 군수공업화가 아니라 ‘대용재’ 혹은 조악한 저질 대체품 재생공업의 증가를 주요한 특징으로 하게 되었음을 밝히고 있다.

김용희의 「BC급 전범재판과 조선인」 : 조선인 전범들의 범죄 사실에 대한 실체적 분석과 검토를 통해 이들의 범죄가 친일적 사고에 의한 조직적 범죄였는가를 규명하고자 노력했고, 또 이들에 대한 연합국 측의 재판이 적정한 절차에 따라 정당하게 진행되었는가를 검토하고 있다.

황묘희의 「침략전쟁시기 천진의 친일한인조직연구」 : 만주사변 후 화북지역에 대한 일본군의 대륙침략이 본격적으로 전개되자 천진에서의 항일세력의 활동이 감소하였고, 생계를 위해 거주하는 일반 한인 이외에 일제 침략전쟁에 편승하는 일감을 가지고 천진으로 오는 한인이 급증하였다. 이에 각각의 세부적 목적을 가진 침략전쟁의 동반세력으로서 한인친일단체가 일제당국의 주도로 또는 한인 스스로에 의해 조직되어 활동하였다. 우선 천진 내 한인들이 증가함에 따라 한인의 친일화를 통한 통제와 동원을 목적으로 천진 조선인민회가 조직되었고, 또 중일전쟁을 일으킨 일본군의 지원을 위해 천진조선인민회는 자발적 친일논조 하에 한인에 의한 일본군 지원대인 특별의용대를 결성하였다. 이는 비상시에 제일선에서 위험한 잡무를 담당함으로써 일제의 침략전쟁을 정당화시키는 선전재료가 되었다. 그리고 화북지역 한인에 대한 통제지도기관으로서 화북반도인협회를 설립하고, 실행기구로서 협려회를 설립하였다. 천진협려회는  한인에 대한 강력한 황국신민화 친일공작을 전개하였고, 비행기 병기헌납, 국방헌금 등 열성적인 친일 활동을 전개하였다. 이와 같이 천진지역에도 상해 등 중국 관내 주요 도시와 마찬가지로 일제의 침략전쟁이 확대되어 가자 침략전쟁의 특수를 따라 들어온 한인들이 메꾸며 유사일본인으로서 침략전쟁에 동반, 전쟁특수의 개인적 제반이익을 쌓아갔다.

정영진의 「일제침략전쟁기 만주국의 음악계 연구」 : 본 연구는 지금까지 학계에서 연구된 바 없는 일제침략전쟁기 『만선일보』의 음악기사 및 방송프로그램을 중심으로 만주국 음악계 상황과 조선음악인들의 활동상을 가늠하였다. 이를 통하여 만주국에서 음악방송의 기능과 만주국에서 활동한 조선음악지식인들의 행보를 조명하고 있다.

최봉룡의 「기억과 해석의 의미 : '만주국'과 조선인」 : '조선족'의 입장에서 만주국-일제의 침략전쟁기에 남겨진 역사의 기억 속에 이미지를 다시 해석해 보고자 했다. 즉 중국 조선족들은 한민족 공동체의 구성원으로서, 또한 중국의 공민권을 소유한 소수민족의 일원으로서 과연 역사적으로 만주를 어떻게 인식하고 있었는가? 그리고 그들의 기억 속에서 만주는 어떤 의미를 지니고 있었는가? 특히 일제의 식민지 국가체제-'만주국'의 틀 속에서 그들이 처한 사회적 법적인 지위는 어떠했으며 또한 어떠한 방응을 보여주었는가? 필자는 이러한 물음에 초점을 두면서 그들의 이중적인 측면-반만항일투쟁에 가장 적극적으로 참가했던 민족으로서의 '항일상抗日像'과 더불어 일제의 침략전쟁동원과 병참기지화정책에 가장 주동적으로 부응했던 '제2일본인'으로서의 '친일상親日像'을 통해 그들의 정체성을 '만주국'의 기억과 해석 속에서 그 이미지를 그려 보았다. 이 글에서 필자는 우선 조선인의 만주로의 이주와 더불어 '민족고토론'에 대한 인식을 간략하게 더듬어 보고, 다음으로 '만주국'에서 조선인의 법적인 위치와 함께 일제의 조선인에 대한 '이용정책' 및 조선인의 두 가지 얼굴-'항일상'과 '친일상'에 대한 기억과 해석을 중심으로 살펴보고자 했다.

미쯔이 다카시의 「중일전쟁 이후 일본 재주 조선인에 대한 '친일'교육과 조선인 지도자층의 양성-『福井新聞』을 통해서 본 후쿠이현福井縣의 사례-」: 일본 후쿠이현 지역에서 조선인 '친일'화가 어떤 식으로 수행되었는지를 구체적으로 밝히려고 하였다. 이 논문은 주로 『福井新聞』기사를 사용하면서 1930년대 후반에 협화회 체제가 성립된 후 조선인을 '내지화內地化'시키기 위하여 후쿠이현 협화회가 수행한 교화, 교육 사업의 실태를 분석하며, 조선인 지도자층을 양성하여 가는 과정도 분석하였다.

나승회의 「침략전쟁시기 재일조선인 작가 장혁주」는 일본에서 침략전쟁의 전의戰意를 고취시키고 황민화皇民化를 재촉하는 작품을 다수 발표한 조선출신 작가 장혁주의 이름과 필명의 변화를 통하여 격랑의 시대를 살아온 조선출신 문인의 정체성에 초점을 맞추어 연구를 진행하였다. 장혁주의 변신과 그에 대한 갈등은 대부분의 조선인이 피지배국의 국민으로 살아가면서 현실적 고난과 압박을 받으며 굴욕을 겪는 상황에서 공공연하게 친일행적을 보여 왔던 삶의 특수성을 상징하고 있다. 식민지 출신이라는 배경 속에서 예술적 집념과 현실적인 성공에 대한 갈망, 그리고 민족적, 언어적 제약으로 고된 삶을 살아야만 했던 장혁주의 변신의 논리와 정체성에 주목하여 그의 삶과 문학을 재조명해 보았다.

민경준의 「1930년대 후반 재만조선인의 내선일체」: 일본과 「만주국」

의 통치이념인 '민족협화'와 '내선일체'에 대한 재만조선인의 이탈과 협력이라는 면에 주목하였다. 대체적으로는 '민족협화'와 '내선일체'의 혼란 속에서 '내선일체'로 기울어졌던 재만 조선인들은 일본을 어떻게 파악하고, 또 이러한 상황 속에서 「만주국」과 자신들을 어떻게 관계시키려 했던가 하는 주체적 대응의 측면에 주목하였다. 이를 위해 먼저 재만 조선인이 '민족협화'와 '내선일체'의 갈등 아래 놓이게 되는 상황을 정리하고, 다음으로 치외법권 철폐와 지역별분회 방침으로 협화회 내에서 자신들의 위상이 추락 하는 가운데 '내선일체'의 적용이라는 상황을 이용하여 전개된, 조선인으로 구성된 민족분회 및 보도기구의 설립을 정리하고, 끝으로 1938년 이후 조선인의 '황민화'가 요구되는 가운데 공포된 육군특별지원병제도를 재만 조선인에게도 적용해 줄 것을 요구하는 주장이 교육여건 개선을 요구하는 주장과 어떤 논리로 연계되어 있는지를 정리하였다. 요컨대 「만주국」의 통치 아래 재만조선인들이 일본의 조선식민지 통치 이데올로기를 전략적으로 주장하는 것에 의해 자신들의 이익과 요구를 관철시키려 하는 논리를 파악하였다.

정혁진의 「『반도사화와 낙토만주』에 나타난 친일담론」 : 일본제국주의는 조선과 만주를 무력적으로 점령하고 난후에 조선은 조선총독부를 통해서, 만주는 만주국을 통해서 지배하였다. 만주국에는 다양한 민족들이 집결되었고, 특히 조선인들의 활약은 두드러졌다. 이러한 와중에 「반도사화와 낙토만주」라는 책을 통해서 일제제국주의는 그들의 침략을 정당화시켰는데, 이 책에 글을 게재한 인물들은 대부분 조선인들이었고, 그들은 대부분 친일인사들이었다. 이러한 친일인사들의 성향을 분석을 통해서 당시 시대적 상황과 그들의 친일성 문제를 고찰하였다.

강 대 민

# 목 차

## 제1편 일본제국의 확장과 조선인

### 강대민 | 침략전쟁기(1937~1945) 해외 친일 조선인의 친일 활동 평가 - 내면화된 자발적 친일 의식과 생존을 위한 강제 사이에서-



### 황묘희 | 침략전쟁시기 천진의 친일한인조직연구

# 제2편 침략전쟁과 집단·개인으로서의 재일조선인

## 미쓰이 다카시 I 중일전쟁 이후 일본 재주 조선인에 대한 '친일'교육과 조선인 지도자층의 양성 -『福井新聞』을 통해서 본 후쿠이현(福井縣)의 사례-

## 나승회 ǀ 침략전쟁시기의 재일조선인 작가 장혁주



# 제3편 만주국의 민족협화와 조선인

## 崔峰龍 ǀ 기억과 해석의 의미: '만주국'과 조선인



## 김명구 ǀ 만주국 수립 이후 일제의 재만조선인 사회 지배논리
### -「재만조선인통신」 게재문을 중심으로

## 민경준 | 1930년대 후반 재만조선인의 '내선일체'




## 정혁진 | 『半島史話와 樂土滿洲』에 나타난 친일담론




## 정영진 | 일제침략전쟁기 만주국의 음악계 연구

# 제1편

# 일본제국의 확장과 조선인

# 침략전쟁기(1937~1945) 해외 친일 조선인의 친일 활동 평가
## -내면화된 자발적 친일 의식과 생존을 위한 강제 사이에서-

강 대 민*

## I. 서론 : 해외에서 활동한 친일 조선인의 위상

일본은 1930년대 이후 총력전체제를 강화하기 위해서는 조선인의 자발적인 동원을 위해서라도 이데올로기적인 합리화를 전개해야 했다. 이를 위해선 전쟁의 의미를 보다 동양인의 정서에 접근시킬 필요가 있었다.[1] 따라서 일본의 침략전쟁은 '성전'이요, "정의의 전쟁이며 조국의 이상"으로 미화되었다. 침략전쟁을 동양인의 평화를 위한 전쟁으로 미화하는 것은 이미 1940년 이후 노골적으로 추진되어 오던 전쟁 홍보 논리였다. 예를 들어 1940년 9월 16일 臨時道知事會議 總督訓示에서도 '동양인의 평화를 위한 성스러운 전쟁'으로 중일전쟁을 묘사했고 태평

---

* 경성대학교 사학과 교수

[1] 「大東亞戰下工業組合の新使命」『朝鮮工業組合』, 1943년 1월호, 14쪽.

양 전쟁도 이와 같은 맥락에서 聖戰으로 규정했다.[2]

이에 일제는 동아신질서론에서 동아공영권론으로 그리고 대동아공영권론[3]으로 침략의 논리를 합리화하면서 비약하고, 그와 관련하여 종전 '내선일체론'을 더욱 관념화하여 조선을 마치 시고쿠나 홋가이도 처럼 황국의 일부로 만든다는 이른바 '제2의 일본화론'을 선전하기 시작했다.[4] 여기에 조선인들은 현혹되어 정치 경제 각부분에 걸쳐서 일본과의 협력을 강화하고 침략전쟁의 전위대가 되었다.

> 우리는(조선인) 사변이래 5년동안 성전에 참가하여 직접 간접으로 피도 흘리고 돈고 노력을 바쳤다. 그러나 황군(일본군) 장병 십일만명이 죽었는데 조선사람은 겨우 세사람이 죽었고, 구채소화의 힘도 본토의 어느 일현만 같지 못하고 그밖에 무엇무엇 모두 다 빈약하였다고 고백하지 않을 수 없다. 국민정신을 통일한 뒤 노력과 물자와 돈을 바치고 그런 뒤 할 일이 있다. 그것은 피를 바치는 일이다. 우리의 생명을 전장에 바쳐야 하겠다. 황군장사의 모양으로 우리도 전장에 나아가 우리나라 일본제국을 방위해야 할 것이다.[5]

친일 세력들은 자신 스스로 일본을 조국이라 칭하며 생명조차 아낌 없이 바칠 것을 촉구하면서 식민지인이 아닌 기꺼이 유사일본인이 되어갔다. 친일에 대한 기억과 해석이라는 측면에서 한국에서의 친일파에 대한 기왕의 연구는 대체로 조선내외에서 일본과 결탁하여 식민지

---


2) －臨時中樞院會議における總督訓示(41.12.10) 『太平洋戰下の朝鮮』(1), 63 쪽. 『殖銀調査月報』, 1940년 12월호, 64쪽.

3) 橋川文三의 경우 이미 1937년부터 일본은 대동아 공영권의 구축 작업을 시작했다고 보고 있다. 「大東亞共榮圈の理念と實態」『岩波講座 日本歷史』 (21), 1977, 267쪽.

4) 朝鮮總督府 情報課, 『新しき朝鮮』, 朝鮮行政學會, 1944.4.25, 82쪽.

5) 『三千里』, 1941.11, 16~17쪽.

지배를 강화하고, 대외 침략전쟁을 적극 지원하며 민족해방운동을 압살하는데 적극 참가한 반민족행위자로 정의하는 것이 일반적이었다. 따라서 기왕의 친일파 관련 연구는 국내와 만주지역에서 활동한 반민족행위자 일부나 일본의 관이나 관변 조직에 참가한 조선인에 국한되고 있거나 독립운동을 방해하고 일본의 수탈을 지원하는 등 반민족적 부류를 지칭하는데 머무르고 있다.

그런데 이러한 친일의 기준이 반민족이라는 개념으로 국한될 경우 자칫 친일파에 대한 역사적 보편적 논의를 무력화할 가능성이 높다. 그것은 친일의 역사적 정의를 단순히 일제에 빌붙는 부류로 파악하는 경향만큼이나 비과학적인 몰역사적 논의를 재생산하는데 기여할 것이다.

하지만 본 연구에서는 적극적으로 침략전쟁에 편승하여 해외에 진출하고 일제를 대신하여 악랄한 침략성을 현지 국가와 주민에게 자행한 조선인 집단을 연구대상으로 한다. 세계적으로 경제공황 뒤 파시즘이 흥기하는 1930년대는 1910년대나, 1920년대와 "연속적이고 균질적인 시간"이 아닌, 특별한 시간이다.[6] 이 단계에서 조선인은 다양한 선택을 추구하였고, 대체로 침략편승을 통한 예속적 이익 및 침략동반을 통한 민족적 자부심을 증진하는 방향에서 자신의 친일성을 정당화하려했다. 이러한 연원이 있기 때문에 비록 우리 민족에 대해서 '반민족적'이라는 평가는 모면하고 있지만 그들의 침략성과 약탈성은 세계사의 보편적 가치를 무시하고 자행된 대단히 반민주적이고, 반역사적인 행각이었다. 이에 본 연구는 바로 이러한 친일조선인의 해외활동에 관하여 구체적인 연구분석을 진행함으로써 그들의 역사적 과오와 문제점을 과학적 개념으로 재정립하려는 것이다.

물론 이들 해외에서 활동한 친일 조선인의 행적은 엄밀하게 강제연

---

6) Perry Anderson, Lineages of the Absolutist State (N.Y.: Verso, 1974), p.10. 한석정, 전향과 강인한 전통 『한국민족운동사연구』(48), 2006.9, 258쪽에서 재인용.

행된 조선인의 그것과는 달리 보아야 한다. 하지만 사료상으로 혼재되면서 포로감시원의 경우처럼 일정한 연관이 불가피한 경우도 있다. 그러한 중첩에도 불구하고, 본 연구에서는 강제연행에 의한 해외활동 부분은 분석대상에서 제외한다.[7]

따라서 해외친일파에 대한 유형별 분류는 일제의 대외정책과 그에 수반한 조선인의 대응이라는 측면에서 구분한 것으로 대략 세 부류로 구분할 수 있다.

첫 번째 범주는 침략전쟁에 직접 개입한 조선인들로, 여기에는 고급 군인 및 군속 그리고 점령지 행정관료 등과 함께 성장 현령, 군사령관 등 점령지구 군정담당자도 포함된다. 또한 군부대와 계약을 통하여 위안소를 경영한 조선인집단이나 각종 특공기구(카미카제, 가이텐) 자발적 참가자, 통제마을 및 집단부락의 행정책임자 등도 포함된다.

두번째 범주는 식민지배 및 대동아공영권 확대를 위한 민심공작을 위하여 이용된 조선인 범주이다. 예컨대 흥아원 및 첩보기관 및 친일밀정이나 특무부대 종사자, 영사관 및 점령지 형사 끄나풀, 점령지 선무공작반 등을 들 수 있다. 실질적으로 알려진 이상으로 이들 밀정, 첩보, 치안공작에 참가한 조선인은 많았으며, 이러한 범주는 이미 1930년대 일제측에 의해서 조직적으로 배양되고 있었다. 단적으로 민생단 사건이나 만보산 사건 등은 그러한 일제측의 끄나풀 공작과 무관하지 않았다.

세번째 범주는 일제의 침략을 측면에서 지원하기 위한 조선인 문예그룹, 지식인 집단이다 예를 들어 연극 영화제작, 진중 예술가, 진중 문학가 등이 여기에 포함된다. 현재 이 방면의 연구는 지엽말단의 전쟁홍

---

7) 1938년에 공포되고 1942년부터 실시된 《국민징용령》이나 1944년에 실시된 《조선여자정신대근무령》 그리고 《조선육군지원병 특별법》으로 지원하거나 강제로 동원되어 해외에서 일본의 침략전쟁에 복무한 육군지원병, 군인군속, 그리고 지원병, 징병 인원의 경우 강제동원을 위한 여러 법령에 기초해 해외에 동원된 조선인들로서 본 연구의 대상이 아니라는 것이다.

보 혹은 강제동원 지원을 위한 강연회, 미술전람회, 무용공연, 위문공연등만이 주목되고 있으마 실질적으로 일제는 조선문예그룹을 동남아로 배치하여 전쟁홍보와 진중예술을 고취했으며, 당대에도 허영과 같은 저명한 진중 영화감독을 배출하기도 했다.

이들 중 일부는 본인의 의사와 관계없이 일제에 의해 강제동원되어 헛되이 전장에서 노역장에서 부역해야 했던 수많은 선량한 조선인에 대한 배려와 고려는 당연할 것인데, 아직도 이들에 대해서는 일제에 의해 강제로 전쟁터에 나간 조선인들의 평가는 그동안 민족의 수난사의 일부로 여겨지면서, 그들의 구체적인 활동과 전쟁동원 과정에 관한 객관적인 연구가 제대로 이뤄지지 않고 있다. 냉정하게 말해서 강제동원과 자발적 동원사이에는 대단히 깊은 공통분모가 존재하며 이에 대한 명확한 이해틀이나 분석방법이 요구되는 것이 현실이다.

이에 본 총론에서는 그동안 연구원들의 연구논문을 정리하고 해외 친일 조선인들의 구체적인 행적을 지역별로 그 특징적 활동 상황을 중심으로 복원함으로써 친일행적의 자발성과 강제성을 분리하여 보다 정확한 친일행적과 그 평가에 기여하고자 한다.

## Ⅱ. 만주국 지역 친일 조선인 집단과 활동

### 1. 만주국에서 활동한 조선인의 정체

'만주사변'의 부산물로 산생된 괴뢰국가- 일본제국의 대륙침략 정책에 의해 '독립국'의 형태로서 만들어진 신형의 식민지국가-'만주국'은 동아시아 여러 민족의 역사와 기억 속에서 각기 서로 다른 의미로 인지되고 있을 뿐만 아니라, 또한 동아시아 국가와 여러 민족은 각기 서로 다른 시각에서 그 역사 속의 기억들을 해석하려고 한다. 예를 들어 일본인은 '만주국'을 근대화의 실험장으로 해석하려고 하는가 하면,

중국인들은 '만주국'의 그 자체를 부정하는 입장에서 괴뢰정부 혹은 '거짓'='僞'자를 붙여서 '僞滿洲國'으로 칭하고 있으며, 만주지역에서 전개된 조선인들의 항일민족독립운동이 다른 지역에 비교하면 시종 무장투쟁론의 방략에서 전개되었기 때문에 그 위상을 더욱 두드러지게 부각시키고 있다. 또한 재만 한인에 대한 일제의 통치 방식은 시기에 따라 여러 형태로 나뉠 수 있다. 대체로 1907년 8월 통감부간도파출소의 설립부터 1931년 만주사변까지는 '통제'와 '이용'시기로, 1931년 만주사변부터 1937년 7월 중일전쟁까지는 '통제'와 '안정'정책시기로, 1937년부터 1945년까지-'통제'와 '扶育'정책시기로 나눌 수 있다.

여기서 한 가지 주목되는 문제가 바로 일제가 '대륙침략' 정책을 실행함에 있어서 '한인문제'-즉 재만 한인을 '보호'한다거나 혹은 '불령선인'에 대한 토벌을 구실로 삼았기 때문에 '한인문제'는 항상 중·일 양국의 외교적 모순의 초점으로 대두되어 마찰과 대립, 충돌과 분쟁을 일으켰다는 점이다. 나아가 요즘 한국 사회 속에서 만주지역에 관한 논의-'고구려 문제'를 비롯하여 '간도 문제'까지 거론되면서 만주라는 이 특수한 지역은 또 다시금 관심의 대상으로 부상되고 있다. 역사적 事實은 史實로서 기록되어 인간들의 기억으로 남고 있지만, 그에 대한 해석에 따라 史實이 事實로서 왜곡될 수 있음을 알 수 있다.

이러한 인식에 기반하여 崔峰龍(중국 대련대학)교수는 조선인의 만주에로의 이주와 더불어 '민족고토론'에 대한 인식을 살피고, 만주국의 건립과 그 '신국가'의 체제 속에서 활동한 재만 조선인들의 사회적 법적인 위치-'제2의 국민'-를 밝힘으로써 일제가 새로운 형태의 식민지 국가-'만주국'에 대한 지배에서 재만 조선인을 통제·이용하는 이중적인 정책을 고찰하였다. 특히 만주국에 대한 재만 조선인들의 기억은 분노와 반항-'抗日像'뿐만 아니라, 유혹과 향수-'親日像'으로 그려지고 있음을 지적하였다. 비단 만주에 대한 국민적 기대가 조선만의 것은 아니었다. 일본 국민의 경우도 32년 상해사변 이후 국민의 열기는 더 뜨

거워져 출정할 수 없음을 비관하여 자살하는 사람이 생길 정도였다.[8] 만주사변이후 국민의 관심이 공황에 의해 악화된 생활문제에서 만주에서의 전황으로 단번에 전환되었다. [9]

이러한 문제의식에서 최교수는 처음 조선인의 고토의식이 형성되는 시점은 민족해방운동과 관련지우고 있다. 즉, 대종교가 본부를 만주에로 옮기면서 크게 확산되었다는 것이다. 환인현에 망명한 윤세복은 서간도에서 대종교의 포교와 더불어 배일사상을 고취하면서 "한민족의 祖先은 白頭山麓에서 나왔고 支那民族 및 大和民族과 같은 것은 그 支族에 지나지 않는다. 故로 我等은 努力하여 國權을 회복하여 夫餘民族과 夫餘國의 獨立發展을 圖謀하지 않으면 안된다"[10] 라고 주장했다. 여기서 '國權의 回復'은 일제의 식민지 지배를 반대하고 민족의 자주권을 회복하는 것으로 이해될 수 있지만 소위 '夫餘民族과 夫餘國의 獨立發展을 圖謀'한다는 것은 한민족의 영토관념의 범위를 확대시킨 고토의식의 표출이라고 볼 수 있다.

이처럼 한인들의 고토의식은 대종교의 역사관이나 또는 영토관에서 확연하게 드러나고 있었을 뿐만 아니라, 식민지시대에 정립된 민족사학의 선구자들에 의해서 더욱 폭넓게 확대되었던 것으로 보인다. 예컨대 단재 신채호의 『독사신론』(1908년), 『조선사－조선상고사－』(1931년)는 민족의 뿌리를 찾음에 있어서 만주를 역사적으로 민족공동체로 인식하고 있었던 것이다.[11] 그러나 그는 만약 일본이 만주를 지배하게 되면 한국은 일본의 지배권 내에 들어가게 될 것이므로 만주에 이주한

---

8) 「東京日日新聞」, 1932년 4월 10일자.

9) 정혜선, 전향과 강인한 전통 －사노마나부를 중심으로－ 『한국민족운동사연구』(48), 2006.9, 215쪽.

10) 朝鮮總督府, 「國境地方視察復命書」, 大正4年, 金正柱 編, 『朝鮮統治思料』 9, 738쪽.

11) 박영석, 「丹齋 申采浩의 滿洲觀」, 丹齋申采浩先生誕辰100周年記念論集, 『丹齋申采浩와 民族史觀』, 1980, 291쪽.

한인들은 '사상의 고상케 함'을 통해 '국수의 보전'과 '정치능력의 양성'을 호소하기도 했다는 것이다.[12]

또한 제2공민론과 관련하여 최교수는 일제의 식민지 국가-'만주국'이라는 특수한 '신국가'속에서 재만 조선인들의 모습은 분노와 저항으로만 표현된 것만은 아니었다고 보았다. 만주국의 동화 이데올로기는 '일만동족론'日滿同族論, '황도주의'皇道主義, '민족협화'民族協和라는 세 가지로 구성되어 있었다.[13] 즉, 만주국은 이른바 '鮮滿一如' '日滿一體' '王道樂土' '民族協和' '興亞秩序' '大同亞共榮圈' 등 수많은 국가 이데올로기를 산출하면서 모든 국민들의 충성과 효성을 동원시켰던 것이고, 히 일제는 괴뢰정부-만주국에 대한 식민지 지배체제를 운영함에 있어서 '以夷制夷'의 정책, 즉 재만 조선인을 '이용'하면서 그들을 '2등국민'으로 취급하였기 때문에 만주국은 소위 개인의 영달과 벼슬의 꿈을 안고 있던 '鮮系國民'들에게 있어서 모험과 희망이 엇갈리는 무대로 되었다는 사실이었다. 예컨대 최교수는 그러한 기대와 희망의 결과가 민생단, 협화회, 간도협조회, 무장자위단, 및 선무공작반을 비롯한 친일 주구단체의 결성으로 나타났고, 여기에 대대적인 친일 조선인들이 참여하고 있었다는 점 그리고 만주국군, 국경감시대, 경찰, 관리 등 직업에 종사하는 친일 조선인들이 수없이 많았다는 사실도 지적하고 있다.

여기서 주목되는 것은 만주국에서 친일행적을 남긴 조선인들의 '국가에 대한 국민의 충성심'은 그처럼 자각적이고 주동적인 태도에서 광기로서 표출되고 있었다는 점에 유의할 필요가 있다.

---

12) 상동, 300~301쪽.
13) 保坂祐二, 『日本帝國主義의 民族同化政策 分析』(서울: 제이앤씨, 2002), 307쪽.

## 2. 만주국 수립 이후 일제의
## 재만 조선인 사회 지배 논리

만주국은 일본 관동군關東軍이 1931년 9월에 만주사변을 일으켜 중국 북동부를 점거한 뒤 1932년 3월 1일 만주국 성립을 선언하고, 청조淸朝의 폐제廢帝(統帝) 푸이[溥儀]를 집정執政에 앉혔으며, 수도는 신경新京(지금의 長春), 연호를 대동大同이라 하였다. 일본은 같은 해 9월 일만의정서日滿議政書에 조인하고 만주국을 정식으로 승인하였으며, 이어 독일·이탈리아·교황청·에스파냐·헝가리·폴란드 등의 일부 국가가 승인하였다. 만주국은 러허작전[熱河作戰]으로 청더[承德]가 점령됨으로써 국토는 랴오닝[遼寧]·지린[吉林]·헤이룽장[黑龍江]·러허의 4성省, 인구는 3000만에 이르렀고, 1934년 3월 제정帝政이 수립되면서 연호를 강덕康德으로 고쳤다.

만주국이 건설되면서 일제와 만주국 정권 담당자들은 일본·조선·만주·몽골·중국의 오족협화五族協和와 왕도낙토王道樂土를 표방하였으나, 실권은 관동군사령관이 장악하였고, 중국인의 국무총리 및 각부대신은 허수아비였고, 일본인이 중심이 되어 만철滿鐵이 전 철도를 경영하고 닛산[日産] 콘체른이 진출하여 개발 사업을 독점하는 등 1945년 8월 소련의 참전으로 인해 관동군이 괴멸하자 곳곳에서 민중반란民衆叛亂이 일어나 푸이가 잡히고 만주국도 무너질 때까지 만주지역에서 해당 지역 주민의 군국주의적 지배를 전개했다.

이러한 대륙침략 과정에서 만주국의 안정적 발전이 대단히 중요하였다. 특히 만주국에 이주·정착한 재만조선인 사회는 일제의 만주국 통치에 있어 주요한 기반이었다. 이에 따라 일제는 재만조선인 사회를 만주국에 통합하는 과제에 주목하였고 특히 이데올로기적 통제를 중시하였다.

「滿洲國建國宣言」에서 보듯이 '민족협화, 공존공영'을 국가운영의 기본방침－'건국 이상'으로 제시하면서 "무릇 신국가 영토 내에 거주하는 者는 種族의 岐視, 尊卑의 分別을 하지 않고 原有의 漢族, 滿族, 蒙族 및 日本, 朝鮮의 各族을 除外하고 기타 다른 國人들이 長久한 居留를 願하는 者도 역시 平等한 待遇를 향유할 수 있으며, 그들이 응당 얻어야 할 權利를 保障하며 그에 대하여 추호도 侵損하지 않는다"[14] 라고 명문으로 규정함으로써 각 민족의 '평등'과 '협화'를 주창하고 있었을 뿐만 아니라, 재만 한인은 만주국에서 '五族'의 하나로 일본인과 함께 만주국 국민의 주체로 인정되고 있었다.

그리고 「人權保障條令」에서도 "만주국에 거주하는 인민의 자유 및 권리를 보장"하고 "인민의 평등한 권력을 도모하도록 하는 것"[15]이라는 미화된 근대 국가의 모습을 보여주고 있다. 그러나 만주국에 있어서 일제는 種族優越主義論에 입각하여 일본인을 중심으로, 또한 재만 한인을 '일본제국 신민'의 일부분으로 취급하면서 "만주에 있어서 '五族協和'라고 하는 것은 內地人을 中心으로 하여 타민족이 協和한다는 意味로서 內地人이야말로 王道樂土建設의 主腦者가 되는 것이다[16] 라고 주장하였다. 즉 재만 한인은 만주국에서 만주국의 국민이라는 신분과 일제제국의 신민이라는 이중적인 의미를 동시에 갖는 존재가 되었는데, 이것은 일제가 이른바 '一視同仁, 五族協和'라는 간판을 내걸고 일본인을 중심으로, 재만 한인의 지위를 편승시키는 형식을 빌어 민족 간의 모순을 조장시키는 기편 수단이었다.

일제의 만주지배 내지 재만 조선인사회에 대한 지배와 관련하여 최근 다양한 연구가 시도되었다.[17] 본 연구서에서는 김명구 경성대 학술

---

14) 永松淺造 著, 『滿洲建國誌』, 學友館版, 昭和17年, 129쪽.
15) 상동, 126쪽.
16) 香川幹一 著, 『滿洲國』 東京: 古今書院發行, 1935, 136쪽.
17) 최근의 만주국 관련 연구로서는, 임성모, 『만주국협화회의 총력전체제 구상연구-'국민운동' 노선의 모색과 그 성격』, 연세대 박사학위 논문, 1997 ; 윤휘탁, 「만주국의 민족협화운동과 조선인」 한국민족운동사학회 편, 『한국항일민족운동과 중국』, 국학자료원, 2002.12 ; 「만주국의 2등 국

교수가 일제가 직접 간행한 언론매체인 「재만조선인통신」을 통해 재만 조선인사회에 대한 일제의 지배논리를 검토하고자 했고, 특별히 일제의 재만조선인사회의 만주국에의 통합논리와 중일전쟁 이후 침략전쟁을 정당화 논리 등을 점검하였다. 「재만조선인통신」은 1936년 창간되어 1939년 폐간될 까지 재만조선인 사회의 핵심 매체로서 만주국 내지 관동군의 최고 당국자 나아가 조선총독부의 고위인사 직접 대중을 향해 정책을 선전하고 여론을 통제하려 다수의 게재문이 실려있다.

그동안 「재만조선인통신」을 분석한 연구는 주로 대외정세 그 가운데서도 소련에 대한 인식논리를 주로 분석한 황민호 연구가 독보적이다.[18] 여기서 김명구 교수는 만주국에의 통합논리와 관련하여 만주국 건국이념의 선전 문제 및 만주국 및 재만조선인사회의 발전 미화 부분을 검토하였다. 아울러 친일 조선인 집단의 구체적인 현실 적응과정을 이론적으로 파해치면서, 재만인통신에 나오는 침략전쟁 미화론('지나응징'론, 동아신질서론, 내선일체론)에 관해서 구체적으로 규명하고자 했다.

이에 김명구 교수는 재만조선인통신에서 선전되고 있는 만주국의 건국정신에 대해 분석하고 있다. 즉, 1932년 3월 1일 푸이가 만주국 황제로 등극하면서 「국내의 인민은 종족이 각기 다르나 서로 신용하여 이해를 같이 하겠으니 이 말은 밝은 해같이 변함이 없으리라」고 하셨다. 환언하자면 만주국의 건국정신은 민족협화를 토대로 삼고 그 위에 왕도정치를 실행하여 세계에 모범적 이상국가를 완성하자는데 있다"[19]

---

(공)민, 그 실상과 허상」『역사학보』 169집, 2001 ; 신규섭,『제국일본의 민족정책과 재만조선인』 동경도립대학대학원 인문과학연구과, 박사학위논문, 2002 ; 김태국,『만주지역 '조선인 민회' 연구』, 국민대학교 대학원 국사학과 박사학위논문, 2001 등이 있다.

18) 황민호, 「만주지역 친일언론 '재만조선인'의 발행과 사상통제의 경향」『한일민족문제연구』 10, 2006.

19) 홍시, 「만주건국정신을 논하여 재만동포의 자각을 촉구함」 2호, 1936. 4, 14쪽.

고 하면서 지속적으로 조선인 사회에 만주국과의 적극적인 연대와 만주건국의 당위성 그리고 오족협화의 논리를 본 「재만조선인통신」이 유포하는데 크게 기여했다는 것이다.

또한 만주국 및 재만조선인사회의 발전 미화하기 위한 각종 이데올로기 공작도 충실히 전개된 것으로 드러났다. 예를 들어 "만주국내의 치안은 현재 현저히 양호케 되었다 … 소화 11년도에 있어 황군의 전투회수는 약 18,941회, 격멸된 비적은 13,384, 황군의 전사 부상수는 1,070명이다…그리하여 비적토벌에서 전사 또는 부상된 용사들은 국운을 도하는 대전에서 전사 전상된자와 추호도 다를 바 없다. 일만 양국민이 차등의 희생자에 대하여 충심으로 경의를 표하여"[20] 야 한다고 단언하는 점에서 그러한 미화론이 지속적이면서도 조직적으로 유포된 사실을 확인할 수 있다는 것이다.

침략전쟁 미화론('지나응징'론, 동아신질서론, 내선일체론)은 본 재만인 통신의 침략편승의식이 적극적으로 드러난 것으로 분석되었다. 예를 들어 "이 지나사변은 결코 우연한 일이 아니오 말하자면 역사적 인과에 할 수 없이 피하지 못하고 지나사변이라는 역사적 과정을 통하지 않으면 해결을 짓지 못할 여러 가지 원인이 있었던 것"[21]이라 한 것 등의 지나응징론. 그리고 "중국과 같이 오지에까지 깊이 외국철도 조계를 둔 나라는 철도를 모근으로 하고 조계를 구근으로 하여 전 지나에서 그 이윤을 흡상하는 것을 항구적으로 민족적 자립의 힘을 잃어버리게 하는 것"[22]이라는 동정론적인 동아신질서론 그리고 "내선양족이 견실한 정신적 결합으로 말미암아 각개의 문화와 민족성(?)을 무한히 발휘하여 일개 우수한 문화를 창조 건설함에 그 구경의 목적을 달하는 것이

---

20) 「완성도상의 만주제국」 30·31호, 23~28쪽.
21) 흥아협회 사무장 「지나사변의 역사성과 아세아적 양심을 논함」 36호, 22쪽.
22) 「신질서의 이념―동아협동체의 성격과 역사성을 논함」 65호, 1939.4, 33쪽

라고 확신하는 바"[23]라고 하는 내선일체론 등을 지속적으로 전개하여 조선인의 침략전쟁 첨병화를 부채질했다는 결론이다.

한편, 정혁진 박사는『半島史話와 樂土滿洲』에 나타난 만주지역 한국인들의 확신에 찬 친일 담론을 분석하고자 했다.『반도사화와 낙토만주』는 그동안 국내에서는 그다지 소개되지 않았던 만주 조선인 친일파 관련 자료로서 특히 필자는『반도사화와 낙토만주』에 나오는 인물들을 중심으로 그들의 글을 분석하는 방식으로 연구를 진행했다.

요컨대 정혁진 박사의 글은 앞서 김명구 교수가 내선동등성을 기반한 위에 조선인의 자발성을 강조한 재만인통신의 분석틀 즉, 내선의 연대를 통한 만주지역 점령과 안정론을 강조한 재만인통신의 논조와는 달리 만주와 조선인의 열등성을 조장하고 이들에 대한 조직적인 야만성 및 저항성의 개조야말로 바람직한 동아연대의 초석이 된다는 점을 강조하고 있다. 예를 들어 정혁진 박사는 "조선민에 대하여는 두뇌를 개발하기 전에, 먼저 손발을 움직이는 습관을 양성하는 연구를 할 필요가 있다. 조선의 교육관계 당국자가 손발을 움직이기 위한 교육 이상으로 한걸음이라도 더 나가게 될까 봐 염려되는 바이다. 손발을 움직이기 위한 교육은 당연히 조선 교육의 전부임을 각오하고 조선민은 싫건 좋건, 효과가 있건 없건 오직 그것만으로써 만족하지 않으면 안 된다.[24] 고 인용하고, 이에 일본의 교육정책은 조선이나 만주국이나 똑 같은 의식 속에서 실시되고 있다고 했다.

이는 조선인에 대한 일본측의 인식이 침략동반자 인식을 포함하고 있는가 아니면 만주와 조선을 하나로 보고 동아신질서를 위한 이 두지역의 비문명성의 개조를 지배의 중점으로 놓고 있는가를 고민하게 하는 대목이다. 어쨌든 김명구 교수는 조선인의 자발적 참여를 구하기 위한 논의를 중심으로 정혁진 박사는 일본의 조선과 만주에 대한 폭압과

---

23) 김영삼,「내선일체의 진의구명」51·52, 1938.5, 31쪽.
24) 강동진,『일본언론계와 조선』, 30쪽.

개조라는 측면에서 일부 인식의 격차가 드러나고 있다.

## 3. 만주 지역 친일파의 실태

일제가 세운 괴뢰정부인 만주국에 조선인들은 1930년대 대략 3546가구가 형성되었다.[25] 만주에 정착한 조선인은 1920년대 무장독립운동이나 1930년대의 항일 빨치산운동이 만주의 농촌지역을 배경으로 전개되었던 것과 대조적으로, 1930년대 후반 이후에는 도시로 이주했던 조선인 지식인들과 관료 군인들 일부는 친일의 길을 걸었으며, 이들은 해방 후 귀환하여 남한사회에서 지배집단의 일원이 되었다.[26] 예를 들어 일본 외무성과 조선총독부의 보조금을 받아가며 운영되었던 『만선일보滿鮮日報』[27]의 고문인 최남선과 편집부장 염상섭을 들 수 있다.

원래 만주에는 『滿蒙日報』와 『間島日報』 등의 조선어신문이 발간되고 있었는데 關東軍 홍보처가 두 신문을 통합하여 신경에서 『滿鮮日報』를 발간하게 했다. 『만선일보』는 조선인에 의해 운영되어 사장, 부사장, 고문(최남선), 편집부장 등 30명 가까운 기자들이 있었다. 이들은 만주국 보도부에서 파견한 일본인 주간에 의해 통제되었다. 이들 중 극히 소수에 속하는 식민지 중상층 계급과 일부 지식인들에게는 만주는 기회의 땅이기도 했다. 그리고 이들의 상당수가 해방 후 남한사회로 귀환하여 흔히 만주 인맥으로 불리는 지배계급의 한 분파가 되었다.

이에 정영진 교수와 황묘희 교수는 만주 및 천진지역의 친일 조선인의 행적을 추적하였다. 먼저, 정영진 박사는 일제침략전쟁기 만주국

---

25) 남창룡, 『만주제국 조선인』(서울: 신세림, 2000), 25쪽. 尹輝鐸, 『日帝下 滿洲國研究』(서울: 一潮閣, 1996), 8쪽.
26) 김경일·윤휘탁·이동진·임성모 공저, 『동아시아의 민족이산과 도시』(서울: 역사비평사, 2004), 3쪽.
27) 상동, 23쪽.

의 음악계 연구를 통하여 만주국에서 음악방송의 기능 (신경음악원의 살상, 신경라디오방송과 음악프로그램)과 만주국에서 활동한 음악지식인들의 행보를 조명하고자 했다.

그 결과 정 교수는 만주국에서 활동한 조선인 음악인 조선의 일부 음악인들은 자의적으로 만주국에 활동 근거지를 마련하여 일본의 동화정책에 호응하였거나 자신의 입신양명을 위하여 노력하였던 인물들로 파악하면서, 대표적인 면면이 김동진金東振(전 경희대 음대교수 및 학장), 안병소安柄珆(전 국방부 정훈음악대장), 전봉초全鳳楚(전 서울대 음대교수 및 학장) 등의 행적을 밝혔으며, 이외에도 신경중앙방송에 출연하여 왕도낙토만주선양王道樂土滿洲宣揚을 위하여 크리스마스 축가를 부른 季燕芬, 劉春榮, 白玫, 李香蘭 등의 행적을 밝혔다. 그밖에도  특히 일본 紀元二千六百年奉祝 <演劇과 音樂의 밤>에 출연한 金東漢, 李大均 등의 행적을 밝혔다.

그와 함께, 만주국 최고의 음악원인 신경음악원에서 경축노래나 국가國歌의 제정에 참가한 안병소安柄珆 전 국방부 정훈 음악대장과 전봉초全鳳楚 전 서울대 음대 학장 등의 행적도 전문적인 음악적 식견을 통하여 밝혀내었다.

본 연구회에서는 그간 정치 군사적 측면의 만주지역의 친일 조선인 활동에 대한 기존 연구가 풍부하다는 이유로 본 연구에서는 음악계에 한정해서 연구할 수밖에 없었다. 추후 음악계와 더불어 문화계, 언론계, 교육계 조선인의 활동이 그간의 연구과정에서 축적되었고, 이에 대한 본격적인 연구의 필요성이 제기된다.


## 4. 천진 지역 친일 조선인 실태

황묘희 교수는 일제의 침략전쟁이 확대되어 가던 시기 천진지역으로 이주한 한인들 중 개인적으로 또는 조직적으로 자발적 친일활동을 전개한 한인과 친일조직을 살펴 당시 시대에 기생하며 민족을 배반한 천진의 친일군상들의 행적을 『朝鮮日報』(1939년 4월 25일자)와 『朝光』(제6권 제10호, 1940년 10월)에 "天津在留朝鮮人活躍相" 등의 자료를 통해 규명해보고자 했다.

황교수에 따르면 30년대 이전 천진지역에 이주한 한인들은 대개 생활방편으로 이주해 온 일반인 및 조선총독부 관리, 항일투쟁을 위해 망명한 독립운동가, 경제적 목적을 위해 온 기업인 등이 이곳을 생활과 활동의 거점으로 삼았다고 한다.[28] 그런데 침략전쟁이 본격화하자 천진에서의 한인항일세력 활동이 감소하였고, 일반 직업인이나 조선총독부 관리, 일제 침략전쟁에 편승하여 경제적 이득을 목적으로 하여 천진으로 오는 한인이 급증하였다. 그리고 특히 중일전쟁 발발이후 천진지역이 중국내 일본군주둔의 중심지였으므로 한인들 중에는 군속이라 칭해지며 일본군의 통역이나 전선의 병사로 활약하는 한인들이 다수 있었던 것으로 파악했다.

특히 일제말기 천진내 친일한인들의 직업은 대개 군통역, 특무기관원, 군납업, 군수산업, 무역, 관리, 또는 일본군 상대 위안소 경영 등으로, 자신의 개인적 자본축적과 영달을 위해 일제의 침략전쟁에 기생하여 갔다. 그리고 일찍이 만주지역으로 이주하였던 일반 한인들이 생활의 곤궁을 해결하기 위해 천진으로 이주하여 왔는데, 이들은 경제적 기반이나 특별한 기술이 없어 어려운 생활은 여전하였다. 이에 한인들 중에는 실업자나 아편밀매를 하는 부류도 있어 천진일본총영사관에 의해 강제보호송환조치가 되기도 하였다.[29] 그에 반해 점포와 상호를 가지고 있는 영업을 하고 있던 한인은 대개 성공한 자로, 천진내에서 한인지도자층에 속하였다. 생활방책을 찾기 위해 천진으로 온 한인들의

---

28) 木村健二 外, 「戰時下における朝鮮人の中國關內進出について」 『靑丘學術論集』 第23集, 2003, 112~114쪽.
29) 馬靑山, 「北支朝鮮人指導問題の考察」 『北支那 第5卷 4號』, 1938년 4월 19쪽.

직업은 대개 잡화상이나 요리업 정도였으나, 이곳으로 이주하는 한인 인구의 증가로 인하여 생활필수품 관계의 직업도 증가하였다. 또 한인의 대표적인 직업에 있어 일본군통역을 비롯한 군관련 종사자와 여급이 많았고, 은행회사원, 직공, 점원의 증가가 현저하게 나타났다. 이것은 국내로부터의 기업진출과 재만 한인기업의 화북지역으로의 진출이 늘어났고, 일본의 기업진출에 의한 취업의 기회가 증가한 영향으로 보고 있다.

특별히 주목할 만한 친일파로 황교수는 천진일본영사관 등 일제당국과 연결되어 천진지역에서 상층사회를 형성하며 한인들에게 친일화의 영향을 미쳤던 대표적인 인물30) 대략 朴世勳, 朴炳斗(이명 馬靑山), 鄭致宗, 李成守, 白敬淳, 金允一, 李世炳, 金履泰, 鄭碩贊, 蔡泰碩, 金贊亨, 金震根, 金碩龍, 李夏國, 金鎭泰, 申曔澈, 金一煥, 金泰熙 김병수(천진택시), 유주용(순천의원), 장익조(송평약방), 김원제(화풍공사), 김태환(일화목재), 이윤근(보현사 포교주임), 이원화(요동공사), 장세만(조선인민회회장, 천진일본거류민단의원) 등 천진내 다양한 직업을 가진 한인들이 수행한 친일활동을 정교하게 분석했다. 황교수에 따르면 이들은 대부분 천진일본영사 田代重德, 조선총독부에서 파견되어 천진일본영사관 조선과주임을 맡고 있던 高島正太郎 등 천진내 일제 당국의 핵심인물과 연결되어31) 침략전쟁에 동참하며 개인적 이익을 추구해 갔던 한인들이었다.

이들은 침략전쟁의 특수와 일제의 비호아래 큰 이득을 취함으로 개인적으로, 또는 천진조선인민회 등 조직을 통하여 자발적인 친일활동을 전개하였고, 침략전쟁에 동참해 갔다는 것이다. 그리고 중일전쟁 개시로 침략전쟁이 확대되어 가자 최전선에서의 주보(군대 고용인), 군용품 판매상과 그 하청인들도 군특무기관의 말단을 담당하여 첩보활동을

---

30) 『朝鮮日報』(1939년 4월 25일), 「천진조선인의 활약상」(『朝光』 제6권 제10호, 1940년 10월.

31) 『朝鮮日報』(1939년 4월 15일자).

하였고, 화북지역 파견군과의 관계를 심화시키며 개인적 이익을 취하여 갔다고 보았다.

요컨대, 천진 지역의 조선인 행적을 살펴보면, 당대 전형적인 해외 친일 조선인 그룹의 친일 및 침략편승 활동의 구체상이 집약적으로 드러나고 있다는 사실을 확인할 수 있다.

## Ⅲ. 일본 지역 친일 조선인 집단과 활동

### 1. 후쿠이 현 조선인들의 친일 인물 (중견인물) 양성

미쓰이 다카시(三ッ井 崇) 박사는 중일전쟁 이후 일본 재주 조선인에 대한 '친일'교육과 조선인 지도자층의 양성이라는 제목으로, 『福井新聞』을 분석하여 1. 후쿠이현 재주조선인에 대한 교육사업의 사례를 통해서 조선인 '친일'화의 기제를 밝히고, 2. 조선인 융화단체에 의한 조선인 지도자층 양성의 시스템 등을 검토했다. 특히 30년대 초반에 후쿠이현 하에 생긴 재주 조선인 융화를 위한 조직 중 가장 규모가 크고 현청소재지縣廳所在地인 후쿠이시와 그 주변 지역을 기반으로 한 소화협친회昭和協親會에 주목했다. 1933년에 설립된 이 단체는 후쿠이현에서 중앙협화회 체제가 확립된 1940년까지 존재하였고 가장 많은 회원수를 가진 단체였다. 본문에서는 이 단체의 조직 구성, 활동 내용(중견층 양성)의 개요를 밝히고 약간의 논점을 제시하였다.

미츠이 박사의 연구에서 주목되는 것은 후쿠이현에 거주하는 조선인들의 조직인 협화회 지방 지회(지부)가 야학교와 같은 교육기관이 설치되거나 강습회를 통하여 조선인 지도자 양성을 추진한 사항이다. 이른바 중견인물의 양성이 그것인데, 조선인 '청년'층에게 '지도'를 주면서 장래적인 간부＝보도원을 육성하려는 것으로 보고 있다. 당시 조선인 보도원을 설치하는 것은 협화회 지회 설치의 필수요건이었으며, 일본 정부로서도 조선인들의 사상계도와 계몽 그리고 충량성을 높이는 데 크게 기여할 것으로 예측했다는 점이다. 즉, "심신心身의 수양 단련"[32]을 거친 중견인물 층은 앞으로 조선인 사회에서 지도적 역할을 담당하도록 했다. 그러한 중견인물들은 일반 조선인 사회를 잘 알면서 다른 한편에서 언어, 생화습관도 '내지화'된 존재였으며, 통치권력에 있어서는 그들에게 조선인 사회 전체를 '내지화'시킬 수단으로서 중요한 역할이 예정되었다.

　여기서 '양성' 대상은 남자만이 아니었다. "향후 반도인 부인 단체에 이 주지를 철처시키"는 것을 의도하면서 "생화生花 혹은 차茶, 일본부덕婦德 등의 예의를 전습傳習"하기로 했던 것이다.[33] 라고 하여 협화회 지부에 1938년 12월 18일 이후 관내 재주 조선인 여성에 대한 '양성강습회養成講習會'를 필두로 '중견 부인' 양성도 추진한 점이 돋보인다. 여기서 중심이 된 의제는 역시 '부인'의 생활양식을 "내지화"하려는 점이었다. 즉, 강습회에서는 작법, 복장服裝, 위생, 요리 등[34] 방면에서 내지화 교육을 강화하는 한편, 특별히 '내지화'의 기준의 하나가 복장 문제는 중요한 교육내용이었다. 이에 1940년에는 후쿠이현사바에(鯖江)지구 협화회 '부인'들이 다음 해 6월 1일부터 조선복을 폐지하고 일본복을 착용하도록 협의하는 등의 실태를 밝히고 있다[35] 또한 1941년 이후 다케후 재주 조선인 '부인'들이 조선복 제작을 금지하고 40세 이하의 여성들은 1942년 6월 15일까지 한 벌이상의 화복을 만들도록 한 사실[36]도 밝혔

---

32) 「半島靑年講習始る」『福井新聞』1938년 9월 2일자.
33) 「半島人の風俗同化運動: 各地で座談會を開催」『福井新聞』1938년 9월 10일자.
34) 「半島婦人の生活樣式內地化: 大野親和會で講習會」『福井新聞』1939년 8월 22일자.
35) 「朝鮮服を廢し純日本服を着用, 明年六月一日から: 鯖江の半島婦人申合せ」『福井新聞』1940년 12월 15일자.

다. 결국 협화회에 의한 '부인강습회'는 "수양"을 통해서 생활 습관의
'내지화'를 내면화하도록 한 것이었다. 이처럼 재일 조선인 '친일'화의
메커니즘은 조직적으로 형성되고 있었다.

## 2. 재일 조선인 문학가의 친일 행태

나승회 박사는 일본에서 침략전쟁의 전의戰意를 고취시키고 황민화
皇民化를 재촉하는 작품을 다수 발표한 조선출신 작가 장혁주의 이름과
필명의 변화를 통하여 격랑의 시대를 살아온 조선출신 문인의 정체성
에 초점을 맞추어 분석하였다. 필자는 그동안 장혁주에 관한 연구가 대
부분 친일문학의 범주 내에서 분석됨으로써 정작 그의 인생과 문학에
관한 본격적인 고찰이 제대로 이뤄질 수없었다고 보고,[37] 친일 조선인
으로서의 장혁주의 변신과 그에 대한 갈등은 대부분의 조선인이 피지
배국의 국민으로 살아가면서 현실적 고난과 압박을 받으며 굴욕을 겪
는 상황에서 공공연하게 친일행적을 보여 왔던 삶의 특수성을 상징하
고 있다고 했다. 이에 식민지 출신이라는 배경 속에서 예술적 집념과
현실적인 성공에 대한 갈망, 그리고 민족적, 언어적 제약으로 고된 삶
을 살아야만 했던 장혁주의 변신의 논리와 정체성에 주목하여 그의 삶
과 문학을 재조명하려고 했다.

여기서 나승회 박사는 장혁주의 친일 역정을 다음과 같이 복원하였
다. 즉, 장혁주는 처음 조선의 문단을 통해 데뷔하려했으나 실패하자
목표를 더욱 높이 설정하여 일본 문단 진출하여 일본의 현상소설 공모

---

36) 「着物は和服に: 半島婦人たち申合せ」『福井新聞』1941년 11월 9일자.
37) 이 방면 연구는 일본인 또는 일본에 거주하고 있는 연구자에 의해 비교
     적 활발히 진척되어 왔으며, 그 대표적인 것이 연보 및 전기적인 연구에
     충실한 시라가와 유타카(百川豊)의 「張赫宙研究」百川豊, 「張赫宙研究」,
     동국대학교 박사논문, 1989. 12 이다.

에 도전했다. 그러면서 조선과 일본 양쪽을 오가며 창작활동하면서 조선 문단과의 반목이 커지면서 「조선과는 영원히 결별」하고 일본작가가 되기로 결단함으로써 그의 친일 문학이 본격화된 것으로 보았다. 이리하여 1930년대 후반에서 1940년대 초반에 필명을 노구치 미노루로 바꾸고 일본의 국책에 영합하는 행보보였다. 이는 철저하게 일본인화日本人化됨으로써 일본 내에서의 차별을 극복하려는 장혁주류流의 역수의 논리가 작용한 것으로 파악했다.

해방이 되자 그는 다시 필명을 이전의 '장혁주'로 바꾸었고, 두 차례에 걸쳐 한국으로 취재여행을 간 뒤 장편『嗚呼朝鮮』(1952)을 출판하면서 자신과 반목하던 우익과 좌익의 재일 조선인을 향해「元朝連系同胞に訴える」(1952)라는 문장을 쓰는 등 친일에 이은 반조선문학활동을 전개하고 있었다.

보기 드물게 일제시대에는 조선에서 타자화 되면서 제2의 일본인임을 갈구했고, 해방후에도 반조선문학을 전개하여 조선인 그룹과 철저히 자신을 구분함으로써 영원한 제2의 일본인으로 살아가고자 했던 인물로 평가할 수 있다. 이러한 그의 심경은 「脅迫」이라는 글에서 잘 드러나고 있다. 즉,「이러한 뿌리깊은 민족정신이 인류를 불행하게 하는 것이다. 나는 이 모든 것을 추월하고 싶다38)」고 고백한 뒤, 결국 「민족이고 나라고 도대체 뭐가 뭔지 모를 기분이 들어서, 인간을 이렇게 불행하게 만드는 것에 편집하는 자신이 바보스럽다고 생각했다39)」고 결론지은 것이 그것이다. 자기 주체성에 대한 갈등 속에서도 역시 장혁주류流의 발상의 전환이 작용하고 있었던 것이다. 영원한 주류를 위한 그의 문학적 고민은 결국 역사도 버리고 조국을 버렸으며, 자신마저도 황폐하게 만들었다. 어디에도 그가 갈 곳이 없었다는 점이다. 그런 면에서는 그만큼 개인주의적 친일문학도 없을 것이다.

---

38) 장혁주, 「脅迫」, 위의 책, 283쪽.
39) 장혁주, 「脅迫」, 위의 책, 286쪽.

# Ⅳ. 동남아 지역 조선인의 활동과 친일성 판단

## 1. 조선인의 남방인식과 활동

태평양전쟁시기 일본은 전쟁을 수행하고자 조선경제를 일본본토 및 중국 혹은 만주 등의 북방권과 더불어 대만, 태국, 동인도(인도네시아), 버마(미얀마), 말레이 등 남방권과도 경제연관을 확장하여 물동 능력을 높이는데 총력을 기울였다. 이를 위해 총독부는 조선경제의 전시적 재편성을 도모하는 한편 각종 '남방요강'을 발표하고 간담회 등을 개최하는 등 연계방안을 모색하였다. 그 과정에서 남방자원을 매개로 일부 식민지 공업(예를 들어 타이어, 경금속, 석유, 철강)의 확충계획이 세워지고, 특히 조선경제의 대외적 성격이 강화되면서 각 방면 조선인들의 남방진출 '붐'이 일었다.

징용, 징병, 정신대 등 강제연행을 제외하고도 조선인들은 다양하게 남방으로 진출하였고 당시 여론조사에서도 남방진출에 대한 조선인의 호응은 무척 높았으며, 영화감독 허영이나 무용가 최승희 등이 동남아에서 활동한 것은 그러한 '열망과 기대'의 대변이었다.[40] 특히 조선인 자본가들은 일본의 전쟁 시책을 주시하면서 동남아 지역의 생필품 시장을 겨냥하고, 인광석, 석유, 고무 등 동남아 자원을 토대로 한 기초소재 물자 생산 계획을 구상했다. 그런데 기왕의 연구에서는 일본을 중심으로 한 북방권 내부의 물자교류 문제에는 일정하게 연구되었으나[41]

---

40) 허영은 內海愛子, 村井吉敬 지음 / 강대민, 김인호 외 옮김, 『돌아오지 않은 조선인 허영』, 울타리, 2005.1. 최승희는 상해 『申報』 1945년 4월 5일자(화보). 조선인 포로감시원은 김도형, 「해방전후 자바지역 한국인의 동향과 귀환활동」 『한국근현대사연구』(24). 한국근현대사학회, 2003.1을 참조바람. 그밖에 강제동원 관련 연구 성과는 여기서 소개를 생략한다.

41) 小林英夫, 『「大東亞共榮圈」の形成と崩壊』(御茶の水書房, 1975; 김인호, 「북방엔블록과 조선경제의 연관에 관하여」 『한국민족운동사연구』(30),

남방과의 관계를 규명한 연구는 강제동원 문제를 제외하고는 그다지 나타나지 않았다.

김인호 교수는 조선(조선총독부와 조선인)의 남방경제 연관 구상과 그 실상을 규명하고자 총독부 및 관변 조직에서 주창된 '남방론'과 남방 '연계' 구상, 조선인들의 남방 활동과 인식 및 남방 진출 러시 등을 검토하였다.

여기서 주목할 것은 당시 조선인 중소기업가 등 상당수가 남방에 대한 적극적인 진출 욕구를 가지고 있었다는 점이다. 김교수가 조사한 자료에 의하면, 1942년 원산상의가 실시한 설문에 따르면 전업 희망업종은 총응답자 435명 중에서 '언제든지 돌아올 수 있는 간단한 상업'은 25명, 군수공장 노동자는 40명, 생산력확충산업 관련 노동자는 10명, 관청·회사의 사무원은 34명, 은행·금융·보험의 사무원은 11명, 귀농은 11명, 건축토목사업 38명, 만주 농업개척민 4명, 기타 84명인데 대해서 '중국·남양과 기타 해외로 이주'를 응답한 인원은 총 응답자 435명 중에서 156명으로 36%에 달하였다.[42] 또한 1942년 6월 20일에서 25일간 부산부가 동남아로 이주할 기업자들의 신고를 받았을 때 출원한 45명의 면모를 보면 주로 잡화상·과자상·섬유상 등 중소기업가였다.[43]

이처럼 동남아 진출을 희망하는 업자가 많은 것은 우선 남방이라도 가서 통제를 피해 보려는 측면과 아울러 일본의 점령을 기화로 동남아에 진출하여 원료부족을 해소하고 자본축적을 꾀하려는 조선인들의 이해관계를 반영하는 것이다.

동남아에 진출을 강력히 추진한 대표적인 조선인 자본가는 화신무역의 박흥식이었다. 즉, 화신의 남방진출 기획은 일본이 북베트남을 점령하는 시점(1940년 9월)에서 시작하여 태평양전쟁이 발발하자 곧바로

---

2003.
42) 「經濟治安週報」(1942년 6월 29일자), 9쪽.
43) 「經濟治安週報」(1942년 7월 13일자), 12쪽.

실행된 것으로 보인다. 그리고 그는 1943년 2월에 기자회견을 통해 화신의 본격적인 남방 진출을 천명하면서 베트남 사이공(西貢)과 태국의 방콕(盤谷) 지역에 화신백화점 지점을 그리고 방콕에는 고무제품 공장을 건설하기로 했다.[44] 이후 화신은 43년 7월까지 현지 진출을 위한 기초조사를 완료하였다.[45] 이러한 和信의 남방 진출은 남방지역 소비재 보급이라는 일제의 남방권 경제 연관 시책을 반영한 것으로 분석되었다. 또한 1943년 말에 朴興植은 불령인도차이나로부터 한약재를 직수입하려는 계획을 세우기도 했다. 이러한 직수입 계획은 전쟁 당시 이 지역과 직항로가 없는 것에 대한 조선인 자본가 나름의 대책으로 볼 수 있다.[46] 즉, 태평양전쟁 전후 일부 조선인이 직접 남방에 진출하여 인삼장사 등 상업을 하고 있었고, 1943년 경 和信의 진출은 그 정점이었다는 것이다.

이러한 김 교수의 논문을 통해서 볼 때 경제적 연관관계를 추적하면서 그들의 친일의 자발성 혹은 강제성을 묻고 검토하는 방식의 연구가 보다 의미가 있을 것으로 보인다. 즉, 이러한 방식은 특정지역의 사회적 경제적 역할과 그것에 연관된 대외관계를 설정하는 방식이다. 예를 들어 북방엔블록과 남방엔블록으로 구분하고, 각기 진출한 조선인의 신상과 활동내역에 대한 분석하거나 이들 지역에 자본을 투하한 조선인들은 지역적으로 구분하여 그 자본가적 특성을 분류하는 것도 의미있는 일이다. 물론 이 경우 경제적인 분류 외에도 문화적인 측면에서 혹은 인맥이나 지역성에 따른 연관관계도 같이 고려할 필요가 있다.

---

44) 「和信, 南方에 進出」『每日新報』(1943년 2월 3일자). 박흥식은 이 외에도 동남아는 물론 유럽과 아프리카, 미국까지 진출하여 해산물과 운동화, 의약품, 사과, 명태, 간유 등을 수출했다. 또 중국 시장 개척을 위해 천진에 출장소를 설치하기도 했다(『월간조선』, 2006년 5월 15일).
45) 「和信의 南方進出 現地基礎調査完了」『每日新報』(1943년 7월 15일자).
46) 「佛印産 韓藥材도 直輸入 기도-朴 和信사장 담」『每日新報』(1943년 2월 3일자).

## 2. 동남아 조선인 전범의 이해

기왕의 연구에서 조선인의 해외활동에 대한 연구는 주로 연합군측이 주도한 동경 극동 군사재판에서 기소되어 처벌된 조선인 전범 문제를 고찰하는 것으로 그치는 경우가 많다 과연 그럴까? 대체로 전범에 관한 기왕의 이해는 이른바 동경국제군사재판의 결과에서 기인한다. 본 재판과 더불어 연합군 점령지에 별도로 전범에 대한 재판이 진행되어 많은 조선인들이 포함되어 처벌을 받았다. 조선인의 경우 악랄한 포로감시원이나 특정한 가혹행위를 자행한 자들이 기소되어 형을 확정받았지만, 정작 이들에 관한 역사적인 분석은커녕 초보적인 법제적 분석도 이뤄지지 않은 채 이른바 억울한 죽음으로만 조금씩 알려지는 상황이다.

이러한 불공평한 조선인 전범처리 문제와 더불어 실제 조선인들은 형법 및 국제법상의 범죄보다 훨씬 넓은 영역에서 점령지 주민에 대한 수탈과 학살 그리고 침략을 자행하고 있었다는 점을 상기해야 한다. 이들은 자국에서 자신의 민족에 대하여 반민족행위를 일삼은 이른바 반민족행위자보다 한층 부도덕하고, 침략적이었으며 식민지인이라는 열등의식이 가혹한 충성을 가져와 피점령지 주민에 대한 혹독한 약탈과 가혹행위를 자행했다. 나아가 일제 침략 세력의 비호하에 수많은 중국과 동남아의 자원과 물자를 수탈하는데 일조하고 있었다. 즉 대륙과 동남아에서 반민주적이고, 반문명적인 침략동반세력으로 활동한 광범한 조선인 집단에 대하여 역사적으로 반드시 평가될 필요가 있다는 점이다.

일반적으로 전쟁범죄라 함은 전쟁중 또는 전쟁과 관련한 시기에 군인이나 경찰, 공무원은 물론이고 민간인들에 의하여 교전당사국 또는 중립국 영역에서 행하여진 전쟁법규에 위반한 폭력적 행위를 말하며,[47] 침략전쟁에 대한 공동모의, 기습개전에 의한 살인과 잔학행위자

등은 A급 전범으로 국제군사재판에서 연합국 모든 정부의 공동결정에 따라 재판을 받게 되어 있고, 전쟁법규를 위반하여 이루어진 살해·학대·약탈 등의 통상적인 전쟁범죄자는 B급 전범으로, 민간인에 대한 살해·학대·약탈을 한 비인도적인 범죄자는 C급 전범으로 범행지에 설치된 법정에서 범행지 법에 따라 재판을 받게 되어 있었다.

이에 김용희 교수는 동남아 지역에서 포로감시원으로 활동하다 해방후 전범재판에 회부된 B·C급 전범의 실태와 이들 조선인들이 동남아 지역으로 파견되었던 이념적 근거와 침략 편승의 논리를 검토하였다. 특별히 김교수는 여러 전범 사례중에서도 네델란드 법정과 영국·호주 법정의 전범재판을 중심으로 고찰하고자 했다.

김교수에 의하면 태평양 전쟁 중 B·C급 전범재판은 일본을 포함한 아시아 49개 법정에서 개정되었으며 약 5700명이 전범으로 기소되었다고 한다.  이들 중 포로수용소관계자에 대한 기소건수가 전체기소건수의 16%에 해당하였다. 이는 전쟁중 일본국에 포로가 되었던 연합국 포로의 27%(35,756명)가 사망한 결과에 따른 당연한 책임 이었다[48]. 그러나 포로수용소관계자의 대부분은 조선인과 대만인으로 구성된 군속으로 이들 대부분이 전범으로 아시아 전역에서 기소되어 재판을 받았으며, 이들은 전쟁범죄에 관한한 일본인으로 취급되었다고 한다. 이후 네델란드령에서 재판을 받고 복역하던 B·C급 전범 693명(조선인 65명 포함)은 네델란드가 인도네시아에 주권을 이양하기에 앞서 일본정부로 송환, 1950년 1월 23일 일본 요코하마에 도착하였다. 또한 영국령에서 재판을 받은 B·C급 전범 231명(조선인 31명)도 조금 늦게 일본정부의 송환령에 따라 1951년 8월 27일 일본으로 송환되었다. 이들은 샌프란시스코에서

---

47) 이민수,"전쟁범죄와 개인의 책임에 관한 연구", 육사화랑대연구소, 1996, 17쪽.

48) 栗屋憲太郎, "今 , 戰爭犯罪裁判を考える", 「史苑」, 第52卷 1號, 立敎大學史學會, 1991, 5쪽.

체결한 평화조약초안 제11조에 따라, 일본으로의 송환과 동시에 巢鴨 (스가모)형무소에서 잔여형기를 마치기 위해 수감생활을 해야만 했다는 것이다.

그러나 연합국사령부는 B·C급 전범자에 대하여는 단호한 처벌의 의지를 보이면서도, 전쟁의 지휘부였고 수많은 인명살상의 최고 책임자들이었던 岸信介 전상공대신, 靑木一夫 전대동아대신, 安倍源基 전내무대신, 兒玉譽士夫 대화회회장, 笹川良一 전 國粹大衆党首 등 A급 전범 피의자 17명을 1948년 12월 24일에 불기소 석방하였으며, 또한 1950년 11월 21에는 A급 전범으로 7년형을 선고 받은 重光葵 전외상도 가석방하는 이중적 모습을 보였다는 것이다.

김용희 교수의 논의는 결국 사주 받거나 동원된 조선인 포로감시원에 대한 법적 처벌과 진짜 전범에 대한 연합국측의 유화적인 처리에서 나타나는 법적 형평의 불공정성에 대한 실증적인 증거를 제시하고, 조선인 전범 처리과정에서 나타난 불법적인 법적용내용에 대해 본격적으로 규명했다는 의미가 크다. 하지만 그렇게 주객이 전도되고 법적 탈구성이 짙은 평결을 이루기까지 연합국 재판권에 영향을 주었던 다양한 국제정치적 요소에 대한 접근이 포함되었더라면 보다 역사적인 의미를 확연히 밝힐 수 있었다는 아쉬움이 있다.

요컨대 조선인의 동남아 진출 문제와 관련하여 이들의 행적을 역사적으로 어떻게 평가해야 할 것인가를 고민할 필요가 있다. 사실 중일전쟁, 태평양전쟁시기 조선인의 남방 붐은 무척 컸으며, 많은 인원이 동남아로 진출했다는 점은 불문가지다. 실제로 국내의 각종 전시 산업재편과정에서 탈락될 위기 즉 전폐업의 위기에 몰린 조선인들이 새로운 낙토나 자본축적지로서 남방에 기대를 걸었다. 그것이 죄인가? 하지만 이러한 행위 뒤에는 일본의 동남아 진출에 적극적으로 기여하는 조선인 집단을 집단적으로 양성하여 그들의 점령지 지배를 원활히 할 수 있는 지원세력으로 끌어들이려는 포석에 의한 것이었다. 단기내적 생산증강 정책이 강화되는 속에서 새로운 생존선을 찾아가는 조선인과 침략전쟁에 이들을 효율적으로 이용하려는 일본의 요구가 침략전쟁의 콩고물을 일부 제공하는 방식으로 맞아 들어갔다는 점에서 조선인 자본의 동남아 진출은 그자체로 친일성을 가지지 않을 수 없었다. 그리고 자발적 측면에서도 침략편승 욕구가 농후하다. 따라서 자본가들의 동남아 진출은 포로감시원 부류의 자발성이 강한 친일과 강제동원과 같은 강제적 친일의 중간지대에 위치하는 역사적 의미를 갖는다.

## V. 결론과 제언 : 내면화된 자발성과 생존을 위한 강제성 사이에서

1940년대 이후 일제는 중일전쟁에 이어 태평양전쟁의 발발 등 침략전쟁을 확대하면서 자신들의 수탈적 동원 정책을 보다 효과적으로 수행하기 위해서는 무엇보다도 중심적 식민지인 조선인의 자발적인 동원과 협력이 필요하였다. 이에 일제는 자신들의 침략전쟁을 동아시아 수호를 위한 성전으로 선전하며 소위 대동아공영권의 신질서 구축으로 미화시켜 나갔다. 특히 침략전쟁을 서구제국주의의 자본침략으로부터 벗어나 동아시아 자주적 경제체제를 구축하기 위한 것으로 위장, 이러한 침략전쟁의 궤변은 친일세력을 이용한 전쟁동반론으로 나타나 자본축척의 확대를 꾀하던 식민지하의 정치적 입장(항일투쟁)과 거리를 두었던 유산층의 입맛을 당겼다. 그리하여 친일 조선인 자본세력은 그 같은 일제의 침략논리에 자발적으로 동조하면서 자신들이 식민지인으로서 갖고 있던 차별을 침략전쟁 동반세력화를 통해 탈피하고자 하였다.

태평양전쟁이 발발한 전후에는 국내는 물론 중국 등 해외 친일 조선인의 침략전쟁 동반이 개별적으로 이루어지는 것이 아니라 친일조선인들이 자신의 자본기반을 통해, 친일단체를 통해 집단적으로 침략전쟁의 기여세력이 되었다. 이러한 조선인 자본세력의 침략적이고 자발적인 친일인식은 조선내에서 그치는 것이 아니라 일제의 수탈적 경제라인의 중국대륙 및 동남아 등 점령지로의 확대에 따라 동반 진출하여 일제의 침략전쟁에 뒷돈을 대고 선전하며 개인적 이익증식과 영달 추구에 몰두하여 갔다.

이러한 해외 친일 조선인의 형성과정에서 만주, 천진, 일본, 동남아 지역의 친일 조선인 행적을 분석하였고, 그 결과를 정리하였다. 지면관계상 여기서는 연구내용을 정리하는 것은 생략하기로 하고 추후 연구 과제를 중심으로 설명하고자 한다.

첫째, 중국 본토지역이나 몽강 지역 혹은 동남아 일원에서 광범하게 활동하던 친일 조선인들의 실질적인 침략지원 활동에 대한 연구가 필요하다. 왜냐하면 침략지원이라는 개념 자체가 가지는 이론적 추상성으로 인해서 어느 선까지 그들의 행적을 친일의 범주로 인정할 수 있는가 하는 점이다. 침략편승 혹은 침략지원의 범위를 규정함으로써 정말 제2의 일본인이 되고자 한 부류의 사람(귀화자 포함)에 대한 역사적 단죄 문제 혹은 조선적 정체성을 확보하면서도 침략의 콩고물을 획득하고자 했던 사람들에 대한 역사적 단죄가 상당히 복잡하게 얽힐 수 있다.

둘째, 이와 관련하여 침략전쟁에 직접 복무하거나 군수산업에 참가한 것만으로는 친일행위의 진상을 규명하기 힘들다. 특히 해외 지역 조선인들의 구체적인 삶과 연관할 때 그들은 현실적으로 자신의 생존권을 보호해줄 유일한 대상이 일본이었던 만큼, 그들의 친일행위를 추동한 내면적 수요 및 욕망 즉, 친일행위상의 자발성과 강제성을 어떻게 역사적 행위나 행적에서 추적함으로써 자칫 친일성이라는 추상적인 언술에서 발생할 수 있는 다양한 언술에서 판단의 오류를 벗어날 수 있게 될 것인가를 고민할 필요가 있다.

셋째, 행적 중심의 친일성 조사에 이어서 행적을 만들어내게 된 친일 조선인의내면성에 대한 체계적인 고찰의 방편을 마련할 필요가 있다. 친일진상규명위원회 활동성과 처럼 행적 위주의 친일파 청산이 현실적인 의미를 지니는 것은 부정할 수 없지만 역사가 지나치게 평가 문제에 치중하여 실제적 삶과 결합된 다양한 선택의 가능성과 무엇보다도 생존권 문제라는 삶의 본질적 측면을 간과할 수없는 것도 사실이다. 민족해방의 행적도 어쩌면 운동가들의 구호와 저항적 태도나 행적에서 현실적으로 추출할 수 밖에 없지만, 사실 내면성에 대한 고찰이 전제되지 않으면 외견상 항일운동처럼 보이는 다양한 운동도 친일네셔널리즘에서 발아된 또다른 친일행각이었다는 사실을 확인할 수 있을 것이다.

넷째, 각론적인 측면에서 본 연구에서는 만주지역에서 활동하던 친일 조선인 활동에 대해서는 기존연구에서 정치 군사 방면의 친일 조선인 행적을 다룬 경우가 많다는 점에서 주로 음악계(문화계)에 한정해서 연구하였다. 하지만 광범한 만주지역 친일 조선인 문화계의 행적을 확인하기 위해선 추후 음악계와 더불어 문화계, 언론계, 교육계 조선인의 활동에 대한 관심이 필요하다.

다섯째, 동남아 친일 조선인의 경우는 그들의 행적에 영향을 준 것이 단순한 침략성이나 침략편승의식에서 나온 것이 아니라 일부분은 식민지 동원정책의 연장에서 출발한 것인 만큼 그들의 친일에는 강제성도 자발성 만큼 고려되어야 한다는 점을 생각할 수 있다. 즉, 조선내에서 단기내적 생산증강 정책이 강화되는 속에서 새로운 생존선을 찾아가는 조선인과 침략전쟁에 이들을 효율적으로 이용하려는 일본의 요구가 침략전쟁의 콩고물을 일부 제공하는 방식으로 맞아 들어갔다는 점에서 조선인 자본의 동남아 진출은 그자체로 친일성을 가지지 않을 수 없었다. 그리고 자발적 측면에서도 침략편승 욕구가 농후하다. 따라서 자본가들의 동남아 진출은 포로감시원 부류의 자발성이 강한 친일과 강제동원과 같은 강제적 친일의 중간지대에 위치하는 역사적 의미를 갖는다.

여섯째, 해외 친일 조선인 자본가 연구에서는 조선인 기업인의 신상과 활동내역에 대한 분석하거나 이들 지역에 자본을 투하한 조선인들은 지역적으로 구분하여 그 자본가적 특성을 분류하는 것도 의미있는 일이다. 물론 이 경우 경제적인 분류 외에도 문화적인 측면에서 혹은 인맥이나 지역성에 따른 연관관계도 같이 고려할 필요가 있다.

요컨대, 해외친일파는 국내 친일파의 반민족성의 준거를 그대로 반영할 수없는 나름의 친일 네셔널리즘이 있었고, 그들의 생존권 확보를 위한 현실적인 일본의 힘이 필요했다는 점(강제성)과 일정한 친일의식의 내면화(자발성)가 요구되었다는 점에서 해외 친일문제를 더욱 복잡한 국면으로 끌고 간다. 그럼에도 불구하고 그들의 총체적 행적은 침략전쟁에 적극 편승한 침략전쟁의 전위대라는 평가를 벗어날 수 없다.

# 침략전쟁시기 천진의 친일한인조직연구

황 묘 희*

## I. 머리말

　천진지역에는 중일전쟁이후 국내나 만주로부터 각각의 현실적인 목적을 가진 한인들이 대거 이주하였다. 이곳은 대한민국임시정부의 근거지인 상해 등지에 비해 많은 독립운동세력이 활동하지 않았지만 3·1운동 이후 천진내 프랑스조계지를 중심으로 임정과 연계된 독립운동세력 또는 임정반대세력 등이 이곳을 거점으로 항일투쟁을 전개하고 있었다.

　그러나 천진이 일본군부의 핵심적 주둔지라는 특성과 침략전쟁이 확대되어 간 1930년대 이후 항일세력들이 빠져 나감으로 개별적인 정치적, 경제적 목적을 위해 이주해 온 한인들 이 그 자리를 메꾸어 갔으며, 이들은 자신들의 업무와 업종을 통해 친일활동을 전개함으로 일본군과 당국의 비호를 받으며 침략전쟁의 특수를 누리고 천진 한인사회의 유력인사로 행세하였다.

---

* 한국체육대학교 강사

이처럼 천진에서 기업활동이나 전문직 등을 통해 유력인사로 행세하며 친일활동을 한 대표적인 한인들의 면면이 『朝鮮日報』(1939년 4월 25일자)와 『朝光』(제6권 제10호, 1940년 10월)에 "天津在留朝鮮人活躍相"이라는 제목으로 소개되고 있다. 이들은 대부분 일제의 침략전쟁이 본격화되는 시기를 전후하여 천진으로 이주한 뒤 큰 자본을 축적하여 성공한 한인들로 소개되고 있다. 그러나 이들은 대부분 개인적인 업종이나 조선인민회같은 친일조직을 통하여 적극적이고 자발적인 친일활동을 전개한 대표적인 인물들로 천진지역의 성공한 한인세력으로 포장되었던 것이다.

그럼에도 중국내 한인들의 조직적인 친일행적에 대한 정확한 규명과 인식이 제대로 이루어지지 않고 있으며, 천진지역을 포함한 중국 대륙의 한인친일단체에 대해서는 『일제침략과 친일파』(임종국, 청사, 1982)가 대표적으로 다루었을 뿐 천진지역 등 단독과제의 해외 친일연구가 많이 부족한 것이 사실이다.

이에 본 연구에서는 일제의 침략전쟁이 확대되어 가던 시기를 전후하여 천진지역으로 이주한 한인들중 개인적으로 또는 조직적으로 자발적 친일활동을 전개한 한인과 친일조직을 살펴 당시 시대에 기생하며 민족을 배반한 천진의 친일군상들의 행적을 규명, 인식해 보고자 한다.

## Ⅱ. 한인의 이주상황

천진은[1] 당고항이 인근한 위치로 북경의 관문이자 육로와 해로를 통한 교통의 요지로서 일찍이 상업이 발달하였다. 우리나라와는 지리

---

1) 천진은 일찍이 天進이라고도 불렸는데 天子의 도시인 北京으로 前進한다는 의미라고 한다. 이곳은 예부터 경제도시로 불리어졌는데, 1860년 북경조약에 의하여 개항장이 되고 영불조계지가 설정된 후 강대국들의 거주지가 되었다.
『朝鮮日報』 1939년 4월 15일자.

적으로도 멀지 않고 예부터 문화의 교류와 교역도 있었는데, 근대이전
에는 다른 중국 관내지역과 마찬가지로 많은 인적 이동은 없었다. 1882
년 조중상민수륙무역장정을 맺은 후 한인의 천진내왕은 늘었으나 공
무수행의 관리나 상인, 유학생을 제외하고는 극히 소수였다.

　그러나 1910년 일제의 강점에 따른 식민지지배와 침략전쟁이 전개
되자 여러 가지 목적에 따라 상해와 마찬가지로 천진내 프랑스조계에
본격적으로 한인들이 이주하였고, 1919년 이후 천진지역에 천진불변단
등 독립운동단체가 조직되어 독립운동이 활발하게 전개되자 이곳으로
의 한인이주자가 점차 증가하였다.

　이후 천진내 한인이주는 중일전쟁 전후로 2~3배가 증가하였는데,
1934년 한인 인구는 395명 정도였던 규모가 이듬해인 1935년에는 1,332
명에 이르러 전년에 비해 3,4배가 급증하였고, 중일전쟁 개시 후인 1938
년에는 2.2배 정도 증가하였고, 1939년 1월말 현재 6천 7백여 명에 이르
는 한인들이 거주하기에 이르렀다.[2] 이에 3·1운동 직후 대한민국임시
정부가 수립된 이후에는 천진내에 한인사회의 구심점이 되는 교민단
이 조직되었고, 임시정부는 천진교민단을 산하조직으로 확보하여 천진
내 한인사회를 민단적인 차원에서 파악하였다.[3]

　그리고 한인 거주지역을 보면 1940년 당시 주로 천진내 프랑스조계
와 중국인지역에 거주하였다. 100인이상 거주하는 지역은 新壽街, 旭街,
榮街, 秋山街, 蓬萊街, 福島街, 橋立街로 천진내 한인수 전체의 71.2%를
차지하였다.[4] 천진지역은 1860년 영불연합군의 북경침략 이후 체결된
북경조약에 의해 미·영·프 등 각 열강의 조계지가 설정되었다. 그중 프
랑스조계지는 1861년 4월 24일 중국, 프랑스사이의 '天津紫竹林法國租
界地條款'에 의해 동북쪽 海河, 서쪽 海大道, 巴黎路 등지로 확정된 이

---


2) 『朝鮮日報』 1939년 4월 15일자.
3) 김희곤, 『중국관내 한국독립운동단체연구』, 지식산업사, 1995, 114~116쪽.
4) 앞의 논문, 「戰時下における朝鮮人の中國關內進出について」, 114~115쪽.

후 계속 확대되어 2,000묘에 달하였다.[5] 특히 천진 프랑스조계내에는 상해지역과 마찬가지로 한국독립운동가들의 신변이 어느정도 보호됨으로 1920년대 전후에는 한국독립운동가들이 이곳을 거점으로 활동하였다.

<표 1> 천진지역 조선인인구수[6]

| | 남 | 여 | 계 |
|---|---|---|---|
| 1933.12 | 427 | 389 | 816 |
| 1934.12 | 511 | 501 | 1,012 |
| 1935.12 | 611 | 548 | 1,159 |
| 1936.12 | 1,460 | 1,190 | 2,650 |
| 1940. 1 | 4,231 | 3,131 | 7,362 |
| 1941. 1 | 4,649 | 3,483 | 8,132 |
| 1942. 1 | 5,704 | 4,428 | 10,132 |

한편 천진으로 이주한 한인들은 대개 생활방편으로 이주해 온 일반인 및 조선총독부관리, 항일투쟁을 위해 망명한 독립운동가, 경제적 목적을 위해 온 기업인 등이 이곳을 생활과 활동의 거점으로 삼았다.[7]

특히 만주사변 후에는 화북지역에 일본군이 본격적으로 침략해 옴으로 천진에서의 한인항일세력 활동이 감소하였고, 일반 직업인이나 조선총독부 관리, 일제 침략전쟁에 편승하여 경제적 이득을 목적으로 하여 천진으로 오는 한인이 급증하였다. 그리고 중일전쟁 발발이후 천진지역이 중국내 일본군주둔의 중심지였으므로 한인들 중에는 군속이라 칭해지며 일본군의 통역이나 전선의 병사로 활약하는 한인들이 다수 있었다. 특히 일제말기 천진내 친일한인들의 직업은 대개 군통역,

---

5) 천진시지방지편수위원회, 『天津通誌』, 천진사회과학원출판사, 1996 참조.
6) 日本外務省 東亞局, 『滿洲國及中華民國在留本邦人及外國人人口統計表』 참조.
7) 木村健二 外, 「戰時下における朝鮮人の中國關內進出について」 『靑丘學術論集』 第23集, 2003, 112~114쪽.

특무기관원, 군납업, 군수산업, 무역, 관리, 또는 일본군 상대 위안소 경영 등으로, 자신의 개인적 자본축적과 영달을 위해 일제의 침략전쟁에 기생하여 갔다.

그리고 일찍이 만주지역으로 이주하였던 일반 한인들이 생활의 곤궁을 해결하기 위해 천진으로 이주하여 왔는데, 이들은 경제적 기반이나 특별한 기술이 없어 어려운 생활은 여전하였다. 이에 한인들 중에는 실업자나 아편밀매를 하는 부류도 있어 천진일본총영사관에 의해 강제보호송환조치가 되기도 하였다.[8] 그에 반해 점포와 상호를 가지고 있는 영업을 하고 있던 한인은 대개 성공한 자로, 천진내에서 한인지도자층에 속하였다.

생활방책을 찾기 위해 천진으로 온 한인들의 직업은 대개 잡화상이나 요리업 정도였으나, 이곳으로 이주하는 한인 인구의 증가로 인하여 생활필수품 관계의 직업도 증가하였다. 또 한인의 대표적인 직업에 있어 일본군통역을 비롯한 군관련 종사자와 여급이 많았고, 은행회사원, 직공, 점원의 증가가 현저하게 나타났다. 이것은 국내로부터의 기업진출과 재만한인기업의 화북지역으로의 진출이 늘어났고, 일본의 기업진

---

8) 천진일본영사관경찰서가 1938년 취급한 천진한인에 대한 보호송환 내용을 보면 다음과 같다.
   1. 악행(마약밀매)을 일으켜 치안취체상 송환되거나 혹은 아무것도 없이 몸만 귀국길에 오르는 조선인
   2. 불가항력으로 실업자가 된 자, 즉 주인에게 고용되었으나 주인이 도주하여 남은 조선인
   3. 생활곤란에 빠진 조선인
   4. 병으로 빈곤에 빠져 몸도 안좋은 조선인
   5. 이외 가족의 송환에 자신도 돌아갈 수 밖에 없어 보호송환되는 조선인
   보호송환조치되는 천진거주 한인의 비율은 일본인에 비해 76%를 차지함으로 일제 당국은 침략정책에 불필요하거나 도움이 되지 않는 한인들을 송환조치하였다.
   馬靑山, 「北支朝鮮人指導問題の考察」『北支那』第5卷 4號, 1938年 4月, 19쪽.

출에 의한 취업의 기회가 증가한 영향도 있었기 때문이라 하겠다.

천진의 한인이 운영하는 기업의 품목 중 가장 많은 것은 쌀, 잡곡이 며, 상업부분은 여관업, 하숙업, 대출(대금업)이며, 기타 식료잡화가 한인 기업 중 가장 많았다. 그리고 양복, 모직 및 기타 섬유류를 취급하는 한 인들이 있었다. 1938년 전후로 한 당시에는 한인 미곡관련상과 여관업, 식료잡화상, 양복상이 주요 영업종목이었다. 그리고 소자본으로 설립 된 소매업은 중일전쟁직후부터 설립되었지만, 큰 자본이 투자되는 곡 물무역상과 여관의 설립은 1939년을 중심으로 설립되었다.

특히 기업의 설립은 중일전쟁 개시후부터 일본인 인구의 증가와 화 북지역에 대한 일제의 본격적인 침략이 이루어지는 시점에서 주로 설 립되었고, 한인기업의 지점과 출장소의 개설도 1938년 이후 증가되었다. 1939년 당시 천진거주 한인의 직업내역을 살펴보면 다음 표와 같다.9)

〈표 2〉 천진한인직업일람표 (1939년 당시)

| 직 업 | 수 | 직 업 | 수 |
|---|---|---|---|
| 관 리 | 27 | 의 사 | 15 |
| 정부직원 | 21 | 교원(교사) | 14 |
| 은행원 | 151 | 목 사 | 2 |
| 간판업 | 24 | 군대번역 | 35 |
| 당점(사탕) | 12 | 기차운전사 | 88 |
| 인쇄업 | 7 | 기타종군인원 | 71 |
| 무역상 | 215 | 기 자 | 5 |
| 연 초 | 48 | 기차역무원 | 9 |
| 한약상 | 1 | 잡 화 | 356 |
| 사 진 | 10 | 골동품 | 15 |
| 양복점 | 50 | 식 품 | 185 |
| 여 관 | 80 | 목 재 | 4 |

---

9)  楊昭全, 『關內地區朝鮮人反日獨立運動資料匯編』 上,  遼寧民族出版社, 1987, 107~108쪽.

| 세 탁 | 18 | 전 기 | 11 |
|---|---|---|---|
| 피 혁 | 4 | 음식점 | 115 |
| 직 공 | 150 | 소규모 음식점 | 91 |
| 점 원 | 165 | 운수업 | 9 |
| 여복무원 | 45 | 냉동기 | 10 |
| 여소사 | 146 | 미곡상 | 146 |
| 용 인 | 15 | 잡화점 | 46 |
| 약제사 | 51 | 고 철 | 10 |
| 요리사 | 32 | 석탄판매 | 18 |
| 솜틀집 | 3 | 기 타 | 4,170 |

## Ⅲ. 이주한인의 성분

일제강점기 천진내 한인들은 다양한 목적을 가지고 이주하였다. 먼저 천진에서는 독립운동가들이 항일투쟁을 위해 독립운동단체를 조직하여 활동하였다. 대표적인 한국독립운동단체로는 천진불변단, 한민회, 한족항일동지회, 천진한국학생회[10] 등이 활동하고 있었다. 천진불변단의 경우 1919년 4월 천진에서 명제세(단장), 조선홍(총무), 박문용, 김철, 박세충 등이 대한민국임시정부 지원을 목적으로 조직한 항일독립운동단체이다.[11] 명제세와 박환은 일왕의 천장절을 기해 대한독립선언서를 발표하였고,[12] 특히 일제기관을 파괴하기 위하여 암살단, 광복단결사대 등의 인사들과 의열투쟁을 추진하기도 하였다.[13] 한족항일동지회는 1935년 1월 최백지, 감득수 등이 일제에게 침탈된 모든 것을 회복하기

---

10) 천진한국학생회는 天津南開大學校 학생 신명화 등 12명이 1920년 한국독립의 문제를 연구하기 위해 조직된 학생단체이다.
   양소전, 앞의 자료, 352~253쪽.
11) 독립운동사편찬위원회, 『독립운동사자료집』 7, 1178쪽.
12) 『독립신문』 1919년 11월 11일자.
13) 국가보훈처, 『국외독립운동사적지 실태조사보고서Ⅱ』, 2002, 138쪽.

위한 일제타도를 목적으로 결성된 독립운동단체이다.[14] 한민회는 1919년 김철, 박세창, 김정 등에 의해 조직되어 대한민국임시정부에 대한 지지활동을 전개하다가 1921년 天津韓血團으로[15] 그 명칭을 변경하였다. 이들은 반임정세력으로 인한 독립운동자의 내홍을 규탄하였는데,[16] 당시 대한민국임시정부 반대 세력이 천진을 중심으로 활동하고 있었다. 그 핵심인물은 신채호 박용만, 신숙 등인데, 이들은 북경과 천진을 근거로 삼고 신문, 잡지를 발간하면서 임시정부를 부정하거나 불신임을 주장하였다. 신채호는 1919년 10월부터 1921년 초까지 <신대한>을 발행하여 일제침략의 야만성을 폭로하면서 이승만의 위임통치청원안, 외교론, 임정의 무능을 신랄하게 비판하였다. 또 신숙이 주도하고 신채호가 주필을 맡아 1921년 7월부터 발행한 <대동>을 통해서도 이승만의 위임통치청원 문제를 공격하고 임시정부에 대한 불신임결의안을 채택하기도 하였다.[17] 이같이 일제강점 초기에는 천진도 상해 등지와 마찬가지로 독립운동세력의 활동근거지가 되었다.

그외 천진내 한인들의 성분을 보면 일제점령지에 일확천금을 목적으로 와 거주하면서 한 재산을 모으려는 자, 만주지역에서 체재했던 경험을 가지고 천진으로 온 자, 일반 업종에 종사하는 자, 특히 일본군대와 군특무기관과의 관련하여 군통역, 첩보활동을 보좌한 자등이 있다. 이들은 일제 침략전쟁기에 있어 여러가지 형태로 침략정책에 기생하며 경제적 자본과 입지를 확보해 가며 친일화되어 갔다.

또한 국내 및 만주지역으로부터 기업형태로 천진에 진출한 한인들이 있다. 이는 천진에 기업의 출장소 및 지점을 설치하는 형태로 진출한 기업, 중일전쟁 개시후에 집중적으로 진출한 기업, 만주지역에서부

---

14) 국사편찬위원회, 『한국독립운동사자료 3권』, 1985, 515~518쪽.
15) 양소전, 앞의 자료, 192~193쪽.
16) 국가보훈처, 『독립유공자공훈록』 제5권, 1988, 273쪽.
17) 김희곤, 「대한민국임시정부와 중국관내지역 독립운동」 『대한민국임시정부수립80주년기념논문집』 상, 1999, 448쪽.

터 기업활동의 경험을 가진 기업으로 자본과 지식을 가진 기업 등 형태가 있다. 이에서는 천진내 일본경제계에 중요한 역할을 담당한 인물도 배출하였다. 그리고 관리와 대기업의 출장사원 신분으로 봉급생활자로서 천진에 온 한인들이다. 이들은 조선총독부의 관리와 민단 관리원등으로 1920년대에 천진에 와서 고용된 것이며, 국내와 일본의 대기업 출장사원으로 천진으로 온 한인들이다. 이들은 중일전쟁후에 가장 많이 진출하였는데 이는 일제의 대륙침략으로 인한 점령지지배가 본격화되는 시점이다.[18]

천진거류 한인들 중 천진일본영사관 등 일제당국과 연결되어 천진지역에서 상층사회를 형성하며 한인들에게 친일화의 영향을 미쳤던 대표적인 인물로는[19] 대략 朴世勳,[20] 朴炳斗(이명 馬靑山),[21] 鄭致宗,[22]

---

18) 木村健二 外, 앞의 논문, 「戰時下における朝鮮人の中國關內進出について」, 116~120쪽.

19) 천진내 친일행적의 대표적인 한인들에 대한 면면은 『朝鮮日報』(1939년 4월 25일), 「천진조선인의 활약상」(『朝光』 제6권 제10호, 1940년 10월)에 소개되어 있다.

20) 박세훈은 천진거주 한인중에서 일찍이 천진으로 이주하여 1939년 당시 이주20년이 된 천진동포사회의 원로라고 할 수 있는 인물이다. 그는 1918년 중국 산해관으로 와서 머물다가 3·1운동 후인 1920년에 천진내 프랑스조계로 이주하여 한인들의 편의를 봐주고 있었다.

21) 박병두는 대표적인 친일전향자로 고향인 평안북도 안주군에서 교사생활을 하다가 3·1운동 이후 중국으로 이주하였다. 사천군관학교를 졸업하고 사천총사령부에서 근무하다가 軍籍을 조선군 정의군사부에서 孟虎, 林中虎라는 이름으로 활동하였다. 그러다가 하얼빈에서 체포되어 함흥에서 5년간 복역하였다. 만주사변 후에 친일로 전향하여 만주건국육군중좌에 임명되었고, 熱河토벌전에서 옛 동지 윤모씨의 비밀석방죄로 실각하여 고향에서 요양중이다가 華北連軍自治軍을 조직하여 宋哲元軍에 대항하였다. 중일전쟁 후에 海東剿共제1로군을 조직, 부사령관(육군소좌)로서 서주일대에 진출하였고, 이후 實業방면에 진출하여 친한 친구인 金若參과 함께 동일농장경영에 참여하며 기업활동을 하였다.

22) 정치종은 고향에서 상업에 종사하였으나 이에 만족하지 않고 해외로 진출할 것을 결심한 후 1932년 경제도시인 천진으로 이주하였다. 이후 가

李成守,[23]   白敬淳,[24]   金允一,[25]   李世炳,[26]   金履泰,[27]   鄭碩贊,[28]   蔡泰

---

장 먼저 미곡상인 평창양행을 경영하다가 어려움을 겪었다. 그러나 金張
틈과 함께 통관업인 금광양행을 경영한 후에는 점차 돈을 벌어 1938년부
터는 동아무역공사를 단독으로 경영하며 큰 부를 축척하였다.

23) 이성수는 신의주 출신으로 평안북도청에서 2년간 근무한 후 1932년에 천
진으로 이주하였으나 9년여 동안 약장사와 야시장의 노점을 전전하였다.
그러나 그는 밀무역에도 관계하며 중앙무역공사라는 간판을 내걸고 위
탁업을 하였고, 1938년 잡곡무역을 하는 오복양행을 설립하였다.

24) 백경순은 일제의 대륙침략이 본격화되던 1933년 천진으로 이주하여 밀
무역에 관계하면서 상당한 자본을 축척하였다. 당시 하북성을 중심으로
한 밀무역은 한인들을 화북지방으로 끌어들이는 기능을 하였고, 천진거
주 한인들에게 거액의 부를 축척할 수 있는 기회를 주어 경제적 기반을
쌓는 중요한 기능을 하였다. 그는 그후 덕성양행이라는 화장품전문점과
은하카페 등을 경영하며 큰 돈을 벌었다.

25) 김윤일은 의주에서 잡화, 식료품을 경영하다가 만주로 건너갔다. 그는
홍경에서 농장을 경영을 하였으나 청산하고, 무순으로 이주하여 白米商
을 시작하여 관공서등에 납품하였으나 이도 흉년이 들어 큰 타격을 받
았다. 그리고나서 일제의 침략전쟁이 한창이던 1939년 봄 천진으로 이주
하여 미곡, 식료품상을 경영하며 자본가로 자리를 잡아나갔다.

26) 이세병은 집이 가난하여 취학할 기회가 없었고, 안동에서 잠깐동안 중학
교에 다녔다. 15세때 만주로 건너가 일본헌병대의 통역을 하다가 양품점
에서 약 1년간 근무하였다. 이때부터 돈을 모아 3백원을 가지고 18세에
富士屋양복점을 개업하였다. 이는 천진에서 한인이 경영하는 것 중 오래
되고 큰 양복점이 되었다.

27) 김이태는 요리업과 여관업을 경영하던 전형적인 한인이었다. 그는 1936
년에 천진상업학교를 졸업하고 제남방면에서 자동차업계에 투신하여 일
선 운수업에도 종사하였다. 그리고 1940년 1월부터 카페인 白河를 개업
하였다. 후에 카페 銀河도 경영하였지만 아는 사람에게 넘겨주고 다시
카페 컬트를 매수하여 개점하였다. 천진의 한인이 경영하는 카페 45개중
백하는 가장 인기가 있어 천진 카페업계를 주도하였다.(26)

28) 정석찬은 일본군, 군특무기관 관계의 전형적인 친일한인으로, 봉천, 금주
등 만주 각지를 유랑하다가 만주사변 후에 군대 고용인으로서 근무하였
고, 북경을 중심으로 한 밀무역을 통해 큰 돈을 벌었다. 중일전쟁 후에는
일본조계지에서 덕신양행이라는 무역상을 시작하였고, 주로 군일선 방
면의 장사를 통해 많은 이익을 취하였다. 이로인해 큰 자본이 축척되자

碩,29)  金贊亨,30)  金震根,31)  金碩龍,32)  李夏國,33)  金鎭泰,34)  申暻澈,35)

1940년 5월 덕원반점의 경영을 시작하여 60여개의 대반점으로 한인경영의 중국식 음식점을 경영하며 부를 쌓았다.

29) 채태석은 봉천출신으로 자동차업을 경영하면서 일본군 軍屬으로서도 근무하였고, 여관업도 하였다. 그는 1936년에 천진으로 와서 里水社(일본무역협회)와 관계를 맺어 다시 자동차업을 계속하였고, 중일전쟁발발과 함께 다시 從軍, 1938년 말까지 일본군 일선에서 근무하였다. 그리고 1940년 봄부터 남시에서 미술사진관 三友照像이라는 한인 유일의 사진관을 개업하였다.

30) 김찬형은 1930년 이후 奉天에서 신성상회를 경영하다가 1940년 천진에 지사를 설치하고 정미업 등을 하였고, 봉천교외에도 농장을 경영하였다.

31) 김진근은 중일전쟁 후 집중적으로 기업이 중국대륙으로 진출함에 따라 자본과 경험을 가지고 진출한 한인기업인이다. 그는 21세때에 곡물상점에서 6년간 근무하면서 미곡상으로서 출세하는 계기를 만났다. 그후 공동경영으로 동창상회를 경영하였고, 동 상회 진남포공장(정미소)에서 약 1년을 지냈다. 또 단독으로 영흥상회를 경영하였고, 이때 상당한 성공을 거두었다. 내외의 미곡정세에 밝은 그는 중일전쟁 후 1938년 말에 천진에 진출, 봉천의 신성상회와 손잡고 천진신성상회를 개업하여 수십만에 달하는 순이익을 거두었고, 그후 태성상회를 단독경영을 해 나갔다.

32) 김석룡은 광동동남대학을 졸업한 후에 선천과 정주의 삼정물산 특약점, 안동신신무역상회 및 123상회를 경영하고, 평안철공주식회사 취체역 등 지방에서는 유력자로 행세하였다. 그는 1939년 6월 천진으로 가 이발기구, 화장품, 大工道具, 割箸, 折箱등을 취급하는 북진상점을 경영하였다.

33) 이하국은 만주지역에서 기업을 경영하던 경험을 가지고 1934년에 천진으로 와서 일본조계지의 중심지에 있는 福島街에 죽촌양복점을 열어 규모 경영에 성공하였다. 1940년부터는 사업부분을 확장하여 상호를 竹村商行으로 하고 양복부 이외에 무역부, 전기기구부를 설치하였다. 무역부에는 잡곡식료품 일체를 판매하고 전기기구부는 그의 형인 李化實의 자본으로 건축재, 전기기구 일체의 도매, 소매 및 청부시공을 하여 돈을 벌었다.

34) 김진태는 1916년에 춘천실업학교를 졸업하고 철원금융조합에 들어갔고, 1922년에 경성현주신탁주식회사에 입사하였다. 1927년에 和信계통의 鮮一 紙物에 입사한 이래 8년간 화신의 토대가 되는 업적을 쌓으므로 화신의 중요인물로서 자리를 잡았고, 대화신건설의 지주가 되어 1939년말에 화신의 대륙무역현지책임자로 화신무역천진출장소 초대소장으로서 천진에 부임하였다.

金一煥,[36]   金泰熙[37] 등 들 수 있다.[38]

이들은 대부분 천진일본영사 田代重德, 조선총독부에서 파견되어 천진일본영사관 조선과주임을 맡고 있던 高島正太郎 등 천진내 일제 당국의 핵심인물과 연결되어[39] 침략전쟁에 동참하며 개인적 이익을 추구해 갔던 한인들이었다. 이들은 침략전쟁의 특수와 일제의 비호아래 큰 이득을 취함으로 개인적으로, 또는 천진조선인민회 등 조직을 통하여 자발적인 친일활동을 전개하였고, 침략전쟁에 동참해 갔다.

그리고 중일전쟁 개시로 침략전쟁이 확대되어 가자 최전선에서의

---

35) 신경철은 1936년에 보성전문 법과를 나와 경성부에서 약 1년간 근무하였고, 그후 재령금융조합에 들어가 2년간 근무하였다. 1942년에 천진 삼정물산에 입사함으로 천진으로 파견되었다.

36) 김일환은 관리, 민단 등의 고용원으로서 천진거주 한인 중 전형적인 친일인물이다. 그는 평양공립농업학교를 졸업후 총독부토지조사국 技師(장인)가 되었고, 그후 천진거류민단 직원으로 일하였다. 1921년 사직한 그는 국내, 만주, 화북에서 토목건축업을 하다가 1924년에 다시 천진거류민단 직원이 되어 조계의 측량에 종사하게 되었다. 그뒤 1932년에 민단 직원을 사퇴하고 金工務所를 개설하고, 북경, 安東, 濟南, 蘆台, 塘古, 壹蘆島에 출장소를 설치함으로 경영규모를 확대하였다. 그가 조선인민회장으로 있던 1939년 당시 한인들이 천진으로 대거 들어와 한인실업자가 많아지자 그들을 토목공사에 투입함으로 천진거주 한인들의 인심을 얻기도 하였고 토목계의 覇者(으뜸)이라고 불리기도 하였다. 그는 천진거류민단의 유일한 한인의원으로서도 위치를 확보하고 있었다. 당시 그가 맡은 일본군, 관공서, 국책회사 등의 청부공사가 연액 100만을 돌파하였다. 또한 그는 조선총독부의 후원으로 설립한 동화산업주식회사의 상담역에도 선임되어 천진거류한인의 유력자중의 한사람으로 행세하였다.

37) 김태희는 서울출신으로 숙명여고를 졸업한 뒤 1935년 천진으로 건너가 1938년 친일조직인 천진조선부인회가 창립되자 회장을 맡아 일본군 지원 등 적극적인 친일활동을 전개하였다.

38) 그 외에도 김병수(천진택시), 유주용(순천의원), 장익조(송평약방), 김원제(화풍공사), 김태환(일화목재), 이윤근(보현사 포교주임), 이원화(요동공사), 장세만(조선인민회회장, 천진일본거류민단의원) 등 천진내 다양한 직업의 한인들이 자신들의 업무를 앞세워 친일활동에 앞장섰다.

39) 『朝鮮日報』 1939년 4월 15일자.

주보(군대 고용인), 군용품판매상과 그 하청인들도 군특무기관의 말단을 담당하여 첩보활동을 하였고, 화북지역 파견군과의 관계를 심화시키며 개인적 이익을 취하여 갔다. 이들은 일본인과 군대진출의 선병으로서의 역할을 맡았다.

또한 중일전쟁이후 국내와 만주지역으로부터 한인자본의 기업이 진출하였는데, 기업과 일본으로부터 진출한 기업의 사원, 고용원으로서, 이들도 천진에 거주하며 일제의 침략전쟁과 정책에 편승하는 업무를 담당해 나갔다. 이처럼 침략전쟁기 천진에 다양한 목적을 가지고 진출한 한인들은 개인적 이익의 추구를 위해 일제의 천진을 포함한 화북지역점령과 지배, 전쟁동원에 필요한 일정한 기능을 담당하였고, 천진 내에서는 유력자로서 행세하였다.

## Ⅳ. 한인친일조직과 활동

### 1. 조선인민회와 조선인부인회

중일전쟁이후 만주지역이 일제에 의해 본격적으로 점령당하자 그곳의 중국 혁명세력과 한인항일단체가 연대하여 항일투쟁을 전개함으로 식민통치상 곤란을 겪자 일본당국은 그의 대처에 부심하였다. 이에 일제 당국은 만주지역의 치안을 강화하기 위하여 <화북조선인통치방침>을 정하고 통치기구를 설립하여 본격적인 통제정책을 실시하였다.

그러나 조선총독부는 이주한인을 만주지역의 침략 및 식민통치정책에 있어 없어서는 안될 존재로서 다음과 같이 인식하였다.

일본은 장래 화북에 세력이 연장될(길어질) 경우 화북에 일본인을 가능한 많이 보낸다고 말하고 그것은 어떤한 경우라도 필요한 문제이다. 어떠한 자본가가 대자본을 투자하여 기업을 경영하여도 일본인의 진출된 동반된 경우 그 기업은 진짜 확실하게 신장될 수 있다는 생각이 있었다. 만주와 화북의 미개지에 일본인이 진출한 경우 항상 그 선두를 계승한 것은 조선인이었다. 현재 화북 각지의 경우에도 황군이 어느 지역에 진출한 것과 반드시 동반 진출하여 황군의 공작(업무)에 원조하고, 또는 독자적인 영업을 운영하는 일본인은 필시 조선인이었다. 이러한 경우는 아무래도 상당한 위험이 수반되지만 조선인은 실제 용감하다.[40]

그리고 일제당국은 한인지도방침을 확립하고 황국신민으로서 자각을 촉진시키는 한편[41] 화북지역 이주한인에게 일본국민과 같은 자본과 신념을 갖추고 현 시국에 본보기가 될 것이 절대적으로 필요한 사항이라 하여 한인에 대한 동화방침을 정하였다. 그 구체적인 방침으로서 다음과 같이 현지 조선인에 대한 필요한 조치를 마련하였다.

1. 내선일체의 취지에 의해 지도보호를 함
2. 조선사정의 周知에 철저함을 도모할 것
3. 모범농촌에 부정업자를 수용하도록 지도할 것
4. 직업보도기관을 설립할 것
5. 각종 사업에 조선자본을 유인함으로서 조선인을 고용하게 할 것
6. 교육기관을 도모할 것
7. 금융기관을 만들어 소액금융도 행할 것
8. 의료시설을 도모할 것
9. 조선의 현직경찰관을 외무성경찰관으로 채용할 것

---

40) 佐マ木實義,「北支在住朝鮮人に問題就て」『朝鮮行政』第2卷 제8號, 1938年 8月 참조.
41) 앞의 논문,「戰時下における朝鮮人の中國關內進出について」, 97~98쪽.

10. 조선인장교를 지도에 담당케 할 것

11. 정신교육을 충실하게 할 것[42]


이러한 정책은 화북지역 한인정책에 적용되었고, 이주한인들을 국내와 마찬가지로 황국신민을 만들고자 정책중심을 내선일체의 취지에 맞도록 하였다. 즉 시찰이나 강연회, 좌담회, 인쇄물과 신문의 배포 등을 통해 정신교육을 행하여 일제의 한국식민통치에 의한 발전을 선전하고 황국신민인식을 이끌어 내고자 하였다.

이의 효과적인 실행과 한인통제를 위해 1938년 <在支朝鮮人指導委員會>를 설치하였다.[43] 위원회는 화북지역에 거주하는 한인통제에 관한 방책을 연구하고 그 실행방책을 수립하는 것을 목적으로 설립하였다. 구성원은 화북지역 파견 군사령부, 일본외무성관리, 조선총독부파견주재원이 있고, 간사는 조선총독부 주재관을 임명하였다.

이와같은 일제당국의 한인통제정책을 지원, 실행하였던 한인단체가 천진조선인민회였다. 한인친일단체 중 가장 오래된 것이 조선인민회로 1911년 용정촌에서 최초로 조직되었고, 주로 도시지역에서 조직되었다.[44] 중일전쟁 이전에는 화북지역 거주한인의 수가 적었고, 대부분 대도시에 거주함으로 천진을 비롯하여 청도(1932년 6월 20일), 제남(1936년 11월 25일) 등지에 조선인민회가 조직되었다. 천진조선인민회는(회장 김일환)[45] 1934년 1월 19일 천진내 일반 한인들의 친일화를 목적으로 조직되어 일제의 화북지역 한인통제정책의 실행조직으로서 기능을 담당하였다. 이에 필요한 경비는 외무성이 부담하였고, 일제 당국과 긴밀하게 연결되면서 이주한인의 친일화에 힘썼다. 또한 이를 위해 한인취직의

---

42) 朝鮮總督府,『朝鮮總督府時局對策調査會諮問答申書』, 1938年 9月, 33~36쪽.

43) 朝鮮總督府,『朝鮮總督府時局對策調査會諮問案參考書』, 1938年 9月, 12쪽.

44) 임종국,『일제침략과 친일파』, 청사, 1982, 324쪽.

45) 주 35) 참조.

주선, 여비지급, 학교 및 유아원 등의 교육기관의 재정적 지원 일반 한인들의 생활방편 등에 관여하였고, 중국어를 할 줄아는 한인에게 일본군 통역을 주선하기도 하였다.[46]

천진조선인민회는 농장경영에도 관련하였다. 일제는 중일전쟁 후 화북지방의 이주한인들을 동원하기 위한 정책의 일환으로 농장건설을 추진하였다. 일제의 농장건설의 목적은 중일전쟁기에 있어서 화북지방으로 이주한 한인들 중 직업이 일정치 않은 자의 전업을 구실로 화북지방에 대한 한인통제정책을 강화하고 침략전쟁 수행을 위한 중국 주둔일본군 및 일본인의 식량기지의 역할을 하게 하려는 것이었다.[47] 특히 농장경영에 있어 천진조선인민회가 담당케 한 것은 한인노동의 동원과 수탈을 한인조직을 내세워 효과적으로 성취할 수 있었기 때문이라 하겠다.

천진조선인민회는 이외에 일본군후원 강화주간실시, 전몰군인(일본군)에 대한 위령 및 침략전쟁승리기원, 부상당한 일본군병사의 위문 등 전쟁동원에도 깊이 관여하였다.

한편 조선인민회는 천진조선인부인회의 설립에도 관여하였다. 천진조선인부인회(회장 김태희)[48]는 조선인민회의 후원하에 1938년 1월 15일 조선인민회강당에서 屈內총영사대리 이하 천진내 관민 유력인사들이 참석한 가운데 창립총회를 개최하였다. 이 자리에는 150여명의 회원이

---

46) 朝鮮總督府 東亞局, 『極秘昭和十二年度 執務報告第二冊』, 1937年 12月, 260~261쪽.

47) 천진조선인민회는 노태농장을 경영하였는데, 이 농장설립에 필요한 자금은 동양척식회사와 조선인민회에서 출자하였다. 동척은 농장을 직접 경영하면서 그 자회사 등을 만들었고, 사업운영의 감독으로 동척사원을 조선인민회의 촉탁으로 파견하였다. 그리고 수익은 동척의 회수금을 제하고 조선인민회의 수입으로 하기로 결정하였다. 이에 대한 내용은 金光載, 「中日戰爭期 中國華北地方의 韓人移住와 盧台農場」(『한국근대사연구』, 한국근대사학회 제11집, 1999)에서 살펴 볼 수 있다.

48) 주 36) 참조.

참석하였는데[49] 부인회는 시국에 대한 인식을 깊이하면서 시국인식의 단체훈련기관으로서 임무에 매진할 것을 다짐하였고[50] 강령 및 규약에서 국방사상의 보급에 황국국민으로서의 의무를 다하며, 생활개선을 도모하여 국력증진을 기약할 것을 다짐하고 있다. 그리고 강령내용을 수행하기 위한 사업으로 국방사상보급사업, 생활개선에 대한 조사연구와 그 지도, 회원상호의 친목에 관한 사항을 선전하였다. 또한 일본국방부인회 및 애국부인회와도 밀접하게 연대하여 전쟁에 출동한 일본군부대의 차대접이나 부상병을 위문하는 활동을 전개하였고, 1938년 11월초 이후 매주 금요일을 위문일로 정하야 일본군을 위문하였다. 뿐만 아니라 각 한인가정에서 위문대 246개를 거두어 천진재향군인분회를 통하여 일본군에 보내기도 하는 등[51] 조선인민회와 부인회는 천진내 한인의 친일화를 도모하며, 일제 침략전쟁의 변방에서 일본군에 대한 자발적 지원활동을 전개하였다.

## 2. 천진특별의용대의 일본군 지원활동

1937년 중일전쟁이 발발하자 천진지역 일본군부대의 대부분이 전선으로 출동하자 천진의 경비는 소부대 규모가 잔류하고 있었다. 이에 일제당국은 천진지역 거주일본인의 보호를 위해 1927년 조직된 천진일본의용대를 동원하여 일본군의 전투지원과 천진거류일본인의 보호를 담당케 하였다.

중일전쟁의 상황이 더욱 확대되자 천진조선인민회는 이사회를 개최하고

---


49) 『朝鮮日報』 1938년 1월 18일자.
50) 朝鮮總督府 東亞局, 『極秘昭和十二年度 執務報告第二册』, 1938年 12月, 299쪽.
51) 『朝鮮日報』 1938년 12월 19일자.

제국의 비상시기를 맞아 수수방관함은 조금도 아니되며 마땅히 의
용대에 협력하여 군의 행동을 원조하는 국민(邦人)으로서의 책임을 부
과하여 이끄는 것은 내선융화의 실체를 발양하기 위한 노력이다[52]

라는 취지하에 일본군에 협조하기 위해 한인으로 구성된 특별의용대
의 결성을 결의하였다.

이어 조선인민회는 일본군과 천진일본영사관의 허가를 얻어 총영
사관 및 조선총독부파견사무관 등의 지도하에 천진일본인거류민단 및
천진일본의용대등과 연락을 취하여 1937년 7월 16일 천진일본의용대내
에 한인을 대원으로 한 특별반을 설치할 것을 결정하였다. 그리고 다음
날 17일부터 조직에 착수하여 대원을 모집하여 100여 명의 대원을 선발
하였다. 22일에 발대식을 거행한 특별의용대는 대장에 천진주재의 志
村正三子備騎兵大尉였고, 부대장 이하는 한인으로 구성되었다.[53]

23일부터 군사령관과 총영사의 지휘하에 본격적인 활동을 개시한
특별의용대는 28일 일본군의 지휘하에 들어온 군수품의 수송, 부상병
의 운반 등을 담당하였다. 그리고 전쟁터에서 교량가설, 연락근무, 천
진시가지에 흩어져 있는 중국 병사 시체의 제거, 일본군의 화장실청소,
일본군 부상병의 간호와 이발,[54] 일본군의 식사공급 등의 자원봉사를
담당하는 한편, 전장의 탄약, 식료품의 운반, 한인거주구역의 경계, 한
인피난민수용 등 비상시에 위험한 제일선에서 종사하였다. 그 실례로
특별의용대가 발대식을 가진 직후인 7월 29일 오전 2시 천진보안대와
중국 패잔병이 천진 동참역을 습격한 사건이 일어났다. 동참역에서 군
수품을 운반하던 의용대원 5명은 일본군수비대를 도와서 교전을 벌이

---

52）天津居留民團, 『昭和十二年民團事報告書附民團財産明細書』 참조.
53）앞의 논문, 「戰時下における朝鮮人の中國關內進出について」, 100~101쪽.
54）의용대는 이발기구를 구입하여 일본군 부상병 200여명에게 4일동안 무
　　료로 봉사하였다.

다가 의용대원 백효철이 사망하였다.[55] 이날 중국보안대가 동참역과 일본조계 사이를 거의 점령하면서 크게 기세를 떨치고 있었다. 이때 8월 29일 동참역의 일본군 수비병으로부터 식량이 없다는 연락이 왔다. 이에 천진조선인민회 이사를 겸한 김희영이 결사대장을 자원하며 의용대원 10명과 함께 식량운반을 계획하고 나섰다.[56] 그러나 이들 11명의 결사대는 화차안에서 식량이 발견되었다는 연락을 받고 출동을 정지하였는데, 일제 당국은 그들의 자원정신에 크게 감격하며 칭찬하기도 하였다.[57] 그후 일제 당국은 1937년 11월 5일 천진 추산가의 조선인회회관에서 백효철의 장례를 의용대장葬으로 집행하였고,[58] 의용대원 김성집, 이연엽, 정석천도 일본군 본부의 명령전달 활동 중 부상을 당하자 천진주둔 일본군 총사령관 香月淸司 중장 등의 위문이 이어졌다.

또한 특별의용대는 일본군과 협조하여 영불조계 경계선의 검문검색에도 종사하였는데, 유창한 중국어와 천진지역 사정에 밝은 점을 무기로 하여 일본당국에 도움을 주었다. 그리고 천진거주 한인 金若參[59] 등은 자발적으로 3천여원을 추렴하여 특별의용대 경비에 충당케 하였고, 조선인민회는 의용대계를 조직하여 의용대활동을 적극 지원하자 조선총독부에서는 특별의용대 창립 2주년을 기해 南次郎 조선총독이 기명한 班旗를 보내 친일행적을 높게 칭송하였다.[60] 이후 의용대는 매일 아침 6시부터 오후 여섯시까지 자발적으로 영불조계의 隔絕에 협력

---

55) 『朝鮮日報』 1937년 9월 8일자.
56) 『朝鮮日報』 1937년 9월 8일자.
57) 앞의 『일제침략과 친일파』, 382~383쪽.
58) 『朝鮮日報』 1937년 11월 11일자.
59) 김약삼은 당시 천진내 한인 중에서 제일 부자로 알려졌는데, 그는 무역업을 통해 綿絲, 백사탕, 金銀등을 취급하여 자본을 축척한 인물로 화북무역공사와 동양택시를 경영하였다. 또 토지경영사업도 벌여 국내에서도 이미 토지경영에 착수하였고, 천진에서도 東一농장을 경영하였다.
『朝鮮日報』 1939년 4월 25일자.
60) 『朝鮮日報』 1938년 7월 22일자.

하여 각 검문소에 6명씩 보내어 주로 중국어통역을 하게 하였다. 이에 일본군부에서는 수당으로 하루 한명에게 이원오십전을 지급하겠다고 하였는데, 의용대는 당연한 일을 했다며 이를 사양하다가 일단 수령하여 국방비로 헌금하기로 하였다.[61]

이와같은 특별의용대의 활동은 일본군과 특무기관으로부터 중요시하게 됨으로 천진재향군인분회에서는 유사시에 대비하기 위하여 1938년 9월 1일부터 2개월간 각자 일주일동안 파견현역장교로부터 군사훈련을 시키기로 결정하였다. 그리고 일본군 당국에서는 한인대원의 성적에 비추어 특별의용대에게도 일본인보충병파견같은 병영생활과 군사훈련을 받도록 결정하였고,[62] 일본군과 마찬가지로 교련사열식을 거행하기도 하였다.[63]

이처럼 한인이 특별의용대에 참가한 것은 일본군부가 戰場의 비상시 위험한 활동을 수행함에 일본의 침략전쟁에 한인이 참가한 것을 선전재료로 하여 전쟁을 정당화시키고, 국내의 통치에도 선전 이용하기 위한 의도가 있었다. 이에 따라 천진의 한인들 중에는 일제 말기 침략전쟁이 확대되어 갈수록 일제에 협력하여 자신의 이익을 유지하면서 스스로 일본인과 같은 지위라고 의식하는 자발적 친일한인들이 더욱 표면적으로 활동하고 나섰다.

이후 1941년 3월 27일 개최된 제34차 천진일본거류민회의 회의에서

국제정세의 변화에 따라 당지(천진)에도 이 의용대 설치당시와 같이 극히 미약한 군의 주둔부대가 아니고 상당히 유력한 주둔부대가 설치되기로 한 정세

---

61) 『朝鮮日報』 1938년 8월 4일자.
62) 『매일신보』 1938년 8월 16일자.
63) 『朝鮮日報』 1940년 4월 25일자.

에 대해 천진일본의용대 해산의 건이 상정되어 해산되었다. 그러나 천진일본의용대 내에 조직된 한인특별반은 해산을 미루기로 하였다. 그것은 천진에 있어서 특별반의 활동이 국내에서 내선일체 정책을 추진하는 조선총독부의 조선통치상에도 매우 큰 영향을 주었고, 천진에 있어서 천진일본의용대 특별반의 활약을 받들어 장려하면서 이곳의 보다 효과적인 한인동원과 친일화 정책을 성취하려는 기대가 어느정도 있었기 때문이었다. 이에 특별의용대는 동년 8월 8일 특별의용대 비상소집이 해제될 때까지 일본군의 보조지원을 위해 활동하였다.[64]

## 3. 화북반도인협회와 협려회

중일전쟁이 확대되면서 화북지방에 있어서도 전시동원정책 및 통제경제가 한층 강화되었고, 황민화 민족말살정책이 중국 각지에 거주하는 한인에게도 적용되었다. 특히 만주사변후 수립된 친일정권 만주국에서는 치외법권철폐 이후 재만한인에게 만주국의 국민으로서의 지위를 강조하였으나, 1940년에 들어 재만한인을 침략전쟁에 동원하면서 황국신민방침을 강화해 나갔다.

이에 화북지역 한인사회 상황도 현저하게 변화하였으니 한인에 대한 통제정책를 강화하였다. 다음 내용은 1944년 조선총독부가 제86회 제국의회 설명자료에 나타나 있는 것으로 이에서는 당시 한인사회의 상황을 설명하고 있다.

만주사변 후 전과(전쟁의 성과)의 확대와 제 건설사업의 진전에 동반한 渡來者가 급격히 증가한 결과 조선인의 현재(1944) 호구는 호수 19359호 인구 65808인에 달하여 사변전의 약 9배에 달하였고, 조선인을 직업별로 보면 관공리 은행회사원 등의 봉급생활자가 가장 많았고, 영

---

64) 앞의 논문, 「戰時下における朝鮮人の中國關內進出について」, 101쪽.

농자가 다음이었다. 기타 각방면의 분야에 걸쳐 진출한 내지인(일본인)에 비교하여 특히 능숙한 지나어(중국어)와 강력한 생활력으로서 군의 진격과 그에 부수적으로 필요한 잡화상, 위안소, 시계, 사진실 등을 개업하여 일시 전쟁경기에 노래부르며 치안의 안정에 동반한 華商등에 압도되었고, 또한 경제통제의 영향으로 점점 부진한 상태에 빠져 더욱 전년도말 시작된 화북지방에 있어서 미증유의 물가앙등에 의한 생활고와 國策에 기초한 일본총영사관당국에 의한 企業整備職域再整備 등의 문제에 기인하여 금년 봄 조선내로부터 끌려온 자가 점차 증가하는 경향이 보였고, 1월부터 4월에 이르는 사이 조선내 3387명, 만주국에서 307명의 退去者(피하다, 떠나는 자)가 보이는 상황으로 근래 점차 안정됨을 보이기에 이르렀다.[65]

이러한 화북지역 한인에 대한 기본지도방침으로서 내선일체를 강조하고, 그 방침에 기초하여 통치기구를 개편, 조선인의 지도기관으로서 194년 5월 북경에 화북반도인협회를 설립하였다.[66] 협회는 <조선인지도요강>을 통해 그 설립취지를 잘 나타내고 있다. 우선 조선인지도정신으로서

1. 내선일체의 정신을 기조로 황국신민으로서 각성할 것,
2. 흥아성전의 意義에 철저함으로 화북재주황국신민으로서의 책무를 완수할 것.
3. 自省自戒, 互助協力, 親和向上에 노력할 것[67]

---

65) 朝鮮總督府, 『第八十六會(昭和十九年十二月)帝國議會說明資料』, 1944年 12月 참조.
66) 앞의 책, 『일제침략과 친일파』, 350쪽.
67) 白川洋行 編, 『在支半島人名錄』 第3版, 37~38쪽.

을 강조하여 내선일체를 침투시켜 황국신민으로서의 의무, 전쟁동원에의 자발적인 인식을 끌어내고자 하였다. 그리고 이의 구체적인 지도방침으로서 다음의 내용을 제시하였다.

1. 조선인지도는 內鮮一體의 정신을 기조로 <물심이 어떤한지를 물어 무차별 무분리 사이에 융합일원화할 것> 이것을 목표로 내선일원적 지도를 한다. 그런고로 조선인민회와 같은 형식에 의한 지도방식을 삼고, 또한 차별적 의미가 있고, 내지는 내선분리의 취급과 같은 종류에도 그 목적과 또는 결과에 속하는 문제를 채택하여 원칙으로서 大政翼贊運動하에 <內鮮일원적 지도>를 도모한다.

2. 화북조선인에게는 지금 조선내에서 내선일체의 구현되는 실정을 알지 못하는 자가 있어 그 진의를 이해하지 못하는 자가 있고, 또한 興亞聖戰의 목적, 동아신질서의 의의를 충분히 이해, 인식하여 <질서를 해쳐 황국신민으로서 허용하기 어려운 행동을 나타나는 것을 지적하고, 이러한 조선인을 직접적으로 일본인과 같이 지도하기는 곤란함으로, 내지인과 동일한 훈련을 실시하여 만족한 수준에 달하기 위해 보충적 특별훈련을 행한다. 이러한 보충 특별훈련은 조선인에게 내선일체의 실체를 인식시켜 더욱 황국신민으로의 정신, 마음의 습득과 함께 현지 사정에 따라 흥아성전의 목적, 동아신질서의 의의의 이해인식을 강화시켜 스스로 반성하고 경계하고 자각을 향상하도록 노력함으로서 솔선하여 시국에 용감하게 활약함에 이르도록 하는데 중점을 둔다.

그리고 조선인지도방법에서도 구체적인 방법을 제시하였다.

1. 소년층의 지도는 소학교를 중심으로 행한다. 이 소년층은 각 소학교장 지도하에 특별지도를 행하고, 졸업후 2~3년간은 졸업생지도를 강화하여 우량청년의 육성에 힘을 쏟는다. 그러한 아동의 부모회를 자주 개

최하여 그것을 통하여 교육의 철저를 도모함으로 학교의 교화력을 학
교밖으로도 파급한다.

2. 청년층은 장래 흥아성전을 담당할 자로서 특히 농후한 지도를 더할 필
요가 있으므로 원칙적으로 대정익찬운동하의 청년훈련시설에 일원적
으로 가입시켜 필요에 응하는 예비적 보충훈련을 행한다.

3. 일반적 지도(성인지도)는 조선인으로서 현상을 재인식하는 반성, 자계
를 통한 상호 협력을 목적으로 각지에 협려회를 설립하여 전조선인을
가입시키고, 이 협려회를 통하여 지도 목적을 달성한다. 그리고 일반
일본인의 조선인에 대한 이해의 촉진을 도모하여 내선일체의 실천을
권한다.

4. 부인의 지도는 국방부인회에 가입시켜 실시하고, 협려회는 필요에 따
라 지원한다.

5. 무직자에 대해 취직과 부정업자의 전직 등 직업주선시설을 설치하고
취직은 우선 각지의 민단, 민회 및 영사관에서 주선한다.[68]

이상의 내용을 실행, 추진하는 필요에 의해 그 사무기관으로서 반
도인협회를 설치한 것이다.

그러나 화북반도인협회는 그 목적이 화북거주 한인의 지도와 관계
된 방책을 조사 연구하여 실천하도록 지도하기 위한 중앙기구였다. 따
라서 주된 친일활동을 위해 협회안에 1941년 7월 8일 북경협려회를 창
립한 것을 비롯하여 25개 주요도시에 협려회를 설립하여 협회의 지도
요강에 의한 내선일체와 전쟁동원의 목적을 달성하는 것이었다.

화북반도인협회의 지도로 각지에 설립된 협려회는 설립목적으로

1. 대정익찬기구에 참여하여 황국화의 특수보조훈련에 농후하게 응할 필

---

요에 따라 이의 목적을 달성한다

2. 내선일체의 정신에 따라 반도출신인을 흥아성전의 의의에 철저케 하여 화북거주 황국신민으로서의 책무를 완수하고, 자성자계, 호조협력, 친화향상을 계획하여 이를 알리고, 화북거주 조선인의 황민화와 전쟁동원을 철저하게 수행하도록 한다.[69]

이러한 목적을 달성하기 위해 협려회의 실천목표로서 국민의식의 앙양, 내선일체정신의 확립, 봉사책임관념의 철저, 실질강건한 생활의 건설 등을 내세우고, 각각의 실천사항을 다음의 내용에서 구체적으로 명시하였다.

1. 국민의식 앙양

일본정신의 앙양, 일본인성격의 훈련완성, 敬神崇祖觀念의 보급, 충군애국정신의 발양, 신동아건설의 인식강화, 궁성요배, 신사참배, 국기게양, 황군장병에 대한 감사묵념, 황국신민의 서사제창

2. 내선일체정신의 확립

일시동인의 聖旨奉態, 신동아건설, 내선일체이념의 천명, 내선역사적 사실의 재인식, 내선풍습의 융합, 내선일원적 활동의 촉진, 국어(일본어)의 상용, 국어강습기관의 이용, 일본의 가정생활과 일본의 예의범절의 습득과 숙지, 일본취미의 고조, 내선공학의 실시, 내선교제의 촉진, 지원병응모의 후원, 조선의 사정선전, 복장의 개선

3. 봉사책임관념의 철저

국가지상정신의 함양, 헌신복종정신(전쟁동원을 위한)의 앙양, 책임관념의 철저, 직역(임무)봉공(받들다)의 결의, 공덕심의 발휘, 隣保(이웃)공조의 실천, 聖戰완수의 협력, 현지邦人(일본인)으로서의 각오,

---

69) 앞의 논문, 「戰時下における朝鮮人の中國關內進出について」, 106쪽.

이기심의 억제, 단체훈련의 철저, 각종 행사의 적극적 참여, 銃後후원
활동의 강화, 常會의 참가, 집단적 근로봉사,

4. 質實剛健한 생활의 건설

자유, 개인주의의 시정, 공익우선사상의 발휘, 근로호애정신의 함양,
인고단련의 철저, 생활의 정화, 명랑화, 浮遊적경향의 지양, 무위도식
의 배격, 일확천금관념의 시정, 소비절약생활의 실행, 관혼상제 기타
의례의 개혁, 위생사상의 보급, 준법정신의 철저, 반시국적 생활양식
의 폐지[70]

이처럼 이주한인들의 통제를 위해 조직된 협려회는 일본영사관의
지도를 받았다.

이같은 협려회는 천진에서도 조직되었다. 설립일자는 정확지 않으
나 북경협려회의 설립 직후 화북 각지에 협려회가 설립되는 거의 비슷
한 시기에 설립된 것으로 본다. 천진협려회는 대표이사 김대현(金澤大
鉉)을[71] 비롯하여 주로 천진조선인민회 관련 친일인물들이 관계하였는

---

70) 위의 논문, 107쪽.
71) 협려회의 대표이사인 김대현은 서울출생으로 보성전문학교 상과를 졸업
    함으로 일찍이 기업가로서 전문교육을 받았는데, 기업의 출장소, 지점,
    대리점을 설치하는 형태로 천진에 진출한 기업인으로 대표적인 인물이
    다. 그는 1918년 조선운수합명회사 취체역에 선임되어 실업계에 첫발을
    들여놓아 1931년 초산금광합명회사대표사원, 1938년 국경통운주식회사
    취체역, 신의주국경상사주식회사 취체역에 선임되었다. 그리고 1937년 8
    월 국경상사의 본점에 있는 조선석유 화북대리점으로 천진국경상사주식
    회사의 책임자로서 천진으로 온 이래 석유공급상으로서 성공을 하였다.
    또한 화북지역에서 토지경영이 유리한 점을 보고 자본금 50만엔으로 중
    화산업고분유한공사를 설립하고, 津浦綿楊柳靑부터 天津 西站간의 토지
    2천여평에 楊柳靑농장을 기획한 뒤 우선 6백정보에 대한 준비공사를 마
    쳤고, 일부 재배가 시작되었다. 그 후 그는 천진일본상공회의소에서 유
    일한 한인으로 1942년 천진일본상공회의소 규칙개정에 의한 관선의원에
    선임되는 등 천진지역 한인사회 뿐만 아니라 천진일본경제계에서도 중

데, 민회의 고학길(高島學吉), 서기옥(利川基玉), 임병훈(林光雄), 장종현, 전귀성(星野貴雄) 및 천진일본총영사관 조선과에 근무한 김유한(金島有一) 등이 이에 관여하였다.[72] 이들은 중앙기구인 화북반도인협회의 조선인지도요강에 따라 친일활동을 전개하였을 뿐만 아니라 개인적인 영업망이나 직업을 통해서 침략전쟁의 선봉적인 역할을 수행하기도 하였다.

한편 천진협력회의 설립과 함께 기존의 조선인민회 등의 한인조직도 개편하였다. 그 배경에는 조선인민회 같은 기존 한인들을 취급대상으로 하면 內鮮 대립적인 무리를 형성하기 쉬워 내선일체에 反하는 경향이 있어 이러한 조직은 빨리 해산시켜 황국국민정신의 도야를 위한 수양, 훈련을 주목적으로 하는 협력회에 조직의 개조를 실행하도록 하였다. 이에 각지의 한인의 친목단체, 수양단체 등도 협력회의 취지에 따라 조직을 개편하도록 하였다. 또 협력회는 하부조직으로 區 및 班을 두었고, 구에는 구책임자를, 반에는 班世話係를 책임이사가 임면하고, 구 및 반은 매월 1회 이상 例會를 개최할 것을 정하였다. 班은 한인을 일본인화하는 준비단계의 조직으로, 천진내에 흩어져 사는 한인을 소규모 단위로 결속시켜 통제하는 방법을 새롭게 도입한 것이다. 그리고 항일투쟁이 발생하지 않도록 엄중히 감시하였다.[73] 또한 한인에게 일본어강습, 신사참배봉공의 장려 등을 시행하고 일본어를 이해하는 한인에 대해서는 강연회 등 필요한 보조훈련을 하는 등 여러 가지 수단방법을 통해 내선일체를 달성할 수 있도록 하였다. 그리고 1942년 한인에 대한 징병령이 발표되자, 각지의 협력회로 하여금 협력청년대를 조직, 전담하여 군사훈련을 주로 하며 주도면밀한 계획하에 훈련을 실

---

요한 역할을 담당하였다.
『朝鮮日報』 1939년 4월 15일자.
72) 앞의 책, 『일제침략과 친일파』, 354쪽.
73) 앞의 논문, 「戰時下における朝鮮人の中國關內進出について」, 108~109쪽.

시하도록 하였다.

　이처럼 천진협려회를 비롯하여 각지에 설치된 협려회는 하부 조직을 통해 치밀한 황국신민화정책을 전개하였고, 각지 일본인들에게 필승기원제, 각종 시국관계대회의 개최, 국채의 구입, 금속품의 회수, 비행기 병기헌납, 국방헌금 등[74] 적극적이고 자발적으로 침략전쟁에 참여하였다.

## 4. 일본군 한인군속의 특무공작과 土肥原기관

　특무공작반은 일본군 침략전쟁을 위한 활동의 일환으로 선무, 첩보공작활동을 전개한 군관련 친일밀정조직이다. 이는 일제의 특무기관, 헌병대, 현지 주둔군에 의해 그때 그때의 필요에 따라 활동이 가동되었다. 일제는 1920년 초 시베리아 각지에 특무기관을 설치하기 시작하였다. 즉 블라디보스톡 특무기관, 하바로프스크 특무기관을 비롯하여 치타, 이르크츠크, 옴스크 등지에 특무기관을 설치하였는데, 이들 지역에는 한인들이 많이 거주하고 있어 이들을 이용한 특무기관을 가동하여 대소첩보공작을 전개하였던 것이다. 또한 용정, 혼춘 등지에 특무기관을 설치, 한인밀정을 이용하여 간도 일대의 항일세력, 반제 공산주의자에 대한 첩보공작을 전개하였다. 일제강점 초기에 있어 특무공작은 주로 조선총독부 경무국에 의해 진행되었는데, 당시 그들의 한인 이용가치에 대한 평가는 다음과 같다.

　　간도지구의 조선계 이용의 정도는 1935~36년(소화 10~11) 이래 급격히 감소하였으나 그럼에도 불구하고 관내에는 조선계가 많았기 때문에 첩보, 모략 등의 공작요원에는 다른 지역에서 볼 수 없을 만큼 조선

---

74) 앞의 자료, 『第八十六會(昭和十九年十二月)帝國議會說明資料』, 참조.

인이 많았다. 또한 첩보공작으로서는 특히 2중 첩자에 의해서 문서, 자료를 입수하는 루트를 가졌으며, 그 유지 배양에 노력이 경주되고 있었다.75)

이에 만주지역 등지에서 활동하던 많은 항일세력이 특무공작에 고용된 한인밀정에 의해 희생당하였는데, 의열단 김시현, 황옥을 비롯하여 현익철(조선혁명당) 등이 조선총독부가 잠입시킨 특무공작원인 밀정에 의해 체포되었고,76) 오동진(정의부),77) 이응서(통의부)78) 도 밀정에 의해 체포되었다.

일제는 19세기 말기부터 중국각지에 각 특무기관을 건립하여 전문적으로 중국정보를 수집하는 일에 종사하도록 하였는데, 기관의 특무공작이란 일제가 친일한인 등 밀정을 이용하여 반일 항일세력을 토벌하고자 한 밀정고용책으로, 중국 각지의 항일투쟁세력을 약화시키는 기능을 하였다. 그러나 한인밀정들은 일제의 앞잡이 노릇을 하면서 항일세력의 처단대상이 됨으로 항일세력의 일제에 대한 직접적인 공격을 대신 막아주는 장막노릇을 하였다. 이것이 일제가 본래 원하는 친일한인의 육성목적으로 민족분열과 동시에 자신들의 파괴를 친일밀정들이 대신해 줄 것을 목적으로 하였던 것이다. 그리고 당시 한인 특무공작원은 대개 군속이라 불리워짐으로 일본군에 관련한 한인 군속 중 상당수가 친일공작을 위한 밀정으로 활동하였다.79)

그중 악명이 높았던 것이 일본 육군 제3대특무기관으로 그 우두머리 중 한사람이 土肥原賢二였다. 특히 천진에서 대표적인 특무기관으

---

75) 西原征夫, 『全記錄하르빈特務機關』, 281쪽.

76) 文定昌, 『軍國日本朝鮮强占 36年史－中』, 栢文堂, 1965, 233·271쪽.

77) 정의부 군사위원장 오동진은 밀정 김종원에 의해 체포되었다.
　　『신동아』 1970년 1월호 부록 252쪽.

78) 『동아일보』 1929년 5월 24일자.

79) 앞의 책, 『일제의 침략과 친일파』, 368쪽.

로 활동한 것이 土肥原기관이었다. 일제의 대륙침략전쟁이 본격화되는 1931년 10월 10일 일본 관동군은 화북주둔 일본군인 천진군의 원조를 명목으로 봉천특무기관장이던 土肥原賢二 대좌를 천진으로 파견하였다.[80] 土肥原은 일본군부의 특무공작 즉 첩보공작의 일인자로 그에 관한 내용은 『侵華日軍主要將帥的最後結局』(班惠英 外, 華文出版社, 2005)에서 상세하게 정리되어 있는데, 요약해 보면 다음과 같다.

1883년 8월 8일 일본 무사가정에서 태어난 土肥原은 1912년 11월 일본육군학교를 졸업한 후 30여년 동안 중국대륙을 중심으로 간첩활동을 전개하였다. 그는 장기간 중국에서 간첩활동에 종사하는 고급특무로써 조건들을 갖추고 있었는데, 중국어에 유창할 뿐만 아니라 여러 가지 중국지방 방언들도 배웠으며, 중국의 역사 및 풍습 등에 익숙하고 대인관계가 뛰어남으로 중국의 많은 군벌과 정계인사들과 개인적인 교분을 쌓아 중국통으로 불려졌다.[81] 土肥原은 천진으로 발령된 후 특무기관을 건립하고 기관장직을 맡아 화북특무활동에 대해 구체적으로 책임지게 되었다. 이때부터 중국대륙의 침략사업을 위한 그의 간첩정보공작과 특무활동은 더욱 치밀하게 추진되었는데, 소위 <만몽오족공화국>의 성립을 일본군부에 제안하였고, 관동군사령부에서는 이에 근거하여 『만몽문제해결방안』을 제정하였으며, 일본 본국에서도 재빠르게 『만몽문제처리방침요강』을 제정하여 만주지역을 중국대륙과 분리하여 친일정권을 수립할 수 있는 기본 원칙을 마련하였다. 그리고 이러한 만주침략의 계획은 土肥原이 중심이 되어 실시되었는데, 일당 40원으로 현지 중국인을 매수하여 천진폭동사건을 일으키게 한 뒤 자금성을 나와 천진에서 머무르고 있던 청 마지막황제 溥儀를 만주로 탈출시켰는데, 이 공작이 특무기관으로 설치된 土肥原기관이 실행한 특무공작의 하나이다. 그는 만주침략과 부의의 황제자리에 복귀하려는 심리

---

80) 『朝鮮日報』 1935년 6월 11일자.
81) 班惠英 外, 『侵華日軍主要將帥的最後結局』, 華文出版社, 2005, 20~21쪽.

를 이용하여 친일정권 만주국 건설에 주동적인 역할을 하였다.[82] 그후 중일전쟁으로 전쟁이 확대되면서 중국대륙에 대한 일제의 침략도 가속화되어 만주에 이어 화북지역을 노렸다.[83] 이를 위해 <중국을 대처하는 특별위원회>를 성립하고 이의 책임자로 土肥原을 위임하니 이를 土肥原기관이라고 하였다. 이는 당시 규모가 크고 영향력이 광범한 특무기관이었는데, 미국기자들은 그를 당시 가장 큰 정객이자 비밀간첩 중의 하나라고 표현할 정도로 중국대륙 침략에 있어 일본군부의 핵심적인 인물이었다. 그는 중국내 군벌들과의 관계를 교묘히 이용한 첩보공작을 통해 중국침략을 위한 계략을 실행해 나갔던 것이다.[84] 그는 일제말기에도 육군사관학교교장(1940), 육군대장(1941), 동부군사령관(1943), 싱가포르주둔 제7방면군사령관(1944) 등 승승장구하였으나 패전한 후 일급전범으로 체포령이 내려졌다. 그 후 1948년 12월 22일 교수형전범 중 제일 첫 번째로 교수형에 처해질 정도로 악명높은 일본군부 간첩공작의 일인자였던 것이다.[85] 이 土肥原기관은 일본군부내 핵심적인 간첩기관이었으나, 일본군부내 군속이었던 한인 밀정들이 기관의 특무공작원으로도 일정부분 고용되었을 것으로 본다.

## V. 맺음말

일제의 강점에 따른 식민지지배와 이후 침략전쟁이 확대되자 여러 가지 목적에 따라 천진내 프랑스조계지를 중심으로 한인들의 이주가

---

82) 앞의 책, 23~30쪽.
83) 土肥原은 아편 등 마약제품을 중국 정복을 위한 도구로 사용하였고, 만주지역은 물론 화북, 화중, 화남지역에서도 아편전매기구를 건립하였는데, 중국내 항일세력의 정신력을 파괴시키는 동시에 마약수입을 일본군과 경제적 침략을 위한 자금으로 제공하기 위한 것이었다. 앞의 책, 45쪽.
84) 앞의 책, 31~40쪽.
85) 앞의 책, 46쪽.

점차 증가하였다. 천진지역에는 다양한 성분과 목적을 가진 한인들이 이주해 왔는데, 그중 일제점령지에서 전쟁특수로 인한 자본축적을 꾀한 자, 일본군대와 군특무기관과의 관련하여 군통역, 첩보활동을 보좌한 자, 국내 및 만주지역으로부터 기업형태로 천진에 진출한 자, 조선총독부의 관리와 민단 관리원등으로 고용된 자 등이 있다. 이들은 일제침략전쟁기에 있어 여러가지 형태로 침략정책에 기생하며 경제적 자본과 입지를 확보해 가며 친일화되어 갔다. 또한 이들은 천진 한인사회에서 유력인사로 행세하였고, 일본경제계에서도 중요한 역할을 담당하기도 하였다.

천진거류 한인들 중 천진일본영사관 등 일제당국과 연결되어 천진지역에서 상층사회를 형성하며 한인들에게 친일화의 영향을 미쳤던 인물로는 박세환, 박병두, 정치종, 이성수, 백경순, 김윤일, 이세병, 김이태, 정석찬, 채태석, 김찬형, 김진근, 김석룡, 이하국, 김진태, 신경철, 김일환, 김태희 등이 대표적인 한인들이다.

이들은 대부분 천진내 일제 당국의 핵심인물과 연결되어 침략전쟁에 동참하며 개인적 이익을 추구해 갔던 한인들이었으며, 침략전쟁의 특수와 일제의 비호아래 큰 이득을 취함으로 개인적으로, 또는 조직을 통하여 자발적인 친일활동을 전개하였다.

이러한 친일한인들이 중심이 되어 활동하였던 친일조직으로 천진조선인민회가 대표적인 친일한인조직이라 하겠다. 이는 일반 한인들의 친일화를 목적으로 조직되어 일제당국의 한인통제정책을 지원, 실행하였던 한인친일조직이었다. 이에 필요한 경비는 일본외무성이 부담하였고, 일제 당국과 긴밀하게 연결되면서 이주한인의 친일화에 힘썼다. 이를 위해 한인취직의 주선, 여비지급, 학교 및 유아원 등의 교육기관의 재정적 지원 등에 관여하였고, 중국어를 할 줄 아는 한인에게 일본군 통역을 주선하기도 하였다. 이외에도 천진조선인민회는 일본군후원 강화주간실시, 전몰군인(일본군)에 대한 위령 및 침략전쟁승리기원, 부상당한 일본군병사의 위문 등 일제의 침략전쟁에도 적극적으로 동참하였다.

이와함께 조선인민회의 후원으로 천진조선인부인회가 1938년 1월 15일 조선인민회강당에서 屆內총영사대리 이하 천진내 관민 유력인사들이 참석한 가운데 창립총회를 개최, 조직되었다. 강령 및 규약에서 국방사상의 보급에 황국국민으로서의 의무를 다하며, 생활개선을 도모하여 국력증진을 기약할 것을 다짐하고 있다. 그리고 국방사상보급사업, 생활개선에 대한 조사연구와 그 지도, 회원상호의 친목에 관한 사항을 선전하였다. 또한 일본국방부인회 및 애국부인회와도 밀접하게 연대하여 전쟁에 출동한 일본군부대의 차대접이나 부상병을 위문하는 활동을 전개하였다. 이처럼 조선인민회와 조선인부인회는 천진내 한인의 친일화를 도모하며, 침략전쟁에 나선 일본군에 대한 자발적 지원활동을 전개하였다.

특히 중일전쟁이 더욱 확대되자 천진조선인민회는 일본군에 협조하기 위해 한인으로 구성된 특별의용대의 결성을 결의하였다. 특별의용대는 군수품의 수송, 부상병의 운반 등을 담당하였고, 교량가설, 연락근무, 중국 병사 시체의 제거, 일본군의 화장실청소, 일본군 부상병의 간호와 이발, 일본군의 식사공급 등의 자원봉사를 담당하는 한편, 전장의 탄약, 식료품의 운반, 한인거주구역의 경계, 한인피난민수용 등 비상시에 위험한 제일선에서 종사하였다. 또한 특별의용대는 영불조계 경계선의 검문검색에도 종사하여, 유창한 중국어와 천진지역 사정에 밝은 점을 무기로 하여 일본당국에 도움을 주기도 하였다. 이에 일제당국이 그들의 자원정신에 크게 감격할 정도였으며, 조선총독부에서는 특별의용대 창립 2주년을 기해 南次郎 조선총독이 기명한 班旗를 보내 친일행적을 높게 칭송하기도 하였다.

또 화북거주 한인의 지도와 관계된 방책을 조사 연구하여 실천하도록 지도하기 위한 중앙기구로 화북반도인협회가 설립되었고, 실질적인 친일활동을 위해 협회안에 협려회를 설립하여 내선일체와 전쟁동원의 목적을 달성하고자 하였다. 천진협려회는 대표이사 김대현(金澤大鉉)을 비롯하여 주로 천진조선인민회 관련 친일인물들이 관계하였으며, 화북 반도인협회의 조선인지도요강에 따라 친일활동을 전개하였을 뿐만 아니라 개인적인 영업망이나 직업을 통해서 침략전쟁의 선봉적인 역할을 수행하기도 하였다.

그리고 일본군 침략전쟁을 위한 활동의 일환으로 선무, 첩보공작활동을 전개한 군관련 친일밀정조직으로 특무공작반의 친일활동이 있다. 일제는 중국각지에 각 특무기관을 건립하여 전문적으로 중국정보를 수집하는 일에 종사하도록 하였는데, 특무공작이란 일제가 친일한인 등 밀정을 이용하여 반일 항일세력을 토벌하고자 한 밀정고용책으로, 중국 각지의 항일투쟁세력을 약화시키는 기능을 하였다. 이에 만주지역 등지에서 활동하던 많은 항일세력이 특무공작에 고용된 한인밀정에 의해 희생당하였는데, 반면 한인밀정들은 일제의 앞잡이 노릇을 하면서 항일세력의 처단대상이 됨으로 항일세력의 일제에 대한 직접적인 공격을 대신 막아주는 장막노릇을 하였다. 당시 한인 특무공작원은 대개 군속이라 불리워짐으로 일본군에 관련한 한인 군속 중 상당수가 통역 등 군관련 업무수행을 통해 일본군을 지원하는 밀정으로 활동하였다.

이처럼 침략전쟁기 천진지역도 상해 등지와 마찬가지로 초기 항일세력이 빠져 나간 자리를 현실적인 이익의 추구를 위해 일제의 침략전쟁에 적극적으로 동참, 국방헌금은 물론 허드렛일까지 마다하지 않고 일본군을 지원하며 개인적 또는 조직적으로 자발적인 친일활동을 전개한 한인세력이 채워 갔다. 이들은 국내외에 성공한 유력인사로 포장되어 소개되며 천진 한인사회의 핵심세력으로 행세하였다. 그러나 이들의 친일행적은 해방이후 성공한 이민자라는 포장에 가려져 정확한 규명과 비판이 이루어지지 않고 있음을 인식해야 할 것이다.

## 참고문헌


양소전 편, 『관내지구조선인반일독립운동자료회편』 상책, 요녕민족출판사,
　　　1978

水野直樹 편, 戰時期植民地統治資料, 栢書房, 1999

조선일보사, 천진조선인의 활약상, 朝光, 1940년 10월호

京津事情, 1941년 9월호

중공당사출판사, 日軍侵華罪行紀寫(1931~1945), 2005

반혜영 외 공저, 侵華日軍主要將帥的最後結局, 화문출판사, 2005

白川洋行 편, 在支半島人名錄(제3판).

임종국, 일제침략과 친일파, 청사, 1982

임종국, 일본군의 조선침략사 1.2, 일월서각, 1988

국편, 한국독립운동사 자료3, 1983

천진시지방지편수위원회 편, 天津通誌, 천진사회과학원출판사, 1996

민족운동사연구소, 민족독립투쟁사사료 해외편, 여론사, 1959

김정주, 朝鮮獨立運動 II, 원서방, 1980

중국지역한인단체관계사료회편 2권, 동방출판중심, 1999

손준식, 밀수방법과 종사자를 통한 화북밀수, 역사학보 172집

吉澤誠一郎, 天津の 近代, 名古屋大學

천진지역사연구회 편, 天津史, 동방서점

천진거류민단 편, 천진거류민단 30주년기념지

흥아협회, 재만조선인통신 등

김광재, 중일전쟁기 중국화북지방의 한인이주와 노태농장, 한국근현대사연
　　　구 제11집

# 조선총독부의 남방 연계 구상과 조선인의 남방 인식

김 인 호*

## I. 서 론

태평양전쟁시기 일본은 전쟁을 수행하고자 조선경제를 일본본토 및 중국 혹은 만주 등의 북방권과 더불어 대만, 태국, 동인도(인도네시아), 버마(미얀마), 말레이 등 남방권과도 경제연관을 확장하여 물동 능력을 높이는데 총력을 기울였다. 이를 위해 총독부는 조선경제의 전시적 재편성을 도모하는 한편 각종 '남방요강'을 발표하고 간담회 등을 개최하는 등 연계방안을 모색하였다. 그 과정에서 남방자원을 매개로 일부 식민지 공업(예를 들어 타이어, 경금속, 석유, 철강)의 확충계획이 세워지고, 특히 조선경제의 대외적 성격이 강화되면서 각 방면 조선인들의 남방진출 '붐'이 일었다. 징용, 징병, 정신대 등 강제연행을 제외하고도 조선인들은 다양하게 남방으로 진출하였고 당시 여론조사에서도 남방진출에

* 이 논문은 2003년 정부재원(교육인적자원부 학술연구조성사업비)으로 한국학술진흥재단의 지원을 받아 연구되었음(KRF-2005-073-AM1001)
** 한양사이버대학교 교양학부 한국사전공 부교수

대한 조선인의 호응은 무척 높았으며, 영화감독 허영이나 무용가 최승희 등이 동남아에서 활동한 것은 그러한 '열망과 기대'의 대변이었다.[1] 특히 조선인 자본가들은 일본의 전쟁 시책을 주시하면서 동남아 지역의 생필품 시장을 겨냥하고, 인광석, 석유, 고무 등 동남아 자원을 토대로 한 기초소재 물자 생산 계획을 구상했다. 그런데 기왕의 연구에서는 일본을 중심으로 한 북방권 내부의 물자교류 문제에는 일정하게 연구되었으나[2] 남방과의 관계를 규명한 연구는 강제동원 문제를 제외하고는 그다지 나타나지 않았다.

따라서 본 연구는 조선(조선총독부와 조선인)의 남방경제 연관 구상과 그 실상을 규명하고자 총독부 및 관변 조직에서 주창된 '남방론'과 남방 '연계' 구상, 조선인들의 남방 활동(인식)과 자본 진출론, 실질적인 물자교류 및 무역관계 그리고 남방자원 두절후의 대체품 육성책 등을 검토하고자 한다. 다만 조선인의 남방 활동의 경우 정확한 조선인의 남방 진출 상황을 알 수 있는 자료가 흔치 않기에 남방 인식 측면을 중심으로 살피고자 한다.

## II. 남방 연계 구상과 조선인의 남방 붐

### 1. 남방 연계 구상의 확산

태평양전쟁 서전에서 주도권을 잡은 일본은 1942년 4월 4일에는 종

---

1) 허영은 內海愛子, 村井吉敬 지음 / 강대민, 김인호 외 옮김, 『돌아오지 않은 조선인 허영』, 울타리, 2005.1. 최승희는 상해 『申報』 1945년 4월 5일자 (화보). 조선인 포로감시원은 김도형, 「해방전후 자바지역 한국인의 동향과 귀환활동」 『한국근현대사연구』(24). 한국근현대사학회, 2003.1을 참조 바람. 그밖에 강제동원 관련 연구 성과는 여기서 소개를 생략한다.

2) 小林英夫, 『「大東亞共榮圈」の形成と崩壊』(御茶の水書房, 1975; 김인호, 「북방엔블록과 조선경제의 연관에 관하여」 『한국민족운동사연구』 (30), 2003.

래 일·만·중국을 중심으로 한 국토계획을 '대동아' 전 지역으로 확대하고자 「국토계획대강소안」(1942.4.4)을 책정하여 엔블록 안의 산업·문화·교통 및 인구계획·토지 등 제반에 걸친 종합적 개발계획을 추진하였다. 그것을 위하여 '대동아건설심의회'를 소집하여 '국방자원의 확보와 증산 15개년 계획'을 명시한 「대동아경제건설기본방책」[제4부회, 1942.5.14]을 입안하였다.3) 이후 일본의 엔블록 전략은 수정되었는데 종전의 전략은 일·만·화북 등 북방생활권을 중심으로 공업을 육성하고, 동남아는 보급권으로 삼아 종합적인 생산력확충을 추진하는 것이었다.4)

그런데 이제는 자급단위를 조선·대만 등 특정한 지역에 국한하지 않고 엔블록을 북변경제지구[일본을 중심으로 하는 해양제도]·대륙경제지구[조선·만주·화북·화중]·남방경제지구[대만·화남·프랑스령 인도차이나·말레이·동인도·보르네오·미얀마]5) 등 3개의 자급권역으로 분할하고 조선·대만을 각각 지역을 결합하는 병참루트로 삼았다.

이러한 '분할'을 토대로 대동아건설심의회 제5·6부회는 「대동아산업건설기본방책」[광업·공업 및 전력건설]을 수립하고(1942.7.23)6) 조선의 '본토화'를 지향하여 중화학공업을 증강하기로 했으며, 화북·만주의 마그네사이트광 및 반토항암·명반석 등과 동남아 자원을 대체하는 경금속 증산책과 식량부족에 대비한 남방 식량의 대용 문제가 강조되었다. 이것은 현지에 기업 설립하여 동남아 자원을 활용하자는 현지조달 전략과 북방 본위 남방 연계 전략의 구체적 결합이었다.7)

---

3) 山本有造, 「'大東亞共榮圈'とその構想構造」<古屋哲夫 編>(『近代日本のアジア認識』, 東京大學人文科學硏究所, 1995). 564~565쪽 참조.
4) 商工省 總務局, 「所管事項に關する行政方針及施設事項」<1941.12>(『日本陸海軍省文書』 40), 29쪽. 여기서 북방생활권은 공업을 근간으로 국방경제의 완성을 사명으로 하는 것인 반면, 남방[동남아]보급권은 농업 및 자원지로서 북방 엔블록[생활권]을 보조하는 것이었다(『朝鮮經濟年報』(1941·42 합집), 309쪽).
5) 中村靜治, 『日本工業論』(ダイヤモンド社, 1943), 323쪽.
6) 中村靜治, 『日本工業論』(1943), 325~326쪽.

조선에서도 이미 중일전쟁 시기부터 <시국대책조사회> 및 <시국대책준비위> 등에서 남방과의 경제 연계가 구상되고 있었다. 하지만 실질적인 연계 구상은 태평양전쟁 이후였는데[8] 특히 전쟁 직후 1942년 1월에 조선상의에 남방경제협의회가 구성되면서 본격화되고 마침내 1942년 4월 15일 경성에서 개최된 남방경제간담회[9]에서 전반적인 남방경제 연계전략이 종합적으로 정리되었다.

<표 1> 남방경제간담회의 조선경제와 동남아경제 연계구상

| 조선경제의 연계조건 | 동남아경제와의 연계방식 |
|---|---|
| 기본자원의 수입 | 석유·약제·고무 |
| 조선내 가공설비 보유업종 | 피혁·탄닌·특수강원료·목재·마닐라로프·방직원료·유지[야자유]·엽연초·보크사이트 |
| 수출품 업종 | 섬유의료공업·생필잡화·기계기구금속제품·중화학공업·알루미늄·카바이트 화약·양초·박하·제약·비누·청량음료·맥주·소주·통조림·사과·해산물<br>석유업·제재업·탄닌·추출물제조·고무가공업·유지채취업·제약·수산·기타 |

---

7) 「決戰體制確立と朝鮮經濟の再編成」(『朝鮮産業年報』, 1943), 20쪽.

8) 1941년 12월 태평양전쟁 발발 직후 하노이 국제 박람회에 조선무역협회와 무역진흥회사가 공동으로 조선산품 진열관을 열어 천연탄산수, 약품, 비누, 연초, 약용인삼, 사과 등의 물자를 남방지역에 소개하기도 했다. 黃瀨守雄,「朝鮮の南方貿易」(朝鮮貿易協會 編, 『南方事情講習會速記錄』, 1942, 京城), 65쪽.

9) 남방경제간담회는 1941년 9월 25일 주요 조합, 회사의 중역들이 중심이 되고 일본 정부 요인들이 후원한 조직으로 '남방 제지역에서 산업경제 발전에 관한 문제 및 대책을 심의 공구하고 서로의 정신적 융합과 경제적 제휴를 촉진하며 그럼으로써 대동아공영권 확립과 동아신질서 건설에 협력하는 것을 목적'으로 하여 동경시 제국호텔에서 결성되었다. -南方經濟懇談會定款 제3조-, 『南方經濟懇談會創立報告』 1941, 南方經濟懇談會 編, 39쪽. 조선간담회의 내용에 관해서는 『매일신보』 1942.3.9 및 동 4월 2일자.

| 직접 기업진출 | 농림·광업·전력·시멘트·건축재료·텅스텐 등 국방자원 이용 가능 기업<br>보크사이트를 수입하여 알루미늄 제조 |
| --- | --- |
| 조선내 특별육성 업종 | 조선의 무연탄+베트남 홍게이탄→ 고급탄 제조 |
| 자원간의 결합 | 형석·반토항암+동남아 보크사이트→ 고급 알루미늄 제조<br>수력·원료·석탄+동남아 철광→ 제철<br>산성벽토+인도네시아 원유→ 정유<br>탄닌+동남아 원피→ 피혁<br>카본블랙·탄산마그네슘+고무→고무제품 |

출전: 「北方圈の再檢討と朝鮮經濟」(『朝鮮經濟年報』, 1942), 320~325쪽 참조.

남방경제간담회의 구상은 <표 1>에서 잘 나타나는데 당시 총독부가 추창한 "북변건설北邊建設을 위한 동남아 자원의 활용론"에 입각하여 남방자원의 적극적인 수입과 생필품의 수출 전략을 결합하고 있다.[10] 즉, 조선에서 가공설비를 보유한 업종에서 필요로 하는 석유·약제·고무·피혁·탄닌·특수강원료·목재·마닐라로프·방직원료·유지[야자유]·엽연초·보크사이트 등은 적극 수입하고, 섬유의료공업·생필잡화·기계기구·금속제품·중화학공업·알루미늄·카바이트·화약·양초·박하·제약·비누·청량음료·맥주·소주·통조림·사과·해산물 등을 수출하는 것이었다. 물자 교류 뿐 아니라 석유업·제재업·고무가공업·전력·시멘트공업 등 조선기업의 적극적인 현지 진출도 구상되었으며 남방 자원과 조선의 자원을 연계하여 중요물자 생산력을 높이자는 구상도 있었다.

여기에는 앞서 언급한 "동남아 자원을 활용한 증산" 전략 이외에 전쟁의 장기화로 나타난 일본본토의 생산력 부담을 조선이 대신 맡게 하는 구상도 포함되었다. 즉, "대동아전쟁의 발발 이래 일본 본토경제는 남방 개발 및 대동아전쟁의 병참활동에 여념이 없어 종래대로 섬세하게 대륙의 상황을 살필 여유가 없다."[11]고 한 점, "자급체제를 구축함으

---

10) 井上雅二, 『南方開拓を語る』 每傍書房(동경), 1942, 405쪽.

로써 지역경제의 대일의존을 극소화하고 자급률의 증가를 바탕으로
엔 블록 경제의 안정을 도모할 것"[12]이라 한 점. 제2회 대륙연락회의라
든가 동아경제조선간담회(1942. 9.26)에서 총독부가 "북방에 대한 식량보
전·군수공업 확장에 필요한 원료를 완전히 공급하기 위한 철광석 및
특수 광물의 증산, 수력발전의 확장, 화학공업의 발전 등을 통하여 일
본본토에 대한 과도한 물자의존 관계를 청산할 것"을 요구한 점[13] 등
에서 드러난다.

　이러한 '북방본위 남방진출론'은 1942년 6월 고이소 총독이 <산업경
제시책>에서 조선의 시설과 동남아의 자원을 연계할 것을 천명하자 정
책 추진 단계로 접어들었다. 이러한 상황에서 다수 조선인이 남방으로
진출하였고, 총독부도 '구상'을 실현하기 위하여 다수의 관리를 파견하
였다(<표 2>).

<표 2> 1943년 당시 남방으로 파견된 총독부 관리 인원수

| 구　분 | 남방전출자 상황 | | | 비　고 |
|---|---|---|---|---|
| | 인 원 수 | | | |
| | 고등관급 대우자 | 비고등관급 대우자 | 합　계 | |
| 육해군 부 전출자 | 28 | 31 | 59 | |
| 회사협회등전출자 | 9 | 29 | 38 | |
| 합계 | 37 | 60 | 97 | |

출전: 「관리의 남방 전출자 조사」, 조선총독부, 1943, 『昭和18年 第84回 帝國議會
　　　說明資料(官房 人事)』 126쪽 (전시체제자료총서(59권), 한국학술정보, CD1),

　1943년까지 총독부 관리로 남방에 전출된 고등관 비고등관 인원은
총 97명으로, 그 중에 회사나 협회에서 파견한 관리요원은 38명이다.
즉, 육해군부에서 파견된 만큼 회사 협회 등 경제적 이유로 파견된 인

---

11) 『朝鮮産業年報』(1943년 판), 29쪽.
12) 「北方圈の再檢討と朝鮮經濟」(『朝鮮經濟年報』, 1941·42년 합집), 307쪽.
13) 『每日新報』(1942년 9월 27일자), 2쪽.

원이 상당수 존재하였다.

당시 동남아에 조선인이 어느 정도 있었는지 구체적인 자료부족으로 알 수 없지만, 南次郎(前總督)의 증언에 따르면 1944년경까지 약 3만 명의 조선인들이 남방에서 포로감시원이나 '기타 육해군 공사작업의 노무자, 또는 각 군정 민정 군관에서 건설제 작업에 근로하고 있는 자' 등으로 활동하였다고 한다.[14]


## 2. 조선인들의 '남방 붐'

태평양전쟁은 1930년대 '만주 붐'에 이어 그동안 일본자본에 고전하던 조선인 자본이 진출할 새로운 개척지 혹은 신천지로서의 남방에 대한 기대와 열망을 불러왔다. 최정희의 '남방으로 보내는 꿈'은 그러한 조선인 사회의 집단적인 남방의식을 대변하고 있었다.

南域 머언 나라에 겨울이 없다는 것은 내가 파랑새의 노래를 배우면서부터 알았다. (중략) 우리 사시장철 어느 때나 찬미를 잊어 안 버리고 살 수 있는 南域의 나라로 가잔 말이다. 거기는 숲 그늘에 에비스草의 열매가 포도송이처럼 푸둘어 익어가고, 亞弗利加 튜립과 赤素馨이 늘 피여 있어서 다사로운 바람이 하늘에서 불어 바다에 펴지는 날이면 꽃들이 각각 저들의 자랑인 빨간 냄새, 하얀 냄새, 노랑 냄새를 배터버린다고 한다.[15]

---

14) 南次郎(前總督), 「南方で健鬪する朝鮮同胞を見て」(白山靑樹, 『朝鮮同胞に告ぐ』, 大東亞社, 1944.12월경?), 306쪽(전시체제자료총서(59권), 한국학술정보, CD3)

15) 崔貞熙, 「남방으로 보내는 꿈」, (『대동아』 제14권 제3호, 1942년 3월 1일), 169쪽.

한편 남방의 꿈은 조선인들이 친일=매국이라는 굴레를 벗고 정치 경제 각 부분에 걸쳐서 일본과의 협력을 강화하고 침략전쟁의 전위대를 더욱 자발적으로 이해하는 계기가 되었고, 거기서 자신의 민족을 위한 친일이라는 마음의 무장은 아시아 민족의 공영을 열광하게 하고, 식민지인으로서의 열등감을 해소하는 상당한 위안제 역할을 했다. 특히 조선인들의 현실적 삶의 어려운 조건을 넘어가고자 하는 마음이 남방 꿈을 더욱 조장했다. 1944년 남방에서 미나미 지로 전총독을 만난 조선인 포로감시원이 했다는 말은 내선일체로 인해 그동안의 서구인에 대한 상대적 열등을 털고 오히려 그들을 지도할 수 있는 인격으로 거듭나게 되었다고 술회할 정도였다.

> 우리가 반도에 있을 때는 미국과 영국 사람들은 우리보다 훨씬 탁월한 인격과 부를 가지고 있는 사람들이라고 맹신하여 그것을 절대적으로 숭배한 결과 완전히 친영미적인 마음을 가지게 되었지만 지금 실제 여기서 근무해보니 나의 종래 사고방식이 잘못되었으며 우리들도 모름지기 노력과 수양에 의하여 그들을 지도할 수 있다는 자신을 얻게 됨으로써 석연히 내선일체의 진실한 의미를 알게 되었다.[16]

그러나 처음부터 조선인 자본가들이 남방을 낙원처럼 여긴 것은 아니었다. 남방이 편입되자 조선인 자본가 내부에서는 그 결과에 대한 우려와 낙관이 교차하였다.

우선 남방 편입에 낙관하던 조선인 자본가들은 이 기회가 조선의 본격적인 경제발전과 자급자족을 가능하게 하리라 보았다. 1941년 12월 20일 반도호텔에서 개최된 <미·영타도좌담회>에서 당시 배재중학교

---

16) -조선인 포로감시원의 말- 南次郎(前總督), 「南方で健闘する朝鮮同胞を見て」『白山靑樹 朝鮮同胞に告ぐ』, 大東亞社, 1944.12월경?, 307쪽(전시체제자료총서(59권), 한국학술정보, CD3)

교장 신흥우[高靈興雨]가 한 언급은 그러한 기대감을 잘 대변한다.

> 우리는 안심해도 좋을 것이 있습니다. 그것은 우리 황군은 무적강군
> 이라는 것입니다. 게다가 물질적인 면에 있어서도- 우선 우리의 동아시
> 아에 현재의 영·미의 서방세력을 구축하는 것은 용이합니다. 따라서 내
> 일에는 홍콩·싱가포르·필리핀·말레이·인도와 남방동아권을 확실히 우
> 리 수중에 넣게 되기 때문에 거기에 건설이 동시에 행하여집니다. 그리
> 고 이만큼 정당방위선으로 확보하면 전쟁물자가 생활필수 자원이 충분
> 히 자급자족됩니다.[17]

아울러 연희전문 상과 과장인 김효록金孝祿도 "반도의 자본가들이
이 기회에 내지의 자본가들과 잘 제휴하여 남방진출의 일익이 되도록
힘써야 될 것"[18]이라고 하여 당시 조선인 자본가들이 대체로 일본의
승리→ 남방 엔블록의 편입→ 조선인 자본의 축적→ 조선경제의 발전
이라는 입장에 서 있음을 보여준다.

둘째, 조선인 자본가나 경제이론가 가운데 일부는 일본의 침략범위
가 확장되고 일본이 동남아전선에 모든 전력을 집중하는 과정에서 상
대적으로 종래 조선인이 향유하던 식민지 개발이익과 엔블록에서의
'역할'이 위축되리라는 위기감을 느끼고 있었다. 그러한 경향은 당시
식산은행 조사부의 전승범全承範의 언급에서도 간접적으로 드러난다.

> 동남아 자원이 풍부하여 일반기업이 동남아의 개발에 집중하게 될
> 것이므로 북방자원이, 즉 조선의 자원개발은 그 가치가 감소할 것이라
> 고 하는 견해가 있다. 즉 동남아의 우크라이나라고 하는 인도차이나[佛

---

17) 申興雨, 「영국인의 민족성」<미·영타도좌담회 1941.12.20>(『東洋之光』, 1942
   년 2월호).
18) 「남방진출의 제문제」『조선춘추』, (1942년경추정), 58~59쪽.

印]·타이[泰國]·미얀마[緬甸] 등지의 쌀이 상당히 큰 수출력을 가짐으로
써 조선의 산미증식계획의 중요성을 부인한다든가 또는 말레이·동인도
[蘭印]·필리핀 등 광업자원이 풍부하여 북방의 광업, 특히 조선의 광업
은 개발가치가 없으며 그 자원에 의하는 조선의 공업은 장래성이 희박
한 것같이 보는 견해이다. 이것은 동남아 자원의 내용과 성격을 정당하
게 인식치 못하며 또 대동아전쟁의 경제적 의의를 이해치 못할 뿐만
아니라 공영권내 북방권의 위치가 어떠한가, 또 북방권에 있어 조선의
지위, 특히 조선공업의 역할이 어떠한가를 이해치 못하는 극히 천박하
고도 위험한 생각이다. 동남아시아권이 공영권에 참가하게 된다는 것
은 결코 북방권과 대립한다는 것이 아니고 북방권과 유무상통하여 완
전한 자급자족의 동아공영권을 형성하는 것에 중대한 의의가 있다. 즉
북방권은 '제1차적 공영권'으로서 공영권의 중심이 되어 자주적 입장에
서 동남아권을 배양할 새로운 책임을 부하하게 된 것에 큰 의의가 있
다.[19]

전시 상황에서 그러한 남방편입에 따른 우려를 직접 드러낼 수 없
었지만, 예를 들어 일본이 '일·만·지국토계획日滿支國土計劃'을 수립하고
조선을 황국중앙계획皇國中央計劃의 하부단위인 지방계획으로 격하하자
조선인 경제이론가인 인정식이 조선의 영토·인구 등을 예로 들면서 그
러한 조치에 강한 불만을 내비친 것도[20] 남방편입에 따른 '조선인자본
위축론'이 적지 않게 유포된 것을 반영한다.

이처럼 1940년대 조선인 자본가나 경제이론가의 '공업인식'이 분화
된 것은 단순히 그들의 개인적 소신이라기보다는 중일전쟁 이후 종래
북방권에 자본축적의 토대를 두었던 부류와 새로이 태평양전쟁 이후

---

19) 全承範, 「北方建設과 朝鮮工業」(『朝光』, 1942년 4월호), 『植民地資料叢
　　書』6, 564쪽.
20) 「조선농업과 식량과 국토계획」(『三千里』, 1941년 6월호), 130쪽 참조.

남방에 자본축적의 토대를 두려던 부류간의 이해관계가 때문으로 추측된다. 하지만 남방 편입을 우려하거나 낙관하던 조선인 자본가와 경제이론가들은 "조선이 북방권의 조장"[21]이 되어 북방권에서의 경제적 헤게모니를 획득하려는 인식은 마찬가지였다.

> 남방권南方圈 편입에 따른 동아공영권의 확대에 의해서 대륙전진병참기지로서 조선의 사명은 종식을 고하는 것이 아니라 오히려 가중되고 있다. 공영권의 핵심이 종래 대륙에서 해양으로, 북방권에서 남방권으로 이행하는 금일에 있어서도 북방대륙권 또한 건설과정인 한에는 그 부분에 대한 조선의 경제권 관계에 대한 중요성은 종래와 하등 변화가 없다. 오히려 대동아전쟁하 "대륙은 조선이 인수한다"라고 하여 일본으로 하여금 후방의 우려를 벗어버리고 그 전체의 자세를 태평양으로 향하게 하는 것이 매우 필요한 이상, 대륙전진병참기지로서 조선의 사명은 일층 강화되어야 한다.[22]

즉, 이에 조선인들은 남방에 대한 우위를 위해 스스로 공영권 북방에서의 역할과 식민지 공업화의 당위성을 설파하려고 했다. 전승범이 '북방권은 공영권의 중심 그러면서 자주적 입장에서 동남아를 배양'한다는 논리는 그러한 의식의 연장이었다. 이러한 분위기에서 금강제약의 전용순이나 殖銀의 전승범처럼 남방자원 개발에 필요한 광산기계·전기기구·농구 등의 기계공업 제품과 남방주민의 일상생활에 필요한 경공업제품과 약품 등의 수출을 촉구하고,[23] 유한양행 사장 柳明韓의

---

21) 「決戰體制の確立と朝鮮經濟の再編成」(『朝鮮産業年報』, 1943년 판), 28쪽.
22) 東洋經濟新報社, 『年刊朝鮮』(1942년 판), 18~19쪽.
23) "남방인의 의식주 문제 중에서 가장 곤란한 것은 의복 재료 라 한다. 종래 구미각국에서 수입하였든 관계로 환언하면 섬유공업이 발달되지 못하여서 생산이 전무한 모양이다. 따라서 제1급선무의 문제가 의복재료

우수한 '조선인 인력 남방 파견' 주장 등이 널리 주창되었다.[24]

조선인 경제론자들은 특히 남방의 자원문제에 큰 관심을 보였다.[25] 이는 大東亞社의 설문조사에서 조선인 남방전문가들이 '무진장의 자원을 개척할 전사를 부르고 있다'고 이구동성으로 언급한데서도 알 수 있는데 사실은 관념적인 관심이 아니라 1930년대 후반부터 닥친 만성적인 물자난과 그 해소를 기대하는 조선인 업자의 관심을 대변한 것이었다. 실제로 조선상의가 조사한 1940~1941년경 서울지역의 중소기업 경영난 상황을 보면 심각했다. 즉, 1940년 11월에는 37개 업종에서 경영난이 발생했고 1941년 6월에는 64개 업종으로 확산되었다. 업종별로 보면 금속업종은  금은세공·시계안경·진유기·금물·자전거상·철공금속업·식기가공업에서, 농산업종은 정미업·곡물상, 그리고 섬유업종은 양복상·모직물상·복장잡화상·피복업 등에서 경영난이 심각하다. 대체로 금속업종은 중소공업에서, 농산·잡화업종은 중소상업에서 경영난이 심각하다.[26] 또한 중앙보다는 지방에서 경영난이 심각하였다.[27] 그리고 경영

---

라고 한다. 일본도 면화가 적은 오늘날 퍽 큰 문제인 동시에 주요한 두통거리일 것이다. 따라서 면화재배에는 여러 가지 의미로 절대한 급무이다. 또한 화학공업제품도 상당한 분량을 수출하여야 한다. 그 댓가로 앞서 말한 물자를 많이 가져와야 한다."「남방진출의 제문제」『조선춘추』(1942년경추정), 60쪽. "(전승범) (상동, 60쪽).

24) "일세기 여에 걸친 영미의 착취로 그들의 배를 불리우던 남방자원이 이제야 우리 황군의 肉彈血火의 분전으로 인하여 동아 제민족의 행복을 약속하는 대동아공영권의 일환이 되고 말았으며 전후 남방의 무진장의 자원을 개척할 전사를 부르고 있다."「남방진출의 제문제」, 58쪽.

25)『大東亞』(제14-3호, 1942.7.1)「南方資源展望, 開拓의 戰士를 부르는 南邦寶庫解剖!」, 100쪽.

26) 前川勘夫,『朝鮮中小工業對策에關하는若干指標的調査』<上> :『總督府調査月報』(1943.7), 6쪽.

27) "당국은 물자의 보편적 배급을 도모하고자 현행 배급제도를 실시하지만 일부를 제외하고는 이미 물자의 편재를 초래하고 지방에서는 전적인 핍박을 받고 있는 실정으로 그 원인은 배급기구의 결함에 의한 것이다. 즉 현 기구는 업자간의 배급제로서 실적주의에 따르기 때문에 종래 실적이

난의  주된 원인을 보면 <표 3>과 같다.

〈표 3〉 1942년도 원산지역 중소기업 경영난 사유

| 사 유 | 응답자수 | 비 율 |
|---|---|---|
| 매입곤란 | 1,375 | 57 |
| 판매곤란 | 100 | 4 |
| 금융 불원활 | 377 | 16 |
| 이윤축소 | 514 | 21 |
| 기 타 | 33 | 1 |
| 합 계 | 2,399 | 100 |

비고: 비율합계가 차이나는 것은 각 업종비율을 반올림했기 때문임.
출전: 「經濟治安週報」(1942년 6월 29일자), 8쪽.


즉, 이 자료는 1942년 원산상의가 조사한 설문조사인데 경영난의 원인으로 매입곤란·판매곤란·금융경색·이윤감소 등이 포착되는데 그 중에서도 매입곤란이 단연 수위(57%)였다. 그만큼 중소공업의 경우는 물자난이 곧 경영난이었다.

따라서 당시 조선인 경제론자들이 남방자원에 대한 '기대'를 크게 피력된 것은 당연하였다. 이에 金明俊은 필리핀의 설탕, 마, 연초, 야자 금 철 망간 크롬,[28] 鄭仁哲은 인도차이나의 쌀과 석탄, 주석, 아연[29]

---

적었던 지방업자는 거의 할당이 없어 개점휴업 상태이고, 部民은 물자입수의 방법이 없어 원거리의 도시까지 걸어가야만 한다."[「경상북도의 경제통제에 대한 민심동향」(『經濟治安週報』, 1942년 6월 29일자), 11쪽]

28) "휘립핀의 개발은 겨우 原始狀態를 벗어난 정도밖에 되지 않는다. 따라서 물론 농업국이며, 수출무역의 9할이나 설탕, 마, 연초, 야자가 차지하고 있다. 그러나 將來의 휘립핀을 생각한다면, 거의 개발되지 않은 광산자원에 착목하지 않으면 아니된다. 휘립핀의 각 섬들을 實地로 調査한 결과, 벌써 발견된 광물은 金, 銅, 鐵, 鉛, 망강, 쿠롬, 石炭, 아스팔트 등인데, 이중에서 개발할 만한 것은 金, 鐵, 망강, 쿠롬으로 가장 産額이 많은 것은 金이다." 상동, 102쪽.

29) "佛印은 전통적인 농업국이요 쌀의 나라다. 그 수출용 쌀은 세계 수출량의 약 4분지1을 점했으며, 삘마의 약 5할에 대하여 세계 제 2의 쌀 수출

그리고 李成烈은 말레이시아의 고무,[30] 宋旭은 동인도의 석유[31] 등을 상세히 소개하기도 했다. 요컨대 이시기 조선인의 남방인식은 첫째 남방에 생필품을 공급하고, 둘째 남방의 자원을 이용하여 생산력을 증가시키자는 것이었다.

이러한 '공업인식'을 토대로 조선인 자본가들의 움직임도 확산되었

---

국이다. 기타 농산물로서는 옥수수, 고무 등이며, 광산으로서는 石炭, 錫, 亞鉛 등이 주요한 것이나 어쨌든 농산이 압도적 우위를 점하고 있으니, 1939년의 무역통제를 보기로 하자. 이 해의 총 수출액은 34억 9천 5백만 프랑(1프랑은 9전 7리) 수입액은 23억 8천 2백만 프랑, 무역흑자는 11억 1천 3백만 프랑이었으며, 쌀은 전수출액의 약 4할, 고무가 2할 7분, 옥수수가 1할, 합계 농산물만이 7할 7분이라는 비율을 보였고, 광산의 수위인 石炭조차 겨우 4分 4厘밖에 없다. 佛印이 농산국이오 인구의 9할은 농민이다. 이곳의 쌀, 통킹미와 사이공미는 우리 나라에도 알려져 있으며, 泰國의 쌀과 함께 일본의 부족을 보충하고 있는 것은 주지의 일이다 년수출량은 모두 150만 톤 약 1천만 석이며, 생산량의 약 3분의 1이 수출되고 있다." (상동, 103쪽).

30) "말레이 반도는 (중략) 은광 등의 지하자원을 보유하고 있어 천연자원의 豊庫가 되고, 猿類, 象, 虎, 犀, 豹, 野牛로부터 蛇, 爬虫類가 서식하며 怪鳥, 怪魚를 많이 산출하며(중략) 농업의 주요한 부문을 차지하는 것은 고무재배이다. 농지 총면적 498만 7천 31 英反 중 3백 28만 2천 2백 6英反 즉 農耕地의 66%가 고무 재배원이다. 千呎 이하의 땅은 이르는 곳마다 재배에 적당하며 연 80 내지 100인치(吋)의 강우량이 고무에는 실로 이상적이다 순수출량은 48만 톤으로 세계 제 1위를 점령하고 있다." (상동, 109쪽).

31) "유맥은 동해안을 남방으로 게뚫고, 북쪽에 타라깡, 중부에 상까상까의 양 유전이 있다. 1940년의 수자로는 타라깡이 80만 톤, 상까상까가 98만 톤을 산출했다. 타라깡 원유는 극히 질이 좋고 그대로 연료에 사용될 수 있게 다량의 중유들 품은 고로 원유 그대로 수출된다. 상까상까 원유는 전부 빠리타파 광의 대 정유공장에 직접 수송관으로 보낸다. 타라깡은 섬이고, 상까상까는 마하캄 하구에 가까운 고로 수송하기에 매우 편하다. 원래 10년 전까지 이 두 유전은 네델란드령 동인도 제일의 산유량을 자랑했지만, 지금은 합계 약 180만 톤, 동인도 전체의 800만 톤의 2할 3분에 해당하며, 수마트라의 6할에 왕좌를 빼앗겼다." (상동, 110쪽).

다. 우선 당시 평양 경제구락부(1942년 6월) '새로 편입된 남방에 적극 진출하여 이 지역의 실권을 장악하며 공습으로 일본 본토로 수송이 곤란한 남방자원을 아예 조선에 옮겨서 증산에 쓰자'는 주장을 피력하기도 했다.[32] 또한 제9회 전선공업자대회에서 부산공업구락부는 남방자원의 확충을 제안하여 부산지역 산업과 남방자원을 연계하자고 주장하였다.[33]

한편 조선에서 기업정비, 기업허가령 등 기업통제가 강화되면서 조선인 기업가 중에서는 남방으로 전업하려는 자가 많았다. 예를 들어 1942년 원산상의가 실시한 설문에 따르면 전업 희망업종은 총 응답자 435명 중에서 '언제든지 돌아올 수 있는 간단한 상업'은 25명, 군수공장 노동자는 40명, 생산력확충산업 관련 노동자는 10명, 관청·회사의 사무원은 34명, 은행·금융·보험의 사무원은 11명, 귀농은 11명, 건축·토목사업 38명, 만주 농업개척민 4명, 기타 84명인데 대해서 '중국·남양과 기타 해외로 이주'를 응답한 인원은 총 응답자 435명 중에서 156명으로 36%에 달하였다.[34] 또한 1942년 6월 20일에서 25일간 부산부가 동남아로 이주할 기업자들의 신고를 받았을 때 출원한 45명의 면모를 보면 주로 잡화상·과자상·섬유상 등 중소기업가였다.[35] 이처럼 동남아 진출을 희망하는 업자가 많은 것은 우선 남방이라도 가서 통제를 피해 보려는 측면과 아울러 일본의 점령을 기화로 동남아에 진출하여 원료부족을 해소하고 자본축적을 꾀하려는 조선인들의 이해관계를 반영하는 것이다.

---

32) 「經濟治安週報」(1942년 7월 5일), 부록 1쪽.
33) 제9회 공업자대회 주요의안[13개항] 중에서 대외진출책으로는 조선의 수출품 생산증가, 만지방면 수출수속간편화[인천공협], 남방자원 확보[부산공업구락부], 북방권의 중공업화 진전요망[함흥상의], 多獅島港 준공, 축항확장계획[신의주상의].[『殖銀調査月報』(1943년 11월호), 26~28쪽]
34) 「經濟治安週報」(1942년 6월 29일자), 9쪽.
35) 「經濟治安週報」(1942년 7월 13일자), 12쪽.

## Ⅲ. 남방 편입 우려론

그러나 처음부터 조선인 자본가들이 남방을 낙원처럼 여긴 것은 아니었다. 남방이 편입되자 조선인 자본가 내부에서는 그 결과에 대한 우려와 낙관이 교차하였다. 특히 조선인 자본가나 경제이론가 가운데 일부는 일본의 침략범위가 확장되고 일본이 남방전선에 모든 전력을 집중하는 과정에서 상대적으로 종래 조선인이 향유하던 식민지 개발이익과 엔블록에서의 '역할'이 위축되리라는 위기감을 느끼고 있었다. 그러한 경향은 당시 식산은행 조사부의 전승범全承範의 언급에서도 간접적으로 드러난다.

남방 자원이 풍부하여 일반기업이 남방의 개발에 집중하게 될 것이므로 북방자원이, 즉 조선의 자원개발은 그 가치가 감소할 것이라고 하는 견해가 있다. 즉 남방의 우크라이나라고 하는 인도차이나[佛印]·타이[泰國]·미얀마[緬甸] 등지의 쌀이 상당히 큰 수출력을 가짐으로써 조선의 산미증식계획의 중요성을 부인한다든가 또는 말레이·동인도[蘭印]·필리핀 등 광업자원이 풍부하여 북방의 광업, 특히 조선의 광업은 개발가치가 없으며 그 자원에 의하는 조선의 공업은 장래성이 희박한 것같이 보는 견해이다. 이것은 남방 자원의 내용과 성격을 정당하게 인식치 못하며 또 대동아전쟁의 경제적 의의를 이해치 못할 뿐만 아니라 공영권내 북방권의 위치가 어떠한가, 또 북방권에 있어 조선의 지위, 특히 조선공업의 역할이 어떠한가를 이해치 못하는 극히 천박하고도 위험한 생각이다. 남방권이 공영권에 참가하게 된다는 것은 결코 북방권과 대립한다는 것이 아니고 북방권과 유무상통하여 완전한 자급자족의 동아공영권을 형성하는 것에 중대한 의의가 있다. 즉 북방권은 '제1차적 공영권'으로서 공영권의 중심이 되어 자주적 입장에서 남방권을 배양할 새로운 책임을 부하하게 된 것에 큰 의의가 있다.[36]

전시 상황에서 그러한 남방편입에 따른 우려를 직접 드러낼 수 없었지만, 예를 들어 일본이 '일·만·지국토계획日滿支國土計劃'을 수립하고 조선을 황국중앙계획皇國中央計劃의 하부단위인 지방계획으로 격하하자 조선인 경제이론가인 인정식이 조선의 영토·인구 등을 예로 들면서 그러한 조치에 강한 불만을 내비친 것도[37] 남방편입에 따른 '조선인자본위축론'이 적지 않게 유포된 것을 반영한다. 이처럼 1940년대 조선인 자본가나 경제이론가의 '공업인식'이 분화된 것은 단순히 그들의 개인적 소신이라기보다는 중일전쟁 이후 종래 북방권에 자본축적의 토대를 두었던 부류와 새로이 태평양전쟁 이후 남방에 자본축적의 토대를 두려던 부류간의 이해관계가 때문으로 추측된다.

하지만 남방 편입을 우려하거나 낙관하던 조선인 자본가와 경제이론가들은 "조선이 북방권의 조장"[38]이 되어 북방권에서의 경제적 헤게모니를 획득하려는 인식은 마찬가지였다.

남방권(南方圈) 편입에 따른 동아공영권의 확대에 의해서 대륙전진병참기지로서 조선의 사명은 종식을 고하는 것이 아니라 오히려 가중되고 있다. 공영권의 핵심이 종래 대륙에서 해양으로, 북방권에서 남방권으로 이행하는 금일에 있어서도 북방대륙권 또한 건설과정인 한에는 그 부분에 대한 조선의 경제권 관계에 대한 중요성은 하등 변화가 없다. 오히려 대동아전쟁하 "대륙은 조선이 인수한다"라고 하여 일본으로 하여금 후방의 우려를 벗어버리고 그 전체의 자세를 태평양으로 향하게 하는 것이 매우 필요한 이상, 대륙전진병참기지로서 조선의 사명은 일층 강화되어야 한다.[39]

---

36) 全承範, 「北方建設과 朝鮮工業」(『朝光』, 1942년 4월호), 『植民地資料叢書』 6, 564쪽.
37) 「조선농업과 식량과 국토계획」(『三千里』, 1941년 6월호), 130쪽 참조.
38) 「決戰體制의 確立과 朝鮮經濟의 再編成」(『朝鮮産業年報』, 1943년 판), 28쪽.
39) 東洋經濟新報社, 『年刊朝鮮』(1942년 판), 18~19쪽.

즉, 이에 조선인들은 남방에 대한 우위를 위해 스스로 공영권 북방에서의 역할과 식민지 공업화의 당위성을 설파하려고 했다. 전승범이 '북방권은 공영권의 중심 그러면서 자주적 입장에서 남방을 배양'한다는 논리는 그러한 의식의 연장이었다.

## Ⅳ. 和信의 동남아 진출과 남방 조선인 생활

1942년 경 남방 지역 조선인들의 동향은 당시 잡지사 朝光에서 개최한 「남방 공영권과 풍속문화를 말함」이라는 좌담회 속기록을 보면 대체적으로 알 수 있다.

우선 필리핀에는 태평양전쟁 발발 즈음 '조선 사람이 약 40명 정도 거주했으며 그 중에는 금광기사와 인삼장사가 있었다'(오영섭)고 했고, '高麗商店이라는 간판을 한 상점에서 조선부인이 베치마를 입고 빙수를 팔고 있었다'(최창집)는 중언도 있다. 그런데 당지의 상권은 일본에 이어 조선인이나 중국인이 쥐고 있기는 하지만 장기 정주를 하지 않고 4년 이내의 단기체제와 단기 승부를 위한 진출이기에 실질적인 벌이는 없다고 하며, 생활상태가 청결하지 못한 점도 지적하고 있다.

> (기자) 비율빈에 朝鮮사람은 얼마나 가있습니까.
>
> (오영섭) 약 40명이 가있던가요. 금광기사가 한사람 그리고는 人蔘 장사하는 사람도 있는 모양예요.
>
> (최창집) 내갔을 때도 高麗商店이란 간판을 붙인 집이 있었지요. 조선부인이 베치마를 입고 빙수를 팔고 있드군요.
>
> (기자) 사는 정도는 어때요.
>
> (오영섭) 점잖게 하고 삽니다. 내지인이 압섯고 그 다음에 조선 사람 중국 사람은 상권을 쥐어 세력이 있다지만 사는 꼴은 늘 그냥 조선 사람만 깨끗지 못합니다.

(이여식) 그런데 반도인은 오래있어야 4년 돈만 없애고 왔다 갔다 할 뿐이지 영주할 생각을 못먹어요.

(오영섭) 조선인삼이라면 거기서도 영약으로 치는 것이라 수입이 훌륭한데 그 수입을 가지고 전업을 해서 고정해 있으면 상당한 지반을 가지고 살 수 있지요. 어째건 조선서 농사짓는 노력을 드려 4년만 저기서 농사를 짓는다면 부자가 될 줄 앏니다. 저곡 주민들은 자연의 혜택을 너무 많이 입어서 그럿치가 못했요.[40]

둘째, 말레이의 경우에도 필리핀과 마찬가지로 인삼장사를 주로 하고, 벌이는 있지만 자본축적 능력이 박약하며, 낭비벽이 심한 사실을 지적하고 있다.

(김창집) 말레이에는…조선 사람은 약 6~70명이 있습니다. 전에는 수백 명이 있었대요. 의주사람이 많죠. 인삼장사가 많은데 조선인삼은 영약이라고 달은 것은 못해도 그것은 사먹는답니다. 조선 사람도 돈을 잡아서 그것으로 기업을 했으면, 성공을 할 터인데 대개는 그대로 써버리니까. 성공을 못하고 말지요.[41]

한편 동남아에 진출을 강력히 추진한 대표적인 조선인 자본가는 화신무역의 박흥식이었다. 즉, 그는 1943년 2월에 기자회견을 통해 화신의 본격적인 남방 진출을 천명하면서 베트남 사이공(西貢)과 태국의 방콕(盤谷) 지역에 화신백화점 지점을 그리고 방콕에는 고무제품공장을 건설하기로 했다.[42] 화신의 대외진출 기대는 화신무역이 발족되면서

---

40) (좌담회) 「남방 공영권과 풍속문화를 말함」, (1942.3.16), 『조광』(8권 4호), 116~117쪽.
41) (좌담회) 「남방 공영권과 풍속문화를 말함」, 119쪽.
42) 「和信, 南方에 進出」 『每日新報』(1943년 2월 3일자). 박흥식은 이 외에도

(1939년 3월 24일) 증폭되었다. 본래 자본금 275만원으로 시작하려던 이 회사는 주변의 적극적인 협력을 받아 창립 시에는 800만원의 자본금을 확보하고 있었다.[43] 이에 1940년 11월에는 화신무역은 태국에 직접 사원을 파견하기로 했다.[44] 또한 그해 12월 14일에는 石川 지배인 등 2명을 3개월 정도 '경제사절' 명목으로 인도차이나, 화란령 동인도 등에 파견하여 현지 사정을 살피도록 했다.[45] 그때 첫 도착지가 사이공이었다.

그러한 사전 준비작업 위에 태평양전쟁 발발 직후인 1942년 1월에는 남방 진출 방안을 놓고 관계당국과 본격적으로 절충에 들어갔다.[46] 따라서 화신의 남방진출 기획은 일본이 북베트남을 점령하는 시점(1940년 9월)에서 시작하여 태평양전쟁이 발발하자 곧바로 실행된 것으로 보인다. 그리고 1943년 2월에 현지 당국의 허가가 있었는데, 이 시기까지 적

---

동남아는 물론 유럽과 아프리카, 미국까지 진출하여 해산물과 운동화, 의약품, 사과, 명태, 간유 등을 수출했다. 또 중국 시장 개척을 위해 천진에 출장소를 설치하기도 했다(『월간조선』, 2006년 5월 15일).

43) "資本金 800萬圓의 和信貿易會社가 朝鮮호텔에서 창립총회를 개최하다. 和信貿易會社는 和信·和信連鎖店·鮮─紙物·大同興業을 병합한 會社로 代表取締役社長에 朴興植, 取締役에 李基衍·李奎載, 監査役에 林憲慶이 취임하다"『東亞日報』(1939년 4월 11일자). 이 또한 경제적 측면에서 당대 조선인 자본가들의 대외진출 욕망을 반영하는 것으로 보인다.

44) 「和信이 南洋에 着眼」『每日新報』(1940년 11월 13일자).

45) 「和信의 南方視察 兩氏十四日에 出發」『每日新報』(1940년 12월 12일자).

46) 「和信南方에 進出」『每日新報』(1942년 1월 21일자). 화신무역이 침략전쟁과 유착하는 모습은 태평양전쟁의 경우만이 아니다. 중국에서도 1939년에는 만주국 奉天(심양)에 지점을 내어 '陸 진출의 前哨'로 삼으려 계획하는 등(滿鮮日報社, 『滿鮮日報』, 1939년 12월 7일자) 침략전쟁과 밀착된 자본의 모습을 보여 왔다. 이와 관련하여 『每日新報』(1941년 12월 9일자)에는 和信 사장 朴興植의 담화가 실려 있는데, 여기서 그는 "日本의 대미·영 개전에 際하여 우리 實業界人은 오로지 일본정부의 政策에 全的 信賴를 가지고 積極的 協力을 하며 必勝不敗의 信念下에 모든 것을 國家 第一主義로 邁進할 一大覺悟를 鞏固히 하고 있다"하고 하여 침략전쟁과 자신의 자본축적 의지를 일치화하면서 그 실현을 위한 국가제일주의의 확고를 강력히 주장하고 있다.

어도 1년 이상 적격한 진출예상지를 선정하는 과정이었고, 최종적으로 사이공과 방콕이 선정된 것으로 보인다. 이후 화신은 43년 7월까지 현지 진출을 위한 기초조사를 완료하였다.[47] 이후의 사정은 자료관계상 자세히 알 수 없다. 앞서 언급했듯이 和信의 남방 진출은 남방지역 소비재 보급이라는 일제의 남방권 경제 연관 시책을 반영한 것이다. 또한 1943년 말에 朴興植은 불령인도차이나로부터 한약재를 직수입하려는 계획을 세우기도 했다. 이러한 직수입 계획은 전쟁 당시 이 지역과 직항로가 없는 것에 대한 조선인 자본가 나름의 대책으로 볼 수 있다.[48] 이러한 화신의 동남아 무역은 해방 직후에도 계속된 듯하다.[49]

　요컨대 태평양전쟁 전후 일부 조선인이 직접 남방에 진출하여 인삼 장사 등 상업을 하고 있었고, 1943년 경 和信의 진출은 그 정점이었다. 하지만 소규모 자본의 경우 실제 돈을 벌거나 자본을 크게 축적한 경우는 드물었다.


# V. 결 론

　이상의 연구 결과를 정리하면 다음과 같다.

　우선 일제는 전쟁수행을 위해 식민지 및 점령지에 대해 자발적인

---

47) 「和信의 南方進出 現地基礎調査完了」 『每日新報』(1943년 7월 15일자).
48) 「佛印産 韓藥材도 直輸入 기도－朴 和信사장 담」 『每日新報』(1943년 2월 3일자).
49) 1948년 2월 28일에 화신무역상사가 조선우선 소속의 앵도환(櫻島丸, 1281t)이라는 무역선을 이용, 홍삼, 해산물(건어물과 한천)을 홍콩에 수출했다. (『문화일보』, 2006년 7월 28일자). 또한 현재에도 그 후신으로 화신무역(남대문로 소재)이 2005년 11월 12일 12시, Chatham Road Beverly Commercial Centre에 매장을 오픈하였는데, 이는 한국에서 제작된 액세서리를 홍콩에 들여와 판매하며 유럽 등지로 수출하는 일을 주요업무로 하고 있다. 박흥식의 화신과 오늘날의 화신의 연속성 문제는 사장의 인터뷰 거절로 자세한 상황을 확인할 수 없었다. 추후 연구를 필요로 한다.

협력과 물자동원을 획책하였고 그 일환으로 엔블록을 소경제권으로 분할하고 남방권은 이른바 남방경제지구로 명명하였다. 이에 전쟁기간 동안 약 3만 명의 조선인이 남방 지역에서 활동하는 등 조선인들의 많은 진출이 있었고, 총독부도 남방과의 경제협력 구상과 더불어 육해군부 및 회사 및 협회 관련 관리를 파견하여 현지를 관리했다.

둘째, <남방경제간담회>는 조선경제와 남방자원 연계 및 현지 투자에 대한 전체적인 가이드라인을 제시하였고, 조선인 자본가나 경제이론가들은 남방에 대한 각별한 관심을 보였다. 조선인 자본가들 일부는 남방이 엔블록에 편입되자 '위축'을 우려하는 모습도 보였지만 대부분의 자본가들은 남방자원과 연계된 타이어, 고무, 석유 관련 사업에 대한 관심을 보였다. 전체적으로 조선무역은 기왕의 석유, 고무, 약제의 수입기조 위에 서구 자본에 의존하는 잡품 수출을 대신하여 직물, 화학 공업품의 수출을 전망하고 있었다.

셋째,  일본의 남방점령은 조선인의 친일민족주의=아시아민족주의를 고양하고 남방에 대한 향수를 자극했다. 그래도 조선인 자본가들 일부는 남방이 엔블록에 편입되자 '위축'을 우려하는 모습도 보였다. 대체로 국내에 자본축적 기반을 두었던 자본가 집단의 이해를 대변한 것으로 보인다.

넷째, 이러한 남방 진출 붐을 적극적으로 이용한 조선인 자본가가 和信의 朴興植이었다. 그는 1939년 3월 침략전쟁의 확산과정에서 화신무역을 창설하고, 만주와 남양지역에 대한 면밀한 조사를 진행한 다음 태평양전쟁 발발 직후인 42년 1월부터 본격적인 남방진출을 총독부와 협의하였다. 그리고 마침내 1943년 2월에 사이공과 방콕에 화신백화점 지점 및 고무제품공장을 건설을 허가 받아 현지조사에 들어가기도 했다. 남방으로 진출한 일반 조선인의 생활은 주로 인삼장사 등 상업 활동이 주였고, 단기체류와 일확천금 등의 목표로 인해 정작 인삼 등에 대한 높은 현지의 수요에도 불구하고 큰 자본은 모으지 못한 것으로 나타난다.

　요컨대 중일전쟁, 태평양전쟁시기 조선인의 남방 붐은 무척 컸으며, 많은 인원이 동남아로 진출했다. 국내의 각종 전시 산업재편과정에서 탈락될 위기 즉 전폐업의 위기에 몰린 조선인들이 새로운 낙토나 자본 축적지로서 남방에 기대를 건 것은 사실이다. 하지만 이러한 행위 뒤에는 일본의 동남아 진출에 적극적으로 기여하는 조선인 집단을 집단적으로 양성하여 그들의 점령지 지배를 원활히 할 수 있는 지원세력으로 끌어들이려는 포석에 의한 것이기도 하다. 단기내적 생산증강 정책이 강화되는 속에서 새로운 생존선을 찾아가는 조선인과 침략전쟁에 이들을 효율적으로 이용하려는 일본의 요구가 침략전쟁의 콩고물을 일부 제공하는 방식으로 맞아들어갔다는 점에서 조선인 자본의 동남아 진출은 그자체로 친일성을 가지지 않을 수 없었다. 그리고 자발적 측면에서도 침략편승 욕구가 농후하다. 따라서 자본가들의 동남아 진출은 포로감시원 부류의 자발성이 강한 친일과 강제동원과 같은 강제적 친일의 중간지대에 위치하는 역사적 의미를 갖는다.

# B·C급 전범재판과 조선인*

김 용 희**

## I. 들어가는 말

본 논문은 태평양 전쟁기 B·C급 전범재판에서 일본의 전쟁책임을 추궁 받아 전쟁범죄자가 된 조선인 집단에 관한 연구이다.

일반적으로 전쟁범죄라 함은 전쟁중 또는 전쟁과 관련한 시기에 군인이나 경찰, 공무원은 물론이고 민간인들에 의하여 교전당사국 또는 중립국 영역에서 행하여진 전쟁법규에 위반한 폭력적 행위를 말하며,[1] 침략전쟁에 대한 공동모의, 기습개전에 의한 살인과 잔학행위자 등은 A급 전범으로 국제군사재판에서 연합국 모든 정부의 공동결정에 따라 재판을 받게 되어 있고, 전쟁법규를 위반하여 이루어진 살해·학대·약탈 등의 통상적인 전쟁범죄자는 B급 전범으로, 민간인에 대한 살해·학대·약탈을 한 비인도적인 범죄자는 C급 전범으로 범행지에 설치된 법

---

* 이 논문은 2003년도 한국학술진흥재단의 지원에 의해 연구되었음(KRF-2003-073-AM1001).

** (前) 경성대학교 연구교수

[1] 이민수, "전쟁범죄와 개인의 책임에 관한 연구", 육사화랑대연구소, 1996, 17쪽.

정에서 범행지 법에 따라 재판을 받게 되어 있었다.

태평양 전쟁 중 B·C급 전범재판은 일본을 포함한 아시아 49개 법정에서 개정되었으며 약 5700명이 전범으로 기소되었다.

〈표 1〉 재판국별 일본국적 전범자 현황[2]

| 재판국＼처벌 | 미국 | 영국 | 호주 | 네델란드 | 프랑스 | 필리핀 | 중국 | 합계 |
|---|---|---|---|---|---|---|---|---|
| 재판수 | 456 | 330 | 294 | 448 | 39 | 72 | 605 | 2,244 |
| 기소자 | 1,453(3) | 978(56) | 949(5) | 1,038(68) | 230 | 169 | 883(16) | 5,700 |
| 사형 | 143(1) | 223(10) | 153 | 236(4) | 63 | 17 | 149(8) | 984 |
| 무기형 | 162 | 54(9) | 38(1) | 28 | 23 | 87 | 83(8) | 475 |
| 유기형 | 871(2) | 502(37) | 455(4) | 705(64) | 112 | 27 | 272 | 2,944 |
| 무죄 | 188 | 116 | 267 | 55 | 31 | 11 | 350 | 1,018 |
| 기타 | 89 | 83 | 36 | 14 | 1 | 27 | 29 | 279 |

* (  )안의 숫자는 조선인
* 기타는 공소기각, 사망, 도망 등

이들 중 포로수용소관계자에 대한 기소건수가 전체기소건수의 16%에 해당하였다. 이는 전쟁중 일본국에 포로가 되었던 연합국 포로의 27%(35,756명)가 사망한 결과에 따른 당연한 책임 이었다.[3] 그러나 포로수용소관계자의 대부분은 조선인과 대만인으로 구성된 군속으로 이들 대부분이 전범으로 아시아 전역에서 기소되어 재판을 받았으며, 이들은 전쟁범죄에 관한한 일본인으로 취급되었다.

본 논문에서는 태평양 전쟁중 네델란드 법정과 영국·호주 법정의 전범재판을 중심으로 고찰하고자 한다.

---

2) 法務大臣官房司法法制調査部, 「戰爭犯罪裁判槪史要」, 法務省, 1973年, 34쪽; 韓國出身戰犯者同進會, 「在日韓國出身戰犯者名簿」, 1957 參照.
3) 동경재판시 제출된 자료에 따르면 연합군포로 13만 2천 1백 13명 가운데 27%인 3만 5천 756명이 고된 노동과 기아로 포로수용소에서 사망하였다 (栗屋憲太郎, "今, 戰爭犯罪裁判を考える", 「史苑」, 第52卷 1號, 立敎大學 史學會, 1991, 5쪽.

## II. 전범재판

### 1. 전범처리의 논의

일본의 전쟁범죄에 대한 최초의 경고는 운츠 킹(Wunz King)이 1942년 1월 영국 런던에서 마련된 "전쟁범죄의 처벌에 대한 연합국 선언(Inter-Allied Declaration on Punishment for War Crimes)"에 옵저버로 참석하여 중국은 전쟁범죄자들에 대하여 반드시 책임을 추궁하겠다는 다짐을 밝히면서 제기되었다.[4]

1942년 8월 미국의 루우즈벨트 대통령은 종전과 더불어 유럽과 아시아에서 침략적 전쟁을 일으킨 야만적 행위에 대하여 조사를 할 것과 조사결과에 따라 전쟁범죄에 대하여는 행위지 국가의 재판기관에서 반드시 소추될 것이라고 선언 하였다.[5] 이 선언에 따라 연합국들은 1942년 12월에 연합국전범위원회(UNWCC: United Nations War Crimes Commission)의 설치를 구체적으로 검토하고, 1943년 10월 23일 영국, 미국, 호주, 불란서 등을 위시한 연합국 대표들은 연합국전범위원회를 설치하였다.[6]

1943년 11월에는 4대국(미·영·불·소)이 모스크바에서 전범의 형사처벌에 관한 계획에 합의하였다. 이 회의에서 협의된 주요내용은 가해자들이 그 범죄가 행해진 국가의 법률에 따라 그 국가의 법정에서 재판을 받을 것과, 범행이 특별한 지역적 연고를 가지지 않는 주요전범들의 경우에는 연합국정부의 결정에 의하여 처벌이 이루어질 것이라는 점에

---

4) Philip R. Piccigallo, *The Japanese on Trial: Allied War Crimes Operations in the East*, 1945~1951, University of Texas at Austin Press, 1979, p.3.

5) United Nations Information Organization, *Information Paper*, no.1, 1946, pp.7~8.

6) 16개국으로 조직된 이 위원회는 연합국에 의해 해방된 지역으로 수십개의 조사단을 파견하여 증거의 수집, 증인의 행방, 원주민 인터뷰, 석방된 포로의 진술을 채취하는 활동을 전개했다(United Nations War Crimes Commission, History of United Nation War Crimes Commission and Development of the Laws of War(1948) 참조).

대하여 선언하였다.[7]

전후 위 4대국은 1945년 8월8일 런던에서 "유럽 추축국 주요전범의 소추 및 처벌에 관한 협정(Agreement for the prosecution and punishment of Major War Criminals of the Europeans Axis)"을 체결하며, 국제군사재판소 규칙(the Charter of the International Military Tribunal)이 부속되었다. 이 협정에는 국제법 위반에 대한 개인의 형사책임이 보다 구체적으로 규정되었으며, 규칙에는 전쟁범죄인을 심리할 재판소, 심리될 범죄, 재판의 절차와 어떤 행위가 전쟁범죄를 구성하는가의 문제 등을 상세히 규정하고 있다.

전쟁이 막바지에 이르렀던 1945년 7월 26일 미국, 영국, 중국 그리고 소련은 독일의 포츠담에서 일본에 항복조건을 제시하며 "일본인이 하나의 민족으로서 노예화되거나 멸종되어야 하는 것은 아니지만 포로에 대해 가해진 학대를 포함하여 모든 전쟁범죄자들에 대하여 엄격한 재판이 이루어져야 한다"고 선언하였다.[8] 이 선언에 의한 항복조건은 1945년 8월 1일 및 8월 14일의 선언과 1945년 9월 1일 항복선언서에서 일본에 의해 수락되었다.[9]

연합국전범위원회는 같은 해 8월 28일에 "일본의 전범에 관한 권고안"[10]을 채택하고, 이에 대한 모든 권한을 갖는 "중앙전담기구(Central

---

7) 大沼保昭, 「戰爭責任論 序說」, 東京大學出版會, 1975, 193쪽.
8) 포츠담 선언 10항 참조.
9) K.Ipsen, Völkerrecht, 3Aufl., München 1990, S. 537.
10) 이 권고안의 내용은, a) 일본 영토 안에서 계획되거나 지시되거나 범해진 모든 전쟁범죄를 조사하는 일. b) 그 어느 곳에서 범해졌던 간에 일본의 전쟁범죄와 관련하여 모든 증거를 수집하는 일. c) 발견된 전쟁범죄의 증거와 아직 유엔의 전범위원회 또는 소위원회에 등재되지 않은 사람들에 의하여 범해진 전쟁범죄의 증거를 위 유엔의 전범위원회 또는 소위원회로 전달하는 일. d) 유엔의 어느 국가나 국제군사재판소에 의해 확인되거나 수배되거나 재판을 받은 모든 일본 전범의 명단을 확보하고 관리하는 일. e) 어떤 정부나 기관에 의하여 확보된 모든 증거를 보내야 하는 중앙 전범증거센터를 설치하고 관리하는 일. f) 이 기관, 유엔전범위원회 및 소위원회, 또는 유엔가입 어느 정부에 의해서든 발견된 전범

War Crimes Agency)"를 설치할 것을 제의하였으나 미국은 이러한 기구 대신에 연합군 최고사령관의 권한으로 넘김으로써 미국 자신의 권한을 강화하였다.

미국 합참본부는 연합군 최고사령부에 1945년 9월 22일 일본전범용의자의 기소[11]와 재판소 설치에 관한 지시를 하달하였으며, 이 지시에 따라 극동 연합군 최고사령부는 1946년 1월 19일 사령부 일반명령으로 재판소 헌장을 공포하였으며,[12] 이 헌장에 따라 1946년 4월 26일 극동 국제군사재판소(IMTFE: the International Military Tribunal for the Far East)가 설치되었다.[13]

전범용의자들은 고발자의 국적에 따라 재판국이 결정되었다. 영국

---

의 이름확인과 체포를 준비하는 일. g) 확인된 모든 전범의 이름을 유엔의 전범위원회 또는 소위원회에 통보하는 일. h) 일본 전범을 요청하는 국가에 인도하는 일, 요청국가가 2개국 이상일 때는 이 기관이 인도의 조건을 결정한다. I) 일본 전범문제에 관하여 유엔전범위원회, 소위원회 또는 해당 정부와 협력하는 일. j) 전범에 관한 모든 증거와 정보를 수집하고 각국의 전범위원회의 업무를 조정하기 위하여 전 아시아 태평양지역에 지부를 설치하는 일을 담고 있다.

11) 일본전범용의자에 대한 수사와 기소는 최고사령부하에 설치된 국제검사국(IPS: International Prosecution Section)에서 담당하였으며, 초기에는 미국 법무성에서 차출된 22명의 변호사를 포함하여 39명의 직원으로 구성되었으나 동경재판이 진행되는 동안 50명의 변호사들과 연합국에서 파견한 104명의 직원 및 현지 일본인 직원 184명의 규모로 조직이 확대되었다. 국제검사국의 수석검찰관은 미국 백악관 출신인 Joseph Berry Keenan이 맡았다.

12) 極東 國際軍事裁判所 憲章은 뉘렌베르크 국제군사재판소 규칙을 모델로 하여 작성된 것으로 제1장은 재판소의 구성, 제2장은 재판관할 및 일반 규정을, 제3장은 피고인에 대한 심리, 제4장은 재판소의 권한 및 심리의 집행, 제5장은 유죄 무죄의 판결과 형의 선고를 규정하고 있다. 재판절차 등 대부분의 내용은 뉘렌베르크 국제군사재판소 규칙과 일치하나 재판부 구성 등에서 약간의 차이를 보이고 있다.

13) Bert V. A. Roling, *Tokyo Trial*, in Bernhardt(ed), Encyclopedia of Public International Law Instalment, 1981, p.243.

인이 고발한 경우에는 싱가포르의 영국 법정에서, 네델란드인이 고발한 경우에는 자카르타와 메탄의 네델란드 법정에서 재판을 받았다. 영국인과 네델란드인 양쪽에서 고발된 경우에는 양국이 관할권을 행사하여 재판하였다.

## 2. 영국령 전범재판

### 1) 영국령 법정에 있어서 전쟁범죄의 정의

동남아시아연합지상군 전쟁범죄훈령 제1호에 따르면 B·C급 전범에 대한 정의를 (a) 정당한 이유 없이 실행된 총살 및 그 밖의 방법에 의한 살해. (b) 포로가 도주했다고 하는 허위구실에 의한 총살 및 그 밖의 방법에 의한 살해. (c) 폭행에 의한 치사 및 그 밖의 謀殺 또는 故殺. (d) 사격, 총검에 의한 상해 및 고문 또는 정당한 사유가 없는 폭력. (e) 그 밖의 학대로 중대한 육체적 상해를 입히는 것. (f) 금전 및 재물의 절취. (g) 정당한 사유가 없는 구금. (h) 음식물과 음료수 및 의복의 불충분한 지급. (i) 의료적 배려의 결여. (j) 병원에 있어서 부당한 대우. (k) 작전수행에 직접 관계가 있는 작업 또는 건강하지 못한 포로를 위험한 작업에 사용하는 행위. (l) 연합국 민간인을 전투지역의 포화지역에 억류하는 행위. (m) 포로 또는 일반시민을 포격을 막는 데에 이용하는 행위, 병원 또는 병원선을 공격하고 생존자의 구조조치를 강구하지 않고 상선을 공격하도록 한 행위. (n) 고문 또는 그 밖의 강제적 방법에 의한 심문[14]으로 규정하고 있다.

동남아시아연합지상군에 의한 전쟁범죄에 대한 이러한 정의는 대본영의 결정에 따라 포로들을 강제노역에 종사케 했던 포로수용소 관

---

14) 法務大臣官房司法法制調査部, 〈戰爭犯罪裁判資料 第1号: 戰爭犯罪裁判關係法令集 第1券〉, 1963.

계자들은 누구도 전쟁범죄의 책임을 피할 수 없게 만들었다. 조선인 포로감시원들은 종전과 동시에 연합군에 의해 포로가 되어 전범용의자로 수용되었다. 그 결과 조선인 포로감시원들이 전범으로 일본의 전쟁책임을 떠안게 되었으며, 특히 동남아시아연합지상군 전쟁범죄 훈령중 작전수행에 직접 관계가 있는 작업 또는 건강하지 못한 포로를 위험한 작업에 사용하는 행위 자체를 전쟁범죄로 규정한 결과, 조선인 군속들은 대부분 건강하지 못한 포로를 위험한 작업에 사용하여 사망케 한 행위, 억류시민 또는 피구금자에 대한 구타 등으로 기소되었다. 전범의 기소는 사진에 의한 얼굴확인이라는 고발방식과 더불어 이름만으로도 소추를 제기했다.

### 2) 영국령 법정에서의 심리

재판은 공개재판으로 진행되었으나 포로수용소관계 재판의 대부분은 시내에 임시로 마련된 법정에서 배심원과 방청객도 없는 상황에서 판사와 변호사·통역·검사 그리고 피고인만이 출석하여 진행되었다. 또한 영국령에서 행해진 전범재판은 원고와 피고가 대립당사자로서 공격과 방어를 하는 당사자주의 형식을 취했다. 이는 영국의 재판제도를 답습한 것이었으나 실제의 전범재판에서 이러한 원칙이 제대로 지켜졌는가에는 많은 의문이 남는다.

물론 전범사건의 대부분이 전시중의 행위이기 때문에 검찰측으로서도 증거수집에 많은 어려움을 겪었던 것으로 보인다. 그러나 피고의 입장에서는 생과 사의 갈림길에 서있는 것이기 때문에 충분한 방어권이 보장되어야 함에도 불구하고 피고가 공판정에서 발언할 수 있는 것은 유·무죄의 주장과 판결선고 직전의 최후진술만이 보장 되었다. 그나마 다수의 피고가 합동으로 재판을 받는 법정에서는 이조차도 허용되지 않았다고 한다.[15]

이러한 상황에서 피고의 입장과 피고의 방어권을 보장해 줄 수 있는 유일한 수단은 변호인의 적극적인 변론활동 뿐이라 하겠다. 그러나 초기에는 영국인 변호사만으로 개정을 하다가 그 후 각사건에 일본인 변호사가 1인씩 선임되었으나 일본인 변호사들 역시 포로의 신분에서 변론을 행하였기 때문에 피고를 위한 활동에는 여러 가지 제약이 뒤따랐다.

또한 영국식 소송제도를 이해하지 못하는 일본변호사로서는 변론 수행에 많은 어려움을 겪었던 것으로 보인다. 특히 공소장의 언어도 영어인데다 재판의 진행도 영어로 진행됨으로 통역에 의존해야 하는 변론에는 언어상의 한계도 뒤따랐다. 특히 일본어조차 제대로 구사하지 못하는 조선인 군속의 경우에는 언어의 장벽에 의한 불이익을 고스란히 떠안을 수 밖에 없는 현실이었던 것으로 보인다. 그러나 이는 당사자주의를 신봉하는 영국의 법정에서는 있을 수 없는 일이라 생각된다.

또한 극동국제군사재판소 헌장도 제9조에서 재판의 공정을 기하기 위하여 피고인은 각자 자기가 원하는 변호인을 선임할 수 있도록 하되 다만 재판부가 변호인을 기피할 수 있도록 하였다. 또한 피고인 또는 그 변호인은 방어에 필요한 증거를 제출하거나 증인을 소환, 신문할 권리를 가진다고 규정하고 있다.

더욱이 1945년 8월 8일 연합국들은 런던에서 "유럽추축국 주요 전범자들의 추적과 처벌에 관한 합의"를 발표하며 주요 전범들의 재판을 담당할 국제군사재판소헌장(Charter of the International Military Tribunal)을 발표하였다. 일명 런던헌장으로 불리는 이 규범은 재판의 목표를 분명히 하고 합법적인 재판절차의 실행을 담고 있다. 재판법은 "공정한 재판의 원칙"을 확인하고 피고들에게 모국어로 재판을 받을 권리와 변호권을 인정하여 검사측 증인에게 반대심문을 할 수 있도록 허락했다. 이러한

---

15) 現代史料室 坂邦康 編著, 「史實記錄 戰爭裁判 : 英領地区」, 東湖社, 1967年, 14쪽.

피고의 방어권을 침해한 영국법정의 전범재판은 런던헌장이 밝히고 있는 공정한 재판의 원칙에 반하며 문명국가라면 당연히 보장되는 변호인의 조력을 받을 권리를 침해하는 것이다.

싱가포로 호주법정에서 재판을 받았던 포로감시원인 李鶴來씨의 기소내용은 "힌독수용소장이며 관리장교로 수용소내 설비부실과 급양·의복·의약품부실의 죄, 부하의 폭행을 저지하지 않은 죄, 환자에게 노동을 시킨 죄로 기소되었다.[16] 포로감시원인 군속에 불과한 이학래씨가 일본군 장교로 기소된 것이다. 전쟁범죄에 있어서 계급과 신분이 차이는 역할의 차이를 의미하는 것이며 이는 공소사실의 확정에 중요한 단초를 제공한다. 그렇다면 이사건의 고소인들이 피해자로서 법정에서 증언을 하는 것이 실체진실발견에 있어서 더없이 중요한 일이라 생각한다. 그러나 이학래씨의 기소에 결정적 원인을 제공했던 9명의 고소인 중 단 1명도 증인으로 출석하지 않았다고 한다.[17] 결국 이 사건은 단체의 행위를 개인의 행위로 환원하고, 단체의 책임을 개인의 책임으로 전가시키는 모순을 보여주는 전형이라고 하겠다. 결국 이학래씨는 이 재판에서 환자를 강제적으로 작업에 동원했다는 죄는 사형판결을 받았다가 20년형으로 감형을 받았다.

### 3) 영국령 법정에서의 처벌

영국령 전범재판은 싱가포르, 말레이시아, 영국령북보르네오, 버마 및 홍콩의 영국령 및 호주전범법정[18]에서 개정되었다. 전범용의자의 적발은 종전과 동시에 동남아시아 영국군사령부 관할하에 설치된 전범조사국에서 담당하였다. 조사국은 주로 전쟁중 일본군 포로였던 영

---

16) 內海愛子, 「朝鮮人 BC級戰犯の記錄」, 勁草書房, 2003年, 161쪽.

17) 內海愛子, 「朝鮮人 BC級戰犯の記錄」, 勁草書房, 2003年, 172쪽.

18) 호주전범법정은 싱가포르와 홍콩에서만 개정되었다.

국인들로 조사관이 구성되었으며 이들은 1945년 9월 6일 최초 전범용의자가 싱가포르 오트람형무소에 수용된 이래 태국의 방콕형무소 또는 수용소에 수용되어 있던 7천 2백여명의 용의자들은 차례로 싱가포르 찬기형무소로 이감하여 싱가포르 시내에 개정된 10군데의 법정에서 재판을 받게 하였다.

<표 2> 朝鮮人 戰犯者의 刑期[19]

| 형기 / 법정 | 사형 | 무기 | 20년 | 15년 | 12년 | 10년 | 7년 | 6년 | 5년 | 3년 | 2년 | 1년 6개월 | 계 |
|---|---|---|---|---|---|---|---|---|---|---|---|---|---|
| 영국 | 10 | 9 | 2 | 4 | | 13 | 3 | 4 | 2 | 6 | 2 | 1 | 56 |
| 호주 | | 1 | 1 | 1 | 2 | | | | | | | | 5 |

이 재판을 통하여 조선인 군속들은 포로취급불량, 강제작업, 폭행, 학대라는 죄명으로 61명이 유죄의 판결(사형 10명, 종신형, 10명, 유기형 41명)을 받았다.[20] 판결은 유죄인정과 형만을 통고하는 것으로 유죄의 이유를 고지한다든지 판결문을 교부하는 행위 등은 없었다고 한다.[21] 심지어는 죄명조차 고지되지 않고 처벌된 사례들도 있다.[22] 또한 많은 전범용의자들이 영장 없이 체포되어 오랜 미결생활을 거쳐 실형을 선고받고 수감생활을 하였으나 체포년·월·일을 입증하는 서류를 작성해 놓

---

19) 現代史料室 坂邦康 編著, 「史實記錄 戰爭裁判 英領地区」, 東湖社, 1967, 137~168쪽, 戰犯被告名簿 參照.
20) 法務大臣官房司法法制調査部, 「戰爭犯罪裁判槪史要」, 法務省, 1973年, 34쪽.
21) 現代史料室 坂邦康 編著, 「史實記錄 戰爭裁判 英領地区」, 東湖社, 1967年, 120쪽.
22) 1952년 6월 스가모 형무소에 수감되어 있던 조선인 전범들이 일본최고재판소에 인신보호법에 의한 석방청구사건의 재판기록에 의하면 무기형이나 20년형을 선고 받고 수감중인 조선인 전범 중에 죄명조차 없이 수감생활을 하던 조선인 전범이 6명이나 있었다.(韓國出身戰犯者同進會, 「裁判記錄: 人身保護法による釋放請求事件」, 1957, 24~25쪽.)

지 않은 관계로 1년 반이나 미결수로 수감생활을 한 사람조차 형기에 포함되지 않는 불이익을 감수해야만 했다[23]

## 3. 네델란드령 전범재판

### 1) 네델란드령 법정에 있어서 전쟁범죄의 정의

네델란드령 법정에서 전쟁범죄에 관한 정의는 전쟁범죄의 정의에 관한 법령[24]에서 규정하고 있다. 제1조의 규정을 살펴보면 전쟁범죄란 전시에 있어서 적국인 또는 적국에 고용되었던 외국인이 전쟁에 관한 법규, 관습에 위반하는 행위를 말한다.[25] 전쟁범죄의 정의에 관한 법령

---

23) 現代史料室 坂邦康 編著, 「史實記錄 戰爭裁判 英領地区」, 東湖社, 1967, 104쪽.
24) 1946年 官報 第44號.
25) 예를들면,
　① 살인 또는 집단살인, ② 조직적 테러 행위, ③ 인질을 살해하는 행위, ④ 시민에 대한 참혹 또는 고문, ⑤ 시민을 고의로 굶주림에 처하게 하는 행위, ⑥ 강간, ⑦ 부녀를 유괴하여 강제적으로 매춘을 시키는 행위, ⑧ 시민을 추방하는 행위, ⑨ 비인도적 상황에 있어서 시민의 억류, ⑩ 시민을 강제적으로 군사작업에 종사시키는 행위, ⑪ 점령중 주권의 찬탈행위, ⑫ 점령지역의 주민을 강제적으로 병역에 징발하는 행위, ⑬ 점령지역의 주민의 국적을 변경시키는 행위, ⑭ 약탈, ⑮ 소유물의 징수, ⑯ 불법적 또는 과중한 적과금 및 징발요구, ⑰ 통화(화폐) 위조 및 그 행사, ⑱ 연좌제를 가하는 행위, ⑲ 고의로 재산을 파괴하는 행위, ⑳ 무방비 지역에 대한 고의 포폭격, ㉑ 종교, 자선, 교육용으로 제공받은 건조물, 혹은 역사상 기념건조물을 고의로 파괴하는 행위, ㉒ 경고를 발하지 않고, 또는 선객, 선원의 안전조치를 준비하지 않은 객선, 또는 상선을 파괴하는 행위, ㉓ 어선 또는 구조함을 파괴하는 행위, ㉔ 병원에 대한 고의 포폭격, ㉕ 병원선에 대한 공격 또는 파괴, ㉖ 그 외 적십자 조약에 위반하는 행위, ㉗ 독가스 사용, ㉘ 담담탄 및 비인도적 병기 사용, ㉙ 항복자에 대해 살려주지 말라고 명령하는 행위, ㉚ 부상자 및 포로학대, ㉛ 금지된 일에 포로를 고용하는 행위, ㉜ 백기남용, ㉝ 수원지에 독물을 넣는 행위, ㉞

제1조는 전쟁범죄에 해당하는 행위들을 열거하고 있지만, 이것은 예시 규정에 불과하고, 법령에 규정된 것 이외의 행위라도 재판소의 재량에 따라 전쟁범죄행위로 처벌할 수 있었다. 실제로 네델란드는 전범과는 관계없는 종전후 인도네시아의 독립을 지원하는 일체의 행위에 대하여도 전범재판에서 중형으로 다스렸다.[26]

또한 제1조에 언급하고 있는 전시에 적국에 고용되었던 외국인의 개념에 조선인과 대만인은 포함되었으나 일본군에 징용되었던 인도네시아인은 이 개념에 포함되지 않았다. 이는 인도네시아를 식민지로 삼았던 네델란드의 제국주의적 사고와 무관하지 않은 것으로 보인다. 제1조 제2항에 언급된 조직적 테러행위에 대한 해석도 너무나 포괄적이어서 일본군의 헌병대, 포로수용소, 억류소, 형무소, 경찰 등은 모두 조직적 테러단체로 간주되고, 그 조직체의 구성원에게는 모두 조직적인 테러란 죄명으로 처벌되었다.

네델란드 법정은 12곳에서 개정되었지만 조선인 군속들은 주로 자카르타와 메탄법정에서 재판을 받았다. 자카르타법정에서 45명의 조선인 군속이 자바포로수용소와 억류소 관계로 유죄판결을 받고 그 중 4명이 사형에 처해졌다.[27] 메탄법정에서도 말레이시아포로수용소에 근

---

불법적인 집단 체포, ㉟ 억류자 및 죄인에 대한 학대, ㊱ 참혹한 방법에 의한 사형집행 및 집행시키는 행위, ㊲ 조난자를 구조하지 않는 행위 혹은 구조를 방해하는 행위, ㊳ 고의로 시민에게 약물을 주지 않는 행위, ㊴ 정전협정에 어긋나는 대적행위를 하고, 또 선동하고, 그 밖의 목적을 위해 정보기관 및 수단을 공여하는 행위.

26) 네델란드군은 전범재판을 행함에 있어서 "정전조건에 위반하여 적대행위를 행하거나 또는 제3자에게 이를 교사하거나 이를 위해 정보·기회·수단을 제공하는 행위"까지 포함시켜, BC급 전범재판을 인도네시아 독립운동을 탄압하는 수단으로 활용 하였다(네델란드령 인도법령공보 44호 제39항(戰爭犯罪裁判關係法令集第1券).

27) 이 사건과 관련하여 일본인은 42명이 유죄판결을 받고 그중 5명이 사형에 처해졌음(內海愛子, 「朝鮮人 BC級戰犯の記錄」, 勁草書房, 2003年, 197쪽.)

무하던 조선인 군속들이 군용도로건설과 스마트라 횡단철도공사 관련 포로학대의 책임을 물어 23명이 유죄판결을 받았다.[28] 이 숫자는 일본인 전범과 비교하여 볼 때 대단히 높은 비중을 차지한다.

### 2) 네델란드령 법정에서의 심리

네델란드는 종전 후 네델란드령이었던 지역에 12개의 B·C급 전범재판소를 개정하였다. 재판부는 합의제를 원칙으로 3명의 재판관으로 구성되었으며, 대부분 전쟁중 일본군의 포로로 네델란드령 각 지역의 포로수용소에 억류되었던 사람들이었다. 또한 전쟁범죄자에 대한 수사를 위해 전쟁범죄조사국이 설치되었으며, 전쟁범죄조사국은 피의자와 증인의 신문, 증거수집 등을 담당하였으며. 여기에서 작성된 피의자신문조서가 재판의 중요한 자료로 사용되었다.

피고인에 대한 기소는 검사가 담당하였으며, 검사는 전쟁범죄조사국의 조사관으로부터 제출된 피의자신문조서, 참고인진술조서, 물적증거 등을 검토한 뒤에 기소여부를 결정했다.

자카르타의 네델란드 법정에 기소되었던 崔善燁씨의 기소장을 살펴보면[29] "피고인은 전시중인 1944년 6월경부터 1945년 8월 15일경까지 스마트라에서 적국 일본국민으로서 시민억류소에 근무하며, 시민억류소의 부녀자에 대하여 전쟁법규 및 관례를 위반하여 그들을 학대하고 또한 조직적인 폭력을 행사함으로써 전쟁범죄를 저질렀다. 즉 고의로 그들을 손과 주먹, 봉 채찍 등을 가지고 몇 차례나 세차게 구타하였고, 흙발로 밟고, 대나무를 끼워 무릎을 꿇리거나 또는 종일 태양아래 세워놓는 등 통상의 징벌한계를 넘는 방법으로 학대하여 억류자를 죽음에

---

28) 이 사건과 관련하여 일본인은 11명이 유죄판결을 받았음.(內海愛子, 「朝鮮人 BC級戰犯の記錄」, 勁草書房, 2003年, 197쪽.)

29) 內海愛子, 「朝鮮人 BC級戰犯の記錄」, 勁草書房, 2003, 193~194쪽(재인용).

이르게 하고 적어도 중대한 육체적·정신적 고통을 주었다. 이상의 사실은 란인관보 1946년 제45호 전쟁범죄처벌조례 제4조이하의 규정[30]으로 처벌되어야 한다."라고만 적혀 있다.

최선엽씨의 기소장에는 500명이나 되는 억류자중 누구를 언제 어디서 어떻게 학대하고 구타하여 사망에 이르게 하였는지가 특정되어 있지 않다. 이는 최선엽씨의 경우에만 국한된 문제가 아니라 이 법정에 제기된 다른 기소장들도 같은 문제점을 지니고 있었다. 사형판결을 받고 총살된 朴成根씨의 기소장에도 고의로 주먹·혁대·곤봉등으로 장기간에 걸쳐 세게 구타하거나 구타시키고, 그들을 흙발로 밟고 라고만 쓰여 있고 구체적인 피해자가 특정되어 있지 않고 있다. 이 억류소에 억류되어 있었던 한 여성 증언자의 증언에 의하면 단체형벌과 고문이 존재 했던 것은 사실이다.[31]

그러나 기소장은 법관으로 하여금 심판의 대상을 확정하여 주는 동시에 기판력이 미치는 범위를 정하여 주는 중요한 소송행위이다. 따라서 기소장에는 공소사실 즉 범죄사실이 특정되어야 한다. 적어도 범죄의 일시와 장소는 물론이고 가장 중요한 피해자가 특정되어야 한다. 단지 그 자리에 있었다는 사실만으로 처벌된다는 느낌을 주어서는 정당한 법집행이라고 보기 어렵다.

변호사는 주로 일본군 법무장교와 회계장교들이 선정되었다. 그러나 이들도 피고와 같은 포로의 신분이었으므로 자유로운 변론에는 한계가 있었으며, 더욱이 네델란드어가 통하지 않는 변호사로서는 공판정에서 검사의 논고에 반론을 제기할 수 없었다.[32] 이들의 변론은 사

---

30) 제4조 전쟁범죄를 범한 자는 사형·무기 또는 1일 이상 20년 이하의 유기형으로 한다.
31) 極東國際軍事裁判 速記錄 139號.
32) 現代史料室 坂邦康 編著, 「史實記錄 戰爭裁判 蘭印法廷(1)」, 東湖社, 1968年, 87쪽.

전에 피고의 주장을 듣고 변론문을 작성해 통역을 통해 대독하는 정도에 그쳤으므로 피고인의 방어권행사에 최선을 다한 변론이라고 보기에는 어렵고, 단시 법정개정을 위한 형식에 지나지 않았다고 보인다.

뉘렌베르크 규칙 제16조를 살펴보면 공소장은 범죄사실을 특정할 수 있도록 구체적으로 기술되어야 하며, 피고인이 이해할 수 있는 언어로 작성되고 방어준비를 위하여 공판전 적절한 시기에 제공되어야 한다. 또한 피고인은 예비조사 또는 재판절차 진행중에 자신의 혐의사실과 관련된 설명을 할 수 있는 권리가 있으며 예비조사 또는 재판은 피고인이 이해할 수 있는 언어로 진행되어야 한다. 또한 피고인은 변호인의 조력을 받을 권리가 있으며 자신의 방어에 필요한 증거를 제출할 수 있고 검찰측 증인에 대한 반대심문도 할 수 있다고 규정하고 있다.[33]

### 3) 네델란드령 법정에서의 전쟁범죄자 처벌

전쟁범죄자의 처벌과 관련하여 네델란드령 법정은 전쟁범죄처벌에 관한 법령[34]의 규정에 따라 처벌하였다. 전쟁범죄처벌에 관한 법령은

---

33) 뉘렌베르크 규칙 제16조.
34) 1946年 官報 第45號
    전쟁범죄처벌에 관한 법령에 따르면
    제1조 전쟁범죄에 관해서는 형법중 아래의 규정을 적용하지 않는다.
     1, 죄형법정주의 원칙
     2. 집행유예
     3. 범죄의 경합
    제2조 전쟁범죄에 관해서는 육군형법중, 총칙은 적용하지 않는다.
    제3조 전쟁범죄는 범죄가 저질러진 장소여부에 관계없이 蘭印戰爭犯罪
        刑法을 적용한다.
    제4조 전쟁범죄를 범한 자는 사형·무기 또는 1일이상 20년이하의 유기형
        으로 한다.

근대 이래 형법의 대원칙이라 할 수 있는 죄형법정주의의 원칙을 명문
으로 배제하고 있을 뿐만 아니라 당시 네델란드령에 행해지던 란인형
법의 적용도 배제하고 있다. 이는 전쟁범죄자를 재판하는데 있어서는
네델란드령 인도네시아형법의 법정형을 초과하여 가혹한 형벌로 처벌

---

제5조 전쟁범죄 미수·공범 또는 음모를 한 자는 제4조와 동일한 형으로
  처벌한다.

제6조 전쟁범죄에 관한 규정은 타 형법규정에 대해 형법63조2항의 이른
  바 특별규정으로 한다.

제7조 전쟁범죄의 경합범 중 하나의 범죄에 대해 재판을 가볍게 한 후
  다시 다른 범죄에 의해 재판을 받을 때 사형을 집행해야만 할 때는
  다른 형은 가하지 않는다.

무기형에는 사형이외의 다른 형은 부과하지 않는다. 다만 유기형에는 다
른 형을 부과할 수 있다. 단 유기형에 유기형을 부과하는 경우에는 20년
을 초과할 수 없다.

제8조 전쟁범죄는 모두 비친고죄로 한다.

제9조

 1. 그 부하가 전쟁범죄를 범한 경우에 있어서 그 행위가 계속 행해지고
   있는 일 또는 행하여만 하는 일을 그 상관에게 알리고, 또는 적어도
   알고 있어도 부하에 의한 전쟁범죄 수행을 인용할때에는 그 상사도
   동일하게 해당전쟁범죄 행위자로서 처벌받아야만 한다.

 2. 부하가 적국인이 아니더라도, 또는 적국에 고용되어진 외국인이 아닌
   경우에 있어서 그 부하가 전쟁범죄에 해당하는 행위를 한 경우에 있
   어서 그 상관이 이것을 알고 또는 적어도 이성을 가지고 이것을 마땅
   히 알려야만 함에도 불구하고 부하의 행위를 인용한때에는 그 상관
   은 전쟁범죄자로서 처벌받는다.

제10조

 1. 만약 전쟁범죄가 어떤 단체의 업무에 관련해서 저질러진 경우에 있어
   서 그 범죄가 단체의 책임으로 돌려야만 한다고 생각되는 상황이라
   면 그 범죄는 단체가 저지른 것으로 추정하고 기소는 단체전원으로
   해야만 한다.

 2. 위에 규정한 것 중 범죄와 전혀 관계가 없다는 것이 명백해진 자에
   대해서는 처벌하지 않는다.

제11조 본 법은 이것을 전쟁범죄처벌죄에 관한 법령으로 한다.

제12조 본 법은 공포한 날부터 효력을 갖는다.

하는 것을 가능하게 하기 위한 것이었다.

예를들면, 네델란드령 인도네시아형법에 의하면, 사람을 구타한 죄에 대해서는 벌금을 부과하는데 지나지 않지만, 전쟁범죄자에 대해서는 동일한 행위에 대해 10년, 20년의 형을 언도 받았다. 이상과 같은 이유로, 전범용의자로 체포된 사람들은 자신의 행위에 대해, 어느 정도의 형벌이 부가되는지 전혀 예측할 수 없었고, 모두 일단은 사형을 각오하고 재판에 임해야 했다.

또 재판관 자신도 어떠한 행위에 대해서 어느 정도의 형을 선고해야만 하는지 기준이 없었기 때문에, 전시중 일본군의 포로였던 재판관들의 보복 감정이 양형에 커다란 영향을 미쳤다. 또한 재판시기도 양형에 커다란 영향을 주었다. 종전후 인도네시아의 독립운동이 치열해져감에 따라, 네델란드인은 그 원인을 전시중 일본인이 인도네시아에 반네델란드감정을 선동했기 때문이라고 해석하고, 당시 네델란드군에 체포되었던 전범자에게 책임을 전가시켜 극형을 언도했다.[35]

<표 3> 朝鮮人 戰犯者의 刑期[36]

| 형기<br>법정 | 사형 | 20년 | 18 | 15 | 14 | 12 | 11.6 | 10 | 9 | 8 | 7 | 6 | 5 | 4 | 3 | 2.6 | 2 | 계 |
|---|---|---|---|---|---|---|---|---|---|---|---|---|---|---|---|---|---|---|
| 네델<br>란드 | 4 | 1 | 3 | 9 | 1 | 5 | 1 | 10 | 1 | 7 | 4 | 6 | 8 | 1 | 5 | 1 | 1 | 68 |

## Ⅲ. 샌프란시스코평화조약과 조선인 전범

네델란드령에서 재판을 받고 복역하던 B·C급 전범 693명(조선인 65명 포함)은 네델란드가 인도네시아에 주권을 이양하기에 앞서 일본정부로

---

35) 現代史料室 坂邦康 編著, 「史實記錄 戰爭裁判 蘭印法廷(1)」, 東湖社, 1968, 100쪽.

36) 現代史料室 坂邦康 編著, 「史實記錄 戰爭裁判 蘭印法廷(1)」, 東湖社, 1968, 137~168쪽, 戰犯被告名簿 參照.

송환, 1950년 1월 23일 일본 요코하마에 도착하였다. 또한 영국령에서 재판을 받은 B·C급 전범 231명(조선인 31명)도 조금 늦게 일본정부의 송환령에 따라 1951년 8월 27일 일본으로 송환되었다. 이들은 샌프란시스코에서 체결한 평화조약초안 제11조[37]에 따라, 일본으로의 송환과 동시에 巢鴨(스가모)형무소에서 잔여형기를 마치기 위해 수감생활을 해야만 했다.

## 1. 샌프란시스코 평화조약

샌프란시스코 평화조약은 1951년 9월 8일 소련을 제외한 연합국측과 일본국사이에 샌프란시스코에서 조인되어 1952년 4월 28일 발효되었다. 그 주요한 내용은 첫째 영합국과 일본국 사이의 전쟁상태를 종결, 주권을 회복한다(제1조)는 것이고, 둘째 일본의 영토주권을 제한한다(제2조-제4조). 특히 제2조의 (a)에서는 일본국은 조선의 독립을 승인하고 제주도, 거문도 및 울릉도를 포함한 조선에 대한 모든 권리와 권원 및 청구권을 포기한다고 규정함으로써 한국의 독립을 추인하였다. 제4조의 (b)에서는 일본국은 제2조 및 제3조에 열거하는 지역의 합중국군 정부에 의해, 도는 그 지령에 따라 행해진 일본국 및 그 국민의 재산의 처리의 효력을 승인한다고 규정하고 있다.

또한 제11조에서는 "일본국은 극동국제군사재판소 또는 일본국내

---

37) 샌프란시스코 평화조약 11조 "일본국은 극동군사재판소 또는 일본국내 및 국외 다른 연합국전쟁범죄법정의 재판을 수락하고, 또한 일본국에 구금되어 있는 일본국민에게 이들 법정이 부과한 형을 집행한다. 구금되어 있는 자를 사면하거나 감형, 가출옥 시킬 권한은 각 사건에 대해서 형을 선고한 1 또는 2 이상의 정부의 결정 및 일본국의 권고에 의한 경우외에는 행사할 수 없다. 극동국제군사재판소가 형을 선고한 자에 대해서는 이권한은 재판소에 대표자를 선출한 정부의 과반수 결정 및 일본국의 권고에 의한 경우 외에는 행사할 수 없다.

및 국외 다른 연합국전쟁범죄재판소의 판결을 승인하고, 또한 일본국에 구금되어 있는 일본국적자에게 부과된 형을 집행한다. 그러한 죄수들에 대한 사면과 감형조치는 일본정부의 권고와 형을 선고한 각국 정부의 결정 없이는 행할 수 없다. 극동국제군사재판소가 형을 선고한 자에 대해서는 이 권한은 재판소에 대표자를 선출한 정부의 과반수 결정 및 일본정부의 권고에 의한 경우 외에는 행사할 수 없다."고 규정하여 일본정부에 전범자의 잔여형기 집행에 대한 의무를 부담시키고 있다.

일본측 전권대사 였던 吉田茂 전권대사는 이 평화조약을 화해와 신뢰의 문서라고 연설했으나 전범에 관하여는 화해와 관계없이 처벌을 계속하겠다는 연합국측의 의지가 반영된 조약이라고 하겠다.[38]

그러나 연합국사령부는 B·C급 전범자에 대하여는 단호한 처벌의 의지를 보이면서도, 전쟁의 지휘부였고 수많은 인명살상의 최고 책임자들이었던 岸信介 전상공대신, 靑木一夫 전대동아대신, 安倍源基 전내무대신, 児玉譽士夫 대화회회장, 笹川良一 전 國粹大衆党首 등 A급 전범 피의자 17명을 1948년 12월 24일에 불기소 석방하였으며, 또한 1950년 11월 21에는 A급 전범으로 7년형을 선고 받은 重光葵 전외상도 가석방하는 이중적 모습을 보였다.

## 2. 조선인 전범의 국적문제

조선인들은 일제강점기하에서 일본국민의 국적으로 전쟁에 참여하여 전범의 멍에를 안게 되었다. 그러나 그들은 1945년 8월 15일 조국이 해방되었음에도 불구하고 일본국민의 한사람으로 잔여형기를 채우기 위해 스가모 형무소에 이감되었다. 샌프란시스코 평화조약은 일본정부에 의한 전범의 석방을 막기 위해 평화조약 제11조에서 일본국민인 전

---

38) 內海愛子, 「朝鮮人 BC級戰犯の記錄」, 勁草書房, 2003, 221쪽.

범의 석방과 사면 등은 형을 선고한 정부의 권한임을 협정으로 강제하고 있었다. 그렇다면 일본국민이 될 수 없는 조선인에 대해서는 이 평화조약에 강제 받을 하등의 이유가 없으므로 즉시 한국정부로 송환하거나 석방되었어야 한다.

일본정부의 입장도 1951년 11월 14일 법무회의에서 토의된 발언을 살펴보면 조선인 전범자들을 일본국민에서 제외시켰던 것으로 보인다. 이회의에서 大橋 국무대신은 전쟁중 일본에 협력하다 전범이 된 조선인의 국적문제에 관한 佐瀨 의원의 질문에 대해 "일본국민이 아닌 전범자로서 현재 일본국내에 구금되어 있는 자에 대하여는 샌프란시스코평화조약과 직접적 관련이 없다고 생각합니다."라고 답변하고 있다.[39] 大橋 국무대신의 이러한 답변은 샌프란시스코강화조약 11조에서 말하는 일본국민에 조선인 전범은 포함되지 않는다는 점을 밝히고 있는 것이다.

그러나 1952년 4월 12일에 있었던 법무위원회의 토의를 살펴보면 종전의 입장과는 전혀 다른 변화를 보이고 있다. 이회의에서 법무부 교정보호국장이던 古橋 委員은 샌프란시스코 평화조약 11조에서 말하는 일본국민은 범죄당시에 있어서 일본인으로서 일본전쟁에 관여해서 범죄를 저지른 자로, 재판당시에도 일본인인 자를 의미한다. 다만 샌프란시스코 평화조약이 효력을 발생하는 시점에서는 조선인 전범들이 일본국적에서 이탈되어 대한민국 국민이 된다는 모호한 입장을 밝히고 있다.[40]

이어서 1952년 4월 19일에는 "평화조약의 발효에 동반되는 조선인·대만인에 관한 국적 및 호적사무의 처리에 관하여"에서 조선 및 대만은 조약 발효일로부터 일본국 영토에서 분리하게 되기 때문에 이에 따르는 조선인 및 대만인은 내지(일본)에 재주하고 있는 자를 포함해 모

---

39) 第12回 國會衆議院法務委員會會議錄 제12号, 1951년 11월 14일.
40) 第13回 國會衆議院法務委員會會議錄 제31号, 1952년 4월 12일.

두 일본국적을 상실한다고 규정하고 있다.[41]

　그럼에도 불구하고 일본정부는 1952년 4월 28일 샌프란시스코 평화조약의 효력 발생에 앞서 同條約 제11조를 실시하기위해 부칙을 포함한 전문40조로 이루어진 '평화조약제11조에의한형집행및사면관한법률'을 전쟁의 책임자인 천황의 명의로 공포하는 이율배반적 모습을 보였다. 이 법률안의 목적을 제1조는 "평화조약 제11조에 의한 극동국제군사재판소 및 그 외 연합국전쟁범죄법정에 부과한 형집행 및 형을 부과받은 자에 대한 사면, 형의 경감 및 가출소가 적정하게 실행되는 것을 목적으로 한다"라고 밝히고 있다. 평화조약 제11조가 일본정부의 형집행의무 대상자로 규정했던 '일본국민'을 '연합국에 의해 형을 부과 받은 자'로 확대시킴으로서 조선인 전범들에 대한 형집행의무를 일본정부 스스로가 부담하는 법을 만든 것이라고 하겠다.[42]

〈표 4〉 재판국별 조선인 전범자 석방일[43]

| 년＼재판국 | 영국·호주 | 네델란드 | 중국 | 미국 | 계 |
|---|---|---|---|---|---|
| 1945년 | 0 | 0 | 0 | 0 | 0 |
| 1946년 | 0 | 0 | 0 | 0 | 0 |
| 1947년 | 1 | 0 | 0 | 0 | 1 |
| 1948년 | 4 | 0 | 0 | 0 | 4 |
| 1949년 | 5 | 3 | 0 | 0 | 8 |
| 1950년 | 7 | 24 | 0 | 0 | 31 |
| 1951년 | 5 | 17 | 0 | 1 | 23 |
| 1952년 | 10 | 10 | 8 | 1 | 29 |
| 1953년 | 2 | 3 | 0 | 0 | 5 |

---

41) 民事甲438号 法務府民事局長通達.
42) 同旨 이경주, "전쟁책임과 일본국헌법", 「法史學硏究」, 第19號, 민속원, 1998年, 43쪽; 福岡安則, 「中公新書: 在日韓國人·朝鮮人」, 中央公論社, 1993年, 33쪽; 內海愛子, 「朝鮮人 BC級戰犯の記錄」, 勁草書房, 2003年, 229쪽.
43) 內海愛子, 「朝鮮人 BC級戰犯の記錄」, 勁草書房, 2003年, 250쪽.

| 1954년 | 0 | 3 | 0 | 0 | 3 |
|---|---|---|---|---|---|
| 1955년 | 7 | 1 | 0 | 0 | 8 |
| 1956년 | 9 | 3 | 0 | 0 | 12 |
| 1957년 | 1 | 0 | 0 | 0 | 1 |
| 계 | 51 | 64 | 8 | 2 | 125 |

일본정부는 조선인 전범의 형집행에 대해서는 1952년 샌프란시스코 평화조약까지는 일본국적을 소유하고 있었기 때문에 강화조약 제11조에 의거 형집행의무가 있으므로 형의 집행을 계속하여야 한다면서도, 1952년 4월 30일 제정된 '전상병자전몰자유족등원호법'에 따른 보상의 문제에 있어서는 부칙 제2항의 "호적법의 적용을 받지 않는 자는 당분간 이 법률을 적용하지 않는다"라고 하여 차별하는 이중적 모습을 보였다.[44]


# Ⅳ. 맺음말

연합국 포로의 27%를 혹심한 고통 속에서 사망에 이르게 하고 아시아 민중 1,800만을 죽음으로 내몬 일본의 제국주의는 심판 받아야 한다. 또한 어떠한 형태로든 이에 관여한 자들의 책임 역시 추궁 받아 마땅하다. 그러나 한 인간을 심판함에 있어서는 법이라는 공고한 잣대가 있음을 잊어서는 안된다. 특히 과거의 청산이라는 역사적 재판 앞에서는 더더욱 이 잣대가 공고히 역할을 다해야 한다.

그럼에도 불구하고 태평양 전쟁직후 아시아 각 지역에서 열렸던 연합국에 의한 전범재판은 그 기준과 원칙을 망각하고 힘없는 나약한 자들을 속죄양으로 삼아 파이를 나누어 먹은 추악한 재판 이었다고 단언할 수 있다.

---

44) 姜徹, 「在日朝鮮人の人權と日本の法律」, 雄山出版社, 1994年, 151쪽.

조선인 전범들은 단 한번의 손가락 지명에 의해 기소되고, 정당한 방어권의 행사가 인정되지 않았던 단한번의 재판을 통해 148명에 이르는 조선의 청년들이 사형과 무기형 20년형 등의 중형을 선고받았다. 그러나 동경에서 열린 A급 전범재판은 수백의 용의자를 검거하고 3년이라는 긴 시간을 소비했음에도 불구하고, 단 28명을 기소하는 데에 그쳤다. 그것도 전쟁의 최종적 책임이 있는 천황을 전범에서 제외 시켰을 뿐만 아니라 전쟁의 지휘부였고 수많은 인명살상의 최고 책임자들이었던 岸信介 전상공대신, 靑木一夫 전대동아대신, 安倍源基 전내무대신, 兒玉誉士夫 대화회회장, 笹川良一 전 國粹大衆党首 등 남아있던 A급 전범 피의자 17명 전원을 기소하지 않고 1948년 12월 24일에 불기소 석방하였으며, 또한 A급 전범으로 7년형을 선고 받은 重光葵 전외상도 1950년 11월 21에는 가석방하는 이중적 모습을 보였다.

"포로가 희생되는 한이 있어도 태멘철도 건설작업을 멈출 수는 없다"[45]는 일본 대본영의 거역할 수 없는 명령에 의하여 최말단에서 포로를 관리하던 조선인 군속들은 포로학대와 강제노동의 책임을 지고 일부는 형장의 이슬로 사라져야만 했고 그나마 남은 자는 이국땅 차가운 감옥 안에서 기약 없는 청춘을 보내는 동안에 전쟁의 수뇌부는 석방되어 정치일선으로 복귀했다.[46]

조선인 포로감시원들의 희생은 예고된 것이었다. 이미 전쟁의 시작부터 일본정부나 일본군대는 포로의 학대가 전쟁범죄로 책임을 부담하게 된다는 것을 알고 있었다. 1942년 8월에 있었던 미국의 루우즈벨트 대통령의 포로학대에 대한 경고가 있었음에도 불구하고 일본정부는 포로들을 기아와 강제노동의 현장으로 내몰았던 점이 이를 대변해

---

45) 現代史料室 坂邦康 編著, 「史實記錄 戰爭裁判 英領地区」, 東湖社, 1967年, 83쪽.
46) 1953년 자유당 국회의원으로 당선되어 당내 헌법조사회 회장이 되었으며, 1957년 총리가 되었다.

주고 있다. 결국 일본정부는 앞으로 발생할지도 모르는 책임을 고려하여 포로수용소의 편성에 있어서 감시요원을 식민지출신을 사용한 것으로 보인다.[47] 이는 포로학대에 대한 전쟁책임을 회피해 보고자 하는 일본정부의 간악한 술책이었다는 점을 재차 지적해 두고자 한다.

끝으로 전범재판은 전쟁의 책임 있는 자들이 책임을 부담해야 한다. 전쟁 속에서 개인은 개인이 저지른 개별적 범죄사실에 대하여 엄격한 법치아래 준엄한 심판을 받아야 한다. 그러나 아시아에서 행해진 전범재판은 전쟁의 책임 있는 자들에게는 책임을 묻지 않고 전장에 최하위의 자들에게 전쟁의 단체책임을 묻는 재판을 행하는 오류를 범하였다.

---

47) 同旨; 內海愛子, 朝鮮人 BC級戰犯の記錄, 勁草書房, 203~204쪽.

## 참고문헌

이경주, "전쟁책임과 일본국헌법", 「法史學硏究」, 第19號, 1998年

이민수, "전쟁범죄와 개인의 책임에 관한 연구", 육사화랑대연구소, 1996年

栗屋憲太郎, "今, 戰爭犯罪裁判を考える", 「史苑」, 第52卷 1號, 立敎大學史學
　　　　會, 1991年

現代史料室 坂邦康 編著, 「史實記錄 戰爭裁判 英領地區」, 東湖社, 1967年

現代史料室 坂邦康 編著, 「史實記錄 戰爭裁判 蘭印法廷(1)」, 東湖社, 1968
　　　　年

大沼保昭, 「戰爭責任論 序說」, 東京大學出版會, 1975年

福岡安則, 「在日韓國人·朝鮮人」, 中公新書, 1993年

姜徹, 「在日朝鮮人の人權と日本の法律」, 雄山出版社, 1994年

內海愛子, 「朝鮮人 BC級戰犯の記錄」, 勁草書房, 2003年

法務大臣官房司法法制調査部, 「戰爭犯罪裁判槪史要」, 法務省, 1973年

法務大臣官房司法法制調査部, 「戰爭犯罪裁判記錄關係資料目錄」, 法務省,
　　　　1973年

韓國出身戰犯者同進會, 「在日韓國出身戰犯者名簿」, 1957年

韓國出身戰犯者同進會, 「裁判記錄: 人身保護法による釋放請求事件」, 1957年

厚生省援護局援護課 編, 「援護法令ハンドブック」, ぎょうせい, 1977年

極東國際軍事裁判 速記錄(日本國會圖書館所藏)

捕虜情報局 「捕虜ニ關スル諸法規類集」(日本國會圖書館所藏)

舊陸軍海軍文書 NO. 678 別册二, 朝鮮人志願兵制度ニ關スル意見(日本國會
　　　　圖書館所藏)

法務大臣官房司法法制調査部　戰爭犯罪裁判關係法令集弟1券(日本國會圖
　　　　書館所藏)

第12回 國會衆議院法務委員會會議錄 제12号, 1951년 11월 14일

第12回　國會參議院法務委員會戰爭犯罪人に對會する小委員會會議錄第1号,

1951年 11월 21일
第13回 國會衆議院法務委員會會議錄 제31号, 1952년 4월 12일


Philip R. Piccigallo, The Japanese on Trial: Allied War Crimes Operations in the East, 1945~1951, University of Texas at Austin Press, 1979

United Nations War Crimes Commission, Histrory of United Nation War Crimes Commission and Development of the Laws of War(1948)

United Nations Information Organization, Information Paper, no.1, 1946

Bert V. A. Roling, Tokyo Trial, in Bernhardt(ed), Encyclopedia of Public International Law Instalment, 1981

K.Ipsen, Völkerrecht, 3Aufl., München 1990

# 제2편

# 침략전쟁과 집단·개인으로서의 재일조선인

# 중일전쟁 이후 일본 재주 조선인에 대한 '친일'교육과 조선인 지도자층의 양성
### -『福井新聞』을 통해서 본 후쿠이현(福井縣)의 사례-

미쓰이 다카시*

## Ⅰ. 머리말

필자는 「1930년대 후쿠이 현福井縣에서의 조선인 사회의 동향과 조선인 융화 / 통제 단체의 설립」[1]에서는 대체로 아래와 같은 내용을 해명했다.

필자는 주로 1930~40년대의 『福井新聞』, 『大阪朝日新聞(福井版, 北陸版)』 등의 신문기사를 사용하면서 후쿠이현 지역의 사례를 통해 이 지역의 1930년대 이후 조선인 사회 동향을 개관하며, 1920년대 이후의 조선인사회의 형성 동향과 조선인 '친일'화를 위한 조선인 통제 단체에 관해서 해명했다. 1920년대 말부터 30년대 초에 걸쳐 후쿠이현의 재류하는 조선인 인구는 급증하였다. 이것이 후쿠이현 내 섬유산업의 추이

---

* 同志社大學 言語文化敎育硏究센터 전임강사
1) 『韓國硏究센터年報』(九州大學韓國硏究센터) 第6号, 2006년.

에 따라 직공으로 고용된 조선인이 증가했기 때문이었다. 현 외에서 들어온 직공수로서는 나가노현 다음에 많았던 것을 알 수 있다.

그러나 1939년의 '노무동원실시계획'에 의하여 강제연행이 시작해서 토목건축업 종사 노동자수가 급격히 증가하게 되었다. 징용된 조선인은 그 대부분이 독신자이고 가족을 부르는 자는 그다지 많지 않았으며. 도망하는 사례도 많았던 것 같다.

이렇듯이 1920년대 이후 조선인 사회가 확대함에 따라 조선인 노동자들에 의한 노동쟁의도 증가해서 그러한 움직임을 엄격히 통제할 필요가 생겼다. 그 대응책으로서 '내선융화'란 구호를 내걸고 조선인 통제조직이 속속히 설립되기에 이르렀다. 1939년 중앙협화회中央協和會가 설립되기까지는 현 내 각 지역을 기반으로 여러 단체가 활동해나갔다.

30년대부터 활동기반이 명확한 단체의 존재한 지역 중에 대부분은 섬유산업 중심지역이기도 했다. 이 사실은 여자 노동자를 중심으로 한 조선인들이 이들 지역에서 정주화의 경향을 띄었던 것으로 보인다. 구체적으로는 30년대 초반에 후쿠이현 하에 생긴 재주 조선인 융화를 위한 조직 중 가장 규모가 크고 현청소재지縣廳所在地인 후쿠이시와 그 주변 지역을 기반으로 한 소화협친회昭和協親會에 주목했다. 1933년에 설립된 이 단체는 후쿠이현에서 중앙협화회 체제가 확립된 1940년까지 존재하였고 가장 많은 회원수를 가진 단체였다. 본문에서는 이 단체의 조직 구성, 활동 내용(중견층 양성)의 개요를 밝히고 약간의 논점을 제시하며, 글을 마쳤다.

이 글에서는 그곳에서 제시한 논점에 대해 더 자세히 사례를 검토하는 것을 목적으로 한다. 구체적 과제는 ① 후쿠이현 재주조선인에 대한 교육사업의 사례를 통해서 조선인 '친일'화의 기제를 밝히고, ② 조선인 융화단체에 의한 조선인 지도자층 양성의 시스템 등을 검토하기로 한다.

## Ⅱ. 조선인 융화단체에 의한 대조선인 교육사업

### 1. 협화회 체제의 추이와 교육문제의 위상

<표 1>은 후쿠이현 하 조선인 융화단체의 계보이다. 1937년 이후의 『福井(후쿠이)新聞』의 기사를 통해서 알 수 있는 것은 이들 단체에서 관하 재주 조선인에 대한 교육사업을 전개한 사례가 많다는 것이다. 이하에서는 이 점에 대해서 검토하기로 한다.

〈표 1〉 후쿠이현 하 조선인 융화단체 추이

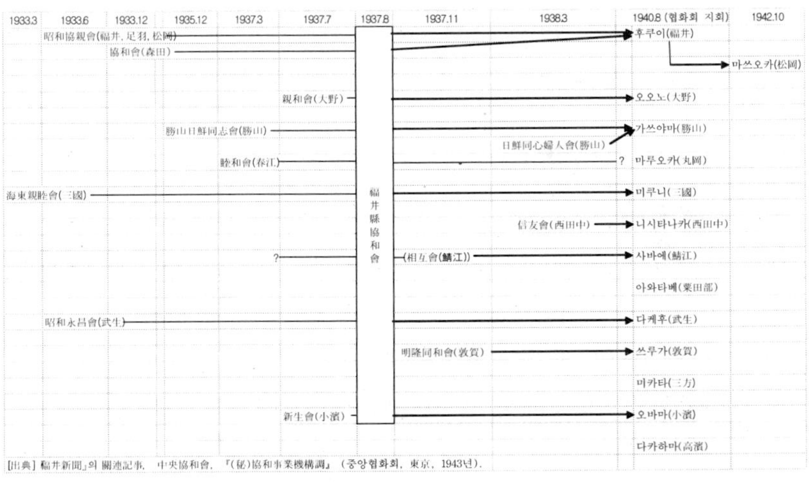


이 시기는 후쿠이현에서 조선인 융화단체 조직형태가 변화했던 시기였다. 1937년 8월 10일자로 현청縣廳 사회과社會課 내에 후쿠이현 협화회가 조직되었다. 이렇게 현 협화회 체제가 발족되면서 형식적으로는 현 내 각 조선인 융화단체는 현 협화회로 통합되었다. 이 체제로의 이행에 즈음해서는 1937년 단계에 있어서 현회縣會에서도 몇 번이나 토의 대상이 되어 있었다.[2] 그 토의 결과를 받아서 현 당국은 현 하 각지에서 조직되어 있던 조선인 융화단체를 "한 덩어리"로 뭉치고 "후쿠이현 내선협화회"를 조직하며, 조선인의 보호, 생활개선, "내선융화문제의 조사 및 연구", 조선인의 "교육, 교화의 보급", "교풍矯風의 개선", 조선인 상호간의 "보호, 구제"로 나서게 되었다.3) 재원으로 현비縣費로부터 보조를 받거나 기부금을 받아서 운영하고 조직은 회장이 나카노(中野) 지사, 부회장이 세키(關) 경찰부장과 다마오키(玉置) 학무부장, 간사가 혼도오(本堂) 사회과장과 이시이(石井) 특고과장, 평의원이 관계 각 정촌町村장과 각 경찰서장으로 각각 구성되었다.4) 이 경위와 구성을 보고 알 수 있듯이 현 협화회는 공권력으로써 "융화"를 추진하려고 하는 단체였다.

현 협화회에서는 1938년 5월 28일에 간사회를 열고 협화회의 사업내용에 대해서 협의했다. 그 내용은 다음과 같다.

가. 현 하 재주 조선인의 생활 및 ○○○○의 조사

나. 선인鮮人의 ○○보호, ○○의 사정으로 인해 귀향하려고 하는 자에 대해서 적당하다고 인정하는 범위로 보호, 지도를 주며, 여비旅費 없는 자에게 대여의 편의를 고려함.

다. 생활 일반의 내[지]화를 족진하기 위하여 내지 부인회의 협력 아래 생활개선 지도를 행함. 즉 작법作法 및 화복和服의 차림에 관한 강습회, 구 선복鮮服의 염색개조 강습, 식물 조리의 강습회 등을 개최함.

라. 영화, 강습 등에 의한 위생사상을 보급함.

마. 간이 건강, 진료診療(순회) 상담소를 개설함.

바. 내지어內地語를 이해하지 않는 자 및 무無교육자에 대해 야간 강습

---

2) 「融和を目ざし內鮮協和會を組織: 會長には中野知事が」『福井新聞』1938년 3월 2일자.

3) 위와 같음.

4) 위와 같음.

를 개최함.

사. 중견中堅 장년 선인(남녀)에 대해 수양강습회를 개최함.[5]


이 내용을 보면 새활, 풍속의 '내지화', 위생사상 보급, 일본어 보급, 수양강습 등을 목적으로 한 교화, 교육사업의 중요성이 크게 의식된 것을 알 수 있다. 조직 구성을 보아도 현 학무부장이 부회장으로 선정되어 있으며, 교육, 교화사업의 비중은 컸던 것은 상상하기 쉬운 일이다.

이러한 자세는 1940년 중앙협화회 체제가 발족된 후에도 변함이 없었다. 중앙협화회 체제 하에 있어서 그 이전의 각 융화단체는 일률적으로 협화회 지회支會 또는 지부支部로 개편되었는데 각 지회(지부)마다의 사업계획을 보면 현 협화회 체제 때와 같이 교화, 교육사업의 중요성이 의식되었던 것을 엿볼 수 있다. 단편적인 사례이지만 여기서 1941년 5월 31일 사카이군(坂井郡) 미쿠니(三國)지부가 개최한 총회 기록 중 그 사업계획 부분을 인용해보자.


▲사업계획

一. 회원의 보호, 구제

一. 황국민皇國民 정신을 [함]양하기 위하여 경연회, 강담회, 신사神社의 봉사를 실시함.

一. 교양, 교화 시설로서 야학夜學의 개설, 취학 아동의 봉려奉勵, 보도원 補導員의 지도를 행함.

一. 생활개선의 지도를 하기 위하여 부인강습회 및 성인강습회를 개최함.

一. 협화회 사업의 취지를 보급함.

一. 회원을 표창함.[6]

---

5) 「內鮮融和と保護指導へ: 縣協和會で幹事會」『福井新聞』 1938년 5월 29일자. "○"는 판독 불명 개소임. 이하 같음.

6) 「協和會支部總會(坂井)」『福井新聞』 1941년 6월 2일자.

여가서도 야학, 강연회, 강습회 등의 중요성이 크게 의식된 것을 읽어낼 수 있을 것이다. 물론 이러한 계획은 이 지역의 독자적인 내용이라기 보다는 1939년 10월 10일자로 厚生省사회국장 및 內務省 경무국장이 오키나와(沖繩)를 제외한 모든 부현府縣의 장관 앞으로 전달한 통첩通牒[7]의 취지에 따른 것이었음은 말할 나위도 없다.

이하에서는 현 협화회 체제 발족 전후부터 중앙협화회 체제에 이르기까지의 교화, 교육 사업 중 야학교 설립, '국어'교육의 성격, 군사교련의 성격 등에 주목하며, 그 실태를 분석하면서 조선인 '친일'화의 메커니즘을 이해하고 싶다.

## 2. 야학교의 설립

이 시기 『福井新聞』 기사 중에는 현 내 각 융화단체가 설립한 학교, 야학교에 관한 정보가 단편적이나마 실려 있다. 여기서는 그 중 후쿠이시福井市와 다케후정武生町의 사례를 소개하기로 한다.

가장 자세한 활동 상황을 알 수 있는 사례는 후쿠이시와 그 주변 지역을 관할했던 소화협친회(昭和協親會 이하 '협친회'로 약함) 경우이다. 『福井新聞』 1937년 4월 7일자 기사에서는 4월 15일부터 후쿠이시 가쓰미히노데정勝見日ノ出町에 있는 선린관善隣館의 일부를 빌리고 후쿠이시 내외의 조선인 자제子弟에 대한 야학교를 개설한다는 협친회의 사업계획을 알 수 있다.[8] 이 야학교는 매일 밤 7시부터 두 시간 씩 개설되고 교사는 마키노牧野虎雄, 도이土井 서별원 표교사西別院[9] 布敎師 등 일본인이

---

7)   昭和4年厚生省發社第113號厚生省社會局長·內務省警保局長發各地方長官(除沖繩)宛,「協和事業ノ擴充ニ關スル件依命通牒」 1939년 10월 10일.

8)  「在住朝鮮人の夜學校開設: 十五日から善隣館で」『福井新聞』 1937년 4월 7일자.

9)  일본 불교 정토진종淨土眞宗 본원사 파本願寺派의 후쿠이 별원의 별칭임.

담당했으며, 제1기 학생의 정원은 30명으로, 수업연한修業年限은 2개년으로 설정되었다.[10] 교과수준은 소학교 고등과 수준의 지식과 일본어를 가르친다고 하는데[11] 1941년 1월 시점에서는 '국어(일본어)', 산술算術, 수신修身, 창가唱歌를 교수했던 것이 확인된다.[12] 그 외 수업연한 1개년의 전수과專修科도 설립한다고 했는데[13] 1941월 1월 시점에서 3~4학년생의 존재[14]도 확인되기 때문에 이후 수업연한이 변경된 가능성도 있지만 현 단계로는 사료적으로 확인이 못 한다. 이 야학교 이름은 '협친학원協親學院'이고 원장(교장)은 세키 후쿠이 경찰서장(당시)으로 4월 18일에 개교식이 거행되었다.[15] 개교 당시 학생 수는 45명이고[16] 정원을 크게 초과했으며, 다음 해 3월에 첫 번째 졸업식 때는 60명이 수료했다고 한다.[17] 전술했듯이 수업연한은 기본적으로 2개년이었기 때문에 그때 수료생들은 전수과 학생들이었다고 추측된다. 이러한 실태를 감안하면 개교 이후 점점 학생 수가 증가했던 것을 알 수 있다. 현친학원에서는 이후도 항상 40명정도의 학생 수를 유지해갔다고 생각되며, 1940년 5월 시점에서 45명,[18] 1941년 시점에서는 36명[19]의 재적자를 확인할 수 있다.

　또 하나의 사례는 다케후정(武生町)에 거주한 조선인으로 조직된 소

---

10) 주 8)과 같음.

11) 위와 같음.

12) 「半島人子弟に興亞魂を吹込む: 善隣館內の協親學院」『福井新聞』1941년 1월 20일자.

13) 주 8)과 같음.

14) 주 12)와 같음.

15) 「關さんが校長, 半島人の夜學校: 十八日開校式を擧行」『福井新聞』1937년 4월 18일자.

16) 「內鮮融和に懸命な協親學院: 現在生徒は四十五名」『福井新聞』1937년 4월 29일자.

17) 「協親學院, 初めての卒業式」『福井新聞』1938년 3월 20일자.

18) 「協親學院の終了式擧行」『福井新聞』1940년 5월 2일자.

19) 주 12)와 같음.

화영창회昭和永昌會(이하 '영창회'로 약함)의 경우이다. 영창회에서는 1937년 5월 15일 홍회를 열었다. 그곳에는 노약을 불문하고 일본어를 교수하기 위해서 민가를 빌리고 야학교를 개설하는 것이 결정되었다.[20] 이 야학교는 같은 해 6월 15일에 개설되었는데 지도자는 협친회 경우와 달리 조선인 4명이었으며, 4월 1일부터 3월 31일까지 학기를 3개로 나누어서 매일 교수한다는 방침을 세웠다.[21] 수업시간은 매일 밤 8시부터 2시간이고 자세한 교수내용은 수신, 산술, '국어'였다.[22] 실제적인 출석자는 이 해 7월 단계에 15~16명이었고[23] 협친회와 비하여 규모가 적었던 것을 알 수 있다.

이 야학교는 협친회와 달리 계속적으로 운영된 것은 아니었다. 1939년 4월 29일자 기사에 "중절된 야학교를 부활"한다는 기술[24]이 있을 뿐만 아니라 중앙협화회 체제 하의 1941년 8월 시점에서 협화회 다케후 지회가 새로이 학교를 개설한다[25]든가 같은 해 11월 10일 보도원 타합회補導員打合會 자리에서 야학 개설 건이 결정되었다[26]는 기사를 본다면 기관의 계속성은 강하지 않았다고 보아야 하겠다.

이 두 가지 사례를 통해서 주의해야 하는 것은 후쿠이와 다케후의 조선인 야학교가 현 협화회 체제가 발족되기 전에 개설되었다는 사실이다. 특히 협친학원 경우에는 원장인 세키 후쿠이 경찰서장(후 현 경찰부장)이 현 협화회 부회장으로 취임한 사실에서 볼 수 있듯이 현 협화

---

20) 「半島人の夜學校: 武生居住者で開設」『福井新聞』 1937년 5월 17일자.
21) 「昭和永昌會の半島人敎育: 每日夜學校を開く」『福井新聞』 1937년 6월 17일자.
22) 「美しい隣人愛: 半島人子弟敎育へ, 高柳校長敎壇に起つ」『福井新聞』 1937년 7월 8일자.
23) 위와 같음.
24) 「夜學を復活: 永昌會總會」『福井新聞』 1939년 4월 29일자.
25) 「半島人に國語讀本: 武生協和支會で學校開設」『福井新聞』 1941년 8월 8일자.
26) 「夜學の開設: 協和會武生支會で協議」『福井新聞』 1941년 11월 9일자.

회의 교화, 교육 중시의 화통방침은 협친학원에서의 '성공'의 사례가 의식되면서 그 기대감으로써야 작성되었다고 추측이 되는 것이다. 그리고 그 '효과'가 인식되자 이후 모리타森田,[27] 마루오카丸岡[28] 등 지에서도 야학교가 개설되고 쓰루가敦賀에서도 '동진학원同進學院'이란 초등 교육기관이 개설되기에 이르렀다[29]고 볼 수 있다.

조선인 자제를 '황국신민'으로서 '양성'하는 과정에서 가장 중요시된 교과목은 수신이나 '국어'였다. 특히 외면적으로 '내지화'된 것을 판단하는 기준이야말로 '국어'의 습득정도였다. '국어'를 유창하게 구사하는 조선인의 존재는 하나의 미담美談으로도 작용했다. 1938년 5월 5일자 기사를 보면 어느 향학심이 왕성한 조선인 청년이 특별히 청년학교로의 입학을 실현한 에피소드가 소개되었는데 그 마지막 부분에서 그 청년이 "앞으로는 군사나 경관이 되고 이 나라를 위해서 진력하고 싶은 결심입니다. 어떤 고난도 무서워하지 않습니다 하고 사투리가 없어진 유창한 일본어로 말하고 있었다"[30]는 기술이 있다. 이 기술로써 그 학생의 향학심, 애국심을 칭찬하는 것만 아니라 일본어를 유창하게 구사할 수 있다는 점에도 감탄의 눈이 기울여진 것이다. 그러한 미담으로서 바람직한 조선인상을 제시하면서 일반 조선인 제들을 교화, 교육의 자리로 동원하려고 하는 의도가 미디어 쪽에도 있었을 지 모른다.

그만큼 습득되는 '국어'능력은 깨끗한 발음이나 표현이어야 한 것은 말할 나위도 없다. 1941년 8월 8일자 기사를 보면 협화회 다케후 지회에서 조선인을 대상으로 한 학교를 개설 개획 중이라는데 그 목적으로

---

27)「半島人の燃ゆる向學心: 森田町に夜學校を開設」『福井新聞』1938년 5월 25일자.

28)「夜學を開講: 丸岡町協和會」『福井新聞』1941년 4월 22일자.

29)「六十餘歲の老婆も生徒: 敦賀に半島人の學校」『福井新聞』1938년 4월 13일자.

30)「半島の靑年, 靑年學校を嘆願: 向學心に當局感激」『福井新聞』1938년 5월 5일자.

써 구구한 "반선내지어半鮮內地語"를 "표준국어"로 철저하기 위해서 『협화국어독본協和國語讀本』을 편찬한다31)는 기술이 보인다. 또 같은 해 11월 아와타베粟田部지회가 주최한 '국어습득강습회'에서는 국가國歌인 '기미가요君が代'의 해설부터 시작되었다32)는 기사도 있다. 이들 사례는 '국어'교육에 요청된 기능이 무엇이었던가를 여실히 알려준다. 1940년도 사업실시상화에서는 '국어보급상황 및 그 지도상황國語普及狀況及其ノ指導狀況'은 "대체로 국어의 보급은 양호하지만 미수득자未修得者에 대해서는 협화회가 발행한 협화국어독본을 사용해서 야학교를 2개소 개설함으로써 이 지도에 당하고 있다"고 보고되었다.33) 조선인의 언어생활을 '국어'화 시키려고 하는 시도는 야학만이 아니고 조선인 교화의 여러 측면에서 보였던 일이었던 것은 새삼 말할 나위도 없을 것이다.

그러면 이렇듯이 조선인 자제를 교육하는 실천적인 의도는 어디에 있었을까. 다음에는 조선인 지도자층의 양성이란 관점에서 이 문제를 검토하기로 한다.

## Ⅲ. 조선인 지도자층의 양성

### 1. 조선인 보도원의 양성과 그들의 역할

후쿠이현에 있어서 조선인 융화 조직을 통한 친일적 조선인 지도자층의 양성에 관해서는 『福井新聞』의 기사를 통해서도 단편적이나마 알

---

31) 「半島人に國語讀本: 武生協和支會で學校開設」 『福井新聞』 1941년 8월 8일자.
32) 「まづ國歌"君が代"解說: 半島人の國語講習會開講さる」 『福井新聞』 1941년 11월 20일자.
33) 財團法人中央協和會 편, 『協和事業年鑑(昭和十六年版)』 財團法人中央協和會, 東京, 1942년, 202쪽.

수 있다.

협친회의 예를 든다면 중일전쟁이 일어난 후 전에 언급한 교육사업 이외에 납세조합, 國防獻金, 창씨개명, 근로봉사 등을 추진하여갔다. 이러한 사업을 추진하기 위해서는 조선인 지도자층의 존재가 필요했는데 협친회는 지도자 육성에 직접 혹은 간접적으로 관여했다.

1937년 후쿠이 시 재주 조선인을 중심으로 조직되며, 그들의 "인격을 陶冶하며 생활 개선, 향상을 기하"도록 한 달에 한 번씩 "防護, 防犯, 防火, 風儀, 衛生, 修養"등에 관한 강습회를 개최하는 것을 목적으로 한 '청년단'이 결성되었는데 협친회 간부가 이 강습회의 강사를 맡게 되었다.34)

뿐만 아니라 1938년 12월에는 협친회 안에도 '청년부'를 신설하고 협친회가 직접 지도자 양성에 나서게 되었다.35) 그 때 배포된 취의서趣意書를 보면 당시 전개된 국민정신총동원운동國民精神總動員運動도 "문자, 언어, 생활태양 등의 상위相違 때문에 유감스럽지만 철저한 실천이 이루어진다고는 말씀 못"한다고 해서 그 "철저한 실천"을 위해서도 "좋은 지도자를 얻"을 필요가 있고 그 지도자 양성 때문에 "선량善良한 청년"을 고를 필요가 있다고 한다.36) 이 '청년부'에서 "청년"의 대상이 된 사람은 "內地語를 이해하는" 만 16세 이상 만 30세 미만의 남자였다.37) '청년부'에서는 부장, 부副부장, 간사장 각 1명씩, 간사 약간 명, 반장班長, 부반장 각 약간명을 두고 수양회 개최, '내선융화'문제에 관한 조사 연구 기타를 그 사업으로 했다.38)

---

34) 「福井在住の中堅半島人で靑年團を組織する: 協和會幹部が講師となり生活改善をはかる」『福井新聞』1937년 7월 24일자.
35) 「昭和協親會に靑年部を新設、中堅靑年として活躍さす: 半島人に趣意書を配布」『福井新聞』1938년 12월 4일자.
36) 위와 같음.
37) 위와 같음.
38) 「昭和協親會靑年部結成式: 內鮮一體へ一路邁進」『福井新聞』1938년 12월

   이러한 움직임은 협친회만에서 시도된 것이 아니었다. 현 협화회 체제가 발족된 후 1938년 8월 8일에 현하 각서各署 관계 위원 20여명이 모여서 회의를 열었다. 그곳에는 조선인의 교양 향상을 위한 "우수한 자" 50~60명을 추천해서 보도위원회를 만들고 영남嶺南,[39] 영북嶺北[40] 2개소에서 중견인물양성을 위한 강습회를 열도록 결정했다.[41] 이 강습회는 8월 31일 난조군 이마조촌南條郡今庄村에서 개최되고 오오이大飯, 오니우遠敷, 미카타三方, 쓰루가, 이마다테今立, 난조, 니우 7군에서 도합 22명의 '중견청년'이 출석했다.[42] 일정은 31일부터 9월 2일까지 3일간이었는데 강습내용은 다음과 같다.

   第一日(三十一日) 오후 1시
      개강, 국기게양, 궁성요배宮城遙拜, 점호點呼, 주의, 강화講話, 체조體操, 미화美化작업, 국기강하降下, 저녁, 국민가요歌謠, 강좌
   第二日(九月一日) 오전 5시
      기상起床, 국기게양, 궁성요배宮城遙拜, 라디어체조, 강화, 점심, 예의작법禮儀作法, 강화, 실습實習, 국어발음國語發音, 실습, 체조, 국민가요, 정좌靜坐
   第三日(二日)
      국기게양, 궁성요배, 라디어체조, 강화, 미화작업, 좌담회, 폐강閉講[43]

   "심신心身의 수양 단련"[44]을 거친 중견인물 층은 앞으로 조선인 사

---

      20일자.
39) 福井縣南部地域의 별칭임.
40) 福井縣北部地域의 별칭임.
41) 「教養向上に半島人を輔導: 講習會等を開く」『福井新聞』 1938년 8월 9일자.
42) 「半島靑年講習始る」『福井新聞』 1938년 9월 2일자.
43) 위와 같음. 제3일 부분만은 개시시각의 기술이 없다.

회에서 지도적 역할을 담당하는 것을 기대되어 있었다. 그러한 중견인물들은 일반 조선인 사회를 잘 알면서 다른 한편에서 언어, 생화습관도 '내지화'된 존재였으며, 통치권력에 있어서는 그들에게 조선인 사회 전체를 '내지화'시킬 수단으로서 중요한 역할을 기대했던 것이다. 그래서 중견인물의 양성이 협화사업의 실시요목으로서도 중요시된 것이었다.[45] 그리고 그들은 협화회의 보도원으로 일하게 된 것이다. 지도원 및 보도원의 설치는 협화회 지회 설치 때의 명확한 조건으로 구정된 것[46]을 보아도 그들은 문자 그대로의 '내선일체'를 실현하기 위한 필요한 존재였던 것이다. 전국의 확대에 즈음하며, 1944년도부터 조선인에 대한 징병제가 시행됨을 맞이해서는 이러한 중견인물들의 양성이 한층 더 중요한 의미를 가지게 된 것은 상상하기 쉽다. 협화회는 이러한 시국에 직면하여 보도원 수를 증가하려고 했다. 1943년 1월 9일자 기사에서는 그 당시 약 100명의 보도원이 존재했으나 2월 10일까지 600여명으로 확충하고 징병제 시행에 필요한 조선인의 호적 및 기류寄留 조사를 수행하려고 계획했다는 사실이 보도되었다.[47] 이 사례만 보아도 보도원의 역할이 어느 정도 중요시되었는지를 파악할 수 있다.

　이런 식으로 시국을 반영하면서 보도원의 증가가 필요시되는 가운데 보도원으로 양성되어가는 '청년'들은 '연성鍊成'이란 이름 아래 한층 더 규율화가 요청되었다. 조선인 '청년'을 대상으로 한 연성이란 전시체제 하에 있어서는 조선인에게 일본정신을 고취시키고 최종적으로는 전쟁의 병력자원을 양성한다는 의미를 가지지 않을 수 없었다. 따라서 정신적 측면만 아니라 군사기술을 체현한 자로서 양성되어야 했던 것은 말할 나위도 없다.

---

44) 위와 같음.
45) 주 7)과 같음.
46) 주 7)과 같음.
47) 「協和會補導員六百に: 半島人徵兵制實施に備へ」『福井新聞』 1943년 1월 9일자.

그런데 여기서 연성 대상이 된 '청년'이란 누구인가 하는 문제가 있다. 몇 가지 사례를 통해서 고찰해보니 전에 언급한 협친회 경우는 만 16세 이상 만 30세 미만의 남자였지만 지방의 실정에 따라서 차이가 있었던 것 같다. 1941년 11월 26일 미쿠니 지부 주최의 연성강습회 경우는 각 호 1명씩 참가하도록 요청한 사실이 확인된다.[48] 이 경우에는 '청년'에 대한 자세한 연령규정은 없었다. 1943년 5월 하루에(春江) 경우에는 40세 이하의 자 전부가,[49] 7월 8일 쓰루가의 '반도장정연성소半島壯丁鍊成所' 입소식 때는 17~21세 남자가,[50] 같은 해 7월부터 가쓰야마勝山에서 시작된 반일입영半日入營 훈련은 17~35세 남자가,[51] 8월에 시작된 협화회 각 지부의 군사교련의 대상자는 1923년 12월부터 25년 11월까지 태어난 조선인[52]이 각각 대상자로 규정되는 등 연성대상자의 규정에는 곳곳마다 약간의 차이를 보였다.

연성 내용이나 수준을 보면 1943년 니우군 니시타나카촌丹生郡西田中村에서 시작된 '신화야학원親和夜學園'에서의 군사교련은 34명의 청년을 초등(초등학교 3학년 정도), 중등(동 4~6학년 정도), 고등(동 고등과 정도)의 급級으로 평성하고 학과뿐만 아니라 "내지 생활양식 및 가종 작법", 그리고 군사교련을 시행했다고 한다.[53] 같은 해 9월에 시작된 군사교련은 군사능력만 아니라 수신 1시간, 국어 4시간, 산수算數 1시간, 체련體鍊 2시간의 특별훈련도 시행한다고 한다.[54]

이렇듯이 '청년' 양성에 요청된 것은 군사교련을 중심으로 신심 양

---

48) 「協和會員の鍊成講習會」『福井新聞』 1941년 11월 22일자.
49) 「町から村から: 協和會で軍敎」『福井新聞』 1943년 5월 9일자.
50) 「半島壯丁鍊成所入所式」『福井新聞』 1943년 7월 9일자.
51) 「半島靑年に軍事猛訓練」『福井新聞』 1943년 7월 28일자.
52) 「半島靑年に軍敎」『福井新聞』 1943년 8월 28일자.
53) 「半島靑年に軍事敎練: <親和夜學園>で實施」『福井新聞』 1943년 4월 1일자.
54) 주 52)과 같음.

면의 단련이었지만 여기서 중견인물을 재생산하여가는 과정을 엿볼 수 있으며, 이러한 방침은 전쟁 말기 협화회가 흥생회興生會로 개편되어도 기본적으로는 바뀌지는 않았다.[55]

## 2. 부인 강습회의 성격

지도적 역할을 기대받은 자는 남자만이 아니었다. 협화히는 여성에 대한 수양도 몇 번이나 시도하였다. 여기서 1938년 5월 28일 현 협화회 간사회에서 결정된 활동방침 중에

> 다. 생활 일반의 내[지]화를 족진하기 위하여 내지 부인회의 협력 아래 생활개선 지도를 행함. 즉 작법作法 및 화복和服의 차림에 관한 강습회, 구 선복鮮服의 염색개조 강습, 식물 조리의 강습회 등을 개최함.

란 항목이 존재한 것에 다시 주목해보자. 조선인 여성에 대한 이러한 강습회의 중요도는 현 협화회가의 1940년 사업실시상황에서도 확인된다. 그 해 협화회지회가 주최한 '부인강습회'는 횟수는 15번, 수강자 수는 400명이고 강습상황은 "예의 작법을 중심으로 한 하루의 가습"이라고 보고되었다.[56] 『福井新聞』에도 '부인강습'에 관한 기사가 자주 나오는데 이하에서는 그 내용을 구체적으로 파악할 수 있는 몇 가지 사례를 통해서 이 '부인 강습회'의 성격에 대해 고찰하겠다.

1938년 12월 18일 후쿠이시 서별원에서 후쿠이경찰서 관내 재주 여성들 70명에 대한 '양성강습회養成講習會'가 열렸다. 다음 날 신문지상에는 회장에서 점심을 먹는 여성들의 사진이 실려 있는데[57] 아마 식사에

---

55) 「半島人抱擁に溫い手: 縣興生會が補導員を設置」 『福井新聞』 1945년 2월 8일자.
56) 주 33)과 같음.

관한 작법 강습의 양상을 찍은 것이라고 생각된다.

이 강습회는 지난 8월 하순부터 9월 상순까지 모리타와 이마조에서 개최된 간화좌담회懇話座談會의 주지를 이어받은 것이었다. 그곳에는 현 내 재주조선인 남자를 모아 "일본풍속으로의 동화를 주지로" 한 것이었는데 그 자리에서 "매우 좋은 성적을 얻"었기 때문에 나아가서 "향후 반도인 부인 단체에 이 주지를 철처시키"는 것을 의도하면서 "생화生花 혹은 차茶, 일본부덕(婦德) 등의 예의를 전습傳習"하기로 했던 것이다.58) 당초 계획은 9월 중순에 개최할 예정이었다가 무슨 이유인지 모르지만 12월까지 연장된 것 같다.

그 때 강습대상이 된 '부인'이란 "중견 부인"이며, 중견간부 양성이 남자만 아니라 여성까지 미친 것을 알 수 있다.59) 이와 같은 강습회는 몇 번이나 개최된 것 같은데 그 '성과'를 얻어 소화협친회에서는 앞으로 '여자 청년부'를 설치하는 방향으로 협의를 하고 그 준비작업으로써 독자로 재봉裁縫, 예의작법 등의 강습회를 여는 방침을 내세우기에 이르렀다.60)

후쿠이 현하의 이러한 "중견 부인"강습회에 관한 기사는 자주 보인다. 1939년 1월 30일 쓰루가에서 60명 여성을 대상으로 한 '반도인 중견여자 지도강습회'가 개최되었다. 내용은 국가제창(齊唱), 황거皇居요배, 무운장구기원武運長久祈願, 묵도黙禱 후, "시국과 일본여자의 각오覺悟", "일본정신" 기타 위생관련 강연이나 "예의작법"에 관한 실습 등이었

---

57) 「內鮮一體へ, 昨日西別院で養成講習會: 結果は好成績」『福井新聞』1938년 12월 19일자.

58) 「半島人の風俗同化運動: 各地で座談會を開催」『福井新聞』1938년 9월 10일자.

59) 「半島婦人達に＜日本＞婦德涵養: 十八日西別院で講習會を開く, 明春は縣下各地で」『福井新聞』1938년 12월 17일자.

60) 「日本婦道の涵養: 半島婦女子の生活改善に, 禮儀·裁縫の講習」『福井新聞』1939년 5월 30일자.

다.[61] 1943년 6월 5일 협화회 마쓰오카(松岡) 지부에서는 '협화수양숙協和修養塾'을 개설했다. 제1기 수강자로 20명을 선정하고 주마다 이틀 간 오후 6시부터 9시까지 수신, 작법, 재봉 3과목을 교수한다고 했다.[62] 수업기한은 6개월이고 첫 번째는 간부부인에게, 두 번째 이후는 만 17세 이상인 "여자 청년"에게 개방한다는데[63] 그곳에도 남자 경우와 같이 여성에 대해서도 중견인물 양성이 의도된 것을 알 수 있다.

  그 이외에도 '부인강습회' 사례는 산견된다. 그러나 그들이 '중견 부인' 양성을 의도한 것인지 아니면 일반 여성에 대한 수양을 의도한 것인지는 명확하게 판단하기가 어렵다. 현 단계에 있어서 지적할 수 있는 것은 어쨌든 여성들이 재봉, 국어, 훈육訓育, 예의작법 등의 지도를 받게 되고 최종적으로는 가정 생활을 '내자화'시키는 수단으로서 '부인강습회'의 의의가 의식되어 있었다고 생각해야 할 것이다. 생활 양식의 '내지화'를 가시적可視的으로 표시하는 행위가 화복 착용이었다. 히구치 樋口雄一에 의하면 오오사카大阪를 비롯해서 조선인 여성에 대한 화복 착용 강제정책이 이루어졌는데 1939년 이후 일본 민중에 대한 의복통제저정책이 전개되는 가운데 조선인 여성에 대해서 화복착용이 강제되어갔다고 한다.[64]

  그 1939년 8월 22일자 신문기사를 보면 오오노大野 친화회親和會에서는 '부인'의 생활양식을 "내지화"시키려고 강습회 개최를 기도하였으나 그 내용으로서 작법, 복장服裝, 위생, 요리 등을 상정하고 있었다.[65] 즉

---

61) 「半島人中堅女子指導講習會: 三十日敦賀小學校で」『福井新聞』1939년 1월 29일자.
62) 「協和修養塾開設: 半島婦人に皇民の心構へを」『福井新聞』1943년 5월 25일자.
63) 위와 같음.
64) 樋口雄一, 『協和會: 戰時下朝鮮人統制組織の硏究』, 社會評論社, 東京, 1986, 166~169쪽.
65) 「半島婦人の生活樣式內地化: 大野親和會で講習會」『福井新聞』1939년 8월 22일자.

'내지화'의 기준의 하나가 복장 문제에 있었던 것을 단적으로 보인 사례이다. 1940년도 후쿠이현의 사업실시상황을 보면 '내지복 착용 상황'은 "보통정도"로만 기술되어 자세한 상황을 알기는 힘들다.[66) 그러나 1940년 12월 15일자 신문기사에서는 사바에鯖江지구 협화회 '부인'들이 다음 해 6월 1일부터 조선복을 폐지하고 일본복을 착용하도록 협의했다는 기술이 보인다.[67) 그만 아니라 1941년 11월 9일자 기사에서는 다케후 재주 조선인 '부인'들이 조선복 제작을 금지하고 40세 이하의 여성들은 1942년 6월 15일까지 한 벌이상의 화복을 만들도록 했다고 한다.[68) 이러한 여성들의 행동이 완전히 자주적으로 이루어졌는지는 알 수 없지만 협화회에 의한 '부인강습회' 등의 "수양"을 통해서 생활 습관의 '내지화'를 내면화한 여성들이 주도한 것이었다고 생각된다. 물론 히구치가 지적하듯이 화복강제에 대한 조선인 여성들의 저항의 사례[69)도 있을 수가 있었다. 사료적으로는 확인되지는 않지만 후쿠이 경우도 그러한 사례가 존재했던 가능성이 있다. 향후 더 깊이 추구할 필요가 있을 것이다.

## Ⅳ. 결론을 대신하여

위에서는 중일전쟁 이후 일본 후쿠이현 재주 조선인에 대한 교육활동과 지도자층 양성 과정에 대해서 논해왔다. 사료적 한계로 인해 주로 『福井新聞』 기사로부터 사실을 구성하려고 해왔다. 이 기사들을 정리하고 보인 것은 현 협화회체제가 발족된 후 당국 측에서는 계속 교화,

---

66) 주 33)과 같음.
67) 「朝鮮服を廢し純日本服を着用, 明年六月一日から: 鯖江の半島婦人申合せ」 『福井新聞』 1940년 12월 15일자.
68) 「着物は和服に: 半島婦人たち申合せ」 『福井新聞』 1941년 11월 9일자.
69) 樋口雄一, 앞의 책, 172~176쪽.

교육사업의 중요성이 위식되어왔다는 사실이다. 구체적으로는 협화회 지방 지회(지부)를 단위로 야학교와 같은 교육기관이 설치되거나 강습회가 개최되었으며, 특히 강습회는 조선인 지도자 양성이란 성격을 크게 띠었던 것을 알 수 있다.

조선인 지도자의 양성은 바로 중견인물의 양성이었는데 이른바 조선인 '청년'층에게 '지도'를 주면서 장래적인 간부=보도원을 육성하려는 영위였다. 조선인 보도원을 설치하는 것은 협화회 지회 설치의 필수 요건이기도 했고 일반 조선인 사회와 밀접히 접점을 가진 그들에 대한 당국 측의 기대감은 큰 것이었던 것은 말할 나위도 없다. 일단 양성된 그들 간부들이 다시 '청년'층을 '지도'해가는 것이며, 교화, 교육을 통한 중견인물 양성의 재생산 과정이 성립되어 있었다. '양성' 대상은 남자만이 아니었고 여성에 대한 '중견 부인' 양성 과정도 확인되며, 조선인 '친일'화의 메커니즘은 조직적이고 망라적으로 형성되어 있었다고도 말할 수 있다.

이러한 기제를 통해서 만들어진 '친일'화 시스템 속에서 조선인들의 구체적인 생활의 모습은 어떤 것이었고 그들이 일본사회에 어떤 식으로 대응하려고 했던가. 본고에서 언급했듯이 협화회를 통해서 만들어진 조선인 지도자층이 다한 역할이 무엇이었던가를 새삼 검토해야 하는 것이다. 여기서는 이들 문제를 앞으로의 과제로 삼고 이 글을 마치도록 하겠다.

# 침략전쟁시기의 재일조선인 작가 장혁주

나 승 회*

## I. 머리말

### 1. 선행연구

장혁주에 관한 기존의 연구는 작가의 친일행적으로 인해 대부분 친일문학의 범주 내에서 이루어져 왔다. 국내에서 거의 잊혀지다시피 한 그의 인생과 문학에 관한 본격적인 고찰은 일본인 또는 일본에 거주하고 있는 연구자에 의해 비교적 활발히 진척되어 왔으며, 그 대표적인 것이 연보 및 전기적인 연구에 충실한 시라가와 유타카百川豊의 「張赫宙研究」[1]이다. 뒤를 이어 하야시 코지林浩治와 재일한인 임전혜任展慧가 장혁주의 의식과 문학이 일본인화 되어 가는 과정과 배경을 지적하고 있다.[2] 최근의 연구로는 남부진南富鎭이, 장혁주가 당시의 일본어가 상

---



[1] 百川豊, 「張赫宙研究」, 동국대학교 박사논문, 1989.12
[2] 林浩治, 『在日朝鮮人日本語文學論』, 新幹社, 1991.
　　任展慧, 『日本における朝鮮人の文學の歷史』, 法政大學出版局, 1994.

징하고 있는 근대성을 동경하여 일본어로 작품을 쓰게 되었고, 「일본 근대문학으로 증명된 일본어(의 근대적 리얼리티)로 인해(日本近代文學に裏打ちされた日本語によって)3)」 그의 문학도 성숙해 질 수 있었다는 의견을 제시하고 있다.

한편, 국내에서는 주로 광복 이전의 친일성향이 강한 작품에 초점을 맞추어 장혁주의 친일행각을 부각시키는 방향으로 논의가 진행되어 왔다. 임종국林鍾國이 『親日文學論』에서 장혁주의 친일행적을 자세히 기술한 것을 비롯하여,4) 김재용 등 다수의 연구자가 장혁주를 그와 상반된 태도를 취한 김사량, 강경애 등과 비교하고 있다.5) 이외에도 장혁주의 문학적 출발을 프로 문학의 영향 속에서 고찰하거나 친일 성향의 작품을 중심으로 한 논문이 다수 발표되어 있지만, 장혁주의 작품 전체가 널리 소개되지 못한 관계로 이후 보다 폭넓은 연구와 다각도의 접근이 요구되고 있다.

## 2. 문제제기

침략전쟁시기의 대표적인 재일 조선출신 작가인 장혁주의 문학과 행적이 특히 주목을 끄는 것은 그가 사용한 두 개씩의 조선이름과 일본이름 그리고 필명이 조선, 일본, 인도에서 각각 조선어, 일본어, 영어로 된 작품을 발행하며 약 60여 년간 창작활동을 이어온 그의 굴곡진 인생을 대변하고 있기 때문이다. 알려진 바에 의하면, 그는 본명 장은중張恩重 이외에 노구치 미노루野口稔라는 일본명(창씨명으로도 사용)을 가지고 있었으며, 문단 진출이후에는 필명으로 장혁주張赫宙, 노구치 미노루(野口實), 노구치 카쿠츄우(野口赫宙), Kaku Chu Noguchi(カク·チュウ·ノグ

---

3) 百川豊·南富鎭 編, 『張赫宙日本語作品選』, 勉誠出版, 2003, 328쪽.
4) 林鍾國, 『親日文學論』, 평화출판사, 1966.
5) 김재용 외, 『재일본 및 재만주 친일문학의 논리』, 도서출판 역락, 2004.

チ) 등을 사용하고 있다.[6)]

　필명의 변화를 중심으로 구체적인 시기를 추정해 보면, 1932~1942년과 1945~1953년경이 장혁주로 활동한 시기이며, 1943~1944년 무렵에는 노구치 미노루, 1954년 이후에는 주로 노구치 카쿠츄우라는 이름으로 작품을 발표하였다. 그리고 1990년대에 들어와서는 영어 창작에 Kaku Chu Noguchi라는 필명을 사용하기도 한다. 침략전쟁 시기의 친일 활동은 물론, 1970년대 후반 이후 한일 관계의 논픽션과 마야·잉카 문명에 대한 기행문을 발표하거나, 1991년에 필명을 Kaku Chu Noguchi로 바꾸면서 영어로 장편을 쓰고 일본이 아닌 인도에서 출판하는 등, 전후戰後 안게 된 친일작가의 멍에를 벗고자 노력한 점 등을 생각해 보면, 이러한 이름과 필명의 변화는 비극적인 우리 현대사와 흐름을 같이 하고 있으며, 동시에 그의 문학과 인생을 그대로 함축하고 있다.

　본 연구는 일본에서 침략전쟁의 전의戰意를 고취시키고 황민화皇民化를 재촉하는 작품을 다수 발표한 조선출신 작가 장혁주의 이름과 필명의 변화를 통하여 격랑의 시대를 살아온 조선출신 문인의 정체성에 초점을 맞추고자 한 것이다. 장혁주의 변신과 그에 대한 갈등은 대부분의 조선인이 피지배국의 국민으로 살아가면서 현실적 고난과 압박을 받으며 굴욕을 겪는 상황에서 공공연하게 친일행적을 보여 왔던 삶의 특수성을 상징하고 있다. 본 연구에서는 식민지 출신이라는 배경 속에서 예술적 집념과 현실적인 성공에 대한 갈망, 그리고 민족적, 언어적 제약으로 고된 삶을 살아야만 했던 장혁주의 변신의 논리와 정체성에 주목하여 그의 삶과 문학을 재조명해 보았다.

---

6) 1932년 일본문단에 등단한 이후 1991년 무렵에 이르기까지 약 60여 년간 현역 작가로 활동해 온 장혁주는 終戰 이후의 자신의 작가생활을 스스로 제3기로 나누고 있다. 즉 제1기가 장혁주로 활동한 시기이며, 제2기가 노구치 미노루, 그리고 Kaku Chu Noguchi를 필명으로 한 제3기이다.(布袋敏博·百川豊 編, 『장혁주소설선집』, 태학사, 2002, 303쪽.)

## Ⅱ. 두 개씩의 조선이름과 일본이름, 그리고 필명

### 1. 장은중張恩重에서  장혁주張赫宙로

장혁주에 대한 기존의 연구를 살펴보면, 그는 1905년 식민지 조선의 대구에서 태어났으며 본명 장은중, 창씨명 노구치 미노루라는 이름을 사용하고 있다. 어린 시절 경주에서 자란 그는 보통학교에 진학할 무렵부터 일본어를 익히게 되는데, 당시 일본이 조선에 대한 식민지 정책의 일환으로 조선교육령을 공포하여 조선인을 천황의 「황민」으로 교육시키려 했다는 점을 고려하면 본격적으로 일본어를 「국어」로서 배운 세대인 셈이다.

장은중과 노구치 미노루라는 조선이름과 일본이름으로 조선어와 일본어의 문화와 교양적 토대를 쌓은 장혁주는 보통학교시절 고고학과 역사에 정통한 일본인 교장에게 감화를 받아 졸업 후(1919)에 그가 설립한 간이학교에 진학하여 그로부터 고고학을 배우기도 한다. 그리고 이 무렵(1920) 15세의 나이로 결혼을 하여 슬하에 2남 3녀를 두게 된다. 이듬해 대구에 있는 관립고등보통학교에 입학한 이후 그는 무정부주의, 공산주의 등의 좌익사상을 접하게 되며, 한편으로는 문학에도 심취하게 된다.

기존의 연구 및 자전적 경향의 소설 등을 참고로 하면, 장혁주는 대구고보 시절인 18,9세 무렵 기쿠치 칸菊池寛의 문학에 경도하여 습작을 투고하기도 하는데,7) 1926년 대구고보를 졸업하고 경북일대(청송군, 예천군, 대구)에서 교원 생활을 하게 되면서부터 그의 습작 활동은 더욱 활발해진다. 하지만 조선어로 쓴 작품을 신문과 잡지에 투고하였으나 당선되지 않자 이후 일어창작에 주력하게 된다. 그 결과 1932년 4월, 당시

---

7) 林浩治, 앞의 책, 213쪽 참조.

일본의 대표적 종합잡지인 『改造』의 현상소설에 「餓鬼道」가 2위로 입선하여 장혁주張赫宙라는 이름으로 일본문단에 화려하게 등단한다.

　그가 일본문단을 목표로 일어창작을 시도하기 이전부터 이미 조선어로 습작활동을 해 왔으며 여러 차례 신문과 잡지에 투고해 왔다는 점에 주목해 보면, 일본어로 쓴 작품으로 일본문단에 데뷔하려는 장혁주의 의지는 작가로서의 성공을 꿈꾸는 상승지향적인 인생관의 편린片鱗인 동시에 그가 살아온 시대적 특수성의 상징이기도 하다. 즉, 조선이든 일본이든 상관없이 등단의 기회를 모색하고 있었으므로 현실적으로 인정받는 작자의 삶이 우선적이었음을 알 수 있다. 조선에서의 노력이 실패로 돌아가자 장혁주는 방향을 전환하여 보다 넓은 무대인 「본토=내지內地」의 문단을 목표로 삼게 되는데, 당시의 시대적 상황을 고려할 때 「본토」 진출에 대한 그의 의지와 욕망은 식민지 출신 작가지망생으로서 민족적, 사회문화적, 언어적 차별과 한계를 뛰어넘고자 하는 일생의 도전이기도 했다.

　한편 연보를 중심으로 장혁주의 문학적 출발을 살펴보면, 일본문단 데뷔를 위한 그의 일어창작은 1929년 조선어창작에 의한 문단 진출이 실패한 이후 즉시 시도되고 있다. 특히 1930년부터는 현상소설에 응모하기 위한 작업에 열중하게 되는데,8) 이러한 발상의 전환은 그가 어린 시절부터 「국어」 수준으로 일본어 교육을 받은 세대였기에 가능한 일이기도 하다. 실제로 장혁주 외에도 1930년대 이후 식민지 조선에서 일본문단에 진출한 작가들은 이석훈, 김성민, 김사량 등이 있으나 이들 역시 1910년대에 조선교육령에 의해 일본어교육을 받은 세대이다.

　공통적으로 이들은 당초 자신들이 갈망했던 일본문단 진출이라는 목표가 조선의 문화와 생활을 「내지」에 알리겠다는 동기動機에서 비롯된 것이라 말하고 있다. 김사량은 「조선의 문화와 생활과 인간을 좀 더

---

8) 百川豊·南富鎭 編, 앞의 책, 338쪽.

널리 내지의 독자층에 호소하려는」동기를 가지고 일본어 창작에 힘썼으며, 김석훈은 「조선이라는 곳을 인식시키」기 위해 일본문단에서 활동하려 했다고 밝힌 것이다.9) 장혁주 역시 데뷔작 「餓鬼道」를 발표한 무렵, 「僕の文學」(1932.7)라는 글에서 자신의 문학이 압박받고 있는 조선 민중의 비참한 삶을 고발하는 데에 존재가치가 있다는 취지의 발언을 하고 있으며.10) 실제로 「餓鬼道」에는 일본의 지배를 받는 식민지 조선의 가난한 농민들이 또다시 지주계급에게 착취당하는 상황이 그려져 있다.

하지만 장혁주의 경우 이러한 창작의 방향성은 같은 시기의 작품인 「迫田農場」(1932.6), 「追われる人々」(1932.10) 등과 다음 해에 발표한 「奮い起つ者」(1933.9)로 이어진 이후, 차츰 토속적인 흥미를 끄는 조선의 풍속과 정서를 소재로 한 「ガルボウ」(1934.3), 「葬式の夜の出來事」(1934.8) 등으로 작풍이 전환된다. 1930년대 후반에 들어서면서 「醉へなつた話」(1937.1), 「雰圍氣」(1938.6), 「慾心疑心」(1940.7) 등 조선인의 부정적인 측면을 강조한 작품을 발표하게 되는 것이다.

이와 관련하여 「僕の文學」, 「わが抱負」(1934.4), 「私の小說勉强」(1939.1) 등의 문장을 살펴보면, 장혁주는 자신이 추구하고자 하는 문학이 식민지 조선의 피지배층이라는 이중고에 억눌린 농민의 고통에 대한 정의감에서 출발했지만(「僕の文學」), 차츰 민족의 삶의 형태보다 개인의 생존

---

9) 『張赫宙日本語作品選』의 해설에서 南富鎭은, 장혁주가 「僕の文學」를 통해 「민중의 비참한 생활을 널리 세계에 알리고 싶다」라는 생각을 밝혔으며, 김사량과 이석훈도 각각의 문장을 통해 「조선의 문화와 생활과 인간을 좀 더 널리 내지의 독자층에 호소하려는 동기」(朝鮮文學風月錄)와 「조선이라는 곳을 인식시키」(『サンデー毎日』)고자, 일본어창작을 발표하게 되었다고 언급한 점을 지적하고 있다.(百川豊·南富鎭 編, 위의 책, 321쪽 참조.)

10) 張赫宙, 「僕の文學」, 百川豊·南富鎭 編, 위의 책, 288~290쪽.
保高德藏, 「日本活躍二人作家」『民主朝鮮』, 1946.7, 69쪽 참조.

욕生存慾에서 비롯되는 행태에 더욱 비중을 두게 되었으며(「わが抱負」),
출발기의 문학적 취지가 출세를 위한 거짓심리였음을 고백하고 있다(「
私の小說勉强」).11) 특히 「私の小說勉强」에서는 일본문단에 정착하기 위해
당시의 문학적 유행에 민감하지 않을 수 없었던 상황을 고백하고 있어
눈길을 끌고 있으나, 일본문단의 프롤레타리아문학의 쇠퇴 시점과 맞
물려 있는 작풍의 변화는 아래의 문장에서 보는 바와 같이, 장혁주의
작가적 자세가 시류에 영합한 결과로 비판받아 왔다.

　　일본에 와서 일본문단의 추세를 피부로 느낀 장혁주가 「일본 프롤
레타리아작가 동맹」에 가입하지 않았던 것도 일본문단에서의 지위확보
를 노린 그 나름대로의 보신책이었음이 분명하다. (중략) (「私の小說
勉强」에서-필자) 「빈곤에 빠져있는 농촌사람들을 나의 출세에 이용」
한 것이라고 씀으로 해서 프롤레타리아문학과 무관하다는 것을 스스로
밝히고자 시도한 것이다. 안이하게 시류에 편승하여 움직인 이후의 장
혁주의 기본적인 자세가 이러한 형태로 이미 나타나고 있다.
　　日本に來て、日本文壇の趨勢を身に感じた張赫宙が「日本プロレ
タリア作家同盟」への加盟を實行しなかったのも、日本文壇での位
置確保をねがう張赫宙なりの保身策であったにちがいない。(중
략)「貧苦に沈んでゐる農村の人たちを私の出世に利用」したのだと
書いてみせることで、プロレタリア文學との無緣を、自らあかし
だてようと試みたのである。時流に安易につき動かされるという
それ以後の張赫宙の基本的な姿勢は、まずこのような形で示され
た。12)


　　위의 문장에서 재일 한국인 평론가 임전혜가 지적하고 있듯이, 일

---

11) 百川豊·南富鎭 編, 앞의 책, 288~301쪽.
12) 任展慧, 앞의 책, 205~206쪽 참조.

본문단 정착을 둘러싼 장혁주의 작품의 변화는 흔히 1930년대 후반 이후의 친일적 행보와 연관되어 평가되고 있다. 그러나 적어도 이 무렵 그는 장혁주張赫宙라는 필명으로 일본어 창작을 발표하고 있었다. 실생활에서는 창씨명을 사용했을지언정 필명으로는 조선이름인 장혁주를 사용하고 있었던 것이다.

이러한 사실에 주목하여 출발기의 작품의 변화를 살펴보면 프롤레타리아문학의 융성과 퇴조를 둘러싼 일본문단의 상황과 작가로서의 안정과 사회적 신분의 상승을 지향하는 조선출신 신인의 현실적인 모색이라는 측면에서 이해할 수 있다. 즉, 피지배층인 조선 농민의 억압된 삶이라는 신선한 소재를 통해 당시 유행하던 프로문학적인 분위기를 자아낸 「餓鬼道」가 일본 문단의 환영을 받자 한동안 같은 계열의 작품을 쓰게 되지만, 이후 프롤레타리아문학의 퇴조를 감지하고 조선출신이라는 자신의 입장을 살려 소재의 차별화에 주력한 것이다.

## 2. 장혁주張赫宙에서 노구치 미노루野口稔로

현상소설 당선을 기회로 일본 문단에 진출한 장혁주는 이후 조선과 일본을 오가며 조선어창작과 일어창작을 병행하게 된다. 1933년 9월부터 1934년 5월까지 조선어로 쓴 「虹」를 동아일보에 연재하였으며, 1934년 9월과 1936년 1월에도 각각 「三曲線」(1934.9~1935.3)와 「黎明期」(1936.1~8중단)라는 조선어 장편을 동아일보에 연재한다. 하지만 일본에서의 성과에 비교하면 평가가 기대 이하였으며, 개인적으로도 아내와의 불화 및 연애사건이 감정적으로 정리할 단계에 놓이게 되자 1936년 일본으로 이주해 버린다. 그 후 새로운 일본인 여성과 사실혼 관계에 이르게 되면서 그는 일본에 정주하게 된다. 그리고 1938년에는 「春香傳」을 희곡으로 각색하여 조선과 일본 양국에서 상연하게 되는데, 이를 둘러싼 양국의 상반된 평가와 그로 인한 갈등은 장혁주로 하여금 마침내 일본작가로서의 길을 선택하게 한다.

이와 관련하여 임종국은 「春香傳」이 조선에서 상연될 당시 선전문구가 「내선 일체 예술의 악수」였다는 점과 함께, 이 무렵 장혁주가 이미 친일적 행보를 보이고 있었음을 지적하고 있다.13) 즉, 1939년 2월에 내선일체內鮮一體를 부르짖는 「朝鮮知識人訴」라는 글을 일본 잡지에 발표하는가 하면, 같은 해 4월에는 일본의 무인武人을 취재한 장편 「加藤淸正」(1939.4)를 출판했으며, 6월에는 그 해 2월에 결성된 대륙개척문예간담회大陸開拓文藝懇話會에서 파견하는 펜부대의 일원으로서 3개월간 만주를 시찰한 사실이다. 이후 1942년에서 1945년에 걸쳐 장혁주는 일본의 군국정책에 적극적으로 협조하게 되는데, 대동아문학자결전대회에 출석하거나 육군특별지원병훈련에 체험 입대하여 조선내의 징병제 실시에 동조한다. 같은 시기에 만주 및 간도 등지를 수차례 시찰하고 「내지」의 여러 탄광을 위문하면서 총독부의 인구정책 및 이주정책을 찬양하기도 한다.

이와 더불어 창작활동의 측면에서도 당시의 행적을 바탕으로 한 친일 성향의 「曠野の乙女」(1941.5), 「篤農家述懷」(1943.1), 「新しい出發」(1943), 「幸福の民」(1943.4), 「開墾」(1943.4), 「岩本志願兵」(1943.8~9), 「巡禮」(1943.9) 등의 작품을 발표하게 된다. 이들 작품은 대부분 내선일체와 황민화에 대한 의지를 강조하고 있으며, 특히 「ある篤農家の述懷」, 「新しい出發」, 「岩本志願兵」, 「巡禮」 등은 식민지 시절의 조선에도 소개되고 있어 만주개발을 둘러싼 총독부의 집단이주 문제와 지원병 제도에의 참여를 촉구하는 일본당국의 국책을 반영하고 있다.

한편 이 무렵부터 장혁주는 노구치 미노루를 일본명으로 사용하게 되는데, 1943년에 발간된 장편 「開墾」과, 이듬해인 1944년에 출판된 소설집 『岩本志願兵』에 필자명이 노구치 미노루野口實로 기재되어 있다. 식

---

13) 林鍾國, 앞의 책, 327쪽.

민지 시절 창씨명 노구치 미노루를 사용하던 그는 작가 활동을 시작한 이후부터 장혁주라는 필명을 사용하게 되지만 이 시기를 중심으로 이전의 창씨명이었던 노구치 미노루라는 이름을 일본명 및 필명으로 삼은 것이다.[14] 이러한 변화는 작가로서의 성공을 위한 현실적인 선택일 수도 있겠지만, 이 시기의 필명 교체는 그의 친일성향의 작품에 등장하는 주인공들의 황민화에 대한 의지와도 상통하는 부분이 있다.

예를 들면 징병제 실시에 감격하는 식민지 출신 청년의 모습을 그린 「新しい出發」에는 다음과 같은 문장이 있다.

> 본국인과 자기들과는 좀 다르다고 생각했던 때도 없지는 않았으나, 미나미(필자역)총독(南總督)에 의한 내선일체운동 이후, 정말이지 석연한 기분으로 '우리들은 황국의 신민臣民이다.' 하는 기분이 들었다. (중략) 하지만 이제까지 출정자의 송영에 나와서 느꼈던 느낌에는 다소 야릇한 기분이 들었었다는 사실은 부정할 수 없다. 왠지 거리감이 있어, 친근하다기보다 자신의 살을 에이는듯한 절실한 느낌은 가질 수 없었던 것이다. 결국 얼마간은 서먹서먹한 구석이 있었고, 충성을 다 바치겠다는 자신의 의지만이 앞섰던 일도 있었다.
>
> 그 야릇했던 기분이 이제 확연히 이해되어졌다.[15]

위의 작품에 나타난 주인공 청년의 「기분」은 다소 과장되어 있지만 「얼마간은 서먹서먹한 구석이 있었고, 충성을 다 바치겠다는 자신의 의지만」이 앞선 채, 「내지」에서 생활하고 있는 조선출신 작가 장혁주의 입장이기도 하다. 조선출신 친구의 훈련소 입소를 계기로 주인공이 당

---

14) 한자 표기는 창씨명이 野口稔, 당시의 필명이 野口實로 표기하고 있어 다소 다르지만 일본어 발음은 모두 노구치 미노루로 동일하다.

15) 金炳傑·金奎東 編, 「新しい出發」『親日文學作品選集 2』, 실천문학사, 1986, 201·203쪽.

당해지듯이, 그 역시 조선식 필명을 일본명으로 바꿈으로써 특수한 시대적 상황 속에서 친일 행보를 계속해야 하는 식민지 출신의 난처함과 콤플렉스를 극복하고자 한 것이다. 동시에 식민지 작가의 사명감과 책임의식을 벗어던지고 일본작가로 인정받고자 하는 의지의 발로이기도 하다.

## Ⅲ. 변신의 논리 – 「脅迫」과 Kaku Chu Noguch

1945년 일본이 패전하게 되자 장혁주는 고국은 물론 일본 내의 재일 한국인(조총련계 포함)으로부터 친일파로 지목되어 지탄을 받게 된다. 좌익과 우익으로 갈라진 상태로 서로 반목하고 있던 당시의 재일 한인 모두에게 비난을 받아 어느 곳에서도 자신이 속할 수 없음을 알게 된 그는 1952년에 정식으로 일본에 귀화신청을 한다. 침략전쟁시기에 자신이 발표한 국책國策소설의 한 장면을 연상시키는 듯이 마침내 노구치 미노루가 된 것이다. 1954년 이후에는 필명도 노구치 카쿠츄우로 바꾸어 버린다.

전후 한동안 이전처럼 장혁주라는 필명을 사용하던 그는 한때 미노루 노구치ミノル野口, 혹은 노구치 미노루野口實라는 필명으로 작품을 발표하기도 하였으나 1945년에 발표한 『遍歷の調書』 이후 주로 노구치 카쿠츄우라는 필명을 사용하였으므로,16) 본명인 장은중까지 포함하면 각각 두 개씩의 조선이름과 일본이름, 그리고 필명을 사용한 셈이다. 1990년대에 들어서 영문 장편을 발표하면서 필명을 Kaku Chu Noguchi로 바꾸는 등 수차례 필명을 바꾼 점을 생각해 볼 때, 장혁주의 이름과 필명의 변화는 각 시기에 따른 그의 변신을 상징하고 있으며 동시에 정체성에 대한 갈등을 그대로 함축하고 있음을 알 수 있다. 즉, 장은중이

---

16) 장혁주, 布袋敏博 百川豊 編, 앞의 책, 301~302쪽 참조.

라는 조선이름과 노구치 미노루野口稔라는 일본식 창씨명이 침략전쟁 시기의 식민지 출신으로서의 처지를 상징하고 있으며, 장혁주張赫宙, 노구치 미노루野口實, 장혁주張赫宙, 미노루 노구치(ミノル野口, 혹은 노구치 미노루: 野口實), 노구치 카쿠츄우(野口赫宙, Kaku Chu Noguchi) 등의 필명의 변화는 일본문단 내에서의 입지와 시대적 흐름에 민감하게 반응한 결과라 할 수 있다.

　실제로 필명의 변화를 중심으로 구체적인 시기를 추정해 보면 다음과 같은 나누어진다. 먼저 '장혁주'로 활동한 1932~1942년과 1945~ 1953년경은 각각 그가 일본문단에 최초로 진출한 조선출신 작가로 주목받던 시기와, 일본이 패망하여 이른바 「내지」인 일본에서 태극기가 「처연한 모습을 드러내고 유유히 바람에 휘날리17)」던 시기에 해당한다. 장혁주의 현상소설 당선작인 「餓鬼道」가 식민지의 비참한 현실이라는 신선한 소재로 인해 일본문단의 관심을 끌었다는 점으로 미루어보아 1932~1942년 무렵은 작가 스스로 조선출신이라는 점을 드러내고자 한 시기라고도 할 수 있다.

　노구치 미노루를 주로 사용한 1943~1944년 무렵은 일본의 침략전쟁이 최고조에 달한 시기이며 장혁주의 적극적인 친일 행보도 눈에 띄게 된다. 일찍이 장혁주는 자전적인 경향이 강한 장편 3부작『人間の絆』(1941), 『美しき抑制』(1941), 『綠の北極』(1941)를 비롯한『遍歷の調書』(1954), 『嵐の詩』(1975)등의 장편과 「民族」(1946, 미완성) 「脅迫」(1953)등의 단편 소설을 통해 자신의 입장과 상황을 호소해 왔는데, 그 중에서도 특히 「脅迫」에 이 시기의 변신의 논리가 자세히 그려져 있다.

　「脅迫」에 의하면 장혁주는 「조선민족의 비참함을 세상에 알리기 위해」 「조선인의 추악함과 민족의 핍박받는 상황을 그」렸으며, 이후 그러

---

17) 장혁주, 「脅迫」, 위의 책, 253쪽.

한 풍속소설에 주력하였으나 일본 문인으로부터 일본어에 대한 지적
을 받고 절망한 나머지 완벽한 일본어 창작을 위해 「조선과는 영원히
결별하고 동경에 귀화하기로 했」다고 고백하고 있다. 뿐만 아니라 일
본어 창작을 위해 일본인 아내와 결혼하였으며 그들 사이에서 태어난
아이를 키우면서 「일본인의 마음속에 잠재하는 모든 것을 배우고 일본
인의 마음으로 일본어를 말하려고」 노력했음을 밝히고 있다. 이어서
그는 군부에 협력하고 국책에 영합하는 작품을 발표한 점에 대해서도
아래의 문장에서 알 수 있듯이 역시 작가로서의 창작욕을 이유로 들고
있다.

　　　　나는 무엇이든 해보려는 마음으로 가득 차 있었습니다. 거짓말쟁이!
　　전쟁에 협력하고 군부에 야합하려는 보신술이었지 않느냐? 라는 말을
　　하신다면 솔직히 말해, 당시 언어의 흐름을 놓쳐서는 안된다는 마음뿐
　　이었던 것이 사실입니다.
　　　　그러나 목욕재계까지 강요당한 기억은 없습니다. 버스를 잡으려는
　　행동을 취하면서 이 기회를 역으로 이용해 일본의 모든 것을 완벽하고
　　철저하게 파악하고자 하는 마음이 강했던 것도 고백합니다. 이렇게 계
　　획적이고 타산적인 열기를 아마 이해하기 힘드시겠지만 나에게는 절대
　　적이었습니다.[18)

　　위의 문장에서 장혁주는 자신의 친일 행적을 순순히 인정하면서도
당시의 상황을 오로지 창작적 「열기」로만 설명하고 있어 변명과 자기
합리화를 위한 작품이라는 비난을 피할 수 없을 것이다. 하지만 자신의
행적에 대해 「역으로 이용해 일본의 모든 것을 완벽하고 철저하게 파
악하고자 하는 마음이 강했」다고 고백하는 부분에 주목하여 장혁주의

---

18) 장혁주, 「脅迫」, 앞의 책, 265쪽.

문학생애를 생각해 보면 이 시기의 친일행보와 문단 진출 이후에 반복되어 온 변신에 대한 의문도 풀어지게 된다. 즉, 역수逆手의 논리로 인 것이다.

알려진 바와 같이 당초 장혁주는 조선의 문단을 통해 데뷔하려했으나 실패하자 목표를 더욱 높이 설정하여 일본 문단 진출에 성공하였다. 실패와 좌절 속에서 작가의 꿈을 포기하지 않았을 뿐 아니라 등단 실패라는 절망적인 상황을 오히려 「역으로 이용」하여 일본의 현상소설 공모에 도전했던 것이다. 또한 작가 데뷔 이후 조선과 일본 양쪽을 오가며 창작활동을 하던 중, 조선 문단과의 반목으로 인해 조선 내에서의 활동이 어렵게 되자 「조선과는 영원히 결별」하고 일본작가가 되기로 결단함으로써 조선 문단과의 갈등을 풀어내려 하고 있다. 당시 장혁주가 이러한 문단적 상황 이외에도 가정적 불화와 연애 사건의 뒷정리 문제로 곤란을 겪고 있었다는 점을 감안하면, 현실적인 압박을 「역으로 이용」하여 일본 거주를 선택하고 있음을 알 수 있다.

1930년대 후반에서 1940년대 초반에 필명을 노구치 미노루로 바꾸고 일본의 국책에 영합하는 행보를 보인 것 역시 이러한 역수의 논리에 의한 것이라 할 수 있다. 이 시기에 장혁주는 필명뿐만 아니라 일본명으로도 노구치 미노루라는 이름을 사용하고 있는데, 이러한 변화는 철저하게 일본인화日本人化함으로써 일본 내에서의 차별을 극복하려는 장혁주류流의 역수의 논리가 작용한 것이라 생각된다.

한편 조선의 해방과 함께 필명을 이전의 '장혁주'로 바꾼 1945~ 1953년경은 장혁주가 자신의 인생 편력과 정체성에 대해 갈등을 겪은 시기로 추정된다. 당시 장혁주는 두 차례에 걸쳐 한국으로 취재여행을 간 뒤 장편『嗚呼朝鮮』(1952)을 출판하고, 서로 반목하던 우익과 좌익의 재일 조선인을 향해 「元朝連系同胞に訴える」(1952)라는 문장을 쓰는 등 자신의 출신배경을 드러내게 되지만 이로 인해 재일 조선인 관련 단체로부터 협박을 받기도 한다. 이와 동시에, 종전 후 급변急變한 정세 속

에서도 일본작가들이 전후 문단에서 활발히 활동하는 것에 반해 그는 원고 투고를 거절당해 생계의 곤란을 겪게 된다. 이 시기에 발표한 「脅迫」에서는 이러한 상황에 대해서 다음과 같이 토로하고 있다.

> 이 모든 원인이 내가 조선인이기 때문이란 생각이 들었다. 내 자신을 일본작가라고 여겼던 것이 우스꽝스럽게 느껴졌다.
> 조선인은 조선으로! 나는 조선으로 돌아가는 편이 낫다 라는 일본어가 문득 나의 가슴에 다가왔다. 나는 그것을 보았다. 결코 이대로 끝낼 수는 없었다.[19]

위의 문장에 이어 주인공(장혁주로 추정)은 우익과 좌익의 양쪽 진영의 동포들을 접하지만 「이러한 뿌리깊은 민족정신이 인류를 불행하게 하는 것이다. 나는 이 모든 것을 추월하고 싶다[20]」고 고백한 뒤, 결국 「민족이고 나라고 도대체 뭐가 뭔지 모를 기분이 들어서, 인간을 이렇게 불행하게 만드는 것에 편집하는 자신이 바보스럽다고 생각했다[21]」고 결론짓고 있다. 자기 주체성에 대한 갈등 속에서도 역시 장혁주류流의 발상의 전환이 작용하고 있는 것이라 볼 수 있다.

이와 비교하여, 1954년 이후 노구치 카쿠츄우를 주로 사용하던 무렵은 작가로서 방황을 겪으며 창작상의 새로운 도약을 모색하던 시기에 해당한다. 1952년 정식으로 일본에 귀화하여 노구치 미노루가 되지만, 일본작가가 된 그가 출신배경을 떨쳐내고 문단에서 주목을 끌기는 쉽지 않다. 당시 문단 내에서의 지위를 확보하기 위해 일부의 작품에서 미노루 노구치, 노구치 미노루를 필명으로 사용하기도 했으며, 폐결핵(『黑い地帶』: 1958), 암(『ガン病棟』: 1959), 한센병(『黑い眞畫』: 1959), 등의 난치병

---


19) 장혁주, 「脅迫」, 앞의 책, 267쪽.
20) 장혁주, 「脅迫」, 위의 책, 283쪽.
21) 장혁주, 「脅迫」, 위의 책, 286쪽.

을 소재로 한 장편을 발표하거나 미스테리 소설을 시도하기도 했다.[22] 이와 같은 장혁주의 창작상의 모색과 시도는 1970년대 후반의 논픽션 『韓と倭－天孫民族はどこから來たか－』(1977), 『陶と劍－秀吉の朝鮮出兵と陶工大渡來－』(1980)를 거쳐 1980년대의 기행문 『マヤ·インカに繩文人を追う』(1989)로 이어진다.

또한 그 연장선상에서 1990년대에는 Kaku Chu Noguch라는 필명으로 영문 장편인 『Rajagriba-A tale of Gautama-Buddba』(1991)와 『Forlorn Journey』(1991)를 인도의 뉴델리에서 출판하기도 한다. 당시 80대 후반의 장혁주가 한국이나 일본이 아닌 인도에서 세계 공용어인 영어로 된 작품을 발표한 사실은 의미하는 바가 크다고 할 수 있다. 수십 년간 「일본인의 마음으로 일본어로[23]」창작을 해 온 그가 이름과 필명, 창작의 경향과 창작의 소재의 변화에 이어 언어와 국가(민족)에 대해 발상의 전환을 시도하고 있기 때문이다. 이러한 변신을 한마디로 표현하면 문학상의 탈민족화를 유도하고자 한 것이라 할 수 있다. 즉, 장혁주(식민지조선)－노구치 미노루(침략전쟁시기)－노구치 카쿠츄우(일본)로 상징되는 자신의 굴곡진 문학 생애에, Kaku Chu Noguchi(세계)의 문학을 덧붙임으로써 그에게 '친일 작가'라는 멍에를 지게 한 국가나 민족이라는 테두리를 벗어나려 한 것이다. 1945~1953년경 '장혁주'를 필명으로 사용하던 무렵 그가 겪은 주체성에 대한 갈등이 만년의 최후의 변신으로 이어진 셈이다.

---

22) 百川豊에 의하면, 미노루 노구치ミノル野口라는 필명으로 잡지 『サンデー毎日』에 단편을 썼으며, 미확인 자료이지만 한자 표기를 바꾼 노구치 미노루野口實라는 필명으로 장편을 비롯한 다수의 문장을 발표했다고 한다.(「張赫宙의 生涯와 文學」, 布袋敏博·百川豊 編, 위의 책, 302쪽 참조.)
23) 장혁주, 「脅迫」, 앞의 책, 264쪽.

## Ⅳ. 맺음말

　침략전쟁시기 일본에서 활약한 조선출신 작가로는 장혁주를 비롯하여 김사량, 김소운, 김문집 등을 들 수 있다. 이들은 일본에 의한 침략전쟁 시기라는 특수한 시대상황 속에서 모국어를 버리고 일본어를 구사하며 문학 활동을 시도하였다. 특히 장혁주와 김사량은 각각 1930년대와 1940년대에 정식으로 일본문단에 데뷔하여 본격적으로 작품 활동을 하게 되며, 이후 재일한인문학의 출발점을 형성하게 된다.

　1940년대에 아쿠타가와상芥川賞 후보에 오른 것을 계기로 일본문단에 알려진 김사량의 경우, 알려진 바와 같이 훗날 조선어로 쓴 작품으로 회귀하게 되고, 일본어로 쓴 창작에도 조선의 민족과 문화가 의식의 바탕을 차지하고 있는 반면, 장혁주는 김사량보다 앞선 1932년 잡지『改造』의 현상소설에 입상하여 일본문단에 화려하게 데뷔하지만, 일본의 침략전쟁과 군국주의에 동조, 찬양하는 작품을 발표하는 등, 식민지 지배 하의 조선을 떠나「내지」에 정착하고자 노력한 작가이다.

　당초 장혁주는『改造』의 당선작『餓鬼道』를 통해 식민지 지배하의 조선농민의 열악한 삶을 일본의 독자에게 알리고 있으나, 차츰 식민지의 풍속적인 부분을 흥미위주로 다루거나 식민정책에 영합하는 작품을 발표하면서「내지」에서의 작가적 성공을 꿈꾸게 된다. 그리고 이러한 과정 속에서 장은중이라는 조선이름을 가진 작가 장혁주는 노구치 미노루가 되어 간다. 일본명과 필명을 노구치 미노루로 바꾸고 나서 조선식 이름이 주는 열등감과 난처한 처지를 의식하지 않게 된 그는 침략전쟁 시기의 정책에 발맞추어 친일행보를 거듭하며 시국과 관련된 창작을 발표하게 된다. 전후戰後 일본이 패망하게 되자 과거의 친일 행적으로 인해 귀국하지 못하고 일본에 귀화한 장혁주는 이후 노구치 카쿠츄우라는 필명으로 과거의 자신의 행적을 정당화하거나 변명하는 글을 다수 발표한다.

이 시기에 발표된 자서전적인 단편 「脅迫」에는 전후 친일 작가라는 멍에를 안게 된 장혁주의 궁핍한 형편과 정체성에 대한 갈등이 자세히 묘사되어 있다. 뿐만 아니라 이 작품에는 힘든 상황에서 예상외의 역수 逆手를 두는 것으로 앞날을 모색해 온 장혁주류流의 변신의 논리가 묘사되어 있어 흥미를 끈다. 즉, 두 개씩의 조선이름과 일본이름 그리고 필명이 상징하고 있는 그의 인생역정이, 절망적인 현재의 상황을 「역으로 이용」하여 위기를 극복하거나 더욱 어려운 목표에 도전하는 발상의 전환에서 비롯된 것이라는 점을 알 수 있었다.

또한 1990년대 이후 영어로 작품을 쓰기 시작하면서부터 필명을 Kaku Chu Noguchi로 바꾼 점 역시, 필명과 창작 언어의 변화를 통해 자신의 과거의 행적을 희석시키고 민족이라는 테두리에서 벗어나려는 발상의 전환으로 이해할 수 있다. 추측컨대 장혁주는 조선어(장혁주) - 일본어(노구치 카쿠츄우) - 영어(Kaku Chu Noguchi)로 이어지는 창작을 시도함으로써 침략전쟁 시기의 「일본인의 마음으로 일본어로」쓴 작품마저도 창작을 위한 작가적 집념의 결과로 수용되어 '친일 작가'가 아닌 '작가'로 평가받고 싶었던 것이다.

이러한 의미에서 볼 때, 「脅迫」의 주인공이 토로하는 「뿌리깊은 민족정신이 인류를 불행하게 하는 것이다. 나는 이 모든 것을 추월하고 싶다」, 「민족이고 나라고 도대체 뭐가 뭔지 모를 기분이 들어서, 인간을 이렇게 불행하게 만드는 것에 편집하는 자신이 바보스럽다고 생각했다」라는 문장은, 특수한 시대배경 속에서 친일 문인이라는 멍에를 안고 살아온 장혁주의 변명인 동시에, 상승지향적인 욕망에서 출발하는 장혁주류流의 주체성에 대한 갈등과 변신의 논리를 그대로 함축하고 있다고 할 수 있다.

## 참고문헌

金炳傑·金奎東 編, 「新しい出發」『親日文學作品選集 2』, 실천문학사, 1986

김재용 외, 『친일문학의 내적 논리』, 도서출판 역락, 2003

김재용, 『협력과 저항 - 일제 말 사회와 문학』, 소명출판, 2004

김재용 외, 『재일본 및 재만주 친일문학의 논리』, 도서출판 역락, 2004

百川豊, 「張赫宙研究」, 동국대학교 박사논문, 1989.12

任展慧, 『日本における朝鮮人の文學の歴史』, 法政大學出版局, 1994

林鍾國, 『親日文學論』, 평화출판사, 1966

百川豊·南富鎭 編, 『張赫宙日本語作品選』, 勉誠出版, 2003

조동구, 「친일문학의 형성과 전개 양상 연구 - 논리적 구조를 중심으로-」, 동
      북아 문화연구 제3집, 2002

林浩治, 『在日朝鮮人日本語文學論』, 新幹社, 1991

保高德藏, 「日本活躍二人作家」『民主朝鮮』, 1946.7

# 제3편

# 만주국의 민족협화와 조선인

# 기억과 해석의 의미: '만주국'과 조선인

崔 峰 龍*

## Ⅰ. 들어가는 말

만주[1]는 한민족의 역사에서 특수한 지역으로 지목되고 있는 것은 주지하는 사실이다. 역사적으로 볼 때 이 지역은 '고조선'의 발상지로서 한민족의 원류 형성과 밀접하게 연관되어 있을 뿐만 아니라, 그 역사적 맥락은 근대 한민족의 디아스포라적(離散的) 형태로 나타난 대량적인 이주(遷入)[2]로 인해 새로운 의미를 지니게 되었다.

---

* 중국 대련대학 교수

1) '滿洲'란 지리적 개념은 중국 동북지구를 지칭하는데, 오늘날의 흑룡강, 길림, 요녕 3성을 포괄하는 지역을 말하며 중국인들은 '동북' 혹은 '동북 3성'이라고 부르고 있지만 한국인들은 여전히 '만주'라는 용어를 상용하고 있다. 광복 전까지 중국인과 한국인들이 모두 이 지역을 '만주'라고 불렀기 때문에 필자는 이 글에서도 그 용어를 그대로 사용하고자 한다.
2) 근대 19세기 중엽부터 광복될 때 까지 한반도에서 만주에로 이주하여 점차 정착한 재만 조선인(조선인)의 역사적 특수성에 따라 흔히 '移住民族', '遷入民族' 또는 '跨境民族' '跨界民族'이라는 용어를 사용하고 있다. 이른바 '이주민족'이라는 뜻은 한반도를 중심으로 보고 국경을 넘어 주변 국가에로 유출된 민족이란 의미를 지니고 있으며(한반도=한국 / 조선의 입장

20세기 초 만주는 서세동점과 더불어 양육강식의 논리에 기초한 식민주의적 사조가 신속하게 팽창됨에 따라 동아시아 패권을 다투는 제국주의 국가들 간의 각축장으로 변하게 되었다. 특히 러·일전쟁을 계기로 일제가 점차 만주에 침략의 마수를 뻗으면서부터 이 지역은 동아시아 국제 관계와 질서 체계를 재편하는 과정에서 핵심적인 축을 이루게 되었다. 특히 '만주사변'의 부산물로 산생된 괴뢰국가 - 일본제국의 대륙침략 정책에 의해 '독립국'의 형태로서 만들어진 신형의 식민지국가 - '만주국'은 동아시아 여러 민족의 역사와 기억 속에서 각기 서로 다른 의미로 인지되고 있을 뿐만 아니라, 또한 동아시아 국가와 여러 민족은 각기 서로 다른 시각에서 그 역사 속의 기억들을 해석하려고 한다.

역사는 인간의 기억 즉, 언어와 글을 통해 기록된 자료에 대한 해석이다. 그러나 역사의 모든 객관적 사실은 그 원형대로 인간의 기억에 남을 수 없는 한계성을 지니고 있는 것도 사실이다. 그러나 사가들은 인간의 역사를 기억(기록)과 해석을 통해 그 객관적인 사실 - 원형에로 접근하려고 시도한다. 하지만 역사와 기억에 대한 해석은 사가들의 사관과 시각이 다름에 따라 그 의미도 다르게 된다. 이런 뜻에서 본다면 역사는 곧 기억의 역사이고 또한 해석의 역사라고 할 수 있다. 예컨대 일본인은 '만주국'을 근대화의 실험장으로 해석하려고 하는가 하면, 중

---

에 본다면), 그리고 '천입민족'이란 뜻은 중심적인 시각을 만주에 맞추어 주변으로부터 유입된 민족이란 의미를 지니고 있으며(중국의 입장에 본다면), '과경민족跨境民族' 혹은 '과계민족跨界民族'은 민족학적으로 한 민족의 구성원들이 본국의 국경을 넘어 타국에 '이주'='천입'하여 거주하는 민족을 지칭하는 용어라는 점을 밝혀둔다. 오늘날 중국에 거주하는 200만 '조선족'이라는 용어는 광복 후에 중공당의 민족정책에 의해 법적으로 규정된 개념이기 때문에, 광복 전에 만주에 이주·하여 거주했던 재만 한인 / 조선인과 연속성을 지니고 있으면서도 분명히 다른 성격의 개념이다. 하지만 이 글에서 필자는 조선족의 역사성을 고려하여 '만주국'시기의 재만 한인 / 조선인을 '조선족'의 범주에서 다루려고 한다.

국인들은 '만주국'의 그 자체를 부정하는 입장에서 괴뢰정부 혹은 '거짓'='僞'자를 붙여서 '僞滿洲國'으로 칭하고 있으며, 만주지역에서 전개된 조선인들의 항일민족독립운동이 다른 지역에 비교하면 시종 무장투쟁론의 방략에서 전개되었기 때문에 그 위상을 더욱 두드러지게 부각시키고 있다.

요즘 한국 사회 속에서 만주지역에 관한 논의—'고구려 문제'를 비롯하여 '간도 문제'까지 거론되면서 만주라는 이 특수한 지역은 또 다시금 관심의 대상으로 부상되고 있다. 역사적 事實은 史實로서 기록되어 인간들의 기억으로 남고 있지만, 그에 대한 해석에 따라 史實이 事實로서 왜곡될 수 있음을 알 수 있다. 이런 논의가 학문적인 범위를 초월하여 정치적·외교적으로 국가와 민족 간의 관계에 파문을 일으킬 때면, 중국 내에서 한 개 소수민족으로 정착하고 있는 200만 중국 조선족들에게 있어서도 심대한 영향을 미치고 있는 것도 간과할 수 없는 사실이다.

중국 조선족들은 한민족 공동체의 구성원으로서, 또한 중국의 공민권을 소유한 소수민족의 일원으로서 과연 역사적으로 만주를 어떻게 인식하고 있었는가? 그리고 그들의 기억 속에서 만주는 어떤 의미를 지니고 있었는가? 특히 일제의 식민지 국가체제—'만주국'의 틀 속에서 그들이 처한 사회적 법적인 지위는 어떠했으며 또한 어떠한 방응을 보여주었는가? 필자는 이러한 물음에 초점을 두면서 그들의 이중적인 측면—반만·항일투쟁에 가장 적극적으로 참가했던 민족으로서의 '抗日像'과 더불어 일제의 침략전쟁동원과 병참기지화정책에 가장 주동적으로 부응했던 '제2 일본인'으로서의 '親日像'을 통해 '만주국'의 기억과 해석 속에서 그들의 정체성과 그 이미지를 그려본다. 이 글에서 필자는 우선 조선인의 만주에로의 이주와 더불어 '민족고토론'에 대한 인식을 간략하게 더듬어보고, 다음으로 '만주국'에서의 조선인의 법적인 위치와 함께 일제가 조선인에 대한 '이용정책' 및 조선인들의 두 얼굴—'抗

日像'과 '親日像' 대한 기억과 해석을 중심으로 살펴보고자 한다.

## Ⅱ. 조선인의 이주와 만주-'고토론'

기록에 의하면 근대 한인들의 만주에로 이주는 여러 가지 역사적 원인으로 말미암아 일찍 19세기 중엽부터 시작되었다.[3] 한인들의 초기 이주에서 주요한 동기는 연속되는 자연재해로 비롯된 경제적 원인에 있었다. 특히 1876~1870년간 조선 서북지방에 극심한 흉년이 들자, 기아에서 허덕이던 변민들은 '월강죄'를 무릅쓰고 두만강·압록강을 건너게 됨으로써 이주 한인의 숫자는 급증하는 추세를 보였다. 당시 청나라는 '봉금정책'을 실시하면서 비합법적인 '월간한민'을 법적으로 수용하지 않고 있었을 뿐만 아니라, 조선 정부의 요구에 따라 1년 안에 조선으로 추방한다는 고시를 내리기도 했다. 그러나 이미 땅을 개간하고 새로운 삶의 터전을 마련하고 있던 조선인들의 귀환정책은 실효를 거둘 수 없었다. 1881년 청나라는 『盛京東邊間曠地開墾條例』에 근거하여 길림성 남부의 '南荒圍場'-연변지역을 개방하고 훈춘에 招墾總局을 설치하고 南崗, 훈춘과 동오도구 등 곳에 '招墾局'을 설치하고 '移民實邊政策'을 실시하면서 주로 관내의 산동, 하북성의 漢族들의 이민을 꾀했던 것이다. 그러나 이 시기에도 한인들의 이주는 여전히 법적으로 허용되지 않았다.

---

3) 조선족의 천입기점에 대해 역사학계에서 여러 가지 설법을 살펴본다면 주요하게 土著民族說, 元末明初說, 明末淸初說, 19세기 중엽설 등이 있는데, 그 중에서도 19세기 중엽설이 비교적 正統說로 인정되고 있다. 그리고 역사적으로 한반도에서 한민족이 중국 대륙에로 이동한 사실은 모두 인정하지만 그것은 유이민사에 속하는 것이고 또한 그것이 오늘날 중국 조선족이라는 민족공동체와는 연속성이 없기 때문에 조선족 이주사의 천입기점으로 될 수 없다고 본다. 金元石, 「韓國史學」 15, 韓國精神文化硏究院, 1995, 49~76쪽 참조.

여기서 한 가지 주목되는 사실은 1883년 서북경략사에 임명된 어윤중은 간도 개간지에 대한 토지 소유권을 정부차원에서 인정해 주는 문서인 지권地券을 교부하여 한인들의 북간도 이주를 실질적으로 승인해 주었던 것이다. 그리하여 한인들은 두만강 이북과 이서지역 즉 북간도 일대가 청나라 영토가 아니라 조선의 영토임을 주장하게 되었다. 이러한 영토 분쟁이 지속되는 과정에 1902년에 조선정부는 이범윤은 간도관찰사(이듬해 간도관리사)로 임명하여 간도 거주 한인의 호구와 인구를 조사하여 조세제도와 지방행정제도를 갖추도록 조처함으로써 북간도에 이주한 한인들의 고토관념이 더욱 조장되었고 또한 이러한 민족고토에 대해 자국의 영토로 인식하였을 만큼 깊은 애착을 가지고 있었던 것이다. 이것은 북간도 지역에 한인들이 대량적으로 이주하여 정착하게 된 또 다른 하나의 원인이 되었던 것으로 보인다.

일−러전쟁 이후 일본은 남만에 대한 특권을 얻고 관동군을 주둔시키고 만철주식회시를 건립하고 만주에서의 식민지세력을 본격적으로 확대하기 시작하였다. 1905년 11월에 「을사조약」을 통해 조선의 외교권을 장악한 일본은 이른바 '한인 보호'와 '영토 소속 미결'이라는 구실로 1907년 8월 용정촌에 '통감부임시간도파출소'를 세우고 만주에 대한 침략정책을 추진해 나갔다. 이것은 일제의 대륙침략정책의 일환으로 간도지역이 한국의 영토임을 주장하고 나왔던 것이다. 그리고 일제는 한인들의 환심을 얻기 위해 혹은 한인들의 이주를 정당화시키는 논리로서 '민족고토론'을 역설하면서 한인들의 고토의식을 '부활'시키는데 노력함으로써 일부 '친일파'−일진회 회원을 비롯한 '친일파'들의 호응을 얻을 수 있었다. 그러나 일부 '친중파'−유림계의 한인들은 중화사상을 배경으로 일제의 침략적인 음모를 밝히면서 간도가 중국 영토임을 주장하기도 했다. 결국 1909년 9월에 체결된 '간도협약'에 의해 간도영유권은 청나라에 귀속되고 한인들의 정착−거주권과 토지소유권이 인정되었다. 재만 한인사회는 이때로부터 점차 '배일파'와 '친일파'로 분열

되는 양상을 보여주게 되었다.

그리고 이 시기에 북간도에서 서전서숙의 설립을 효시로 민족교육을 통한 독립운동의 기틀이 마련되기 시작했다. 특히 1910년 8월 '한일합방' 이후 일제의 식민지통치가 가심해짐에 따라 만주에로 이주하는 한인들의 숫자는 두 번째 고조기를 이루었는데, 그 이주 동기는 주요하게 정치적 원인에 있었다. 즉 국내에서 항일운동의 한계를 느낀 의병장들을 포함한 수많은 애국지사와 독립운동가들이 만주에로 망명하여 독립운동기지 건설(유하현 삼원포, 북간도 명동촌, 밀산부 한흥동 등 곳)에 착수함으로써 이 지역은 항일민족독립운동의 중심무대로 되었다.

이 시기에 재만 한인사회 내에서 고토관념은 여전히 팽창되고 있었는데, 그것은 대종교가 본부를 만주에로 옮기면서 크게 확산되었던 것으로 보인다. 예컨대 환인현에 망명한 윤세복은 서간도에서 대종교의 포교와 더불어 배일사상을 고취하면서 "한민족의 祖先은 白頭山麓에서 나왔고 支那民族 및 大和民族과 같은 것은 그 支族에 지나지 않는다. 故로 我等은 努力하여 國權을 회복하여 夫餘民族과 夫餘國의 獨立發展을 圖謀하지 않으면 안된다"[4]라고 주장했다. 여기서 '國權의 回復'은 일제의 식민지 지배를 반대하고 민족의 자주권을 회복하는 것으로 이해될 수 있지만 소위 '夫餘民族과 夫餘國의 獨立發展을 圖謀'한다는 것은 한민족의 영토관념의 범위를 확대시킨 고토의식의 표출이라고 볼 수 있다.

이처럼 한인들의 고토의식은 대종교의 역사관이나 또는 영토관에서 확연하게 드러나고 있었을 뿐만 아니라, 식민지시대에 정립된 민족사학의 선구자들에 의해서 더욱 폭넓게 확대되었던 것으로 보인다. 예컨대 단재 신채호의 『독사신론』(1908년), 『조선사-조선상고사-』(1931년)는 민족의 뿌리를 찾음에 있어서 만주를 역사적으로 민족공동체로 인

---

4) 朝鮮總督府, 「國境地方視察復命書」, 大正4年, 金正柱 編, 『朝鮮統治思料』 9, 738쪽.

식하고 있었던 것이다.5) 그러나 그는 만약 일본이 만주를 지배하게 되면 한국은 일본의 지배권 내에 들어가게 될 것이므로 만주에 이주한 한인들은 '사상의 고상케 함'을 통해 '국수의 보전'과 '정치능력의 양성'을 호소하기도 했다.6)

1920년대로부터 '만주사변' 전에 이르기까지 재만 한인들의 항일민족해방운동은 크게 민족주의 계열과 사회주의 계열로 분열되었으며, 그들은 비록 민족합동전선을 구축하려고 시도하였지만 이념적인 갈등으로 말미암아 큰 결실을 이루지 못했다. 여기서 특히 주목되는 것은 민족주의 계열에서는 단순하게 '민족 독립'과 '민족 해방'이라는 슬로건을 내걸고 있었기 때문에 중국인들의 동정과 후원을 받을 수 없었고, 사회주의 계열(조선공산당 만주총국)에서는 코민테른의 '일국일당' 원칙에 따라 중공 만주성위에 포섭됨으로써 한인들의 자주성과 독자성 측면에서 한계를 지니게 되었다. 물론 중공 만주성위에서는 일찍부터 재만 한인에 대해 중국 내의 한 개 소수민족으로 인정함과 동시에 더 나아가서 '독립 국가'를 건립할 수 있다는 전제를 내세우고 있었다.

1931년 9월 18일 '만주사변'의 발발과 함께 그 이듬해 3월 1일에 '만주국'이 성립되면서부터 중·일 양 민족 간의 모순이 첨예화되면서 중국인들의 반만·항일운동이 고조됨에 따라 재만 한인들의 항일민족해방운동은 새로운 전환기, 즉 한·중 양 민족은 반만·항일이라는 공동한 목표를 위해 연대를 가질 수 있는 계기를 맞이하게 되었다. 사실 '만주사변'과 '만주국'의 건립은 재만 조선인들에게 있어서 심대한 영향을 주었을 뿐만 아니라 그들의 민족적인 심성에 커다란 변화를 일으키게 되었다. 즉 '만주국'에서 재만 한인의 사회적 법적인 지위는 어떠한 변화가 있었는가? 그들은 '만주국'이라는 '신국가'를 어떻게 이해하고 있

---

5) 박영석, 「丹齋 申采浩의 滿洲觀」, 丹齋申采浩先生誕辰100周年記念論集, 『丹齋申采浩와 民族史觀』, 1980, 291쪽.
6) Ibid, 300~301쪽.

었는가? 그리고 그들은 이 '신국가'에 대해 어떤 태도를 지니고 있었는 가? 등 문제에 대해 살펴보도록 하자.

## Ⅲ. '滿洲國'과 朝鮮人의 法的位置 - '2등 국민'

1931년 9월 18일, 일본군은 심양 부근의 남만철도 구간을 폭파시키는 이른바 '류조호사건'을 구실로 중국 동북군(국민혁명군)이 주둔하고 있던 북대영을 습격함으로써 중외를 진감하는 '滿洲事變'이 발발하였다. 이 '사변'은 일제가 일찍부터 야망을 품고 있던 '大陸政策'의 일환으로서 그것은 무력으로 대륙을 점령하려는 시도이었다. 하지만 일본군의 무력 침략에 대한 장개석의 不抵抗政策에 의해 장학량이 이끄는 동북군 22만은 대부분 관내로 이동(일부는 반만항일의 기치를 들고 동북의용군에 편입되고, 일부는 토비로 전락됨)함으로써 만주는 몇 달 사이에 '太陽旗의 樂土'로 변하였다.

이듬해 2월 16~18일, 奉天에서 이른바 '獨立'을 선포한 동북 3성의 거두인물들은 일본 관동군의 조종 밑에서 4頭會議[7]를 開催하고 '자주독립, 군벌타파, 평등대우'를 표방하는 「東北行政委員會宣言」을 반포하여 "즉시 지금부터 國民政府와 關係를 離脫하고 東北省區는 完全한 獨立"을 선언하였다.[8] 그리고 2월 25일 신국가 건설 및 통치원칙의 대강으로 동북행정위원회의 심의를 거쳐 「新國家組織大綱」을 만들어 新國家의 명칭은 '滿洲國', 정치이념은 '民本主義', 국가원수는 '執政', 국기는 '新五色旗', 정체는 '立憲制', 국호는 '大同', 수도는 '長春'(후에 新京으로 개칭함)으로 한다고 선포하였다. 2월 29일 「政府組織法」 및 「人

---

7) 1932년 2월 16~18일 奉天商埠地에 있는 張景惠의 私宅에서 이른바 '獨立'을 선포한 동북3성의 거두인물인 熙洽, 馬占山, 臧式毅 等이 日本關東軍과 合議하여 '滿洲國'의 건립을 위한 '建國會議'를 말한다.
8) 永松淺造 著, 『滿洲建國誌』, 學友館版, 昭和17年, 121쪽.

權保障條令」을 제정하고 신국가의 기본 기틀을 확립한 후 3월 1일에 『滿洲國建國宣言』을 반포하고 청나라 마직막 황제인 溥儀를 '執政'으로 하는 '만주국'을 세웠다.

만주국은 '독립국'이라고 하지만 실제상 일본 관동군이 '독립국이란 형식을 통한 독특한 지배 전략'9)에 의해 완전히 지배·통제되는 '괴뢰정부'-새로운 국가 형태를 갖춘 식민지국가이었다. 만약 이 국가의 독립적인 형태를 인정하는 시각에서 본다면 '근대 국가'로 장식되었던 만주국은 하나의 다민족·다종교를 수용하면서 '禮敎'-유교를 국교로 삼았던 종교적 국가라고 말해도 과언이 아니다. '滿洲國'의 건립과 그 통치시기(1932~1945)는 일찍부터 만주에 이주하여 삶의 뿌리를 내리고 있던 재만 한인들에게 있어서 어떤 의미를 갖고 있었으며 그들의 사회적 위치는 어떤 변화를 보이고 있었는가 하는 문제를 살펴보는 것은 일제 식민지 지배정책의 본질을 인식함에 있어서 유의해야 할 필요성이 있다.

재만 한인에 대한 일제의 통치 방식은 시기에 따라 여러 형태10)로 나뉠 수 있는데, 여기서 한 가지 주목되는 문제가 바로 일제가 '대륙침략' 정책을 실행함에 있어서 '한인문제'-즉 재만 한인을 '보호'한다거나 혹은 '불령선인'에 대한 토벌을 구실로 삼았기 때문에 '한인문제'는 항상 중·일 양국의 외교적 모순의 초점으로 대두되어 마

---

9) 韓錫政 著, 『만주국 건국의 재해석: 괴뢰국 국가효과, 1932~1936』, 동아대학출판부, 1999, 13쪽.

10) 일제의 만주 침략과 더불어 재만 한인에 대한 지배정책을 시기에 따라 1907년 8월 통감부간도파출소의 설립부터 1931년 만주사변까지-'통제'와 '이용'시기로, 1931년 만주사변부터 1937년 7월 중일전쟁까는-'통제'와 '안정'정책시기로, 1937년부터 1945년까지-'통제'와 '扶育'정책시기로 나눌 수 있다. 일제는 중일간 민족모순의 변화에 따라 그 형식과 내용을 변화시켰지만 '통제'를 원칙과 전제로 하면서 이용과 안정 및 부육이라는 정책을 실시하였는데, 이것은 결국 대륙정책을 위한 것이다. 그러나 일제는 정치상에서 '보호'를, 경제상에서 '구제', '원조'를, 문화상에서 '지지', '개선'이란 간판을 내걸었다.

찰과 대립, 충돌과 분쟁을 일으켰다는 점이다. 예컨대 앞에서 언급했듯 이 1907년 8월 '간도문제'에서 '영토 귀속 불명'과 '한인 보호'를 구실로 용정촌에 설립한 '조선총독부간도임시파출소'를 효시로, 1915년 1월 「만 몽조약」, 1920년 10월 '간도출병', 1925년 6월의 「미쯔야협정三矢協定」, 1930년 '만보산사건' 등은 모두 일제가 만주의 '한인 문제'를 대륙침략 의 도구로 이용한 전형적인 사건들이었다. 그리하여 심지어 일제는 만 주사변은 재만 한인을 군벌 통치에서 '구원'하기 위한 것이라고 선전하 였던 것이다.

만주사변 전에 재만 한인들 중에서 중국에 입적한 '귀화인'(일본은 일 방적으로 시종 승인하지 않았지만)은 법적으로 중국인의 대우를 받았으나 그 렇지 않은 한인은 '일본신민'이란 신분으로 일본 영사관의 치외법권에 예속되었다. 그러나 귀화했거나 그렇지 않는 재만 한인은 모두 중·일 양국의 틈새에 끼인 '중간자의 존재'로서 중국 측은 그들을 일제의 만 주침략의 '주구' 혹은 '앞잡이'라는 오해를, 또한 일본 측은 그들을 '불 령선인' 혹은 '赤化의 禍根'[11]으로 지목하고 있었다. 하지만 일제는 만 주국이라는 새로운 국가를 만들고 그것을 유지해감에 있어서 재만 한 인은 여러 민족들 속에서 그나마 가장 믿음직한 협조를 줄 수 있는 대 상으로 간주되었기 때문에 만주국 시기에 외형적으로 그들의 법적 지 위를 보장하는 모습을 보여주었는데 그것은 아래와 같은 공문에서 확 인될 수 있다.

「滿洲國建國宣言」에서 '민족협화, 공존공영'을 국가운영의 기본방 침-'건국 이상'으로 제시하면서 "무릇 신국가 영토 내에 거주하는 者 는 種族의 岐視, 尊卑의 分別을 하지 않고 原有의 漢族, 滿族, 蒙族 및 日本, 朝鮮의 各族을 除外하고 기타 다른 國人들이 長久한 居留를 願 하는 者도 역시 平等한 待遇를 향유할 수 있으며, 그들이 응당 얻어야

---

11) 「間島集團部落建設槪況」『朝鮮總督府調査月報』, 昭和十年 三月(第六卷 第 三號), 105쪽.

할 權利를 保障하며 그에 대하여 추호도 侵損하지 않는다”[12] 라고 명문으로 규정함으로써 각 민족의 ‘평등’과 ‘협화’를 주창하고 있었을 뿐만 아니라, 재만 한인은 만주국에서 ‘五族’의 하나로 일본인과 함께 만주국 국민의 주체로 인정되고 있었다.

그리고 「人權保障條令」에서도 “만주국에 거주하는 인민의 자유 및 권리를 보장”하고 “인민의 평등한 권력을 도모하도록 하는 것”[13] 이라는 미화된 근대 국가의 모습을 보여주고 있다. 그러나 만주국에 있어서 일제는 種族優越主義論에 입각하여 일본인을 중심으로, 또한 재만 한인을 ‘일본제국 신민’의 일부분으로 취급하면서 “만주에 있어서 ‘五族協和’라고 하는 것은 內地人을 中心으로 하여 타민족이 協和한다는 意味로서 內地人이야말로 王道樂土建設의 主腦者가 되는 것이다[14] 라고 주장하였다. 즉 재만 한인은 만주국에서 만주국의 국민이라는 신분과 일제제국의 신민이라는 이중적인 의미를 동시에 갖는 존재가 되었는데, 이것은 일제가 이른바 ‘一視同仁, 五族協和’라는 간판을 내걸고 일본인을 중심으로, 재만 한인의 지위를 편승시키는 형식을 빌어 민족 간의 모순을 조장시키는 기편 수단이었다. 일제는 만주국의 국기-‘五色旗’를 다음과 같이 해석하고 있었다.

건국의 대정신은 그 국기(五色旗)에서도 엿볼 수 있다. 黃은 生成發展을 意味하고 赤은 赤心熱心을, 白은 純白淸淨을, 黑은 意志强固(혹은 勇敢 혹은 强靭)을 의미한다. 이것으로 각 민족을 表徵하면 黃은 滿洲族을 意味하고, 赤은 赤心誠忠의 內地人, 靑은 支那人(服裝도 靑衣), 白은 鮮人, 黑은 蒙古人을 표현하고 있는 것이다. 사실 東亞는 만주의 五色旗에서 보여주는 것처럼 五族協和가 필요하고, 五族協和야

---


12) 永松淺造 著, 『滿洲建國誌』, 學友館版, 昭和17年, 129쪽.
13) lbid p.126.
14) 香川幹一 著, 『滿洲國』 東京: 古今書院發行, 昭和10年, 136쪽.

말로 東亞新秩序의 골자로서 理想이 되지 않으면 안된다.

　이처럼 일제는 만주국에 있어서 '오족협화'라는 미명으로 일본인(朝鮮人을 포함)을 중심으로 민족적 차별 정책, 즉 '오족'을 제외한 다른 민족(종족)을 배제시키고 있을 뿐만 아니라, 실상은 '오족'의 순위를 일, 선, 만, 한, 몽으로 배열하고 있었다. 이것은 '이중적 존재'인 재만 조선인이 만주국이라는 국가 속에서 일본인과 더불어 '특수한 위치'에 있었음을 시사해주고 있다. 일제가 이러한 민족 차별정책을 실시한 목적은 만주국 안에 있는 여러 민족 간의 갈등과 모순을 조작함과 동시에 그러한 모순과 갈등을 역동적으로 이용하려는 데 있었다. 일제는 바로 이러한 민족 간의 이간정책 목적을 달성하기 위하여 대리인-'희생품'으로 내세운 것이 바로 조선인들이었다.

　1937년 12월, 일제는 「만주국에 있어서 치외법권 철폐 및 남만주 철도부속지행정권의 이양에 관한 조약」을 통해 치외법권의 철폐를 공식적으로 선포함으로써 만주국은 표면적으로 '완전한 법치국', '민족협화의 건국이상'을 실현한 듯 하였지만, 실제적으로 사법재판에 관한 「특칙」[15]과 「滿日司法事務共助法」[16]을 제정하여 日系, 즉 일본인과 조선

---

15) 「특칙」이란 외국인 중에 일본인에 대한 재판은 ① 외국인 관계의 사건은 '섭외사건'으로 처리한다. ② 섭외사건 처리는 당분간 사법대신이 지정한 법원에 섭외정 및 섭외계신판관(日系)를 둔다. ③ 섭외정은 설정된 법원의 섭외사건에 관한 토지관할은 별도로 특칙을 설립한다. ④ 형사사건 중의 검찰사무에 대하여 검사관 외에 특히 日系경무지정관으로 검찰사무 처리자 및 연락의 日系 서기관으로 검찰사무 처리자를 두어 예전과 같은 제도를 실시한다.(滿洲事情案內所編纂, 『滿洲帝國槪　覽』, 康德 9年, 122쪽.)

16) 1938년 4월에 공포한 「滿日司法事務共助法」에는 ① 소송서류의 송달, ② 증거조사, ③ 범죄의 조사, ④ 송구장의 발부 또는 집행, ⑤ 체포장의 발급 또는 집행, ⑥ 형사판결의 집행 등에 대해 日滿 양국이 긴밀한 공조를 갖는 것인데, 이해 7월 15일 만주국과 조선, 관동주간에 사법사무공조에 관

인을 포함하는 '섭외사건'에서 특수한 절차를 규정함으로써 재만 조선인은 광복될 때까지 의연히 '일본신민'의 일부분이라는 굴레에서 벗어나지 못했다. 물론 만주국에서 조선인들은 '일본신민'의 일부분으로 자리매김 한다는 것은 어떤 의미에서 본다면 그들은 복합민족 국가라고 할 수 있는 만주국 속의 타민족에 비해 더욱 우월감을 자아낼 수 있었던 것도 사실이지만, 이것은 어디까지나 일제의 '민족 간의 이간정책'의 일환이라고 볼 수 있다.

日本陸軍中將 石原莞爾은 「民族協和에 끼친 朝鮮人의 貢獻」이란 글에서 만주국의 건립 과정에 있어서 일본인으로 조직된 가장 유력한 민간단체 - '만주청년연맹'은 "諸民族의 協和를 期함'이라는 결의를 하고 "滿洲는 우리들의 손으로 支那 本土로부터 分離를 식히리라. 그 經營은 諸民族이 相爭하는 아니라 眞實한 民族協同이 아니면 아니된다"는 結論에 達한 "民族協和에 最初로 달러든 사람의 朝鮮人諸君"이었다고 말하면서 조선인과 일본인의 '협력'에 대하여 다음과 같이 역설하였다.

우리 日本人으로서 참으로 東亞의 問題를 解決하야 나아감에는 爲先第一로 우리들과 제일 血緣이 갓가움과 제일 關係가 密接한 朝鮮人의 問題를 어떠케든지 해가지 아니하면 아니되는 것입니다. 朝鮮人이 三十年來의 辛苦에 依하야 마음으로써 깨다를 수 잇게된 이 氣分을 우리들 日本人은 잘 理解해줄 必要가 잇는 것입니다. 이러케 朝鮮人들은 생각하게 된 것입니다. 그런데 朝鮮人의 印象은 自己네가 民族協和의 정신으로 이제로부터 해나가라는 참으로 分明히 開悟하엿슴에 不拘하고 兄님벌인 日本內地人은 우리 朝鮮人을 보기를 十年前 滿洲事變前의 저 民族鬪爭、民族XX이라는데로 곳 생각이 가고 우리들의 心情을

---

한 특례를 세웠다.(『滿洲國槪覽』 122쪽.)

조곰도 몰라준다는 不平이 相當히 强力하게 잇는 것이 아닐가 생각합니다.

要컨대 民族協和라는 問題로 爲先 우리들과 제일 갓가운 朝鮮人諸君이 非常한 힘을 더든 것입니다. 그러나 無論 民族協和라는 것은 精神에 依하는 것으로 東洋의 옛날로부터의 政治道德의 根本主義에 卽應하는 것임으로 漢民族이 이에 贊成한 것은 勿論입니다. 贊成은 하나 漢民族諸君으로서는 民族協和로서는 암만해도 承服할 수 업다. 아모리 滿洲에 王道樂土의 理想鄕이 된다고 하드라도 最近 漢民族은 非常한 速度로써 民族的國家的 自覺을 하여왓슴으로 젊은 知識階級은 支那本部로부터 따로 떨어저 日本人과 合力하야 本國에 敵對할 수는 업다.[17]

이처럼 일제는 만주국의 건국정신-'민족협화' '왕도낙토'의 건설에 있어서 '제일 혈연적으로 가깝고' 또한 '제일 관계가 밀접한'한 것은 바로 조선인이라고 지목하고 있었던 것이다. 즉 일본인과 조선인은 兄弟關係라고 주장하면서 조선인들의 존재를 '민족협화'에 있어서 그 위치를 漢人을 비롯한 타민족 보다 높이고 있었지만 사실 '내지인'(혹은 日系)과 '선계'(혹은 반도인)의 계선은 엄연히 구분했다. 뿐만 아니라 漢人, 그 중에서도 특히 "知識階級은 支那本部로부터 따로 떨어저 日本人과 合力하야 本國에 敵對할 수는 없다"고 판단하고 있었다.

비록 일제가 만주국 시기에 재만 조선인은 "邦人(일본인-필자 주)의 만주에서 발전, 특히 종래 定住할 수 없었기 때문에 그 발전을 극도로 저해를 받았던 韓人에 있어서 天來의 福音이라고 하지 않을 수 없다"[18]라고 하였지만, 그것은 일제가 만주국을 운영함에 있어서 다른 민족에 비해 재만 조선인에 대한 '통제'와 '이용'정책을 병행하는 데 있

---

17) 『滿鮮日報』, 1940.5.17.
18) 香川幹一 著, 『滿洲國』 東京: 古今書院發行, 昭和10年, 282쪽.

어서 그들은 필요한 특수 존재로 인식되었기 때문이었다. 그것은 1937
년부터 일제가 조선인들을 만주에로 대량적인 집단이민을 추진하고
있었던 점에서도 쉽게 엿볼 수 있었다.[19] 중일전쟁이 전면적으로 진행
됨에 따라 '만주국'은 전시동원체제로 들어갔고 특히 태평양전쟁이 폭
발한 후부터 만주국에서 일제의 파시즘체제가 더욱 강화되었다. 따라
서 재만 조선인들의 황민화운동-창씨개명, 신사참배, 근로봉사-은 더
욱 본격적으로 이루어졌다. 물론 이러한 민족동화와 민족말살을
목적으로 하는 황민화운동은 일제의 지배로 말미암아 강제적으
로 시행된 것이 사실이라고 할지라도 그러한 강압적인 시책에 대
해 일부 민족적 지성인들은 반대하고 거역하였지만, 그와 반대로
많은 친일 조선인들은 자각적으로 부응하고 주동적으로 협력하
면서 스스로 '신대동아 질서의 건설'에 있어서 '만주국 국민의 의
무'를 다 하는 모범이 되기에 여념이 없었다.

## Ⅳ. 조선인의 두 얼굴-'抗日像'과 '親日像'

'만주국'의 성립과 그 '신국가'의 틀 속에서 재만 조선인들의 법적인
위치는 형식적으로 새로운 의미를 부여받게 되었다. 즉 '만주국'의 '공
민'으로서, '오족'의 일원으로서 합법적인 지위를 취득한 것은 그들에게
있어서 '신국가'는 실로 유혹과 향수의 의미로 해석될 수 있었다. 예컨
대 만주사변 전에 줄곧 중·일 양국의 외교적 분쟁으로 되었던 '토지상
조권'문제는 만주국이 건립된 그 해 4월에 「土地商租辦法大綱」을 통해
다년간의 '懸案'이 해결됨으로써 '鮮農은 措地上에서 多大한 便利를
얻게 되었다.[20] 이것은 재만 조선인들이 '만주국의 국민'임과 동시에

---

19) 1937년부터 1941년까지 만주에로 집단이민(혹은 집합이민)의 형식으로
입식된 조선인 숫자는 73,188명에 달한다.(小林英夫 著, 『日本帝國主義下
的滿洲』, 東京: 1972, p262~263쪽.)

'일본신민'이기 때문에 받을 수 있는 '혜택'이라고 볼 수 있다.

그러나 일찍부터 만주지역에서 항일봉화를 지폈던 민족지사와 항일투사들은 광범한 중국인들의 반만항일운동[21]에 적극적으로 합류하여 협동연합작전을 전개하였다. 예컨대 민족주의 계열의 조선인무장단체인 조선혁명군은 남만에서 당취오가 지휘하는 요녕민중자위군과 연합부대를 편성하였을 뿐만 아니라, 중공 계열의 항일무장단체인 동북항일연군 제1로군과 연합작전을 펼쳤고, 한국독립군은 李杜, 丁超의 길림자위군·중동철도호로군, 길림구국군과 연합하여 반만항일무장투쟁을 전개하여 수많은 전과를 올렸다. 그러나 일제의 토벌과 내부의 이념적인 갈등과 분열 등 원인으로 1933년 10월 한국독립군의 일부 장병들은 관내로 이동했고 조선혁명군의 일부 장병들은 동북항일연군에 편입[22]됨으로써 민족주의 계열에 속하는 조선인들의 무장투쟁은 기본적으로 막을 내리게 되었다.

이와 반면에 사회주의 계열(중공 만주성위)에 속하는 재만 조선인들의 항일유격투쟁은 만주사변 이후부터 점차 주도적인 위치를 점하게 되었다. 그들은 동만과 남만 그리고 북만의 항일유격대 창건과 항일유격 근거지 건설에서 모두 선봉적인 역할을 담당하였을 뿐만 아니라, 한중연합부대의 성격을 띤 '동북인민혁명군'(1936년 3월 '동북항일연군'으로 개편

---

20) 『日帝下戰時體制政策史料叢書』第1卷, 182쪽. 조선총독부는 남만지역에서 避難鮮人들의 귀환사무에 착수하였는데 귀환자는 4,032호, 19,878명으로서 전체 避難鮮人의 94%에 달했다.

21) 만주사변 후에 일부 중국 동북군들은 요녕성의 당취오, 길림성의 마점산, 흑룡강성의 이두 등의 지휘하에 '의용군' '구국군' '자위군' 등 명칭을 사용하면서 반만항일의 기치를 들고 일본군에 항거하였는데 그 병력은 최고로 30만에 달했다.

22) 조선혁명군의 부총사령 박대호, 제2사 사장 최윤구, 참모장 최기홍 등은 60여 명을 거느리고 환인현 우모령에서 동북항일연군 제1로군에 편입됨으로서 종언을 고하게 되었다.(졸고, 「조선혁명군의 한·중연합항일작전 −양세봉 사령의 활동을 중심으로」 『한국민족운동사연구』 31, 75쪽 참조.)

됨) 및 항일소부대 활동(1940.10~1945.8)에서 혁혁한 공적을 남겼다. 예컨대 만주사변으로부터 만주국이 멸망할 때까지 15년 동안 전개된 반만 항일투쟁에서 수많은 조선인(조선족)들이 귀중한 생명을 바쳤는데, 연변지역 조선족 항일열사는 길림성 열사 총수의 41%, 전 주 열사의 93.8%를 점하며 그중에 항일 녀열사는 길림성 항일 녀열사 총수의 95%에 달한다. 이러한 숫자는 다른 지역과 다른 민족에 비해 실로 특이한 현상으로서, 이것은 곧 조선인(조선족)들의 ‘抗日像’을 여실히 실증해주고 있다. 그들이 이러한 민족적 희생을 감수할 수 있었던 것은 그들의 특수한 역사적 사명—‘중국 혁명’과 더불어 ‘민족 독립’이라는 목표가 내포되었기 때문이다. 어떤 의미에서는 본다면 그들의 ‘抗日像’ 속에는 ‘중국 혁명’이라는 국제주의적 정서보다 ‘민족 독립’이라는 민족주의적 심성이 더 크게 작용했을 것으로 판단된다.

그러나 일제의 식민지 국가—‘만주국’이라는 특수한 ‘신국가’ 속에서 재만 조선인들의 모습은 분노와 저항으로만 표현된 것만은 아니었다. 만주국은 이른바 ‘鮮滿一如’ ‘日滿一體’ ‘王道樂土’ ‘民族協和’ ‘興亞秩序’ ‘大同亞共榮圈’ 등 수많은 국가 이데올로기를 산출하면서 모든 국민들의 충성과 효성을 동원시켰다. 특히 일제는 괴뢰정부—만주국에 대한 식민지 지배체제를 운영함에 있어서 ‘以夷制夷’의 정책, 즉 재만 조선인을 ‘이용’하면서 그들을 ‘2등 국민’으로 취급하였기 때문에 만주국은 소위 개인의 영달과 벼슬의 꿈을 안고 있던 ‘鮮系國民’들에게 있어서 모험과 희망이 엇갈리는 무대로 되었고 또한 부일세력들이 모여드는 온상으로 되었다. 예컨대 민생단, 협화회, 간도협조회, 무장자위단, 및 선무공작반을 비롯한 친일주구단체는 흔히 친일 조선인들이 중심을 이루었고 또한 만주국군, 국경감시대, 경찰, 관리 등 직업에 종사하는 친일 조선인들이 수없이 많았다.

여기서 주목되는 것은 만주국에서 친일행적을 남긴 조선인들의 ‘국가에 대한 국민의 충성심’은 그처럼 자각적이고 주동적인 태도에서 광기로서 표출되고 있었다는 점에 유의할 필요가 있다. 예컨대 '간도협조회'의 회장(후에 '간도협화회'로 개칭된 다음 본부회장), '동변도 특별공작부' 본부장을 맡고 관동군 촉탁으로서 선무공작 활동을 하다가 1937년 12월 7일 북만의 가목사에서 반만항일 세력이었던 김정국부대에 의해 목숨을 잃은 김동한은 '興亞의 先驅志士' '新建設의 彗星'으로 높이 추앙되었고, 또한 1939년 12월 연길공원에 그의 동상과 함께 간도협조회기념비까지 세워졌던 것은 당시 만주국 속에 있던 '鮮系國民'들의 '영광'으로 기록되었던 것이다.23) 때문에 그는 죽은 후에도 만주국으로부터 '旭日章'(6등)이 수여되었을 뿐만 아니라 연극-「金東漢」까지 상영되어 선계국민의 '영웅' 또는 '호국의 신'으로까지 불리웠다.24)

그리고 특히 1938년 12월에 안도현 명월구에서 창설된 '조선인 간도특설부대'는 가장 전형적인 '親日像'로서, 이것은 곧 재만 조선인들의 오욕의 역사이며 또한 한민족의 수치가 아닐 수 없다. 그러나 당시에 이 부대는 '조선청년의 영예'와 '國家의 干城'으로 상징되고 있었다. 때문에 그들을 위해 조직된 '특설부대위안회'는 각 부락에서 위로금을 모아서 '용사의 노고'를 위무하면서 '銃後의 赤誠'을 보여주었다. 1940년 1월 화룡현공서에서 '조선인특설부대'를 모집할 때 '애국에 불타는 유지청년 2천명이 용약 지원'하였는데, 그 중에 '영예의 예비검사 합격자'는 86명에 달했다.25) 당시 조선인 청년들이 '국군'으로서 '조선인 간도특설부대'에 자각적으로(혹은 강제적으로) 동원되는 모습을 1940년 4월 16일자 『滿鮮日報』는 「特設部隊募兵美談 父子의 熱烈한 志願으로 特設部隊에 合格, 汪淸縣 李炳贊君의 榮譽」라는 기사를 다음과 같이 보도하고 있다.

---

23) 「滿鮮日報」, 1939.12.21.
24) Ibid, 1940.2.11.
25) Ibid, 1940.1.31.

[間島支局發]

지난 3월 1일에 입영한 조선인특설부대 모병 당시에 애국열에 넘치는 부자父子의 군국미담이 잇서 원근 촌민에게 만흔 감동을 주고잇다. 때는 2월 초순경 왕청현 춘융촌 길상구汪淸縣春融村吉祥區에 거주하는 리채성李采成씨는 그 아들 리병찬李炳贊(21세)군을 다리고 춘융촌공소로 와서 촌장 김삼룡金三龍씨를 방문하고 리채성씨는 다음과 가치 자기 아들을 기어히 군인채용하여 달라고 각곡한 부탁을 하엿다.

"우리가 위정당국의 은택을 닙어 안주를 엇게 되엿슨즉 납세의 의무가튼 것을 직히여야 할 것은 말할 것도 업거니와 언제던지 정부의 은혜를 감사하여야 하겟다는 생각만은 가지고 잇던 바 다행이 모병제도募兵制度가 실시됨에 따라서 집안생활이 그리 넉넉지 못할뿐 아니라 장남이지만은 국가의 흥융을 위하야 봉공케 하오니 기어히 채용되도록 하여 주십시다"

그리고 리병찬군은 다음과 가치 말하엿는데 부자가 모다 이와 갓치 성의가 잇섯스니만큼 국가의 간성으로써 영예의 합격입영을 하여 원근의 칭송을 밧고잇다. "저는 아무아는 것 업습니다. 남자로서 할 일은 만습니다만은 무엇보다도 一사보국을 각오하여 국방 제1선에서 봉공하여야 할 것을 깁히 각오하엿습니다. 그리하야 동안신질서건설에 기여하려하고 기어히 채용되도록 해주십시오.26)


이처럼 당시 '엄선27)을 통해 '國軍間島特設部隊'에 입영하는 조선인 청년들은 '만주국의 선계국민의 영예'로 되었을 뿐만 아니라 '전체

---

26) Ibid, 1940.4.16.
27) 당시 '조선인 간도특설부대'에 입영하는 조선인 청년들의 '志願資格'은 (1)康德六年八月一日로써 滿22歲未滿의 間島省內 居住朝鮮人 男子로서 省內에 生活本居를 有하는 身體健康、身元確實、品行方正한 者, (2)普校 卒業程度以上學力을 有하고 日本語解得者, (3). 保證人 二名以上을 要함, 刑罰을 受치안흔者 또 軍人警官의 經歷을 有치안흔 者이다.

반도인의 영광'으로 간주되었던 것이다. 그들은 이러한 '國民의 義務'로서 '愛國의 赤誠' '國家의 干城'을 다짐하는 '각오'와 '포부'를 지니고 조선인의 전형적인 '親日像'을 보여주는 국군 부대- '조선인 간도특설부대'에 지원하기를 원했던 것이다. 비록 당시 이러한 신문보도가 전시체제라는 시국에서 대동아성전에 동원시키기 위한 선전 도구로서 어떤 측면에서는 확대된 보도라고 하더라도 조선인 청년들이 얼마나 자각적으로 또한 적극적으로 부응하고 있었는가를 엿볼 수 있다.

예컨대 1943년 1월 14일 간도특설대원들의 영내좌담회 기사가 「매일신보」에 실렸는데, 그 내용을 보면 '반도인'으로서 혹은 '만주군민'으로서 "나라를 위하여 힘을 바칠 기회가 닥쳐왔다"거나 또는 "공산당과 지나군(중국인)의 양쪽으로부터 갖은 학대를 받어…그 원한을 풀 때가 지금이라고 생각하고 지원"하게 된 동기를 밝히고 있다.[28] 그들은 국가에 대한 '애국'과 '충성'을 국민의 '의무'와 '영예'로 간주하고 있었다.

그리고 간도지역을 중심으로 하는 만주국의 선계국민을 포함한 '반도인'들이 이 부대에 대한 기대가 매우 컸던 만큼 그들에 대한 기부금(혹은 위안금)도 협화회의 주체로 혹은 민간단체의 이름으로 혹은 학교, 종교단체 및 상회에서 '총후 보국'의 미명으로 모집되었는데 1940년 6월 용정에 설치된 '특설부대위안회'는 2만 5천원 위안금을 모아서 '명예의 전사를 당한 용사들과 그 가족들을 위로'하기도 했다. 『만선일보』는 그들의 그러한 행위에 대하여 「特設部隊慰安金 二萬五千圓慰安金募集 間島朝鮮人의 美擧」라는 기사를 실어 다음과 같이 보도하고 있다.

[龍井分社發]
경도선 명월구에 잇는 조선인특설부대는 재작년 12월 16일에 국군의 일익으로 국방의 중대한 책임을 지고 입영한 이래 반년동안의 맹렬

---

28) 林鍾國 著, 『日帝侵略과 親日派』, 靑史, 1982, 384쪽.

한 련습을 마치고 작년 4월 이래로 성내 벽지방면에는 비적이 출몰하게 됨에 용약 출전하야 비적토벌에 전력을 기우리던 중 불행히 작년 8월에 ○명의 희생자를 내엇다. 명예의 전사를 당한 용사들은 선계군민을 대표하야 국방 제1선에서 생명까지 밧침에 잇서 그들의 가족이라도 위안하지 안허서는 안된다는 것이 간도 전성 유지들의 마음에서 소사오르게 되여 작년 가을에 동 부대와 순직된 용사들의 가족을 위안할 목적하에 특설부태위안회를 조직하고 2만 5천원의 위안금을 모집중이던 바 얼마전에 각 지방에서는 이미 모집이 완료되엿스나 연길가에서는 여러 가지 사정으로 말미암아 일부에서 다소 모집되엇슬뿐으로 아직 모집에 착수하지 못하엿다.

그리고 작년 4월 7일이래로 간도성내의 치안이 조치못함에 따라 의용자위단설치의 필요를 늣기게 되여 작년가을 이래로 안도현을 비롯하야 화룡, 왕청, 연길 4현 벽지 제1선에 의용자위단을 설치하엿다가 지난 봄에 신선대新選隊로 개칭하얏는데 이 신선대도 日滿警토벌대와 호응하야 토벌 혹은 부락민보호에 위대한 공적을 남기고 잇스나 대원들의 가정에서는 생활난에 빠진 가정도 업지안음으로 省民으로서는 감격에 넘치는 동정이 잇서야 할것임을 깨닷고 각지방에서 위문금이…(생략-필자) 지난 7일 오후 2시부터 간도실업회사 사무실에 회합하야 특설부대위안금 5천원과 신선대위안금 2천원 모집에 대한 협의가 잇섯는데 즉석에서 다음과 가티 1천 2백 70원의 기부가 잇섯고 오는 9일 오후 2시에 다시 회합하야 모집에 대한 구체적 방책을 세우리라는바 일반 가민유지로서는 만흔 찬동이 잇기를 바란다한다.


이러한 위안금은 일반적으로 街, 村을 단위로 혹은 개인적인 차원에서 혹은 집단적인 차원에서 이루어지고 있었는데 특히 경제 실체를 갖고 있는 상회 또는 기업에서 많이 지원하고 있었다. 물론 이처럼 '安慰金'을 납부하는 개개인(혹은 집단)들의 동기는 다양할 수 있기 때문에 그들의 이러한 행위를 획일적으로 모두 친일 행위로 규정하는 것은 좀 무리가 따를 수 있다. 그러나 이러한 보도를 통해 당시 간도지역 조선인 뿐만 아니라 전체 만주국 속에서 간도특설부대의 이미지는 鮮系國民들의 '國軍을 사랑하는 赤誠'을 표징하고 있었던 것임을 알 수 있다. 이러한 실상을 통해 우리는 국가 권력 즉 '만주국'의 강요라는 측면과 더불어 그 예속에서 혹은 강압적으로 혹은 자발적으로 '보국의 의무'를 담당할 수밖에 없었던 재만 조선인들의 '親日像'을 엿볼 수 있다. 필경 이런 보도가 정치적 목적성을 탈피하지 못했기 때문에 그들은 '慰安金'을 자발적으로 동원된 '애국의 행위'로 윤색시킬 수밖에 없었을 것으로 보인다. 왜냐하면 이러한 '기부금'은 실제상에서 協和會가 주체로 관방적인 성격을 띤 변상적인 강제 모금이나 다를 바가 없었기 때문이다. 여기서 중요한 것은 우리가 또 다시 역사의 기억이란 한계를 느끼게 된다는 점이다.

뿐만 아니라 종교계의 조선인들은 '종교보국'을 주창하면서 '신사참배'-'신도'를 국가에 대한 국민의 의례로 수용하면서 '성전'을 적극적으로 동조하기도 했는데, 특히 '선만일체'라는 국가 운영의 이념에 의해 만주지역에서 활동한 조선 내의 종교인들도 일반적으로 반공·친일의 태도를 지니고 일제의 '동아론'에 부응하였다. 예컨대 1940년 1월 9일 천도교종무원의 주최로, 용정협화회 분회 및 조선일보 지국의 후원으로 용정의 홍중학교 대강당에서 열린 이돈화의 시국 강연-'신동아건설의 이상과 실현'이라는 제목으로 진행된 강연의 요지는 "동아인에 동아를 건설해야 된다는 것은 역사적으로 보와도 절대성을 가젓으니 금차의 사변은 동아의 맹주 일본제국이 이 이상을 실현하는 성전이니 우리 동아인은 여하한 괴롬일지라도 인내하야 국체에 순응하는데 잇서서만 신동아건설이 잇다"[29]고 열변을 토함으로써 청중들에게 '지극

---

29) 「만선일보」 1940.1.12.

한 감격'을 주었다고 한다.

일제의 '종교보국론'에 대한 종교단체의 기본적인 태도는 매우 적극적으로 부응하는 자세를 보여주고 있었는데, 종교계의 이러한 흐름은 만주국의 국가 이념에 따르는 친일·반공의 입장에서 표출되었다. 그 대표적인 예로서 1940년 4월 2일에 결성된 '간도기독교연합회'라고 볼 수 있다. 당시 「만선일보」(1940.4.7)는 '宗敎保國을 宣言, 間島基督敎聯合會 結成式을 盛大히 擧行'이라는 표제로 그 결성식 과정과 함께 그 선언문, 강령 및 규칙을 다음과 같이 보도하고 있다.

[龍井分社發]

기보＝간도기독교도間島基督敎徒의 대동단결－간도의 기독교도들은 이미 보도한 바와 가티 건국정신建國精神을 체득하고 민족협화를 위하야 국운륭창을 빌며 종교보국宗敎保國의 석정赤誠을 다하기 위하야 간도기독교연합회間島基督敎聯合會를 결성키 위하야 각방으로 준비 중이엿섯는데 준비도 완료되여 4월 2일 오후 2시부터 용정 은진중학교 대강당龍井恩眞中學校大講堂에서 림 용정헌병분대장林 龍井憲兵隊分隊長, 민생부 후생사장民生部厚生司長, 간도성장대리間島省長代理, 협화회성본부장대리協和會省本部長代理, 연길현장대리延吉縣長代理 등 다수 명사 참석리에 리기연 목사李基淵牧師 사회하에 다음의 순서로 의의 잇는 결성식結成式의 막은 열렸다.

이 결성식에 참석한 단체는 23 단체로서 감리교監理敎가 2단체, 장로교長老敎가 15단체, 성결교聖潔敎가 6단체로서 결의한 사항決議事項은 2개 단체가 잇는 곳에는 지부支部를 설할 것과 간도성장間島省長과 연길헌병대장延吉憲兵隊長을 고문으로 추대키로 결정하고 동 4시경 폐회하엿다. 그리고 선언과 강령은 다음과 같다.

「宣言文」

現下 我國時局의 重大性에 鑑하야 建國精神을 體하고 民族協和를 하야 國運隆昌을 비는 것은 가장 緊急함을 認한다. 我等 基督信徒는 玆에 一致團結하야 國民의 本分을 다하고 一層 傳導邁進하야 帝國臣民으로서 報國의 誠을 致할 것을 誓하야 此를 宣言함.

康德七年三月十八日

間島基督敎聯合會

「綱領」

1.信仰報國 2.民族協和 3.民衆敎化 4.宣撫反共 5.自力自傳

「規則」

名稱

第一條 本會는 間島基督敎聯合會라 稱함

目的

第二條 본회는 基督敎信者의 團結을 圖하고 互相協力하야 基督敎傳導의 實效를 擧하고 皇國臣民으로서의 報國의 誠을 致함으로써 目的으로 함.[30]

비록 이러한 선전과 동원은 일제의 괴뢰국가—만주국에 의해 창출되었다고 할지라도, 또한 이러한 재만 조선인사회의 친일적인 분위기는 일제의 파시즘통치에 의해 강요되었다고 할지라도 그들의 '親日像'은 민족사의 *汚辱*으로 기억되고 있다. 여기서 주목되는 것은 종교단체의 '宣撫反共', '皇國臣民으로서 報國의 誠을 致함'을 목적으로 삼고 있었다는 점이다.

1940년 7월 14일부터 20일까지 『滿鮮日報』에 4차에 걸쳐 연재로 실

---

30) 『滿鮮日報』 1940.4.7. '간도기독교연합회'의 「규칙」은 모두 '부칙'까지 포함하여 11조로 구성되었다.

린 조선인 기독교신자 金伊俊은 「日本精神과 基督敎－特히 在滿鮮系
敎會中心으로」란 글에서 자신은 사실은 조선인이지만 실제는 일본인
이라고 자처하면서 자신의 신관－'基督의 精神'이 곧 '天照大神'과 동
일함을 다음과 같이 역설하고 있다.

> 나는 基督의 證明하신 人類의 神 卽 天地創造의 神을 信仰하는 것
> 이다. 이 創造의 神은 猶太人만을 創造한 것이 아니고 天地萬物을 다
> 創造하셧다고 基督은 말삼하신 것이다. 그런고로 天地萬物을 創造하
> 신 神은 日本과 日本人도 창조하셧슬 것은 사실이 아닌가. 그러면 우
> 리 日本人이 日本을 創造하셧다는 '天照大神'은 하늘에 계서서 땅에
> 빗최신다는 뜻으로 天地創造의 神을 天照大神이라고 불은 것이다. 다
> 시 말하자면 天地創造의 神을 猶太人은 '여호와'이다 일컷고 滿洲에서
> 는 '上帝'다 일컷고 半島方言으로 '하느님'이라는 바 우리 日本에서는
> 天照大神이라고 일컷는 것이란 말이다. 그러한 八紘一宇精神을 生覺
> 하여도 天照大神은 한 日本의 民族神은 아니다. 이는 天地創造의 神을
> 日本人이 일컷는 稱號임에 틀임이업다.[31]

또한 그는 '日本人으로서의 自覺' 즉 '朝鮮人은 日本人으로서의 自
覺을 가져야 한다'는 논리에 대해 '日本人은 兄, 朝鮮人은 弟라는 一家
의 兄弟關係'를 설정하면서 다음과 같이 서술하고 있다.

> 내가 日本人이라야 먼저 말한 모든 信念이 마음의 信念일 것이다.
> 그럿타. 내가 임이 日本人이다. 그러나 事實은 朝鮮人이다. 그 事實이
> 朝鮮人이기 때문에 徹頭徹尾大局을 認識하기 前에 말노만 日本人이
> 라고 하는 것은 아모래도 마음으로부터 日本人이 아니고 時勢에 따라

---

31) lbid, 1940.7.14.

서 日本人이라고 하는 것에 지나지 안을 것이다. 政策이라고 할가? 하
나의 方便일 것이다. 마음에 업는 것을 時勢가 그러하니가 日本人이라
고 한다면 그것은 너머도 劣等의 取扱을 밧는 것이 아닐 것이냐? 그런
고로 東亞精神에 則한 朝鮮人은 大局을 分明히 認識함으로 日本人임
을 自覺하지 안어서는 안니된다. 이제 이 大局을 보아 東亞가 한집이
되어 사는 것이 조타. 그런고로 八紘一宇精神에 마음을 돌이게 되는
것이다. 그러면 웨? 何必 東亞가 한집이되어 日本人으로써 살게 무엇
인가?하고 말할지도 몰은다.. 나는 여기서 根本的으로 그 思念을 들니
나니 中原을 비롯해서 朝鮮과 日本은 同色同文의 한 血體의 族屬임이
틀림이업다.

　　이는 一家가 아니냐. 이 一家中에 兄弟가 여럿이라면 兄友弟恭하는
것이 道德의 本義이고 그 中 그 一家를 濟家할만한 아들이 하나 잇서
야 할 것만은 事實이다. 그러면 그 濟家할만한 資格이 잇는 아들에게
그 父母는 살님을 맛겨서 그박게 동생드의 將來까지 指導하게하는 것
일. 이것이 當然한 일이라고 본다면－先覺한 日本은 東亞라는 一家를
歐美植民主義 侵略의 壓迫에서 救出한 것은 東亞人으로써 否定할 수
거 업는 것이다. 萬一 日本이 아니엇드면 東洋의 道義는 西洋의 覇權
主義에 永遠히 삼키워젓슬 것이다.[32]

김 씨는 백인의 죄악을 열거하고 그들이 인류의 적임을 극력 주장
하면서 이른바 구라파 백인들의 '黃禍論'의 대두를 혹평함과 동시에
"인간은 여기에 奴屬되어 살 수 업는 것"이며 또한 "이 殘酷武道한 勢
力을 擊退하고 獨立存在의 自由平等을 奪回하여 道義東亞 建設의 大
業의 實現에 一路邁進하는 日本의 正義에 共鳴하지 아니할 수 업는
것이다"[33] 라는 결론에 따라 '日本人의 國民'으로서 '聖旨에 몸과 마음

---

32) lbid, 1940.7.16.
33) lbid.

을 다 바치는 基督者의 約束'을 아래와 같이 표현하고 있다.

> 이에 우리는 大東亞人으로써 좁은 民族心을 是正해야 될 것이다.
> 一家의 살림을 資格잇는 아들에게 맛겻스니 一家의 幸福을 爲하야 兄
> 弟는 힘을 合해야 될 것이다. 基督의 하나되기를 願하신 뜻을 奉體한
> 基督者는 勿論 그리할 것이다. 이에 나는 日本人이 되는 것이 아니라
> 一視同仁의 聖旨에 奉體하야 日本人이다. 崇祖精神-東洋은 勿論 西
> 洋에까지라도 사람을 사랑하여 道德이 노프신 이들의 高潔한 精神에
> 머리를 숙이고 또는 皇家聖主의 民恤의 聖業에 體하야 敬仰하며 그
> 聖旨에 마음을 바티는 것으로 이것은 日本人의 國民으로서의 하나 約
> 束이라는 것이다.

이와 같은 담론은 재만 조선인의 종교-특히 기독교와 천주교 및 불교를 포함한 만주국의 공인종교에 속한 종교단체의 보편적인 경향성을 여실히 반영하고 있었다고 할 수 있다. 물론 일부 종교인들은 개인적인 차원에서 신사참배를 거역하기도 했지만 그것은 어디까지나 교단(혹은 교회)의 차원에서 이루어진 것은 아니었다. 때문에 만주국 시기에 있어서 종교계에 몸을 담았던 많은 종교인들은 흔히 재만 조선인의 '親日像'으로 각인되었던 것이다.[34]

1945년 8월 15일 일제가 패망됨에 따라 만주국은 무너졌지만 만주지역은 또 다시 국공내전이라는 전운이 긴장하게 감돌게 되었다. 시대의 급속한 변천은 재만 조선인들로 하여금 또 다른 새로운 운

---

34) 만주국 속에서 불교와 유교, 기독교와 천주교 등 공인종교와 달리 재만 조선인들의 신종교는 항상 일제와 만주국 당국의 감시와 통제를 받았는데, 특히 태평양전쟁이 발발한 후 일제는 만주국에서 군국주의적 전시종교정책의 일환으로서 재만 조선인들의 신종교-대종교, 청림교, 천도교, 증산교(인도교) 등을 탄압하였다.(최봉룡, 「만주국의 종교정책과 재만 조선인 신종교의 대응」, 한국학중앙연구원 박사학위논문, 2006, 189~221쪽.)

명의 길을 선택하는 십자로에 들어서게 되었다. 여기서 한마디 부언할 점은 광복 후에 만주에 거주하던 200만에 달하던 재만 조선인들 중에서 약 80만이 한반도=북한 / 한국으로 귀국하였는데, 그들의 귀국에는 여러 가지 복합적인 원인이 있겠지만 그 중에 상당한 부류는 만주에서 반민족적인 친일행적을 남겼던 '친일파'들이 속해 있었다는 점은 의심의 여지가 없다.

## V. 나오는 말

역사는 기억의 역사이고 또한 해석의 역사이다. 그리고 기억은 역사로 기록되고 또한 역사로 해석된다. 이런 뜻에서 본다면 기억의 역사는 과거의 史實이고 해석의 역사는 오늘의 事實이다. 史實은 곧 事實이 아닐 수도 있기 때문에 왜곡된 역사－'僞史'가 있는 것이다. 때문에 해석의 역사－'事實'를 통해 기억의 역사－'史實'를 규명하는 것은 아주 필요하다. 필자는 본 논문에서 근대 한민족의 디아스포라(離散) 형태로 나타난 재만 조선인(조선족)의 이주와 만주의 관계에서 역사적 맥락을 더듬어 그들의 고토관념을 살펴보았다. 비록 재만 조선인들의 초기 이주는 경제적 원인에서 기인되었지만 그들의 민족적인 심성 속에서 만주에 대한 애착은 타민족에 비해 상대적으로 유달리 깊었음을 알 수 있을 뿐만 아니라, 일제식민지 시대에 정립되기 시작한 민족사학의 선구자들의 만주론은 일반적으로 '민족고토론'으로 이어졌기 때문에 재만 조선인들에게 상당한 영향을 주었던 것으로 짐작된다. 그리고 일제는 '以韓制夷'의 목적에서 또한 회유정책의 일환으로 재만 조선인들에게 '고토의식'을 주입시켰던 점을 지적했다.

만주에 대한 역사와 기억에서 '만주국'은 동아시아 여러 민족들에게 특수한 의미를 지니고 있기 때문에 만주국의 건립과 그 '신국가'의 체제 속에서 활동한 재만 조선인들의 사회적 법적인 위치－'제2의 국민'

－를 밝힘으로써 일제가 새로운 형태의 식민지국가－'만주국'에 대한 지배에서 재만 조선인을 통제·이용하는 이중적인 정책을 고찰하였다. 특히 만주국에 대한 재만 조선인들의 기억은 분노와 반항－'抗日像'뿐만 아니라, 유혹과 향수－'親日像'으로 그려지고 있음을 지적하였다. 그리고 만주국은 재만 조선인들에게 두개 같지 않는 거울에 비추어지는 대상으로 인식되었는데, 즉 '抗日像'은 만주국을 '타도'와 '반동'의 대상으로 간주하였다면, '親日像'은 만주국을 '충성'과 '효성'의 대상으로 바라보고 있었음을 알 수 있다.

만주국은 14년의 단명으로 역사에 종지부를 찍고 무너졌지만 그 역사는 동아시아 여러 민족들에게 서로 다른 의미로서 기억되고 있다. 물론 오늘날 중국 내에 거주하는 공민권을 취득하고 한 개 소수민족으로 정착하고 있는 조선족의 역사를 서술함에 있어서, 특히 만주국시기의 항일투쟁사－'抗日像'의 주조에만 부심하고 있을 뿐, '親日像'은 소외시키고 있다. 그 원인은 그런 기억들이 현실적으로 민족 단결에 불리하다는 정치적 판단이 앞서고 있는 이유 외에도 그들－'친일파'는 이미 '역사적 청산'을 받았다는 이유도 깔려있기 때문이다. 만주국은 조선인들에게 있어서 반항과 분노의 대상－'抗日像'으로 씌어진 역사로 기억되고 있을 뿐만 아니라, 또한 유혹과 향수에 젖은 추억－'親日像'으로 얼룩진 오욕의 역사로 기록되고 있다. 그러나 이러한 두개의 서로 다른 얼굴은 결코 오늘날 중국에 살고 있는 '조선족'들의 역사로만 볼 수 없을 것이다. 왜냐하면 그것은 광복 전에 만주 땅에 행적을 남긴 모든 한 민족의 역사에 속하기 때문이다.

지금도 만주 곳곳에는 '만주국의 유물'로서 수많은 근대적인 산업화 기술의 물질적 흔적들이 남아있다. 만주국에 대한 연구는 일반적으로 '일제침략사' 혹은 '항일투쟁사'로 기록되는 경향성을 지니고 있지만 우리는 그 속에 내포된 기억과 의미에 대해 새로운 시각에서 새롭게 재해석·재조명하는 것은 하나의 과제라고 본다.

# 만주국 수립 이후 일제의 재만조선인
# 사회 지배논리
### -「재만조선인통신」 게재문을 중심으로-

김 명 구*

## Ⅰ. 머리말

일제는 만주사변 이후 만주를 사실상 식민지화하고 화북침략에 이
어 중일전쟁을 감행하였고, 태평양전쟁으로까지 나아갔다. 이러한 대
륙침략 과정에서 만주국의 안정적 발전이 대단히 중요하였다. 특히 만
주국에 이주·정착한 재만조선인 사회는 일제의 만주국 통치에 있어 주
요한 기반이었다. 이에 따라 일제는 재만조선인 사회를 만주국에 통합
하는 과제에 주목하였고 특히 이데올로기적 통제를 중시하였다.

일제의 만주지배 내지 재만조선인사회에 대한 지배와 관련하여는
최근 다양한 연구가 시도되었다.[1] 본고에서는 이러한 연구를 기반으로

---

* (前) 경성대학교 연구교수
1) 최근의 만주국 관련 연구로서는, 임성모, 『만주국협화회의 총력전체제 구
 상연구-'국민운동' 노선의 모색과 그 성격』, 연세대 박사학위 논문, 1997 ;

하여 특히 일제가 직접 간행한 언론매체인 「재만조선인통신」을 통해 재만조선인사회에 대한 지배논리를 검토하고자 한다. 「재만조선인통신」은 1936년 창간되어 1939년 폐간될 까지 재만조선인 사회의 핵심 매체로서 만주국 내지 관동군의 최고 당국자 나아가 조선총독부의 고위인사들이 직접 재만조선인 사회를 향해 정책을 선전하고 여론을 통제하려 다수의 게재문들을 실었다.

「재만조선인통신」에 게재된 글을 통해 당시 일제의 정책을 분석한 논문으로서는 황민호의 연구가 있으나 이는 주로 대외정세 그 가운데서도 소련에 대한 인식논리를 주로 분석한 것이다.[2] 본고에서는 「재만조선인통신」에 수록된 게재문들의 분석을 통해 일제의 재만조선인사회의 지배논리를 검토하려 한다. 특히 일제가 재만조선인사회를 만주국에 통합하고자 한 논리와 중일전쟁 이후 침략전쟁을 정당화하는 논리 등을 중심으로 검토하려 한다.

## Ⅱ. 만주국에의 통합논리

### 1. 만주국 건국 이념의 선전

일제는 공황의 탈피, 조선 지배의 공고화, 중국의 국민혁명의 진전에 대한 위기상황을 돌파하고자 만주침략을 감행하였다. 일제는 이어

---

윤휘탁, 「만주국의 민족협화운동과 조선인」 한국민족운동사학회편, 『한국항일민족운동과 중국』, 국학자료원, 2002.12 ; 「만주국의 2등 국(공)민, 그 실상과 허상」 『역사학보』 169집, 2001 ; 신규섭, 『제국일본의 민족정책과 재만조선인』 동경도립대학대학원 인문과학연구과, 박사학위 논문, 2002 ; 김태국, 『만주지역 '조선인 민회' 연구』, 국민대학교 대학원 국사학과 박사학위논문, 2001 등이 있다.

2) 황민호, 「만주지역 친일언론 '재만조선인'의 발행과 사상통제의 경향」 『한일민족문제연구』 10, 2006.

화북침략 나아가 중일간 전면전까지 감행하기에 이르렀다. 이러한 침략전쟁 과정에서 만주국 체제의 안정적 발전은 핵심적 과제였다. 일제는 만주국 건립 이후 재만조선인 사회에 만주국 지배를 정당화하고자 하였고, 그 일환으로 만주국의 건국이념의 도덕성, 역사적 필연성 등을 선전하였다.

일제의 건국이념 선전은 우선 만주사변 이전 장학량 군벌의 민중수탈성, 배일정책 등을 비난하고, 9·18사변의 역사적 필연성 내지 정당성을 강변하는 것으로 시작되었다. 즉, "만주사변 전의 장학량 예속하의 동북 4성은 군벌전제의 시대로서 18세기 시대 폭군의 전제정치에 비할지니 극단으로 말하면 장의 일가 내지 그 일파의 정치이었다. 그들은 모든 권력을 농단하고 중세重稅의 증가, 지폐의 남발 등이 이중 삼중의 부담이 되어 서민의 원성이 충천만야하였다"3)라 하였다.

또한 장학량 군벌은 극단적인 배일정책을 추진하여 왔고 이로부터 전쟁은 피할 수 없었던 것이라 하였다. 일제는 '만주와 일본의 관계는 역사적으로 숙신, 발해 시대부터 이어져 왔고, 본격적 관계는 러일전쟁 이후 형성되어 이후 일제는 만주의 발전을 위해 모든 노력을 기울여 왔다'고 하고, 그러나 "구군벌은 이러한 특수관계를 하등 고려치 않고 배일 모일侮日의 행위를 번복하여 그 결과 9·18사건을 야기하여 군벌아성은 일조에 토붕와해되고 신만주가 현출되어 신천지가 개벽되"4)기에 이르렀다고 하였다.

이와 같이 일제는 만주국의 건립은 일제의 식민지 침략욕구가 아니라 장작량 군벌의 민중수탈이나 배일성에서부터 야기된 것이었고, 따라서 일제의 만주침략과 만주국 건립은 역사적 필연이며 또한 이는 만

---

3) 坂垣 少將, 「만주건국을 회고하고」 1호, 『재만조선인통신』 1936.4, 11~12쪽. (이하 『재만조선인통신』은 생략, 그리고 인용문 문투는 현대 한국어로 바꿈)
4) 「감격 새로운 건국기념일」 22·23호, 1937.3, 4쪽

주 민중으로부터 지지를 받은 것이었다고 주장하였다. 즉 "1931년 9월 18일 장학량 정규군의 만철선 폭파에 발단하여 소위 만주사변이 발발케 되어 … 다년 장부자 군벌의 압제 하에서 신음하고 있던 동북성민은 이 기회에 구정권과 절연하여 민중을 기초로 하는 신정부를 조직하고 왕도정치를 행하려 하는 희망이 팽연히 일어서 점차로 앙양되어진 것"5)이라 하였다.

이를 배경으로 하여 만주국의 건립과정은 일제가 주도한 것이 아니라 장작량 군벌의 압제로부터 벗어나고자 하는 만주지역 민중의 자연스러운 욕망의 분출이며 일제와 무관하게 독자적으로 이루어진 것이라 하여 만주국 건국과정을 다음과 같이 기술하였다.

즉, 일제에 의하면, '9·18 사변 직후 요동성에서는 9월 24 기방자치위원회를 결성하고 이어 9월 27일에는 봉천성지방유지위원회라 개칭하고 9월 28일에는 희합을 중심으로 길림성임시정부를 설치하였고, 장경혜張景惠를 중심으로 동성東省특별구치안유지회를 조직하였고, 봉천을 중심으로 하는 독립운동은 점차 지방에서도 자위 자치를 목적으로 하는 지방유지회, 자치위원회가 점차 성립케 되었다' 하고, '11월 24일 봉천성지방유지회위원회는 연성자치에 의한 신국가창립의 원칙을 결정하고 4성(봉천, 길림, 흑룡강, 열하)의 대표회의를 개최할 것을 발표하였다. 나아가 봉천성지방유지회는 해산하고 봉천성정부를 수립하였고, 흑룡강성, 열하성등도 각기 독립을 선언하였다. 그리하여 만주는 완전히 국민정부의 기반에서 이탈하였으며, 12월 26일 이들 각성의 대표들은 신국가 건국회의를 개최하고 국체, 국호, 국기 등 국가건설에 관한 구체적 협의를 행하였고, 27일에는 장경혜張景惠를 위원장으로 하는 동북행정위원회를 결성하고 독립선언문을 발표하였다. 동북행정위원회는 수차의 협의를 거듭한 결과 2월 24일 국가의 조직대강을 결정하고 익 25일 이

---

5)「건국의 과정」22·23호, 1937.3, 7쪽.

것을 중외에 발표하였다'고 하였다. 나아가 '동북행정위원회 위원장 장경혜는 대동大同 원년 3월 1일 만주국 정부의 명으로써 건국선언을 공포하여 이에 왕도국가 만주국은 민족협화 공존공영을 이상으로 하여 동아일각에 성립된 것이며 … 3천만 민중은 집정이 제위에 즉위할 것을 청원하여 대동 3년 제제帝制 실시에 이르게 되었다'고 하였다.[6]

일제는 이와 같이 만주국 건립의 배경으로서 만주사변의 발발의 정당성과 만주국 수립의 독자성을 강조한 위에 만주국 건국이념을 강조하였다. 일제가 만주국의 건국정신으로 내세운 것은 왕도정치였다.

즉, 만주국의 건국정신은 「건국의정서」에 선포되어 있다 하여 "대동 원년 3월 1일 만주국이 건설되자 그 선언에 있으되, 「왕도주의를 실행하여 반드시 경내 일체의 종족으로 동아영구의 광영을 지켜 세계정치의 모형을 삼겠다」고 하였고 강덕 원년 3월 1일 만주국 황제께서 등극하실 때 조서를 내려 「국내의 인민은 종족이 각기 다르나 서로 신용하여 이해를 같이 하겠으니 이 말은 밝은 해같이 변함이 없으리라」고 하셨다. 환언하자면 만주국의 건국정신은 민족협화를 토대로 삼고 그 위에 왕도정치를 실행하여 세계에 모범적 이상국가를 완성하자는데 있다"[7]고 하였다.

여기서 왕도정치에 대하여는, "왕도정치라는 것은 천의와 민의에 의하여 시행하는 정치다. 알기 쉽게 말하면 동방도덕의 인애의 정치, 어진 인군의 정치이다. 일부 국민의 복리만을 위한 정치는 어진 정치가 못된다. 천도정치는 반드시 국민전체의 복리를 위한 정치라야만 된다"고 하고, 왕도정치는 자유주의와는 전혀 다른 것이라 하여, "이 왕도정치는 종래의 자유주의 또는 데모크라시 사상 즉 민주주의와는 그 의의가 판연히 다르다. 첫째 자유주의는 자유경쟁을 아무 제한 없이 허용한

---

6) 「감격 새로운 건국기념일」 위의 글, 7~11쪽.
7) 홍시, 「만주건국정신을 논하여 재만동포의 자각을 촉구함」 2호, 1936.4, 14쪽.

결과로 금일에 와서는 빈부의 현격이 극도로 심하여졌다 … 이래서야 어찌 자유 평등한 행복스러운 국가사회라고 할 수 있으랴 고로 만주국에 있어서는 극단적 자유주의를 배척하고 빈한 자나 부한 자나 지주나 소작인이나 농사하는 사람이나 상업자나 만주사람이나 조선사람이나 다 같이 행복스러운 생활을 하도록 왕도주의르 채용하여 그 실천을 위하여 현재 노력하고 있다"[8]고 하였다.

나아가 "다시 그 왕도정치의 이상을 표현하면, ① 재만 각민족에 평등대우를 여與하는 것, ② 암흑정치를 산제剷除하고 법률을 개량하는 것, ③ 지방자치를 여행勵行하는 것, ④ 널리 인재를 수收하여 현준을 등용할 것, ⑤ 실업을 진흥 장려하는 것, ⑥ 금융의 통일을 도할 것, ⑦ 부원을 개발하여 생계를 유지할 것, ⑧ 경군을 훈련하여 비화를 숙청할 것, ⑨ 교육을 보급하고 공교孔敎를 숭앙할 것 등이다"[9]라고 하였다.

왕도정치의 핵심적 이념으로는 "만주국은 만주사람 만의 만주국이 아니고 이 땅에 사는 만 한 몽 일 선 5대 민족의 합작으로 된 나라"라고 하여[10] 민족협화가 제시되었다. 민족협화에 대하여는 "각민족의 특이성을 존중하고 그 장처長處를 발휘시키는 동시에 흔히 여러 가지 이해관계로 민족과 민족 사이에 있기 쉬운 마찰과 충돌 또는 투쟁을 없이하여 공존공영 다 같이 행복스러운 생활을 하자는 곳에 진의가 있는 것"[11]라고 하였다.

이와 같이 민족협화론을 제시한 위에 재만조선인은 만주국민과 조선민족으로서 정체성을 지녀야 한다고 하였다. 즉, "우리 재만조선인은 일본 국민의 하나인 조선인인 동시에 만주국민의 하나인 조선인이다. 즉 만주국은 외국이 아니고 우리나라다. 그러므로 우리는 장차 이중국

---

8) 홍시, 위의 글, 15쪽.
9) 「감격 새로운 건국기념일」 앞의 글, 3쪽.
10) 홍시, 앞의 글, 14쪽.
11) 홍시, 위의 글, 14쪽.

적을 가지게 된다. 뿐 아니라 불과 수년 이내에 치외법권이 철폐되어 완전히 우리는 만주국의 통치권의 지배를 받게 될 것이다. 만주국이 독립국이오 우리도 또한 그 백성인 이상 그 나라 통치권에 지배받고 그 나라에 국세를 부담하는 것은 당연한 일이며 추호도 이상할 바 아니다 … 이상과 같이 만주국은 단일민족으로 되지 않고 여러 민족으로 구성되었으므로 동일 국내의 국민으로서 협화하여 나아가는 것은 다시 췌언을 요할 바 아닌 줄 생각한다"[12]라고 하였다.

주목할 것은 왕도정치론은 곧 일제의 황도주의에 종속된 것으로 파악한 것이었다. 즉, "만주국의 건국정신을 솔직히 말하면 황송하옵게도 일본천황의 어능위御稜威를 발휘하여 황택을 재만주 삼천만 민중에게 급케하고 여기에 만주황제를 중심으로 협화하여 유유화락의 독립국가를 건설하여 가는 것입니다. 즉 대화민족의 우수한 문화를 중심으로 하여 여기에 토착 민족고유의 문화를 통합하여 새로운 대륙적 문화를 건설하여 가는 곳에 있는 것입니다. 따라서 그의 발전은 일우팔굉一宇八紘 혹은 협화만방協和萬邦이라고 하는 곳까지 가는 것"[13]이라고 하였다.

다시 말해 만주건국은 일제의 황도주의의 실현이며 만주국의 주권 역시 천황에 종속된 것이라 하였다. 즉, "일본 건국시에 건립된 도의의 대정신이 지금 비로소 해외에 발양되기 시작한 것이다…만주건국은 일본의 황도발전 도의세계의 건설을 목적으로 하고 발생된 것으로 그의 답행할 도가 즉 왕도로 규정된 것이다. 그리하여 도의세계 완성의 제일단계인 황도아세아연방 황도세계연방 완성이 목적인 동시에 또한 그의 진행할 도인 것이다. 황도연방내의 총 주권은 즉 일본 천황폐하에 의한 것이며 그의 부분인 일국의 주권은 그의 일국 황제에 있는 것이다. 이 점에 관하여 가장 명확히 어이해御理解를 가지고 계시는 이는 만

---

12) 홍시, 위의 글, 14쪽.
13) 관동군 참모 片倉少佐 述, 「만주국의 명랑화는 협화운동의 실천에서만-민족문제의 해결은 민족협화의 달성에서만」 30·31, 1937.7, 18쪽.

주국 황제폐하이다. 즉 회란훈민조서回鑾訓民詔書에, 「짐 일본 천황폐하와 정신일체와 여如하다」라고 하시고 「영구히 의뢰하여 유맹愉盟한다」라고 하셨다"14)고 하였다.

만주국은 도의정치를 실현하기 위해 존재하고, 또 이에 조응하는 정체는 과거의 전제정체나 현대의 자유주의 혹은 민주주의 형태를 띠지 않고 도의정치에 입각한 전제주의 정체를 취하고 있다고 하였다. 만주국은 전제주의 정체이지만 민의의 수렴은 중시되고 이는 협화회를 통해 이루어진다고 하여 만주국 정체에서 협화회의 위상을 중시하였다. 즉, "현재 만주국의 정치는 18세기 시대의 군주전제도 아니오 그렇다고 현대의 정당정치도 아니다 세인이 왕왕 우리 만주국의 현재는 민의 대표기관이 없다 하여 지금 오히려 의회정치를 주장하는 자 있으나 사견으로 말할진대 이러한 것은 구미의 자유주의적 사상의 후진을 배하려고 하는 것으로 우리 만주국에서는 단정 유해무익한 것"15)이라 하였다.

그리고 협화회는 사실상 구미국의 의회의 역할을 하고 있다고 하였다. 즉, "만주국의 협화회는 선덕달정의 기관으로 상의하달 하의상달이므로 정부와 표리양면의 작용을 하고 있어, 실로 일면에서 보면 민의를 대표하는 기관으로 현재 운행이 되어 있는 현 성 전국 등 삼계단으로 되어 있는 연합회의는 흡사 의회에 상당하나 의회와 같이 정부와 대립하는 것이 아니다. 즉 내용은 의회의 다수결제도와는 전연 그 취지를 달리하여 예양을 숭상하는 군 관 민간의 기관이다. 그러하기 때문에 이를 잘 활용하면 군민 마찰의 안전판이 되어 정부의 선정에 기여할 것은 무의無疑할지며 제국의회는 물론 현의회 성의회와 같은 것이 전연 불필요하게 될 것이다. 따라서 장래 헌법의 제정에 당하여도 협화회는 만주국에 가장 적합한 민의의 대표기관이라고 충분히 믿는다"16)고 하였다.

---

14) 만주제국 협화회 半田 기획부장 「만주국의 국체와 정체-도의세계 완성의 제일단계」 20호, 1937.1, 3쪽.
15) 坂垣 少將, 「만주건국을 회고하고」 1호, 1936.4, 12쪽.

## 2. 만주국 및 재만조선인사회의 발전 미화

일제는 만주국의 건국이념을 선전하여 재만조선인 사회를 만주국에 통합하고자 하였다. 이를 위해 한편으로는 만주국의 건국정신을 선전하였고, 한편으로는 만주국 건국 이후 만주국 및 재만조선인사회의 발전상을 미화하였다. 일제는 우선 만주사회 발전의 기반으로서 만주국 건립이후 치안상태의 개선을 강조하였다.

즉, 일제는 "치안은 일국의 초석이다. 치안이 안정치 못한 곳에 국방이 없고 산업개발, 문화가 없고 이상의 왕도정치도 시여치 못할 것이다"라 하고, 그리하여 "관동군과 만주국은 건국 이래 치안개선에 가장 고심하여 치안제일주의의 국책을 견지하면서…치안숙청공작은 일만 군경이 단독 또는 협력하여 행하는 토벌과 관동군 만주국 기타의 관계 기관의 통제와 협동동작을 원활키 위하여 설치된 치안유지회의 결의에 기초하여 각 행정기관이 행하는 치안공작에 의하여 착착 진행되고 있다"[17]고 하였다.

이같이 치안을 중시하고 치안숙정에 힘 쓴 결과 "만주국내의 치안은 현재 현저히 양호케 되었다…소화 11년도에 있어 황군의 전투회수는 약 18,941회, 격멸된 비적은 13,384, 황군의 전사 부상수는 1,070명이다…그리하여 비적토벌에서 전사 또는 부상된 용사들은 국운을 도하는 대전에서 전사 전상된 자와 추호도 다를 바 없다. 일만 양국민이 차등의 희생자에 대하여 충심으로 경의를 표하여"[18]야 할 것이라고 하였다.

일제는 이와 같이 만주국 건국 이후 치안상태의 개선을 강조한 다음, 이를 토대로 사회경제적 발전상을 미화하였다. 먼저 일제는 만주국 경제발전 방향을 일본과의 경제적 통합 및 국가통제경제의 원칙을 강

---

16) 위의 글, 12쪽.
17) 「완성도상의 만주제국」 30·31호, 1937.7, 23~28쪽.
18) 위의 글, 23~28쪽.

조하였다. 그리하여 일제는 '소화 8년 3월 1일 경제건설강요를 발표하였다' 하고, 여기서 그 방향은 즉, "그 제 1은 동아경제의 융합합리화를 목도하고 일본과의 협조에 중심을 치한 점, 제 2는 무통제한 자본주의 경제의 폐해에 감하여 이에 소요하는 국가통제를 가하여 자본의 효과를 활용하여서 국민경제 전체의 건전 또 발랄한 발달을 계하려는 점이다. 즉 자본주의적 자유방임을 수정하여 국방적 또는 공공적 중요산업 교통 통신과 같은 국민생활에 영향이 큰 것은 국가통제와 관리를 가하여…따라서 만주국 경제사조는 자유와 통제를 지양한 종합적 경제를 의식적으로 기획실행하려는 것이며…제국으로서는 양국민의 경제생활에 공존공영을 확보하기 위하여 소화 10년 7월 15일 일만경제공동위원회를 신경에 설치"19)하였다고 하였다.

일제는 만주국 건립 이래 재정이 건실해졌다고 하여, "만주국은 건국이래 구정권시대 일찍이 몽상도 하지 못한 예산제도를 확보하고 극단적 중앙집권주의 하에 극히 건전한 재정방침을 확립한 결과 치안숙정 내정의 정비 등에 伴하여 재정은 축년 비약적 발전…만주지역의 재정은 치안회복의 반하는 수세지역의 확대 각종산업의 발전에 반하는 수세입의 증가 다시 전매제도의 실시 등에 의하여 세입증가를 예기할 수 있"20)다고 하였다.

그리고 일제는 만주국 건립 이후 화폐·금융제도가 역시 정비되었다 하여, "구정권에 의한 폐제의 혼란을 정리 통일하여 통화를 안정하고 경제취인取引의 원활을 도圖하는 것은 치국안민의 제일의적 요소이라 하여 우선 은의 기초(은본위제-필자)에 서서 기회를 보아 금계金系(금본위제-필자)에 이행하는 점진주의를 채택하였다. 이 방침에 기하여 은본위에 의한 통화의 통일은 일작년으로서 일단락을 고하고 작년도에는 은본위제에서 관리통화제로 전화하는 기회를 이용하여 국폐가치의 안정

______

19) 육군성, 「만주사변 5년」 12호, 1936.9, 6쪽.
20) 위의 글, 6쪽.

및 통화通貨 통일 강화를 위하여 금원金圓과 국폐와의 등가 유지방책이 실시되었다"21)고 하였다.

나아가 일제는 일제의 대만주투자와 이민도 증대하였다 하여, "만주국의 육성이 일반 만주국 자체에 주는 이익의 다대한 것은 물론 노노呶呶를 요치 아니하나 아국에 대한 정치적 경제적 영향도 결코 적지 아니하다…차등 일만 공존공영 진전의 지표는 매거할 수 없거니와 사실 나타난 2·3의 사례를 참고하여 보자. 제 1은 치안숙정 산업개발에 반伴하여 전만주에 긍亘하여 일본인의 현顯한 진출을 보게 되었다. 즉 내지인은 소화 5년 말에는 23만에 미만하던 것이 소화 10년 말에는 50만을 돌파하고 더욱 관동주 부속지를 떠나 만주오지 방면에 격증하여 있으며 또 재만조선인은 구군벌 시대에는 가렴주구는 물론 불법지주의 비인도적 압박에 의하여 오혈을 흘리면서 근근 생명을 유지하는데 불과하였으나 현재에서는 만주국 구성분자로 일제히 건국의 성업에 참가하여 그 인구도 사변 전 약 60만이든 것이 소화 10년말 에는 83만 4천명에 증가하여 농업방면에 활약은 더욱 기대되었다. 즉 일본인 총수는 약 133만 5천명이 되어 사변 전의 84만 8천명에 비하면 49만의 증가를 보이고 금후도 계속하여 급속한 증가를 계속할 것으로 보인다"22)고 하였다.

그리고 만주국의 산업도 발전하였다 하여, "다음은 산업부문에서의 일본세력의 진전인데 사변 이래 소화 10년말까지 일본자본에 의하여 만주내에 설립된 회사는 250을 초과하여 그 자본총액은 약 7억원이라 추산되어 있다…사변 전 일본의 대만투자는 약 17억원으로 소련의 5억 9천만원, 영의 4천만원, 미의 3천만원 불의 2천 5백만원 등에 비하여 각국 투자총액의 7할을 점하여 단연 두각을 출현하고 또 이것을 일본의 국외 투자액에서 보면 그 약 6할에 상당하여 만주는 아국에 있어서는 최대 투자시장이었다"23)고 하였다.

---

21) 위의 글, 7쪽.
22) 위의 글, 9쪽.

그리고 만주국의 대외관계도 발전하는 중이라 하여, "만주국은 건국 이래 착착 국경을 견고히 하여 독립국의 실을 비하여 온 것은 세계 각국이 일제히 인정하는 바로 정식 승인한 것은 근근 로마 법왕청 및 살로도루공화국에 불과하나 사실상 각국이 그 독립을 인정하여 일만 관계에 정당한 인식을 가지게 된 것은 동양평화, 세계평화를 위하여 경하慶賀 지극한 바이다…이상과 같이 만주국의 국제적 지위가 향상하는데 따라 세계 각국과의 간에 정상한 외교관계를 수립하게 될 것은 자연이"24)라고 하였다.

특히 중국과의 관계에 대하여는, "지나가 만주국의 독립을 승인하고 일만지 삼국의 완전한 이해제휴를 초래케 하는 것은 동양 영원의 평화 확보를 위하여 극히 희망할 바이다 … 작년 이래 출현한 기동冀東방공자치정부 기찰冀察정무위원회 양자는 … 일만 양국에 대하여 우호적 태도를 표명하고 있는 것은 만주국의 왕도건설의 실상과 이에 협력하고 있는 일본의 진의가 접양지방의 민중 간에 반영한 것이라고 말하지 아니할 수 없다…북지는 만주국의 치안교란의 책원지 혹은 적화의 전진 거점이 되지 않도록 할 것이 절대 필요하다 … 또 지나 일반으로 보아도 4억 민중의 강령을 위하여 이이제이以夷制夷적 사상을 고치고 아세아의 문제는 아세아 자신이 해결할 수 밖에 다른 묘안이 없다는 소이所以를 양득 讓得하고 일만지 삼국의 제휴에 다시 일보를 진하기를 바라는 바"25)라고 하였다.

다음 일제는 만주국의 건립 이후 재만조선인 사회의 발전상도 강조하였다. 우선 재만조선인 이주민이 양적으로 증대하였다는 점을 강조하였다. 즉, "재만조선인은 사변 후에 갑자기 격증되어 소화 10년 작년 10월 1일에 실시된 국제조사에 의하면 각 영사관 내가 약 83만여명, 관

---

23) 위의 글, 9쪽.
24) 위의 글, 11쪽.
25) 위의 글, 11쪽.

동주가 4만여 명 합계 83만여 명에 달한다 … 재만조선인은 과거 30여 년간을 두고 계속하여 꾸준이 증가되고 있지마는 그 만주의 건너온 시기를 가지고 대별해 보면 명치 43년경, 대정 8년후, 사변 후 이렇게 3기로 나누어서 도만한 사람이 가장 많다고 볼 수가 있다 … 그리고 그 분포상태를 보면 북선 지방사람들은 대체로 간도방면에, 서선 지방사람들은 안동 봉천면에 많이 이주하여 있고 농업이 발달된 남선 지방사람들은 만주의 농촌에 들어가서 황무지 개척에 노력하고 있다…농촌개척에 노력하고 있는 조선인 농민의 생활상태를 말하면 집단이민이나 자유이민이나 모두 장학량씨 부자 양대의 폭정하에 오랫동안 비참한 학대를 받으면서 만주의 광야를 개척하여 온 가엾은 동포들이다…건국 이후 4년 치안이 점차 안고됨을 따라 생활안전을 얻고 있는 것만은 사실이"26) 라고 하였다.

그리고 재만조선인 사회는 이전의 만주군벌의 학정과 차별에 비해 무차별한 사회로 발전하였다고 미화하였다. 즉, "만주국민은 평등무차별하다: 종래 우리 조선인은 수십년동안 이 곳에 살면서 남보다 더한 악세를 부담하며 만주 식산상 수전개발의 일대공적을 남겨 왔건만 그 나라 보호는 고사하고 도리어 무도한 배척과 참혹한 학대를 받아 왔다…그러나 사변 이래 만주국이 성립된 금일에 와서는 이곳에 거주한 인민은 다 같이 평등무차별한 지위에 놓여졌다"27) 고 하였다.

만주국의 건립 이후 재만조선인은 자유권이 확립되었다 하여, "종래에 우리 민중은 하등 이유없이 임의로 구금되며 무법으로 처벌되고 총살되었다. 그리고 관권 앞에서는 아무런 정당한 도리도 소용없고 법률도 하등 효과가 없었던 것이다…그러나 신만주국에서는 법률에 제정한 이외에는 정부나 관리라도 인민을 구금 처벌할 수는 절대로 없게끔 되

---

26) 조원환, 「갱생하는 재만조선인의 상황」 1호, 1936.4, 6쪽.
27) 홍시, 「재만조선인의 국법상 지위에 대하여」 『재만조선인통신』 4호, 1936.5, 23쪽.

었다. 이것은 인권보장법 제1조와 제8조에 명정되어 있는 바니 이에 비로소 우리들은 생명 신체에 대한 자유권을 획득하게 된 것이"[28]라고 하였다.

또한 만주국의 건립 이후 재산권도 확립되었다 하여, "종래의 우리는 억울한 세금을 무리하게 빼앗겼으며 무상으로 재산과 물품의 징발을 당하였다고 또는 불환지폐를 받고 강제적으로 곡물을 관상官商에게 팔게 되었던 것이다. 그러나 신만주국에서는 민중의 재산은 보호가 되어 법률에 작정한 이외에 재산을 침해치 않고 과세나 징발을 할 경우일지라도 법령에 의하지 않으면 여하한 명의를 불문하고 행할 수 없도록 되어 있다. 이것은 인권보장법 제2조와 제9조에 규정한 바니 이렇게 하여야만 비로소 민중이 생계가 안전되고 민중이 부유케 될 수 있다"[29]고 하였다.

나아가 만주국의 건립 이후엔 참정권도 신장하였다 하여, "종래의 정권은 군벌의 일가 일문만을 위한 정치였다. 그러므로 우리조선인은 말할 것도 없고 같은 만주인 일지라도 보통인민은 여하히 박학유능한 사士라 할지라도 정치에 참여하거나 관계의 요직에 취할 수 없었던 것이다. 그와 반대로 군벌의 일가 일문은 무능 천박한 연소배일지라도 중요한 관리가 되어 정치에 참여하였던 것이다. 그러나 이 만주국에서는 '광구인재하여 현준을 등용'이라는 주의에 의하여 인민은 일정한 자격이 있는 자면 국가와 지방의 정치에 참여할 수도 있고 공평하게 관리가 될 수 있는 것이다. 따라서 우리 장래 만주국 대신까지라도 될 수 있는 법적 지위를 얻게 된 것이"[30]라고 하였다.

실제로 재만조선인 사회의 정치적 신장의 지표로 만주국 고위관리로 임용된 사례도 예시하여, "만주국 정부는 금번 중앙행정기구개혁에

---

28) 홍시, 위의 글, 23쪽.
29) 홍시, 위의 글, 24쪽.
30) 홍시, 위의 글, 24쪽.

반(件)한 주요인사를 결정하여…7월 1일부터 실시될 만주국 중앙행정기구 및 성행정기구에 반한 인사이동은 건국이래의 대이동으로서 주목되고 있는데…인사를 일별하면 건국이래의 공로자로서 원로급의 용퇴를 구한 것과 민간유위의 인재등용이 현저하고…금번 인사이동 결정에 있어 아(我)재만조선인의 주시를 끌게 된 것은 박석윤씨의 외무국 조사처장, 진학문의 내무국참사관으로 중앙 요추 지위에 발탁된 것인데 이는 만주국 임관등용에 있어 민족협화의 근본정신에 기초한 적재적소주의에 따라 재만조선족의 중앙 참정(參政)의 시단(始端)인 동시에 민족적으로 무경무편(無傾無偏)한 조선인의 관계 진출에 있어 양양한 장래를 시사한 것으로 기대되는 바이다."[31]라고 하였다.

나아가 치외법권의 철폐와 더불어 일본국민으로서의 재만조선인은 더욱 평등한 대우를 받을 것이며, 이에 따라 만주국민으로서의 자각도 제고되어야 할 것이라 했다. 즉, "우리의 일본국민의 특권인 치외법권은 추추(追追)철폐된다…이 치외법권이 철폐되면 우리 일본국민은 만주국 통치하에서 만주국민과 같은 지배를 받게 될 것이다. 이와 같이 만주국민과 일가족이 되어 가지고 평등무차별한 생활을 하게 되는 때는 우리 조선인의 일거 일동은 모두 만주국인에게 반영이 있을 것이니 우리는 일본국민으로서 선진민족으로서 크게 자각 맹성하여 만사가 모범이 되지 아니하면 안될 것이"[32]라고 하였다.

일제는 또한 만주국 성립 이후 만주이민의 증대,국경지역 치안의 협조 나아가 조선총독부 관료의 만주국에의 파견 등 만선관계의 협력관계가 보다 요구된다고 하여, "선만 양지(兩地)는 국경이 있어도 없는 것과 같이 일체 하에 협력할 것이며 예를 들면 만주비적은 바로 일만 양국 공동의 적으로서 만선 쌍방의 군경 당국은 긴밀히 연락하여 비적소멸에 노력하여야 하며…기타에 관하여는 특히 상호의 내정을 시찰하

---

31) 「만주국의 인사이동」 30·31호, 1937.7, 32쪽.
32) 조원환, 「갱생하는 재만조선인의 상황」 1호, 1936.4, 8~9쪽.

여 만주국 측 조선인의 이주에 대하여 동정과 이해로서 애무하고 장래 충실한 만주국 국민의 일원이 되게 양성하고 조선 측에서는 이민의 자연적 유출에 대하여 적당한 지도 통제를 가하여 만주국의 수고되는 바 없게 그의 충실한 국민으로서 만주국 개발에 공헌하도록 노력할 것이 당연한 것이다"[33]라고 하였다

그리하여 관동군 사령관과 조선총독부의 회담이 개최되었으며, 이로서 선만일여鮮滿一如의 관계는 보다 강화되었다고 하였다. 즉, "금회 관동군 사령관, 조선총독의 양자가 직접 상접하여 선만의존적 영구적 기초를 정할 금번의 역사적 회견이 실시된 것이다. 이 회담의 내용은 … 대저 만주국 입국의 기초는 재만 제족의 협화에 있고 따라서 재만 기만의 조선인도 또한 그의 중요한 구성분자인 것은 의심 없는 바이다. 그러므로 만주국은 그의 국민의 일원으로서 이를 애무하여 그를 보성하고 재만조선인 역시 만주국 국민된 정신을 다할 것이다. 금후는 차점의 철저를 기하기 위하여 쌍방 공히 일층 노력을 진력하여 그의 관공리를 지도하며 그의 인민을 교양함이 필요하고 또 만주국에서 필요한 관공리는 조선인 중에서도 채용하고 총독부에서도 우수한 관리를 보내어서 만주국 요부에 참획시킬 것이며 본부로서도 만주국 기타의 재만 기관 중의 우수관리를 요부에 전용하여 상호 상술하여 선만일여가 구현할 것"이라고 하였다.

## Ⅲ. 중일전쟁과 침략논리

### 1. '지나응징론'

일제는 중일전쟁이 발발하자 이를 정당화하는 논리를 개발하여 대대적으로 선전하였다. 일제는 노구교사건 이후 중국과의 전쟁이 전면

---

33) 조선총독부 鹽原비서관 담, 「선만의존 영구적 기초확정」, 1936.12, 26쪽.

화 하게 되자 이를 중국 측의 의도적인 도발이라 하여, "금차 사변의 발발은 철두철미 지나군의 불법 불신에 인한 것으로서 지난 7월 7일 야반에 북평 성외의 노구교 부근 지구에서 동지 상주常駐의 지나군이 야간연습 실시 중의 아我 일— 소小부대에 대하여 불의의 불법 사격을 가한 것에 발단된 것"[34]이라 하였다. 그러나 일제는 이를 참고, 화평을 모색하려 하였지만 중국 측의 지속적 도발로 인해 이를 부득이 응징하게 되었다 하였다. 즉, "아국은 될 수 있는 대로 사건의 확대를 저지하는 현지 해결에 노력하였으나 지나 측은 일체 이에 반성치 않고 점점 사건의 기도를 확대하여 … 일본정부는 동양의 중대 사명 하에 부득이 실력으로써 이의 응징을 하지 않으면 안되게 되었다"[35]고 하였다. 그리하여 향월 사령관은 "나는 직시 온건한 그리고 단정적인 무사도 정리情理를 다한 최후의 통첩을 발하여 29군 군장 송철원宋哲元에게 군의 단호한 결심을 계고戒告하고 28일 야夜부터 전 병력으로써 지나군 응징의 결심을 수행케 된 것"[36]이라고 하였다.

일제는 그러나 이러한 도발은 우발적인 것이 아니라 역사적 필연성을 띠고 있다고 하였다. 즉, "이 지나사변은 결코 우연한 일이 아니오 말하자면 역사적 인과에 할 수 없이 피하지 못하고 지나사변이라는 역사적 과정을 통하지 않으면 해결을 짓지 못할 여러 가지 원인이 있었던 것"[37]이라 하였다.

따라서 필연적으로 발생할 수밖에 없는 전쟁이라고 한다면 이를 오히려 아시아 발전의 기회로 삼는 것도 필요하다고 하였다. 즉, "물론 아

---

34) 香月 사령관의 방송 담, 「은인과 응징—동양평화를 위한 일본의 무사도」 34·35호, 1937.9, 8~9쪽.
35) 이응규, 「동양인의 동양 건설」 37호, 1937.10 (협화회 시국 순회강연) 16쪽.
36) 향월 사령관의 방송 담, 앞의 글, 8~9쪽.
37) 흥아협회 사무장, 「지나사변의 역사성과 아세아적 양심을 논함」 36호, 1937.9, 22쪽.

무 사변도 없이 일지가 제휴협력하여 아세아의 부흥을 도모하고 아세
아를 포위하고 있는 여러 가지 불순한 공기를 청소한다면 이 이상 더
경사스러운 일이 없을 것이 올시다마는 이러한 중대한 사명과 임무를
가진 지나 자체가 그와 같이 단순한 행동을 취하기가 어려운 환경과
상태에 빠졌으므로 이것을 먼저 시정할 필요에 직면하게 된 것이올시
다. 이것이 지나사변의 내용이 되어 있는 역사적 인과올시다. 만일에
이 역사적 인과를 무시하고 나아간다면 우리의 이상이며 사명인 아세
아의 부흥은 도저히 바랄 수 없는 것이"[38]라고 하였다.

일제는 이와 같이 중일전쟁의 전면화는 필연적인 것이라 하면서 중
국 측이 전쟁을 도발한 이유로서 우선 중국자체의 내부 원인과 영국,
소련 등의 대외관계 양면으로 분석하였다. 우선 중국 내부의 요인으로
는 중국의 근대화 과정이 지나치게 외세 의존적이었다 하여, "지나는
숙명적으로 금일의 운동을 약속하였으니 그것은 지나의 국민혁명이
일본의 명치유신과 같이 자력으로 자국의 혁신을 도모한 혁명이었다
면 결코 금일과 같은 곤경에 빠지지 아니하였을 터이나 불행이 그들은
혁명을 타력으로 수행하였습니다. 즉 동양을 노리고 있던 백인세력을
빌어서 혁명을 달성하였으며 또 혁명 후의 건설도 전부가 외래 자본에
의거 하였습니다. 이와 같이 근대국가로서 갱생하려는 지나가 출발점
에 있어서 이미 그릇된 길을 밟게 된 것이 대체로 아세아의 일대 불행
이었다"[39]고 하였다.

여기에다 중국의 권력집단이 사리사욕에 눈이 어두워 민중을 도탄
에 몰아넣었다고 하였다. 즉, "정권을 잡는 자 군벌이 되는 자 전부가
사리사욕을 제일의적으로 하고 국가는 제이의적으로 생각하여 왔기
때문에…이와 같은 지나 국내의 사정은 국민을 일로도탄에 밀어 넣을
뿐이니 따라서 지나의 대중은 지나 통치자들을 조금도 신뢰할 수 없을

---

38) 위의 글, 22쪽.
39) 위의 글, 22쪽.

것이 올시다. 즉 한사람의 군벌이 생기면 만인의 마음이 리반되어 도저히 국내는 수습할 수 없는 상태에 빠져든 것이"[40]라는 것이다.

이와 같이 중국이 근대에 들어 외세 의존적이며 민중을 억압하였던 것이지만, 장개석 정권은 실정을 호도하기 위해 극단적인 배일노선을 취하고 침략하였다고 주장했다. 즉, "이러한 때 소위 국민당의 장개석 일파가 이 이반되는 국민의 인기를 만회하고저 들고 나선 표어가 항일구국 넉자였습니다. 현재의 지나가 도탄에 빠진 것을 남경정권은 일본의 침략에 인한 것이라고 자기들의 악정을 속여 왔습니다…그동안에 언어도단한 배일교육을 하여 왔으며 최초 배일에서 시작된 지나의 대일 태도가 항일로, 항일에서 모일侮日로까지 변하게 되었는데 이러는 사이에 남경정부는 예상과 같이 정권을 확보하였으나 이 결과는 정권을 확보하기 위하여 고취하고 배양한 국민의 항일의식이 점점 자라나서 인제는 이 국민의 항일의식이 정부를 호령하게 되었다"[41]고 하였다.

게다가 장개석 정권은 서안사건 이래 사실상 중국 공산당의 꼭두각시가 되어 침략을 하였다고 하여, "서안사건 이래의 장개석은 전일 공산당을 쿠테타하든 장개석이 아니오 중국공산당을 토벌하든 장개석이 아니오 일개의 로봇이 되어 공산당과 야합을 하여 아세아 부흥의 성업에 매진하는 일본에 반反하고 일체의 동양적 생명을 거부하는 이기적 군벌의 수령이 되고 말았습니다. 원래 장개석은 일본과 다투다가는 남경정권이 자멸하는 동시에 지나의 결렬, 지나 민중의 멸망, 동양인의 불행이라고 생각하였으나 서안사건을 계기로 이러한 장개석은 돌변하였으니 이렇게 만든 자들은 지나 공산주의자들 이었습니다…지나가 망하고 아세아가 수라장이 되고 아세아 사람이 인류의 공적 공산당에 유린을 받을지라도 일본만을 억제하겠다는 비뚤어진 생각을 가졌습니다. 이것이 금번 사변의 내용이 되고 있는 역사성이"[42]라고 하였다.

---

40) 위의 글, 22쪽.
41) 위의 글, 23쪽.

한편 일제는 중국 측이 전쟁을 도발한 것은 자신의 역량을 과대평가한데서도 비롯된 것이라 하여, "국민정부는 근황近況 자기도취병에 걸리어 근자는 지나 국내가 잘 결속하고 군대의 훈련과 병기 등도 대단히 개량되었으므로 일본군에게 지지 않는다고 말하고 있으나 그것은 오직 자기들만의 인식 부족한 장담으로 만족하고 있거나 혹은 대중을 기만하여 국민정부를 신뢰시키려고 하는 것이 아니라면 기만으로 군대의 사기를 고무하고 있는데 불과한 것입니다. 전쟁의 승패는 군인정신, 군대의 규율, 지휘관의 군대 통솔의 교졸, 병기장비의 우열 등에 관하는 것이 극히 지대한 것으로서 반드시 병력의 다과에 의하는 것이 아니"[43]라고 하였다.

일제는 중국이 전쟁을 일으킨 요인으로 구미 세력 및 소련 등 외세의 영향을 지적하였다. 즉, "우리들과 운명적 공존관계에 있어야 할 인방 지나의 지배자군은 동아민족결성의 중대한 사명을 망각하고 도리어 구미자본의 노예가 되고 더욱 적색 제국주의 공산당의 사주에 배일모일의 착오에 빠져 마침내 금일에 이르러 일본에 저항으로써 상대하게 된 것은 우리들 평소 만주국의 건국정신을 통하여 동아평화를 념으로 하고 동아는 동아민족의 동아라는 신념을 실현시키기 위하여 노력하는 자에 대하여 이 이상의 불행은 없습니다. 금일 지나사변의 원인을 자세히 검토하자면 이것은 분명히 구미자본의 대변자인 남경정부 즉 국민당과 서안사건 이후에 있어서의 제3 인터내셔널 즉 지나 공산당의 합작에 의하여 동아민족 결성공작의 파괴행위인 것은 추호도 의심할 것을 허락지 않는 현전의 사실"[44]이라 하였다.

일제는 구미 열강은 일제의 대륙진출로 인해 중국의 기득권을 상실할지도 모른다는 우려에서 일본과 중국의 화평을 방해하고 중국 측을

---

42) 위의 글, 23쪽.
43) 관동군 신문반장 稻村中佐, 「북지사변과 일본정신」 33호, 1937.8, 7쪽.
44) 외무부 조사부처장, 박석윤, 「동아민족 결성의 신기운」 39, 1937.11, 4쪽.

사주하여 배일노선을 취하게 하고 있다고 하였다. 즉, "만주국 성립에 다음하여 북지에 있어서 아국의 실력적 발전과 남방에 대하는 현저한 진출기세는 명확히 열강들로 하여금 위협되는 것이 있다. 구미의 제 열강은 피등이 지나에 점유한 권익을 아국이 침략하지 않을까 하는 의념疑念에서 또 하나는 정당한 아국의 실력적 진전을 저지하려는 두저肚底로 갖은 수단을 써서 일지국교의 전면적 조정에 대한 방해를 시하고 있다"[45]는 것이다.

이와 같이 일제는 중국의 전쟁 도발은 대내외적 요인으로 전쟁은 필연적인 것이라 하였다. 그러나 일제는 도의정신을 지닌 국가이므로 침략의도가 없으며, 전쟁을 확대할 의사가 원래 없었던 것이라 하였다. 즉, "일본은 본시부터 지나의 영토를 침략한다든가 혹은 지나를 보호국으로 한다든가 혹은 지나에서 경제적 착취를 한다고 하는 이기적 생각은 추호도 가지고 있지 않습니다. 흔히 구미인은 상금 동양인 중 취중 지나인을 그들과 같은 인류로서 생각지 않고 가축 동양同樣으로 취급하고 있는 것은 주지하는 것입니다 … 따라서 동양제국에서 영토를 침략하고 동양 민족으로부터 식민지적 착취를 하는 것은 그들이 인간으로서 가지고 있는 당연한 권리라고 망단하고 있다"[46]고 하였다.

장개석 정권은 이러한 일본 측의 입장을 왜곡하여 "일본도 역시 구미적 침략 착취를 하는 것이라고 교육 선전하고 있다"고 비판하고 일제 자신은, "이와 전연 정반대입니다. 일본인은 고래古來일본의 건국정신 일본의 민족성에 의하여 타민족에 대하여도 결코 이를 차별 대우치 않고 형제 동양同樣으로 취급하고 있습니다. 일본인이 그의 건국의 대이상으로서 존봉하고 있는 팔굉일우의 사상은 진실로 이것입니다. 또 조약좌강助弱挫强하는 것도 일본민족성이며 일본 무사도의 정화입니다. 따라서 일본은 약한 지나에서 그의 영토를 침략한다거나 혹은 경제적

---

45) 「일중의 제휴를 방해하는 자는 英蘇」 17호, 1936.12, 11쪽.
46) 관동군 신문반장 稻村中佐, 앞의 글, 4쪽.

착취를 하려고 하는 생각은 조금도 없고 도리어 지나 4억의 대중이 일부 불량한 정치가 군벌로 말미암아 내란의 위험과 빈궁에서 울고 있는 것을 내심 가엾게 생각하고 동양의 평화를 위하여 또 지나 민중의 행복을 위하여 어찌하여서라도 구해주려고 열망하고 또 노력하고 있습니다 … 일본이 충심으로 지나에게 바라고 있는 것은 지나가 속히 이이제이 정책의 미몽에서 각성하고 그의 집요한 항일정책을 버리고 진심으로 일만 양국과 선린이 되어 일만 양국과 한가지로 손을 잡고 동양의 평화를 확립하여 동양 민족의 공존공영을 도하는 것"[47]이라고 하였다.

그러므로 일제는 동아평화와 중국 민중의 구제를 위해 장개석 정권을 응징하지 않을 수 없다고 하였다. 즉, "금회 일본의 북지에 출병한 것은 폭려한 지나군을 응징하고 또한 국민정부가 견지하고 있는 항일정책의 비非를 충심으로 반성시키려 하는데 불과합니다. 따라서 일본군은 그 목적을 달성하면 속히 철병할 것은 자명한 일이며 출병에 의하여 지나를 침략 착취함과 같은 기도는 단연 없는 것은 물론이며 부절한 내란과 국민정부의 비정에 학대받고 있는 불행한 일반대중에 대하여서는 일본 급 일본군은 평소부터 다대한 동정을 하여 그의 행복을 바라고 있으므로 만일 개전하게 된다하더라도 십분 이것을 비호하여 줄 것은 재론한 필요도 없습니다"[48]라고 하였다.

다시 말해, "우방 일본제국의 근위近衛 수상은 금번의 지나사변에서 지나의 민중을 적으로 하는 것이 아니고 그릇된 소위 지나 위정자의 철저적인 반성을 구함에 있는 것을 중외에 선포한 것입니다…원래 일만지 삼국은 운명적 공존관계에 있는 동아민족결성의 중추입니다. 운명적 공존관계이기 때문에 선택을 허락지 않는다. 인종적으로 지리적으로 정치적으로 경제적으로 그리고 문화적으로 일만지 삼국은 공동방위 공동경제의 실현을 공통 이상으로 하는 바의 결성체가 아니면 안

---

47) 관동군 신문반장 稻村中佐, 위의 글, 5쪽.
48) 관동군 신문반장 稻村中佐, 위의 글, 6쪽.

될 것이"[49]라고 하였다.

한편 최남선은 동북아 고·중세 역사상 북방민족의 중원 정벌은 지속적으로 있어 왔으며 일제의 중국침략 역시 이러한 역사적 맥락에서 볼 수 있다고 주장했다. 즉 최남선은 "요컨대 대륙에서의 북방민족의 활동은 고시대나 금세나 한결 같다고 볼 수 있습니다. 그러나 이 북방민족의 남방진출은 항상 문화적으로 우월한 남방민족에게 새로운 자극을 주어 민족적으로 압박을 받는 남방민족의 문화는 더욱 진보를 보게 되어 결국 문화상으로는 남방 민족에게 동화추종을 하여 왔던 것이올시다. 원조와 청조가 그 현저한 예의 하나라고 할 것이올시다. 이런 중에 북반민족 중 아직까지도 중원의 무대를 밟아 보지 못하고 남아 있으면서 또한 그 남방민족의 강력한 동화력에서 피하여 온 민족은 해양에 있던 대화민족과 반도에 있는 조선민족이올시다. 그러면 북방민족이 다 한번씩 중원의 무대에서 활약하였으나 그 활동이 여러 가지 원인으로 성과를 맺지 못하였는데 현재 이 최후로 남아 있던 일본민족이 대륙을 향하여 진출하는 그 형식내용은 전일의 북방제민족의 그것과 달리 침략정복이 주제가 아니라 아세아민족의 전체적 번영이 주제가 되어 있기 때문에 이 일본민족을 선두로 한 동방민족의 중원 진출이야말로 동양사상에 유례가 없는 것이라고 말할 수 있습니다…일지사변 같은 것은 일본이 영토적 야심을 가지고 지나를 침략하는 것은 결코 아니다. 일개의 세력이 중원지방에 들어가고 일개의 국가가 아세아에 건립된다 하는 것은 변치 않는 사실로 볼 수가 있습니다…즉 일한합병 만주국의 건국 등은 지나 동북지방의 민족을 합하여 일개의 덩어리가 된 일개의 세력의 연장으로서 남북 최후의 승부를 결단한 운동이 시작하였다고 볼 수 있다"[50]고 하였다.

---

49) 외무부 조사부처장, 「동아민족 결성의 신기운」 39, 1937.11, 5쪽.
50) 육당 최남선, 「동방민족의 중원진출」 38호, 1937.10, 5~7.

## 2. 동아시아신질서론

앞에서 보았듯이 중일전쟁이 발발하자 일제는 지나응징론을 제기하였다. 그리하여 초기 전쟁 과정에서 승전을 거듭하고 전쟁을 조기에 종결하고자 '남경사건'을 일으키고 광주·무한 등 대부분의 중국을 장악하였다. 그러나 중국민족의 끈질긴 저항에 부딪혀 전쟁은 수렁으로 빠져들게 되었다. 여기에서 일제는 동아신질서론 등을 명분으로 중국과의 타협을 모색하였다.

일제는 "이제 광동 함락에 뒤이어 지나 내지의 심장 한구도 또 아유我有에 귀하여 근대 지나의 전 기능을 지배하는 7대 도시의 전선을 포용하는 팽대한 지구 즉 소위 중원은 전혀 일본군의 장중에 있는 것"[51]이라 하여 전쟁은 이미 사실상 일본이 승리한 것이라 하였다. 하지만 일제는 중국의 궤멸에 목적이 있는 것은 아니라 중국과의 화평에 있다고 주장하였다. 즉, "이제 지나를 어떻게 처리할 것인가. 그 열쇠는 전혀 일본의 수중에 있습니다. 그러면서 아 일본의 진심으로 희망하는 바는 지나의 멸망에 있지 아니하고 지나의 흥륭에 있는 것입니다…지나와의 협력에 있는 것입니다. 일본은 동양인으로서의 자각에 깨인 지나 국민과 서로 제휴하여 참으로 안정된 동아의 천지를 축상하려는 것을 원하고 있습니다. 실로 지나의 민족적 열정을 인식하고 지나의 독립국가로서의 완성을 필요로 하는 데에서 일본처럼 절실한 자는 없다"[52]고 하였다.

일제는 동아신질서를 구축함에 있어 중국과의 화평은 필요불가결하다 하였다. 즉, "동아신질서의 건설에 관한 제국의 방침은 일찍이 근위近衛 전 총리가 중외에 성명한 바와 같아서 이것을 위하여는 일만지 삼국은 정치 경제 문화 각반에 긍하여 호양 연쇄의 관계를 수립하고

---

51) 「신동아건설에 매진」(近衛 수상의 방송전문) 62호, 1938.12, 21쪽.
52) 위의 글, 21쪽.

동아에서 국제주의의 수립 공동방위의 달성, 신문화의 향상, 경제 결합의 실현을 기하지 않으면 안 될 것입니다 … 제국과 지나가 공동하여 동아의 신질서 건설에 전심노력하지 않으면 이 동아의 천지에 영원히 평화와 번영을 초래할 것은 불가능합니다 … 지나로 하여금 참 지나 되게 하며 동아로 하여금 참 동아 되게 하여 동종동문의 민족이 서로 피를 흘리는 것과 같은 불상사를 장래 영원히 절감하기 위함입니다. 제국과 지나와의 공존공영은 서로 독립국의 면목을 보지하는 것은 물론이어서 제국은 이것을 위하여 금차의 사변에 견뎌낼 수 없는 희생을 참고 있다"[53]고 하였다.

다만 중국과의 화평에 있어 전제조건은 반공 및 반구미 정책이 선행되어야 한다고 하였다. 즉, "그러함에는 지나를 타국의 식민지화하는 것 같은 구미 의존의 유물사상을 지나 전토에서 방축하지 않으면 안되는 것입니다. 거기 대하여 가장 중요한 것은 아세아 공통의 사상대책 즉 동양 도덕의 부흥, 방공진영의 강화가 무엇보다도 절실히 필요합니다. 공산주의 사상의 해독이 큰 것은 그 사상이 동아의 사상과 절대로 상용할 수 없는 흉악한 사상인 것은 말할 것도 없는 것이"[54]라고 하였다.

일제는 이와 같이 일제와 중국 간의 화평이 동아시아 신질서를 위해 필수적이라고 하면서 이러한 동아신질서는 단순히 동아시아의 화평을 위한 것이 아니라 세계사의 신질서 요청에 부응한 것이라 하였다.

일제는 당시 국제 질서는 근대 이래 서구가 주도해 온 자유주의적 국제질서와 사회주의적 국제질서 두 가지 질서가 한계에 봉착하였다고 하였다. 즉, "금일 세계를 지배하고 있는 2개의 구세계질서는 이미 각 민족과 국가의 발전을 가능케 하는 문화적 향상성을 상실하고 이어서 차세대의 신질서를 산産하려고 하고 있다. 동아는 이제 그 진통 중

---

53) 「신동아체제 완성이 究意의 목적」 65호, 1939.4 (평소平沼 수상의 방송 전문), 27쪽.
54) 위의 글, 27쪽.

에 있다고 할 것이다. 우리가 말하는 구세계질서라고 하는 것은 소위 근대라고 이르는 이 수 십년 간 세계를 지배하여 온 '자유주의를 기초로 하는 국제자본주의'를 가리키는 것이며 대전 후 그 국제자본주의의 내재적 모순 때문에 발생한 국제사회주의도 의미하는 것이다"[55]라고 하였다.

그리고 이러한 자본주의에 의한 국제질서는 자체의 모순에 의해 안으로 대중궁핍과 계급투쟁을 낳았다 하여, "자본주의에 내재하는 무계획인 영리생산이라는 자기모순의 발전에 의하여 국내적으로도 대중의 궁핍과 부의 편재에 의한 계급의 투쟁을 낳고 구매력의 감퇴에 의한 영속적 불경기를 초래하였다"[56]고 하였다.

또한 이러한 국내의 모순으로 인해 선진자본주의는 식민지 획득과 후진자본주의에 대한 억압을 낳았다 하였다. 즉, "선진자본주의는 선주先住 민족의 문화정도가 전연 낮은 지방에서는 이것을 식민지로 정치적으로 완전히 정복하였다. 또 중국 같이 문화가 높고 인구의 밀도가 깊은 지역에서는 반식민지적 지배형태를 취하였다…식민지 반식민지 전체의 질서의 유지나 문화의 향상은 당시 저들에게는 문제가 되지 않았다…식민지 반식민지적 지배가 선주 민족을 문화적으로 향상케 하지 못한 것은 당연한 것이다. 그것은 단순한 정복이며 지배이었으니까. 선주 민족은 정복자인 본국 자본주의를 양성하는 단순한 토양이었음에 지나지 않는 것이었다. 중국과 같이 오지에까지 깊이 외국 철도 조계를 둔 나라는 철도를 모근毛根으로 하고 조계를 구근球根으로 하여 전 지나에서 그 이윤을 흡상吸上하는 것을 항구적으로 민족적 자립의 힘을 잃어버리게 하는 것이"[57]라고 하였다.

이리하여 일제는 동양은 식민지로서 파괴되었다 하고 다만 일본만

---

55) 「신질서의 이념−동아협동체의 성격과 역사성을 논함」 65호, 1939.4, 31쪽.
56) 위의 글, 31쪽.
57) 위의 글, 33쪽.

이 식민지를 모면하고 후진자본주의로 존재하여 있지만 서구의 압력으로 발전이 정지된 상태에 있다고 하였다. 즉, "동양은 동양이라는 통일된 세계로서 존재하는 것은 둘째로 전혀 조각조각 찢기어 서구 제국의 개개의 피정복의 세계가 되었다 … 동양제국 가운데 스스로 정치 경제력을 가지고 자립할 수 있는 민족국가가 겨우 유일로 존재하여 있다. 그것이 일본이다. 그러나 일본은 전술한 바와 같이 자본주의 선진국의 현상 정지적 질서의 유지에 대하여 '가지지 못한 나라'로서의 공세를 가지며 이미 세계문화에 공헌할 수 없는 구세계질서에 도전하여 새로운 세계질서를 건설하려고 출발에 고민하고 있다"[58]고 하였다.

여기서 후진국 일본과 반식민지적 착취를 당하는 중국의 협력은 동아시아의 평화는 물론이요 세계사의 진보를 위해서도 필연적이라 하였다. 즉, "일본에 내려 씌워 있는 이상으로 강한 힘으로 지나에, 인도에 또는 동양 전체에 덮힌 그것을 억압하고 있는 구질서인 것이다. 그래서 지금 일본의 일부에서 본능적으로 부르짖고 있는 '동양의 신질서', '동아는 동아로 돌아가라'는 소리는 이 공통한 억압적 구세계질서에 대한 파괴의 소리인 것이다. 동아를 동아로서 새로운 질서 하에 통일 있는 세계로 형성하려고 하는 노력인 것이"[59]라 하였다.

일제는 과거 자신들도 "일본의 과거의 대 지나정책 중에는 서구적인 식민지 형태를 다분 포함하고 있었다는 사실을 우리는 솔직히 지정 指定하는 것"[60]이라고 인정하였다. 그러나 서구의 경우 본국과 멀리 떨어져 있어 정치적 경제적 파급효과가 없지만 일제의 경우, 중국은 인접해 있어 중국 정정의 불안은 일제 자신에도 곧바로 영향을 미치기 때문에 이러한 식민정책을 취할 수 없다고 하였다. 즉, "영국과 같이 본국에서 멀리 떠난 동양에서 단순히 자본주의적 가치를 대상으로 하고 이

---

58) 위의 글, 33쪽.
59) 위의 글, 34쪽.
60) 위의 글, 34쪽.

윤만을 목표로 하여 움직이는 경우에는 이러한 방법도 한 수단이 될 수 있을 것이다. 그러나 일본과 같이 지나와 인접하여 그 위에 지나에서 정치적 경제적 동요가 직(直)히 일본에 파급하여 오는 나라에서는 그 이윤만을 자체로 이러한 방법은 취할 수 없는 것이다. 지나 전체의 질서가 유지되고 제고가 완비되어 문화적으로 지나가 향상 안정하지 않을 것이면 일본은 동아의 평화를 보지할 수 없고 일본의 지위도 안정할 수 없게 될 것이다 … 지나가 외국세력의 침입으로 말미암아 지배되고 동요되는 것은 그것을 일본에 있어서 단순히 지나의 문제가 아니고 직(直)히 일본의 문제가 되어 나타나는 것이다. 일본은 그 때문에 지나에 대하여는 열국과 같이 단순한 이권 특권을 구하는 것이 아니고 지나의 진(眞)정치적 안정을 구하지 않을 수 없는 것이다. 여기 일본의 지나에 대한 요구가 영미의 그것과 다른 형식으로 제출되는 것이"[61] 라 하였다.

이리하여 중국과 일제는 협동체를 만들어야 한다고 하였다. 그리고 이러한 협동체가 지향해야 할 이념은 근대 이래 세계의 발전을 이끌어 왔던 개인주의 사회주의가 아니라 새로운 이념 즉 전체주의에 입각해야 한다고 주장했다. 즉 일제에 의하면, 즉, "구주대전을 전기로 하여 세계는 일대 전환을 계속하여 왔는데 자유주의적 개인주의적 자본주의적 세계는 새로이 개막되는 보다 높은 세계에 많은 소산(所産)을 양도하고 있지 않으면 안 될 단계로 진행하고 있다"[62]고 하였다.

그리고 그 성격은 전체주의적 성격을 갖게 된다고 하여, "구질서에 대신할 새로운 차대의 제3질서는 이제 일지사건을 통하여 동아의 권(圈)에 건설되려고 하고 있다. 이 이상이야말로 동아일체의 제3제국 건설의 이상이며 세계사상에 그것을 통하여 신질서와 안정을 주려는 것이다. 이 질서는 '개(個)'와 '인류'의 해방보다 더 구체적이며 고도인 현실의 요구이다. 민족과 국가의 해방 그리고 그 협동에 의한 인류의 향상을

---

61) 위의 글, 34쪽.
62) 「신세계사관에 대한 아세아인의 신이념」 49·50호, 1938.4, 49쪽.

자체로 하는 때문에 그 기본성격은 국가 국민 민족이라고 하는 인류생활의 현실의 토대를 기저로 하는 생활 질서의 건설이다, 고로 추상적인 개인 계급 등은 제2의 존재이며 국가 민족이 항상 제일의적 실재가 된다. 따라서 그 제3질서의 기본성격은 전체주의 성격이 되지 않을 수 없다"[63]고 하였다.

따라서 협동체를 구성하고자 하는 중국이나 일제 각각은 이러한 이념에 입각하여 개혁을 하여야 한다고 주장했다. 즉, "지나가 동아협동체의 일환으로 일어섬에는 종래 구질서 가운데 있는 자유주의적 민족주의 공산주의적 민생주의를 씻어 버리지 않으면 안될 것은 당연한 일이다. 그것과 더불어 일본은 국민의 정치적 통일력을 절대로 허용하지 않으면 안된다. 협동체는 개개의 경제의 결합은 아니고 각 조성국 전체의 결합인 고로 그 나라의 정치적 통일이 협동체의 절대조건이 되는 때문이다 … 동아협동체 건설의 전제로서 일본에게 종래의 정치 중에 내포하였던 자유주의 또는 자본주의 질서을 양기하고 일군만민의 전체주의 기본성격을 가지기를 요구하고 있다"[64]라고 하였다.

## 3. 내선일체론

일제는 중일전쟁이 전면적으로 전개되면서 식민지 조선사회를 전쟁에 총력 동원하고자 하였다. 이에 일제는 조선인들에게 황국신민정신을 철저히 내면화하려 하였다. 남차랑南次郎 총독은 부임 이후 내선일체론을 강요하였고, 또한 식민지 조선사회에 내선일체 의식이 고양하고 있다고 하여, "사변을 계기로 하여 조선동포의 사상은 급각도로 방향전환을 하고 있어 일체의 불순한 사상은 양기되고 강렬한 애국심이 불타고 있는데 여기에 대하여 총독부의 통치 방침도 고도의 비약을

---

63) 「신질서의 이념-동아협동체의 성격과 역사성을 논함」, 앞의 글, 37쪽.
64) 위의 글, 37쪽.

보게 되며 신조선의 여명黎明을 고하는 내선일체 통치가 생기며 지원병제도, 조선교육령의 개정 통치의 전 분야에서 내선일체주의가 구현화具現化하여 아我 조선통치는 획기적 전진을 개시하였다"[65]고 하였다.

일제는 이와 같이 전쟁이 발발하자 내선일체론을 제기하고 일본국민으로서의 자각을 촉구하였다. 여기서 일본국민으로서의 각성은 단순히 외형적인 것이 아니라 정신적으로 내면화하는 것이 중요하다고 하였다. 즉, "내선일체는 정신상 문제에 있고 형식상 문제에 있지 않는 것이다…화복和服을 입고 하태下駄를 신었다 하여 일조에 내지인이 되는 것이 아니오…제 아무리 외양을 그럴듯하게 꾸미었다 할지라도 황도 일본정신을 파악하지 못하였다고 하면 그는 제국 국민으로 논할 수가 없는 것이다…그러므로 오인의 고조하는 바는 내선일체는 내선 양 민족이 어느 일족의 문화와 민족성을 희생하여 타의 그것에 귀일케 하는 형식문제에 이것이 있는 것이 아니고 내선 양족이 견실한 정신적 결합으로 말미암아 각개의 문화와 민족성을 무한히 발휘하여 일개 우수한 문화를 창조 건설함에 그 구의究意의 목적을 달하는 것이라고 확신하는 바"[66]라고 하였다.

여기서 내선일체의 목표는 황국신민 의식을 내면화하는 데 있다고 하였다. "내선일체의 목표는 반도인으로 하여금 충량한 황국신민이 되게 하는 데 있다. 충량한 황국신민의 본질은 천황중심 아래 만민보익萬民輔翼의 황도를 다하는데 있다 … 반도 동포 중의 일부는 내선일체는 국가적 사회적 대우를 전면적으로 즉시 또는 급진적으로 평등화하는 것을 가지고 전제조건으로 하여야 한다는 견해를 포회한 자도 없지 않다고 한다 … 이것은 편협한 소승적 견해로 심히 인심을 그릇되게 하는 것이라고 말하지 않으면 안된다 …동포는 흥아 혁신의 선달자인 포부를 가지고 우선 황국신민으로서의 실질을 구비할 것을 전제로 하지 않

---

65) 「내선일체주의 만주에 연장」 46호, 1938.2, 4쪽.
66) 김영삼, 「내선일체의 진의구명」 51·52호, 1938.5, 31쪽.

으면 안된다. 그렇게 되는 때에는 그 명名 그 대우는 스스로 이에 반伴하게 될 것은 명백한 일이다."[67]

일제는 황국 신민 의식의 요체는 황도사상을 자각하는 것이라 하였다. 황도란 일본의 건국신화에서 비롯된 것이라 하였다. 즉, "아 일본건국신화는 도의적 정신으로 일관하였음이 최대 특징이라고 결론한 것으로 물론 도의심은 일본 국민만이 홀로 가진 것이 아니나 건국정신으로는 일본처럼 도의가 존중되어 있는 나라는 타국에서 찾을 수 없는 바이다. 신대神代의 사는 차치하고 아我 연면한 황통의 제일대 이옵신 신무천황 건국의 어조칙에 명백히 도의입국의 정신을 선언하옵셨다… 일본국가 일본국민에 있어서 일본의 황실은 도의 중심, 도의 주체, 도의 본류이다. 국가의 활동은 물론 황실이 중심이 되어 행하여져야 되며, 국민 개인은 일체의 활동을 황실에 대한 충의 일점에 귀일되어야한다 … 이 점으로 일본국체의 근축根軸을 성성成한 '만세일계'라는 것이 만방무비의 광휘를 발하게 된다. 일본 황실의 만세일계는 도의 중심 근원으로서의 황실의 만세일계이므로 만방에 광휘를 발하고 있다"[68]고 하였다.

일제는 이와 같이 황국 신민의식의 요체는 황도사상이라 하고, 그 내용은 결국 천황에 대한 충성과 도의정치라 하였다. 즉, "보은 이라는 것은 도덕의 근본이다. 은恩을 아는 것은 도덕의 출발점이고 은을 모름은 석일부터 금수보다 못하다고 한다. 아국에서 최대의 도덕이 되어 있는 충효는 모두 보은의 행위에 불외하다 그리고 정의라는 것은 이 도덕을 널리 타에까지 행하도록 하려는 정신에 출발하여 말하자면 도덕 외에 향하여서의 발휘이라는 말이다…아 일본 국가는 이 숭고한 도의

---

67) 「흥아 추진력은 조선으로부터」(1938년 도지사회의에서의 남차랑의 훈시) 66호, 1939.5, 22쪽.
68) 조선총독부 학무국장 염원시삼랑鹽原時三郎, 「도의 입국정신의 앙양」 46, 16~18쪽.

정신에 의하여 건설된 것으로서 서양류의 이익사회설이나 계약국가설이나 유물주의적 해석은 절대로 허락할 수 없는 것이다. 상上에 천황은 도덕의 범을 시하고 법치주의가 아니고 덕치주의에 의하여 치국하고 하下 만민은 도덕 건국의 정신을 삼천년래 존봉하여서 의리 인정이라고 하는 대중 도덕을 형성하여 금일에 미치고 있다"[69]고 하였다.

일제는 나아가 내선일체론의 정당성을 일선동조론의 입장에서 정당화하려 하였고, 역사적 배경을 찾아 선전하였다. 일제는 최근 남차랑 총독에 의해 내선일체론이 고양되고 있지만 그 연원은 오래된 것이라 하여, "근일 조선 내에 구체화하게 된 내선일체 운동이 남총독에 의하여 제창된 바이나 그 연원은 금일에 비롯한 것이 아니다‥동아 제 민족 중 특히 지역적으로 불가분의 관계를 가지고 있는 내선 양 민족은 기다幾多의 시련을 맛보면서 접근하지 아니치 못할 운명에 직면하게 되었었다"[70]고 하였다.

다시 말해 일제와 조선은 일찍이 역사적 뿌리를 같이 하였다 하여, "대륙에서 원시생활의 미화와 행복을 찾아 동진東進한 형제가 풍광 명미明媚하고 기후 온난한 동부에 이르러 그 하나는 도내島內에 거주를 정하고 그 하나는 반도에 집을 지으니 이로써 각각 성장 발달하여 일가를 성함에 이르렀다. 그러나 세월이 흐르고 시대가 변천함을 따라… 일가는 새 시대를 잘 이용하여 가정이 번성하여 가지고 일가는 불초한 후손들이 세력쟁탈전으로 가운이 이미 경도하게 되매 엎친 데 덮치기로 외국의 신세력이 이것을 이용하여 자기의 지반을 만들려고 하게 되었다. 아무리 정의를 잃어버린 지 오래였다 할지라도 그 가슴에 흐르는 혈통은 이것을 묵과할 수 없는지라 일가는 최선의 노력을 다하여 이 경도하려는 일가를 구하려고 하게 되었다. 이것이 영매하옵신 명치대제의 일시동인一視同仁하옵신 어조서에 나타났으니 그가 일한합병이

---

69) 위의 글, 17쪽.
70) 김영삼, 「내선일체와 민족협화」 61호, 1938.12, 3쪽.

다"[71] 라고 하였다.

일제는 이와 같이 중일전쟁 이후 식민지 조선에서 황국신민론, 내선일체론을 제기하고 이를 재만조선인 사회에도 적용하고자 하였다. 즉 일제에 의하면 재만조선인 사회는 오족협화론이 지도이념이었지만 이제 내선일체주의를 재만조선인 사회에도 적용하여야 한다고 주장하였다. 즉, "일방 백만의 조선동포가 거주하는 만주국에는 오족협화의 국시가 정하여져 대화민족과 조선민족은 개개별별의 구성단위로서 시정의 대상으로 되어 있으므로 내선일체가 아니고 내선병립의 지위에 놓여있는 현상이다. 이러므로 조선에서의 내선일체주의도 일차一次 국경을 월하여 만주에 이르면 수정하지 않으면 안되게 되었다. 이러하여서는 조선의 내선일체주의도 완전한 실현을 기할 수 없게 되므로 총독부에서는 일찍 만주국에 대하여 내선일체주의에의 협력 오족협화주의의 수정을 요청 중이었는데 근일 만주국의 이해있는 태도로 말미암아 총독부의 희망이 원만하게 인정되어 이에 내선일체주의는 조선에서 뿐만 아니라 만주국에서도 그 시설기조施設基調로서는 시인되어 내선일체주의는 널리 선만鮮滿을 통하여 그 전면적 구현에 매진하게 되었다"[72]고 하였다.

내선일체론을 재만조선인 사회에 적용하고자 하는 일제의 정책은 재만조선인 사회 주도인물에게도 수용되었다. 즉, 조원환은 "우리 조선인은 이미 일본화 하여 일본정신에 살고 있습니다. 금회의 북지사변에 당하여 우리 조선인은 불언 불어 모든 방면에 국민으로서의 적성이 나타나있는 형편이며 … 우리는 항상 일본국민으로 된 영광을 생각지 않으면 안됩니다. 그리하여 일본국민으로서의 임무를 충실히 다 하지 않으면 안된다"[73]고 하여 일본국민으로서의 자각을 강조하였다.

---

71) 위의 글, 5쪽.
72) 「내선일체주의 만주에 연장」 앞의 글, 4쪽.
73) 협화회 봉천민회 분회 상무원, 조원환, 「북지사변과 총후의 임무」 34·35

김영삼은 만주국은 독립국이며 재만조선인도 그 구성원으로서 민족협화적 입장을 취하는 것이 타당하지만 만주국의 지도국가라는 사실 또한 협화의 궁극의 목표가 내선일체라는 점을 감안하여 내선일체론을 수용하여야 한다고 하였다. 즉, "혹이 말하기를 '내선일체는 민족협화를 장해障害하는 것이라'고 한다. '만주국은 일본의 식민지가 아니오 완전한 독립국이며 조선인도 구성분자의 일원으로 국민의 권리를 타계 민족과 동등으로 가졌는데 하필 내선일체를 말할 것이냐' 하는 것이다. 그렇다. 만주국은 독립국가 이다. 민족협화의 이상국가이다. 따라서 조선인도 만주국의 국민인 것이요 그 구성분자의 일원인 것이다… 일체는 협화의 극치이다. 민족협화라고 하여 각계민족이 일체의 관념사상이 없다면 그것은 우리고 바라고 있는 구의究竟의 민족협화는 아니다. 협화라는 과정이 있으면 반드시 일체라는 최후단계에 이르러야 할 것이다. 조선은 이미 내선협화의 단계는 지나갔다. 이제는 일체의 경境에 들어가야 할 시기에 있다. 또 이것이 일상의 정신이 아니면 안 되게 되었다…만주국은 독립국인 것이 사실이다. 그러나 만주국에서 일본의 지도적 입장을 생각하지 않을 수 없다 … 협화에의 길은 먼저 각계 민족이 일본인과의 결탁에 있는 것이다, 각계민족이 동아에서 일본의 지도적 입장을 이해하고 또한 일본정신의 구현인 협화 정신으로 체득하는 일본인과 협력하려는 진실한 지경에 이르렀다면 타계 민족과의 협화는 자연한 사세事勢일 것"[74]이라고 하였다.

## IV. 맺음말

본고에서는 「재만조선인통신」에 수록된 게재문들의 분석을 통해 재만조선인 사회의 만주국에의 통합논리와 중일전쟁 이후 침략전쟁을

---

호, 34쪽.
74) 김영삼, 「내선일체와 민족협화」 61호, 1938.12, 7~8쪽.

정당화하는 논리 등을 중심으로 검토하였다. 본문의 요약으로 맺음말을 대신하고자 한다.

일제는 만주국 건립 이후 재만조선인 사회에 만주국 지배를 정당화하고자 하였고, 그 일환으로 만주국의 건국이념의 도덕성, 역사적 필연성 등을 선전하였다.

일제의 건국이념 선전은 우선 만주사변 이전 장학량 군벌의 민중수탈성, 배일정책 등을 비난하고, 9·18사변의 역사적 필연성 내지 정당성을 강변하는 것으로 시작되었다. 일제는 만주국의 건립은 일제의 식민지 침략욕구가 아니라 장작량 군벌의 민중수탈이나 배일성에서부터 야기된 것이었고, 따라서 일제의 만주침략과 만주국 건립은 역사적 필연이며 또한 이는 만주 민중으로부터 지지를 받은 것이었다고 주장하였다.

이를 배경으로 하여 만주국의 건립과정은 일제가 주도한 것이 아니라 장작량 군벌의 압제로부터 벗어나고자 하는 만주지역 민중의 자연스러운 욕망의 분출이며 일제와 무관하게 독자적으로 이루어진 것이라 하여 만주국 건국과정을 다음과 같이 기술하였다.

일제가 만주국의 건국정신으로 내세운 것은 왕도정치였다. 왕도정치란 동방도덕의 인애의 정치 어진 인군의 정치라 하였다. 만주 건국이념으로서 왕도정치에서 핵심적 이념로서는 민족협화가 제시되었다.

이와 같이 민족협화론을 제시한 위에 재만조선인은 조선민족으로서 만주국민의 정체성을 지녀야 한다고 하였다. 여기서 주목할 것은 왕도정치론은 곧 일제의 황도주의에 종속된 것이었다. 다시 말해 만주건국은 일제의 황도주의의 실현이며 만주국의 주권 역시 천황에 종속된 것이라 하였다. 만주국은 도의정치를 실현하기 위해 존재하고, 또 이에 조응하는 정체는 과거의 전제정체나 현대의 자유주의 혹은 민주주의 형태를 띠지 않고 도의정치에 입각한 전제주의 정체를 취하고 있다고 하였다. 전제주의 정체이지만 민의의 수렴은 중시되고 이는 협화회를 통해 이루어진다고 하여 만주국 정체에서 협화회의 위상을 중시하였다.

일제는 만주국 건국이후 만주국 및 재만조선인사회의 발전상을 미화하였다. 일제는 우선 만주사회 발전의 기반으로서 만주국 건립이후 치안상태의 개선을 강조하였다. 이같이 치안을 중시하고 치안숙정에 힘 쓴 결과 만주국내의 치안은 현재 현저히 양호케 되었다고 하였다.

일제는 이와 같이 만주국 건국이후 치안상태의 개선을 강조한 다음, 이를 토대로 사회경제적 발전상을 미화하였다. 먼저 일제는 만주국 경제발전 방향을 일본과의 경제적 통합 및 국가통제경제의 원칙을 강조하였다.

일제는 만주국 건립 이래 재정이 건실해졌다고 하였고, 화폐·금융제도가 역시 정비되었다 하였다. 또한 일제의 대만주투자와 이민도 증대하였으며, 만주국의 산업도 발전하였다고 미화하였다. 나아가 만주국의 대외관계도 발전하는 중이라 하여 만주국 승인국가가 증대할 것이라 하였다.

한편 일제는 만주국의 건립 이후 재만조선인 사회의 발전상도 강조하였다. 우선 재만조선인 이주민이 양적으로 증대하였다는 점을 강조하였다. 그리고 이전의 만주군벌의 학정과 차별에 비해 무차별한 사회로 발전하였다고 미화하였다. 만주국의 건립 이후 재만조선인은 자유권이 확립되었으며, 재산권 및 참정권도 확립되었다 하였다. 나아가 실제로 재만조선인 사회의 정치적 신장의 지표로 만주국 고위관리로 임용된 사례도 예시하였으며 선만일여의 강화를 강조하였다.

일제는 중일전쟁이 발발하자 이를 정당화하는 논리를 개발하여 대대적으로 선전하였다. 일제는 노구교사건 이후 중국과의 전쟁이 전면화 하게 되자 이를 중국 측의 의도적인 도발이라 하여 비난하고, 그러나 이러한 도발은 우발적인 것이 아니라 역사적 필연성을 띠고 있다고 하였다. 따라서 이를 오히려 아시아 발전의 기회로 삼는 것도 필요하며 중국을 응징하는 것이 필요하다고 하였다.

중일전쟁이 발발하자 일제는 지나응징론을 제기하였다. 그러나 중국민족의 끈질긴 저항에 부딪혀 전쟁은 수렁으로 빠져들게 되었다. 여기에서 일제는 동아신질서론 등을 명분으로 중국과의 타협을 모색하였다. 일제는 동아신질서를 구축함에 있어 중국과의 화평은 필요불가결하다 하였다. 다만 중국과의 화평에 있어 전제조건은 반공 및 반구미 정책이 선행되어야 한다고 하였다.

일제는 동아신질서는 단순히 동아시아의 화평을 위한 것이 아니라 세계사의 신질서 요청에 부응한 것이라 하였다. 당시 국제질서는 근대 이래 서구가 주도해 온 자유주의적 국제질서와 사회주의적 국제질서 두 가지 질서가 한계에 봉착하였다고 하였다고 하였다. 그리고 이러한 자본주의에 의한 국제질서는 자체의 모순에 의해 안으로 대중궁핍과 계급투쟁을 낳았으며, 식민지 획득과 후진자본주의에 대한 억압을 낳았다 하였다. 이리하여 동양은 식민지로서 파괴되었다 하고 다만 일본만이 식민지를 모면하고 후진자본주의로 존재하여 있지만 서구의 압력으로 발전이 정지된 상태에 있다고 하였다. 여기서 후진국 일본과 반식민지적 착취를 당하는 일제와 중국의 협력은 동아시아의 평화는 물론이요 세계사의 진보를 위해서도 필연적이라 하였다.

이리하여 중국과 일제는 협동체를 만들어야 한다고 하였다. 그리고 이러한 협동체가 지향해야 할 이념은 근대 이래 세계의 발전을 이끌어 왔던 개인주의 사회주의가 아니라 새로운 이념 즉 전체주의에 입각해야 한다고 주장했다. 따라서 협동체를 구성하고자 하는 중국이나 일제 각각은 이러한 이념에 입각하여 전체주의적 개혁을 하여야 한다고 주장했다.

일제는 중일전쟁이 전면적으로 전개되면서 식민지 조선사회를 전쟁에 총력 동원하고자 하였다. 이에 일제는 조선인들에게 황국신민정신을 철저히 내면화하려 하였다. 이리하여 남차랑은 부임 이후 내선일체론을 강요하였다. 여기서 내선일체의 목표는 황국신민 의식을 내면화하는 데 있다고 하였다. 나아가 일제는 황국 신민 의식의 요체는 황도사상을 자각하는 것이라 하였다. 황고란 일본의 건 국신화에서 비롯된 것이라 하였다. 그 내용은 결국 천황에 대한 충성과 도의정치라 하였다. 일제는 나아가 일제와 조선은 일찍이 역사적 뿌리를 같이 하였다 하여 내선일체론을 일선동조론의 입장에서 정당화하려 하였다.

일제는 이와 같이 중일전쟁 이후 식민지 조선에서 황국신민론, 내선일체론을 제기하고 이를 재만조선인 사회에도 적용하고자 하였다. 즉 일제에 의하면 재만조선인 사회는 오족협화론이 지도이념이었지만 이제 내선일체주의를 재만조선인 사회에도 적용하여야 한다고 주장하였다. 내선일체론을 재만조선인 사회에 적용하고자 하는 일제의 정책은 재만조선인 사회의 주도인물에게도 수용되었다. 김영삼은 만주국은 독립국이며 재만조선인도 그 구성원으로서 민족협화적 입장을 취하는 것이 타당하지만 만주국의 지도국가라는 사실 또한 협화의 궁극의 목표가 내선일체라는 점을 감안하여 내선일체론을 수용하여야 한다고 하였다.

# 1930년대 후반 '재만조선인'의 '자아인식'

민 경 준*

## I. 머리말

일본은 1932년 '민족협화'를 통치이념으로 하는 「만주국」을 건설하고, 재만 조선인에 대해서도 「만주국」 국민으로 통합하고자 하는 일련의 정책을 추진했다. 그러나 재만 조선인에게는 「만주국」의 건국과 함께 '일본제국 신민'이란 지위가 부여되었을 뿐 아니라, 「만주국」의 통합정책도 재만조선인과 타민족 간의 차별과 대립을 해소하지 못한 채 그 한계를 드러냈다. 때문에 일본과 「만주국」은 1936년부터 「만주국」에서 일본의 치외법권을 철폐함과 함께 재만 조선인을 만주국협화회로 재편성하여 그 통합을 강화하고자 했다. 재만 조선인은 다시 「만주국」 국민으로서의 지위를 강요받게 되었다.

그런데 1937년 일본의 침공으로 중일전쟁이 시작되자 「만주국」은 일본의 총력전체제에 따라 전시동원체제로의 이행을 서둘러 추진해 갔다. 식민지 조선은 '대륙전진병참기지'로서의 위치가 부여되자 '내선

---

* 경성대 한국학연구소 연구원

일체'라고 하는 최고통치이념 아래 조선인을 '황민화'하여 통합, 동원하고자 했고, 일본은 그 '내선일체'에 의한 '황민화'를 재만 조선인에게도 적용해 갔다. 조선에서는 '내선일체'에 평등을 기대한 조선인들이 식민지 지배의 차별에서 벗어나고자 '황민화'로 치달았다. 「만주국」의 재만 조선인 중에도 전쟁에 협력하는 자는 늘어갔다.

재만 조선인은 이중의 틀 즉 '민족협화'와 '내선일체'라는 두 개의 통치이념 속으로 통합되어 갔지만 스스로가 '조선민족'이라는 자의식을 갖고 있을 때 그들은 '조선민족', '일본제국신민', '만주국국민'이라는 3중의 정체의식 속에서 방황할 수밖에 없었다.

「만주국」 시기 재만 조선인에 관해서는 항일투쟁사 차원의 전통적 연구 외에도 근래는 이주사, 도시사, 사회사, 문화사 등으로 연구가 확대되는 추세이다. 다만 이 글의 주제와 밀접한 재만 조선인의 정체성 및 자의식과 관련된 연구는 아직 많지 않다.

한석정은 재만 조선인은 일본인의 하위범주로서 부와 권력을 가진 '중간자'가 아니라 도박, 밀수의 부정업不正業, 항일, 비적 등으로 상징되는 「만주국」의 '부담스러운 존재'이자 민족박해의 대상이었다고 정리했다.[1] 윤휘탁은 다수의 논문을 통해 「만주국」 조선인의 정치, 경제, 사회적 위상을 파악하고, 나아가 『만선일보』에 집중적으로 보이는 재만 조선인들의 주장과 자아인식을 통해 '민족협화'로부터의 소외를 밝히고 있다.[2] 신주백은 만주국군滿洲國軍 속의 조선인 장교의 현황, 활동 및 자의식을 통해 그들의 출세주의, 체제 속의 민족경쟁에서 유발된 왜곡된 민족의식을,[3] 박성진은 「만주국」 조선인 고등관료의 입신출세주

---


1) 韓錫政, 『만주국 건국의 재해석 - 괴뢰국의 국가효과, 1932~1936』, 동아대학교출판부, 1999.

2) 尹輝鐸, 「<滿洲國>의 '2等 國(公)民', 그 實像과 虛像」, 『歷史學報』 169, 2001; 同, 「「滿洲國」의 '民族協和' 運動과 朝鮮人」, 한국민족운동사학회, 『한국 항일 민족운동과 중국』, 국학자료원, 2000.

3) 신주백, 「滿洲國軍 속의 朝鮮人 將校와 韓國軍」, 『역사문제연구』 9, 2002.

의적 성격을[4] 각각 밝히고 있다. 또한 일본에서 신규섭은 재만 조선인을 둘러싼 상황이 변해 가는 가운데 등장하는 여러 조선인 '유식계급자'의 주장을 분석하여 '제국신민' 주장의 중층적 양상을 해명했다.[5] 다나까 류이치는 「만주국」과 조선총독부의 알력 속에 치외법권 철폐 이후 재만 조선인이 처하게 된 '민족협화'와 '내선일체'의 모순적 상황을 밝혔고,[6] 히로오까 키요노부는 태평양전쟁 시기 재만 조선인의 '황민화'와 '내선일체'에 근거한 '황국신민' 주장과의 상호관련성을 밝히고 있다.[7] 또한 최근에는 「만주국」 도시 내부의 조선인사회의 다양한 실태를 밝히고자 하는 연구가 주목받고 있는데,[8] 이 가운데 이동진은 「만주국」 수도 신경의 조선인을 사회학적으로 분석하고, 집단과 개인 각각의 통합과 분리 양상에 대한 정리를 통해 재만 조선인의 소외적 측면 외에 통합적 측면도 있음을 밝히고 있다.[9]

---

4) 박성진, 「만주국 조선인 고등 관료의 형성과 정체성」, 『동양정치사상사』 8-1, 2009.

5) 申奎燮, 「在滿朝鮮人의 '滿洲國'觀 및 '日本帝國'像」, 한국민족운동사학회, 『남북한 현대사의 제문제』, 국학자료원, 2003; 同, 「'만주국'의 협화회와 재만 조선인」, 『만주연구』 1, 2004.

6) 田中隆一, 「對立と統合の『鮮滿』關係-『內鮮一體』·『五族協和』·『鮮滿一如』の諸相」, 『ヒストリア』 152, 1996; 同, 「日帝の『滿洲國』統治と在滿韓人問題 : 『五族協和』と『內鮮一體』の相剋」, 『만주연구』 1, 2004.

7) 廣岡淨進, 「在滿朝鮮人の『皇國臣民』言說 - 總力戰下の滿洲國協和會を中心に」, 『朝鮮史研究會論文集』 41, 2003.

8) 김경일·윤휘탁·이동진·임성모, 『동아시아의 민족이산과 도시 - 20세기 전반 만주의 조선인』, 역사비평사, 2004에서는 봉천, 신경, 하얼빈 각각의 도시 발전과 조선인사회의 실태를 밝혀낸 주목할 성과이다. 유지원·김영신·김주용·김태국, 『근대 만주 도시 역사지리 연구』, 동북아역사재단, 2007의 일부 역시 만주 주요 도시의 발전과 조선인사회의 특성 등을 분석하고 있다.

9) 이동진, 「제3장 신경의 조선인 : 이산과 정착 사이」, 위의 책, 『동아시아의 민족이산과 도시 - 20세기 전반 만주의 조선인』. 그는 또한 「기억 속의 新京 朝鮮人-기억과 정치 사이」, 『大東文化研究』 60, 2007에서는 구술자료를 활용, '기억'과 '정치'의 상관관계를 국내의 정치적 상황에 의한 재만

이상의 연구는 「만주국」 시기 재만 조선인 개인, 집단, 사회의 다양한 실태와 활동에 관한 상세한 실증연구를 통해 그들의 정체성 해명에 한 걸음 더 접근한 귀중한 연구 성과들이다. 단 재만 조선인의 자의식에 보이는 정체성 해명이라는 이 글의 관점에서 봤을 때 연구의 대상과 시기가 단계별로 분화되지 못하고, 재만 조선인들이 어떠한 자신의 논리로 「만주국」의 지배에 대하여 통합하고 분리하고자 했는가에 대한 해명이 없는 것은 여전히 과제로 남는다. 특히 재만 조선인이 중일전쟁 이후의 총력전체제 아래에서 자신의 현실을 개선하기 위해 '민족협화'와 '내선일체'라는 상호 모순된 이데올로기를 어떻게 수용하며 전쟁에 협력하고 통치권력에 접근했는가에 대해서는 거의 밝혀져 있지 않다.

따라서 이 글은 일본과 「만주국」의 통치이념인 '민족협화'와 '내선일체'에 대한 재만 조선인의 이탈과 협력이라는 면에 주목하여 검토를 하고자 한다. 대체적으로는 '민족협화'와 '내선일체'의 혼란 속에서 '내선일체'로 기울어졌던 재만 조선인들은 일본을 어떻게 파악하고, 또 이러한 상황 속에서 「만주국」과 자신들을 어떻게 관계시키려 했던가 하는 주체적 대응의 측면에 주목하고자 하는 것이다.

이를 위해 먼저 재만 조선인이 '민족협화'와 '내선일체'의 갈등 아래에 놓이게 되는 상황을 정리하고, 다음으로 치외법권 철폐와 지역별분회 방침으로 협화회 내에서 자신들의 위상이 추락 하는 가운데 '내선일체'의 적용이라는 상황을 이용하여 전개된, 조선인으로 구성된 민족분회 및 보도기구의 설립을 정리할 것이고, 끝으로 1938년 이후 조선인의 '황민화'가 요구되는 가운데 공포된 육군특별지원병제도를 재만 조선인에게도 적용해 줄 것을 요구하는 주장이 교육여건 개선을 요구하는 주장과 어떤 논리로 연계되어 있는지를 정리할 것이다. 즉 「만주국」의 통치 아래에서 일본 조선식민지 통치 이데올로기를 전략적으로 주장

---

경험자의 기억상실로 설명하고 있다.

하는 것에 의해 자신들의 이익과 요구를 관철시키려 하는 논리를 정리
할 것이다.

## Ⅱ. '만주국민'과 '일본국민' 사이의 재만조선인

1930년대 후반 「만주국」 조선인의 삶에 있어 큰 변화를 초래한 사건
은 그동안 일본의 조선인 통제장치이자 보호막이 되어 왔던 치외법권
의 철폐와 중일전쟁의 확대에 따른 전시동원체제의 강화, 그리고 그에
따른 '내선일체'의 적용일 것이다.

일본은 만주국의 통치체제가 안정 상태로 접어들자 건국 당시부터
'독립국', '민족협화'의 복합민족국가 실현을 위해 구상하고 있던 치외
법권 철폐를 1935년부터 기본 방침으로 정하고, 그 단계적 철폐를 결정
했다.[10] 그에 따라 1936년 7월부로 과세권, 산업행정권이 철폐·이양되
었고, 1937년 12월부로 영사재판권, 영사경찰권, 금융행정권, 관세행정
권, 우정권, 통신행정권 등이 철폐·이양되었다.

한편 재만 조선인은 일본과 만주국 간에 치외법권 철폐 준비위원회
가 설치되어 철폐 방침이 정해지고,[11] 1934년 7, 8월에는 조만간 철폐한
다는 소식과 함께 「만주국」에서 철폐 준비에 들어가자,[12] 이에 민감하
게 반응하여 대책회의와 시민대회를 통해, 또는 회의석상에서 반대의
사를 표명했다. 그러나 반대의사의 내용과 표현은 지역마다 달랐다. 가
령 1934년 8, 9월에 걸쳐 봉천奉天에서는 조선인 유지의 대책회의가 개

---

10) 滿洲國史編纂刊行會, 『滿洲國史 總論』, 第一法規出版株式會社, 1970, 481~
 482쪽.
11) 가령 「治外法權撤廢로 日滿 兩國聲明」, 「九月로부터 二年後에 治外法權을
 撤廢 / 滿鐵附屬地에는 特殊便法施行 / 具體的大綱을 決定」, 『東亞日報』
 1933년 8월 6일자.
12) 「司法官二百名 滿洲서 招聘, 治外法權撤廢準備」, 『東亞日報』 1934년 8월 12
 일자; 「治外法權撤廢 滿洲國準備着手」, 『東亞日報』 1934년 8월 17일자.

최되고, 영구營口, 개원開原에서는 조선인 시민대회가 개최되었다. 영구, 개원의 시민대회에서는 "철폐 반대 권리 보호", "치외법권 철폐를 극력 반대", "만철부속지 반환 문제 등 절대 반대"의 입장을 분명히 표명했지만, 봉천의 조선인 유지 30명이 야마토 호텔에서 가진 대책회의에서는 치외법권 철폐에 대하여 "원칙적으로 찬성"하지만, 만전을 기해 주고, 치외법권 철폐 수속 시 입법, 사법, 행정 각 기관에 조선인을 상당수 배치할 것, 치외법권 철폐를 준비할 훈련기간을 둘 것 등을 요구하는 소극적 대응에 그치고 있다.[13] 한편 재만 조선인의 의사를 집결할 수 있는 조선인 민회朝鮮人民會(이하 민회)나 전만조선인민회연합회全滿朝鮮人民會聯合會(이하 민회연합회)에서도 적극적인 반대의사는 표명했다.[14] 다만 표명은 총회석상에서 치외법권 철폐에 따른 민회와 연합회의 해산 이후의 요구사항만 의결하는 선에서 그치고 있다. 치외법권 철폐에 대한 대응 논리는 각각 분산적이며, 각 지역 조선인단체가 연대한 대응도 없었다. 특히 조선인 민회나 민회연합회가 주축이 된 집단적 대응이 보이지 않는 점에서 이들 기구의 무력함 내지는 방관적 자세를 엿볼 수 있다.

---

13) 도시별 대책회의와 시민대회의 개최 사실은 「治外法權撤廢와 在奉人士 決議(奉天)」, 『東亞日報』 1934년 8월 29일자; 「在營口五千朝鮮人 治法撤廢 反對, 廿七일 권익 확보 등을 결의, 朝鮮人市民大會開催」, 『東亞日報』 1934년 8월 31일자; 「開原居留朝鮮人 治外法權撤廢反對 관계 요로 당국에 타전하기로 市民大會에서 決議」, 『東亞日報』 1934년 9월 12일자 기사에서 확인된다.

14) 1935년 12월 일본 東京中央協議會에서 재만 조선인의 교육기관을 만주국에 이양하기로 합의를 보았다는 보도에 "전만조선인민회연합회는 반대의사"를 표명했다. 이에 앞서 8월에는 각 민회장이 총회를 개최하여 당시 연합회 회장 野口多內를 배척하는 운동이 전개되었고, 이 일은 관동군, 조선총독부에서도 주목했다고 한다. 다만 이 일이 치외법권 철폐에 대한 대응문제에서 촉발된 것인지는 자세하지 않다. 「在滿同胞 敎育機關 移管 現地에서 反對烽火 東京中央協議會의 決議에 對하야 要路當局에 電報發送」, 『東亞日報』 1935년 12월 19일자; 「在滿朝鮮人民會總會 聯合會長을 排斥」, 『朝鮮中央日報』 1935년 8월 25일자.

치외법권 철폐 방침에 따라 관동군사령부는 1936년 8월 새로 작성한 「재만조선인지도요강」[15]에서, 재만 조선인은 "만주국의 중요한 구성분자"임을 정말로 "자각"하게 하고 "만주국국민"으로서의 "의무를 이행"하고, 치외법권 철폐에 따라 "타민족과 협화·융합"하고 "균등한 조건"에서 발전해 나가도록 지도할 것을 강조했다. 또한 재만 조선인을 종래의 "일본신민日本臣民"이 아니라 민족협화에 의해 "만주국 국민"으로 통합한다는 방침 하에 재만 조선인 스스로가 "정화"하고 "각성"할 것을 강조하고, 민회를 비롯한 재만 조선인 단체를 만주국협화회滿洲國協和會(이하 협화회)로 흡수함으로써 역시 "자정적 교화"를 시키고자 했다.

관동군關東軍은 위의 요강에 따라 일본인거류민회日本人居留民會와 함께 조선인 민회 조직을 만주국협화회에 합류시키고, 총력전체제 하의 만주국에서 재만 조선인 동원을 맡기기로 했다. 만주국협화회란 관동군의 지도 아래 만주국의 건국이념을 선전하고, 공작을 담당하기 위해 발족한 사상교화단체였지만, 치외법권 철폐에 따라 민중동원을 담당하는 국민조직으로 개조되었다.[16] 1936년 7월부터 시작하여 민회를 포함한 행정기관은 「만주국」의 행정기관으로 재편되었다.

재만 조선인은 일본국적을 지닌 '일본의 신민'으로서 만주에서 특수한 지위에 있었고, 치외법권은 중국인과의 마찰과 충돌에서 재만 조선인을 보호하는 일정한 보호막 역할을 하고 있었다. 그런데 치외법권 철폐로 재만 조선인은 만주국 국민으로서 만주국의 직접적인 행정관할 아래에 놓이게 되었고, 특히 재만 조선인에 대한 재판권과 경찰행정권의 이양은 보호막이라는 상징적 의미를 잃게 됨을 의미하는 것이었다. 한편 재만 조선인 민회 행정사무의 이양과 함께 민회의 직원도 인

---

15) 関東軍司令部, 「在満朝鮮人指導要綱 (1936. 8. 15)」, 滿洲帝國協和會中央本部調査部, 『國內に於ける鮮系國民實態』, 1943, 101~103쪽.
16) 滿洲國協和會의 개요에 대해서는 임성모, 「만주국 분단지배와 국민동원의 견인차」, 『민족문제연구』 13, 1996 참조.

계되어 지방행정기관의 관리로 임명되었는데 조선총독부 관계직원을 포함해 모두 2,127명이었다. 1940년이 되면「만주국」의 조선인관리와 협화회 조선인 직원의 수를 합치면 약 3,000 명에 달했다.[17] 재만 조선인 단체의 중심인물이「만주국」의 행정기관에 편입된 것은 제국 일본이나 조선총독부에 종속되어 있던 재만 조선인 유력자가「만주국」의 권력기관에 종속된 것으로, 재만 조선인 유력자에게는 새로운 국면이 전개된 것이다.

협화회로 편입된 재만 조선인은 협화회의 분회조직 방침에 따라 협화회수도본부  조선인분회協和會首都本部朝鮮人分會,  본계호조선인민회분회本溪湖朝鮮人民會分會와  같은  민족별분회로  결성되었고,[18]  그  조직을 확대해 가고 있었다. 그러나 협화회는 1938년 1월, 종래의 분회조직방침을 종래의 민족별분회에서 지역별분회로 개편하였는데, 조선인의 민족별분회도 지역별분회로 재편되지 않을 수 없었다. 다만 대도시와 같이 각 민족이 혼재하여 그 보도輔導가 불합리한 지역은 종래와 같은 민족별분회를 인정하기로 했다. 지역별 분회로의 변경은 그 때까지「만주국」의 통제장치이기는 하지만 민회에서 조선인 민족별분회로 이어져 온 조선인단체가 소멸되는 것을 의미하는 일이었다.

한편 1937년 7월 일본이 일본의 침공으로 중일전쟁이 시작되자,「만주국」은 전시총동원체제로의 이행을 급속하게 추진하고, 1938년 2월에는 국가총동원법이 공포되었다. 또한 조선의 '대륙전진병참기지'로서의 위치가 보다 중시됨과 동시에 '내선일체'가 조선지배정책의 최우선 통치이념으로서 강요되고, 조선에서는 같은 해 2월 22일 조선인을 대상

---

17) 洪陽明,「大陸進出의 朝鮮民衆, 滿洲國에서 活躍하는 그 現象」,『三千里』 11-1, 1939년 1월, 90쪽.
18) 조선인 민회의 해산과 협화회로의 통합에 대해서는 신규섭,「만주국'의 치외법권 철폐와 재만 조선인에 대한 인식」,『대동문화연구』 43, 2003;「'만주국'의 협화회와 재만 조선인」,『만주연구』 1, 2004, 110~116쪽 참조.

으로 하는 육군특별지원병령을 공포(4월 시행 예정)했다. 이와 관련하여 조선총독부는 3월에 조선교육령을 개정(4월 시행)하고, 황민화정책을 전개시켜 갔다.[19] 나아가서는 재만 조선인도 전쟁동원 체제에 편입시킴으로써 동원정책의 효과를 극대화하기 위해 신경의 재만 일본 대사관은 조선총독부와 조정한 다음, 3월 30일 육군특별지원병제를 4월 3일부로 시행한다고 공포함과 동시에 「만주국」 각 공관에 세부사항을 전달했다. 이에 따라 「만주국」에서도 조선인을 대상으로 하는 육군특별지원병제도를 실시할 준비가 이루어지게 되었다.[20] 일본은 다시 재외조선인에 대한 '내선일체'의 적용을 방침으로 정하고, 10월 12일에는 "내선일체의 취지에 입각하여 그들(재만 조선인)로 하여금 흔연하게 황국신민皇國臣民이라는 자각과 긍지를 가질 수 있게" 지도하라고 재외각공관에 훈령을 내었다.[21] 또한 조선총독부의 주장을 받아들여 1939년 초두에는 「만주국」에서 '내선일체의 근본요지'가 확립되었다.[22] 이는 재만 조선인에 대한 지원병제도와 함께 이후 창씨개명 및 징병제도의 적용을 통하여 '내선일체의 구현' 즉 '황민화'정책으로 전개되어 가지만, 재만 조선인에게는 치외법권 철폐 이후 더욱 강조되고 있던 '민족협화'와 총력전체제 아래에서의 '내선일체'라는 통치이념의 틀에 갇힌 채 만주국에 이중으로 통합될 것을 강요하는 것이었다.

중일전쟁이 시작되자 재만 조선인사회에서는 7월 8일에 협화회 봉천조선인청년단이 시국간담회를 개최했다. "지도계급 이백여 명"이 출

---


19) 조선에서 육군특별지원병제와 관련한 황민화정책의 전개에 대해서는 宮田節子 著, 李熒娘 譯, 『朝鮮民衆과 『皇民化』政策』, 一潮閣, 1997, 29~58, 103~118쪽 참조.

20) (일본) 外務省東亞局, 『昭和十三年度執務報告 第二册(第二課關係)』, 1938년 12월, 248, 253쪽.

21) (일본)外務省東亞局, 위의 보고, 214~215쪽.

22) 田中隆一, 「對立と統合の『鮮滿』關係-『內鮮一體』·『五族協和』·『鮮滿一如』の諸相」, 『ヒストリア』 152, 1996, 127~128쪽 참조.

석하고, 일본정부에 조선인의용병 모집을 청원하고, 국방헌금을 모았
다.[23] 이 외에도 7월 19일에는 신경에서도 협화회 수도조선인분회와
재신경조선인 각 단체가 주최하고, 이들 단체의 간부와 "제씨유지諸氏有
志 등 150여 명"이 참석한 시국간담회를 개최하여 선언결의, 격려전문,
출정군인 위문, 기원제 거행 등의 사항을 결의하는 등 「만주국」 주요
도시의 민회나 협화회 조선인분회 및 각 단체의 시국대회 및 궐기대회
를 열고 헌금운동을 전개했다.[24] 또한 협화회에 합류해 있던 민회 관
계자는 재만 조선인은 "먼저 일본국민으로서 또한 만주국의 구성분자
로서" 지금 당장은 병역의 의무를 다하지 못하지만 "총후銃後의 임무를
충분히 하지 않으면 안 된다"고 하여 재만 조선인 민중에 대하여 '황국
신민'으로서 전쟁에 협력하자고 호소했다.[25]

　또한 외무성에 의하면, 육군특별지원병제도가 실시될 예정이라고
보도되자, 만주나 중국에 거주하는 조선인 가운데 "이상한 감명을 불러
일으켜 오랜 숙망인 본 제도의 실시에 대한 환희와 감격은 그 극에 도
달"했다. 「만주국」에서는 실시를 기념하는 축하행사가 계획되고, 협화
회 조선인분회나 조선인청년단 등이 주최하는 강연이 개최되고, "관계
각 요로"에의 감사전보 발신 등 "열광적 감격, 내놓고 실시기일을 대망"
하는 움직임이 있었다. 4월 3일에는 만주국 각지, 북경과 천진天津 등
화북의 주요 도시의 '재류조선인단체在留朝鮮人團體'가 대대적 축하행사
를 주최하고, '황국신민'으로서 점차 완성단계에 도달해 가고 있음을
자각하고, 처음부터 끝까지 열광적으로 감격하고, 향후 한층 더한 향상

---

23) 「義勇兵募集請願 不遠 政府에 打電, 在奉天朝鮮人靑年團」, 「在滿同胞들도
　　愛國機 獻納運動」, 「間島朝鮮人 間島號獻納(龍井)」, 「朝鮮人 同胞 陸海兩
　　軍에 慰問」, 『東亞日報』 1937년 7월 21일자, 8월 15일자, 9월 8일자.
24) 「銃後に沸く半島同胞の赤誠」(一)(二)」, 『全滿朝鮮人民會聯合會會報』 54,
　　55, 1937. 8, 9일자.
25) 曹元煥[協和會奉天民會分會常務員], 「北支事變과 銃後의 任務」, 『在滿朝鮮
　　人通信』 34·35, 1937년 9월, 34~37쪽.

에 매진할 것을 선언하기도 했다. 지원병제도의 실시는 재외조선인의 대일협력을 끌어내는 데 있어 "지도하기에 꽤 좋은 영향을 끼쳤다"라고까지 평가되었다.

그럼에도 외무성은 결국 3월 30일 발표된 대사관담화를 통해 육군특별지원병제도의 실시는 징병제도의 시행 또는 참정권의 부여 등과는 별개의 문제에 속한다고 해명해야만 했다.[26] 외무성은 재만 조선인이 지원병제도를 환영하는 행동에 만족하기 보다는 오히려 지원병제도가 조선인에 대한 징병제의 실시나 참정권의 부여 등 '내지인'과의 평등을 실현하고자 하는 전제로 수용될까봐 긴장하였던 것이다.

## Ⅲ. '일본국민'으로서의 협화운동 참여

재만 조선인들에게 치외법권 철폐에 따른 민회의 해산과 협화회로의 통합은 자신들을 대변해줄 단체의 소멸을 의미하였고 적잖은 시간이 소요되었기 때문에 당장 필요한 조선인단체를 성급히 결성하고자 했다. 일본 외무성의 보고에 따르면, 만주국 주요도시에서 민회의 회원조직이 협화회 조선인분회로 통합되는 가운데 민회의 잔무정리와 기타 사정으로 "조선인회朝鮮人會", "조선인청년회朝鮮人靑年會", "조선인구락부朝鮮人俱樂部" 등의 명칭으로 성립한 단체가 있었고, 이들은 회원 상호간의 친목 또는 일반적 복지증진을 도모하기 위한 "사교적 단체"였다. 그렇지만 관동군과 「만주국」 측은 신종 단체의 결성은 자칫하면 민족 간 이반과 편견을 초래하여 "일만일체日滿一體 민족협화"의 정신에 배치될 수 있다는 염려로 신속히 금지 또는 해산을 명하였고, 이로 인해 각지에서 상당한 소요를 야기했다.[27]

---

26) (일본)外務省東亞局, 『昭和十三年度執務報告 第二册(第二課關係)』, 221, 248~254쪽.

27) (일본)外務省東亞局, 위의 보고, 276쪽. 수도 新京에서는 치외법권 철폐로

재만 조선인은 위의 과정을 거치면서 협화회의 민족별분회로 재편되어 갔지만, 다시 민족별분회가 1938년 초부터 다시 지역별분회로의 재편원칙에 따라 조선인의 민족별분회는 신경특별시新京特別市의 계림분회鷄林分會, 하얼빈시의 금강분회金剛分會, 목단강시牡丹江市의 제4분회 등 주요 도시의 조선인분회가 민족명을 사용하지 않은 채 존속된 것을 제외하면 대부분이 각 민족이 혼합된 지역별분회로 재편될 수밖에 없었다. 그렇지만 이러한 지역별분회로의 재편도 "분회의 활동성과 지도상의 편리함 등 여러 점에서 봤을 때 당분간 상당한 불편을 피하기는 어려"웠다.[28]

관동군과 「만주국」이 협화회분회 및 산하단체를 제외하고는 재만 조선인 단체의 신설을 엄격하게 규제한 결과 1938년 말에는 현존하는 재만 조선인 각 단체는 학교조합, 금융회, 농무계(연합회 포함) 및 기독교회 등이고, 그 외에 봉천, 하얼빈 등 주요 도시에는 노동조합, 주택조합 및 하얼빈자선회哈爾濱慈善會, 부인근업회婦人勤業會 등의 여러 단체가 있었다. 다만 각 주요 도시의 협화청년단과 부인회 등은 조직되고 있는 중이고, 금융회, 농무계 및 치외법권 철폐 후 새롭게 설립된 학교조합을 제외하면 "어느 것도 활발한 활동을 계속하고 있는 것이 없는 상태"였다.[29]

재만 조선인 사회에서는 조선인이 중심이 되어 자신의 요구를 주장할 수 있는 단체의 결성을 강하게 요망했지만, 특정민족 단체의 결성은

---

민회를 비롯한 각 단체가 만주국 기관으로 통합 또는 이관되자, 在新京朝鮮人이 재단법인 '同興會'라는 단체를 조직하고 상호간의 협화를 기본으로 在新京朝鮮人의 교화훈련·지도에 관한 사업을 경영했다. 「治法撤廢로 同興會組織, 新京 朝鮮人民會」, 『東亞日報』 1937년 11월 9일자. 또한 치외법권 철폐 이전 新京의 조선인 단체로는 '朝鮮人民會' 외에도 '新京靑年會', '新京車輪協會', '白鳥會' 등이 있었다. 「一千圓喜捨! 朝鮮人團體 同興會에 新京朴泰晉氏美擧」, 『東亞日報』 1938년 2월 2일자.
28) (일본)外務省東亞局, 위의 보고, 277쪽.
29) (일본)外務省東亞局, 위의 보고, 278쪽.

관동군이나 「만주국」의 협화정책과 배치되었기 때문에 억제할 수밖에 없었다. 가령 1938년 10월 봉천 유지들의 제창으로 조선인의 '생할개선운동'을 취지로 하는 모임이 한 사찰에서 개최되었는데, 이미 협화회, 헌병대, 경찰 방면의 허락을 받았고, 협화회에서 이 운동을 협화회의 사업으로 하겠다는 확답을 얻은 상황이고, 생활개선이란 것도 주로 관혼상제의 간소화, 미신·악습타파 등 우리의 3공화국 시절의 가정의례준칙을 연상시키는 내용임에도, 그 모임의 분위기는 "민족해산" 즉 지역별분회로의 전환 이후 너무나 잠잠하던 봉천의 조선인사회에 "이상한 긴장"을 초래했다고 할 정도였다. 회의에 참가한 조선인 유지들은 이 운동을 "조선인 지도기구에 대한 촉진운동" 즉 조선인 단체의 설립운동으로 정리하였던 것이다.[30]

협화회의 민족별분회가 지역별분회로 재편되자 재만 조선인의 분회 활동은 크게 제약을 받을 수밖에 없었다. 간도성間島省을 제외하면,[31] 협화회 각 분회조직의 전체 회원 수에서는 물론 지도부에서도 조선인이 차지하고 있는 비중은 매우 가벼웠기 때문에 그들의 발언권이나 영향력은 거의 없었다. 더욱이 협화회 조직 속에서 일상적으로 통용되고 있는 언어 역시 일본어와 중국어였기 때문에 조선인은 언어상의 장벽을 가지고 있었다. 때문에 수도 신경의 경우, 대다수의 조선인 회원이 "정회비町會費"를 납부하지 않는다는 이유로 타민족 회원으로부터 "공공생활을 해 나갈 소질이 없다"는 비난을 받았고,[32] 농촌의 경우는 대다수의 조선인은 중국인 지주의 소작인이며, 또 조선인은 수전을

---

30) 「生活改善運動의 烽火 : 在奉有志의 提唱으로 具體化」, 『在滿朝鮮人通信』 60, 1938년 11월, 8~12쪽. 이 모임의 참가자는 崔卓, 曺元煥, 金炳泰, 金秉甲, 田鳳萬, 徐範錫, 洪淳範, 金權收, 楊東赫, 趙致基, 公炳淳 외 7인이었다.
31) 申奎燮은 협회회의 조선인 회원 증가는 間島省에 집중되어 있고, 그 원인은 間島省의 협화회 운영은 조선인이 중심이 되어 있기 때문이라고 지적하고 있다. 신규섭, 「'만주국'의 협화회와 재만 조선인」, 115쪽.
32) 「公民의 義務-町會費를 納入하라(社說)」, 『滿鮮日報』 1940년 5월 1일자.

경작하는 데 반해 중국인은 밭을 경작하는 등 언어가 다름은 물론 이해관계를 달리하는 이들과 함께 지역별분회에 참가함으로써 전혀 소통이 되지 않았다.[33] 이와 같은 상황에 마주친 재만 조선인은 "지방의 실정과 민족적 특수성"을 감안한 "민족별 지도"를 강하게 요구하게 되었다.[34]

그리하여 협화회는 계림분회, 금강분회 등의 10여 곳의 조선인분회 외에도 조선인 회원을 '보도輔導'하기 위한 기관으로 목단강성 본부의 조선인보도부朝鮮人輔導部, 안동시安東市 본부의 조선인보도부, 그리고 봉천시 본부의 선계공작간사회鮮系工作幹事會 등을 설립했다.[35] 이들 기구의 설립취지는 안동시본부의 조선인보도부를 예로 들면, 첫째는 조선인의 풍속, 언어, 습관, 민족성 등 특수사정에 근거한 '적성적適性的 회會운동의 진전'이고, 둘째는 조선인의 특수사정에 따른 '민족자정적, 교화적' 운동을 보도하는 것이며, 셋째는 중일전쟁을 계기로 하는 '국민정신동원'이었다.[36] 그 가운데 "행정적 내지 교화적으로 만주국의 시책에서 격리되어 있는 조선인에 대한 보도"를 목적으로 하는 자정운동은 '만주생활의 건설운동'으로서 이미 일본인들 사이에서 영주永住생활 운동으로 제창되어 '만주정착운동' '만주향토운동'으로 추진되고 있었

---

33) 地域別分會로의 전환 후 재만 조선인의 生活不安定에 대해서는 申奎燮, 위의 논문, 118쪽; 尹輝鐸, 「「滿洲國」의 '民族協和'運動과 朝鮮人」, 159~167쪽 참조.

34) 「協和會運動에 新示唆 / 實情을 把握한 最善의 組織 / 協和會安東朝鮮人輔導部設置」, 『在滿朝鮮人通信』 60, 1938.년 11월, 29~30쪽.

35) 「奉天協和會의 鮮系工作運動[新京·滿鮮日報社說]」, 『朝鮮通信』 161, 1939년 9월, 4~7쪽.

36) 安東市本部 朝鮮人輔導部의 각 부문별 사업은 총무계를 제외하면, 社會系-직업선도, 재해빈곤구제, 계몽운동(무료숙박, 자력갱생운동, 협화극단), 輔導系-종교보도, 이민보도, 국방부인회, 訓練系-청소년단, 체육, 協和義勇奉公隊이다. 「協和會運動에 新示唆 / 實情을 把握한 最善의 組織 / 協和會安東朝鮮人輔導部設置」, 『在滿朝鮮人通信』 60, 1938년 11월, 29~30쪽.

는데, 조선인에게도 "만주생활에 대한 혐오적 관념을 버리고 자기적응적이고 적극적으로 건설해 갈 것"이 장려되었다.[37] 즉 협화회는 중일전쟁 이후 전시동원체제의 강화를 최우선 목적으로 하는 가운데 조선인 청년의 조직화와 보도를 이들 조선인보도부나 선계공작간사회에 맡기고자 한 것이다.

그러나 이들 보도기구의 설립 배경에는 협화회에서 유리되고 있던 조선인을 보도한다는 취지만 있은 것은 아니었다. 안동조선인보도부 소장 한창운은 조선인보도부의 설립의의를 다음과 같이 정리하고 있다.[38]

그는 조선인에게 "만주인식"이 부족하다는 비판에 대하여 만주국은 조선인의 "대對만주인식공작"을 얼마나 하였는가 하고 되묻고는, 일본을 예로 들어, 재일조선인은 "내선일체의 근본정신, 근본정책 아래"에 있음에도 불구하고 조선인의 특수사정을 감안한 "교화적, 자정적 민족보도기관"으로서 각 부현府縣에 협화회가 설치되어 "내선일체의 별동대"로 공작하고 있으며, 최근에는 그 기능을 일층 강화하기 위해 동경에 중앙협화회中央協和會를 창립하여 지방기관의 지도통제를 맡기고 있다. 때문에 소수민족보도기관의 필요에 관해서는 부언할 필요가 없다고 한다.

이는 일본의 협화회를 통한 재일조선인의 동원과 통제를 말하고 있지만, 실은 1939년 초 이후 재만 조선인에게도 적용하기로 한 내선일체의 원칙이 왜 만주국협화회에서는 구체화되고 있지 못한가라고 되묻는 것이다. 재만 조선인에 대한 내선일체의 적용방침은 조선인 지도층이 조선인의 민족별지도, 조선인분회의 설립을 요구하는 강력한 무기로 등장하였음을 보여준다.

---

37) 『滿鮮日報』, 1939년 12월 29일자, 1940년 3월 1일자.
38) 韓昌雲[協和會安東朝鮮人輔導部所長], 「우리 輔導部의 使命」, 『在滿朝鮮人通信』 70, 1939년 9월, 23~25쪽.

그는 다시 중국인 경찰의 조선인 농민에 대한 억압을 빗대어, 만주국의 구성분자인 조선인은 내선일체의 정책에 의해 이미 황국신민으로서 정신적 문화적 수준을 달성하려 하고 있는데, 현재 만주국의 조선인 통치는 조선인의 황국신민화를 도리어 저해하는 것으로서, 조선인으로 하여금 만주국을 일시 거쳐 가는 곳, 품팔이 하는 곳으로 여기게끔 한다는 것이다. 결국 조선인의 '출가적 기분'을 초래한 원인에 만주국의 대조선인 통치의 근본적 결함이 있다고 말하고 있다. 그는 협화회의 피지도민족을 지도하기 위해서는 그 민족의 정예분자에게 지도적 역할을 맡겨 민족 자체의 긍지와 자율적 정신을 고조시키는 방침을 강구하는 일이 문화적으로 정신적으로 가장 타당한 방편이라 하고, 이야말로 안동조선인보도부를 설치한 근본적 배경이라고 맺고 있다.

한창운은 '내선일체'의 기조에 편승하여 재만 조선인의 협화운동을 '완전한 만주국국민'이 아니라 '황국신민'화로 치환하여, 조선인을 지도자로 둔 보도기구의 정당성을 강변하고 있는 것이다.

이와 유사한 주장은 봉천선계공작간사회의 간사인 조원환이 간사회를 선전하는 글에서도 확인할 수 있다. 그는 재만 조선인의 협화운동을 다음과 같이 이해하고 있다.[39]

먼저 치외법권 철폐에 따라 봉천의 조선인의 민족분회를 비롯 협화회청년단과 국방부인회國防婦人會가 해산된 후 지역분회로 편입되었지만, "선계鮮系의 협화운동이 수면상태에 빠진" 것은 조선인이 "특수한 지위"에 있음에도 타민족과 동일하게 취급되고 있기 때문이라고 진단한다. 여기서 말하는 '특수한 지위'란 조선인은 "일본국민"이 되었지만 아직 "병역의 의무를 지고 있지 않기 때문에 미완성국민"이고, 실력을 키워 병역을 부담하게 되면 "황국신민"의 완성을 이루어 "충량한 일본국민"이 될 수 있고, 그렇게 되면 "일본의 건국정신"에 기초하여 "만주

---

39) 曺元煥, 「協和運動과 在滿朝鮮人」, 『在滿朝鮮人通信』 70, 1939년 9월, 21~22쪽.

국의 발전에 스스로 노력"할 수 있는, 따라서 "조선인은 일본국민완성 운동을 토대로 하여 협화운동에 힘을 보탤" 것이므로, 이 점이야 말로 타민족에서는 구할 수 없는 "조선인의 독특한 지위"라는 것이다. 결국 협화회 봉천시본부 선계공작간사회가 결성된 것도 그 수가 3만에 달하는 봉천 "조선인의 특수사정"에 상응하는 지도를 하기 위해서라고 정리하고 있다.

조원환은 선계공작간사회의 공작에 의해 한층 더 "분회공작의 강화를 도모"해야 한다고, 협화회의 지역분회로의 조직원칙을 강조하지만, 그의 논리에는 이미 1939년 초에 확립된 재만 조선인에 대한 '내선일체'의 적용과 지원병제의 실시 등을 근거로, 이에의 적극 참여를 통한 '황국신민'화를 위해 봉천거주 조선인의 결집체로서 선계공작간사회를 위치시키고 있는 것이다.

「만주국」에서 '내선일체'를 '민족협화'보다 우선시 하고, 재만 조선인은 본질적으로 '황국신민'이고, '황국신민'으로서 '선량한 만주국인민'이 되어야할 것을 공식적으로 공포하게 되는 것은 1942년 5월 조선에서의 징병제의 실시가 결정되고, 같은 해 8월 조선총독부와 「만주국」 사이에 '제2차 만선협정'이 체결된 이후이다. 그럼에도 재만 조선인은 '내선일체'의 '만주국'으로의 적용을 재만 조선인의 '황국신민'화로 해석, 협화회의 재만 조선인에 대한 민족별 지도를 강력하게 요구하였고, 완전하지는 않아도 조선인보도부와 선계공작간사회, 조선인분회 등을 조선인의 손으로 운영해 나가는 결집체로 정의하고 있었던 것이다.

황국신민의 논리로 협화회에 참여하여 주장하는 것은 협화회 전국연합협의회에 참가한 조선인 대표들의 공통점이기도 했다. 가령 1938년 신경협화회의 조선인 대표였던 김경재는 협의회에 참가한 조선인 대표들이 가진 "일본제국의 신민"이라는 관념은 비상히 찬양할 바이나, "만주제국의 국민"이라는 신념이 박약한 것은 유감이었고, 그래서 "내선일체의 의식이 강"하여 그 의식을 가지고 만주국의 정치 방면에 참

여하려는 경향이 농후하다는 점을 지적하고 있다.[40]

「만주국」 협화회는 1930년대 후반 치외법권 철폐와 재만 조선인의 협화회 편입으로 야기된 조선인의 「만주국」에서의 유리 현상을 타개하기 위해 조선인을 '만주국민'화 하기 위한 '자정'적 '보도'를 내세워 협화회 조선인분회를 유지하고, 주요 도시를 중심으로 조선인보도부나 선계공작간사회를 설립했다. 한편 지역분회로의 편입이후 협화회에서의 위상 저하를 경험한 조선인들은 「만주국」과 협화회 내에서 자신들의 요구 달성과 조선인 결집체 설립의 필요성에서 보도부나 선계공작간사회의 설립을 추구하고 '자정'운동을 전개해 나갔는데, 중일전쟁의 발발에 따른 전시동원체제의 확립과 1938년부터 전개된 '내선일체'의 「만주국」으로의 적용에 편승하여 '일본제국 신민', '황국신민'의 논리를 내세워 도리어 재만 조선인이 처한 열악한 현실을 바꾸어 보려는 기회로 이용하고자 했던 것이다.

## Ⅳ. '일본군인' 지원과 재만조선인 교육

주지하는 바와 같이 조선에서 1938년 2월 공포된 육군특별지원병령, 3월에 공포된 조선교육령 개정(제3차 교육령. 이하 신교육령)은 중일전쟁의 확대 아래 조선인을 전쟁인력으로 동원하기 위해 거의 동시진행형으로 입안되고 공포된 정책이다. 특히 신교육령은 조선인 청년을 전장에서 천황을 위해 "웃으면서 순국하는" "충량한 황국신민"으로 양성하기 위해 '조선인이 일본국민이라는 자각을 철저하게 갖도록 하는' 데에 요점이 있었다. 초등교육에서 의무교육과 함께 내선공학, 조선어의 폐지와 일본어 사용, 신사참배·궁성요배·국기게양·'황국신민선서' 등의 국민정신교육이 대폭 강화되었다.[41]

---

40) 金璟載(新京), 「協和會全聯과 朝鮮人代表」, 『在滿朝鮮人通信』 60, 1938년 11월, 27쪽.

육군특별지원병제의 실시 소식을 접한 재만 조선인들이 열광적으로 축하행사를 벌였던 것은 앞서 보았지만, 이를 보도한 신문이나 잡지 또는 기관지에도 의도적으로 지원병제 실시와 신교육령 공포 사실을 함께 묶어서 게재하고 있는 것이 적지 않았다.[42]

재만 조선인들이 조선에서의 신교육령에 이와 같이 열광한 것은 첫째, 치외법권 철폐에 의해 1937년 12월 1일을 기해 재만 일본인의 교육행정권은 전부 보류된 데 반해 재만 조선인의 각종 학교는 만철부속지 내의 보통학교 14개를 제외한 638개 모두가 「만주국」의 감독과 통제 아래로 들어가야 했고,[43] 둘째, 더욱이 1938년 1월부터는 「만주국」에서 전시동원 체제에 맞추어 '충량한 국민의 양성'을 목표로, 교육연한의 단축과 실업교육을 강화한 '신학제'의 적용과 이에 따른 조선인학교의 개편 때문이었다.[44]

재만 조선인 교육행정권의 이양은 관동군과 「만주국」 측에서 보면 「만주국」의 '독립'과 '민족협화'의 상징이었지만, 일본인 교육은 일본 측에 보류되었기 때문에 "조선인의 입장에서는 만주국의 초등학교에서 중국인과 같이 교육을 받는 것을 부당하다"고 하여 "내선공학內鮮共學을 강조"하거나 또는 "교육 정도의 저하를 언짢아하며", 이양에 의해 그들에게 "불리, 불편함은 있어도 실익은 동반되지 않는다"라고 끊임없이

---

41) 宮田節子, 『朝鮮民衆과 「皇民化」政策』, 107~119쪽.

42) 「內鮮一體의 大本 新敎育令」, 『在滿朝鮮人通信』 47·48, 1938년 3월, 3~4쪽; 淺海吉久雄[奉天特務機關長]·加藤傳次郎[奉天總領事], 「志願兵制度及新敎育令實施奉天祝賀會ニ祝辭」, 「志願兵制度·新敎育令實施 內外에 振動한 半島人의 歡呼聲」, 『在滿朝鮮人通信』 49·50, 1938년 4월, 2, 86쪽.

43) 교육행정권 이양을 둘러싼 일본, 조선총독부와 관동군·「만주국」 사이의 이해 상충 및 조정에 대해서는 田中隆一, 「對立と統合の『鮮滿』關係 −『內鮮一體』·『五族協和』·『鮮滿一如』の諸相」, 112~117쪽 참조.

44) 「滿洲國學制功布に際して 文教部大臣談話」, 『全滿朝鮮人民會聯合會回報』 52, 1937년 6월 61~62쪽; 「滿洲國新學制와 施行에 따르는 諸規程」, 『在滿朝鮮人通信』 39, 1937년 11월, 13~14쪽.

불만을 토로하면서 "관헌에게 선처를 요망"했다.[45] 특히 조선인 중등학교의 직업학교로의 강제적 개편[46]은 그렇지 않아도 상급학교 진학을 위한 보통중학普通中學이 부족한 조선인사회의 불만을 초래했다.

이러한 상황에 놓인 재만 조선인에게 조선에서 '내선일체'의 원칙 아래 육군특별지원병제도의 시행과 함께 국민의무교육의 제3차 교육령이 공포되고, 1938년 10월에는 '내선일체' 원칙이 재외조선인에게 적용되고, 1939년 초에는 육군특별지원병으로의 지원이 가능해지자, 그들은 「만주국」 조선인의 교육행정과 시설의 개선을 바라며 열광적으로 반응하였던 것이고, '내선일체'의 논리를 앞세워 재만 조선인 교육의 개선을 요구해 나갔다.

일본외무성 자료에 따르면[47], 치외법권 철폐 당시 재만 조선인 교육행정권 이양에 대한 반대가 가장 심했던 곳은 남만南滿과 북만北滿이었다고 하고는, 1938년 8월 재만 일본인 교육행정권의 이양 문제가 일본과 만주국 사이에 논의되고 있다는 신문기사로 인해 「만주국」 각 지역 조선인 교육기관에 나타난 "이상한 충동"은 조선인 "교육가"와 "유식자"의 찬성과 반대로 나타났다고 한다. 이하 양자의 주장을 비교하기로 한다.

찬성론자에 속하는 봉천동광학교奉天東光學校의 교장 오케와타리 모리미츠[桶渡盛光]은 1938년 4월 「만주국」 학무당국에 특별교육시설 설치를 원하는 출원서를 제출하고 있다.[48] 동광학교는 원래 조선인들이 봉

---

45) (일본)外務省東亞局, 『昭和十三年度執務報告 第二冊(第二課關係)』, 224쪽.

46) 교육행정권 이양 이전까지 간도성에 집중 설립된 조선인 중등학교의 國民高等學校로의 전환에 대해서는 朴今海, 「滿洲事變 후 日帝의 在滿朝鮮人教育政策 연구」, 『동방학지』 130, 2005, 260~262쪽 참조. 이에 따르면, 新學制 공포 이후 조선인 중등학교가 없던 南北滿 지역에 省立 혹은 公立高等學校를 설립하고 또 일정 범위 내에서 사립중등교육기관의 설립도 허용하였지만 역시 실업교육을 중심으로 하는 직업학교였다고 한다.

47) (일본)外務省東亞局, 위의 보고, 231~235쪽.

48) 桶渡盛光, 「在滿朝鮮人中等教育は如何にすべきか-奉天東光學校の特別教

천에서는 처음 설립한 "중등"학교(조선의 '고등보통학교'에 해당)인데,[49] 만주국의 '신교육제도(신학제)'에 따라 실과교육 위주로 변경해야 했고, 이로 인해 조선인 학생들은 조선 내의 상급학교 또는 '만주국' 내의 일본계 고등학교로 진학할 길이 막혔다. 이에 「만주국교육령」에 의거, '고등전문학교' 이상 학교로의 진학에 대비한 수업을 할 수 있는 '중학과中學科'와 '고등보통과高等普通科'를 병설하고 학년 시작시기가 4월인, 5년제 중등부의 "특별교육시설"로, 요컨대 「만주국」 내 일본계 학교와 동일한 교육시설로 인가해 달라고 출원한 것이다.

진성서는 그 주요 이유로 다음 두 가지를 제시하고 있다.

첫째, 「만주국」의 건국요체인 '오족협화'를 달성하려면 그 지도적 입장에 있는 "재만 일본 제 국민의 정신과 사회훈련에 기대어야" 하고, 이를 위한 "재만 내선양계內鮮兩系 국민의 정신적 일원화"는 "양계 민족이 갖는 모든 자질에 차이가 없는" 단계에서야 달성될 수 있다. 그렇지만 현재의 교육여건으로는 "내선양계의 정신적 결합"을 이루기 어렵기 때문에 결국 "만주국의 오족협화를 저해"하는 결과를 초래하게 되었다. 그런데 이번에 일본제국이 조선교육령을 개정한 이유는 "내선의 차별을 철폐"하여 그 정신적 결합을 강화하는 것에 있음이 명백하다.

둘째는 다음과 같다.

특히 日本帝國 陸海軍將校(豫備役將校도 포함) 生徒學校의 受驗을 위해 준비교육을 할 필요를 생각하는 바이다. 무릇 우리 일본제국의 동양평화의 대책을 실행하며, 장래를 추단하는, 지금 朝鮮에서 시행하

---

育施設設置願の理由」, 『在滿朝鮮人通信』 49·50, 1938년 4월, 83~85쪽.

49) 東光學院은 1933년 李憲·金三民, 그리고 이후 全滿朝鮮人民會聯合會에 의한 두 번의 설립시도가 실패한 후, 奉天에 본부를 둔 親日團體 興亞協會가 주도하여 1936년에 설립, 東光中學校 설립인가를 받아서 1937년 3월 滿洲 각지에서 신입생 139명을 모집하여 개교했다. 外務省東亞局, 『昭和十二年度執務報告 第二冊(第二課關係)』, 281쪽 참조.

게 된 志願兵制度는 … 결국은 반드시 義務兵役制度로 진전될 운명에 있음을 말해야 한다. 따라서 그에 따르는 일본제국군대의 근간인 장교계급을 朝鮮系에서 배출하는 것이 특히 중요한 의의를 가짐은 논할 바도 아니며, 우리 일본제국 국방정책의 제일선에 있는, 在滿半島人으로부터 이들 지원자를 배출하도록 그 시설을 遠慮하는 것은 당 학원 창립의 중심 정신인 忠君愛國의 赤誠을 표현하는 것임을 믿어 의심치 않는다.

요컨대 이 출원서는 조선인에 대한 지원병제도와 예상되는 징병제를 '내선일체'의 구현으로 파악하고, 조선인이 '일본제국'의 '황군'장교를 배출할 자질을 갖추어 「만주국」의 지도적 입장에 있는 일본제국민과 정신적 일체를 이룰 때 「만주국」의 요체인 '오족협화'가 완성될 수 있다고 강조하며, 재만 조선인 학생의 상급학교 진학을 준비할 수 있는 중등학교 시설을 요구하고 있는 것이다. 여기서 내선일체의 논리는 「만주국」 '오족협화' 달성을 위한 전제 논리로 탈바꿈하고 있다.

이에 반해 9월 24일에는 조정화趙鼎華 등 9명의 봉천보통학교조합협의회원 즉 '조선인 유식자'들이 재만선인의 교육행정(만철부속지 14개교)의 「만주국」 이양에 대하여 다음과 같은 취지의 진정서를 일본과 만주국의 주요기관에 발송하고 있다.[50]

먼저 조선에서의 내선일체에 따른 신교육령과 지원병제의 실시가 가져온 "2천 3백만의 반도동포의 감격", "발랄한 애국열"과는 대비되는 일본대사관의 "내선차별"적 보류학교행정과 「만주국」의 "무차별 평등주의(오족협화-필자)" 아래의 조선인교육에 각각 "유감"과 "불신"을 표명한다. 다음으로 "불완전하나마 황국군인을 보내기 시작한 만주국"에서 조선인에 대한 차별취급을 해소하려 노력하는 지금이라면 "신흥 조선인은 황국신민으로서" "당분간은 방인邦人의 교육이 만주국에 이양되는 것을 희망하는 것이 아니지만, 만약 내지인의 교육과 함께 조선인 교육

---

50) (일본)外務省東亞局, 위의 보고, 235~239쪽.

이 이양될 때는 일본국민의 기초교육으로서, 또 장차 황국군인의 기초교육으로서 내지인과 차별 없는 취급을 받게 될 것을 기대"한다는 말로 맺고 있다.

이는 재만 일본인 교육행정권의 「만주국」으로의 완전한 이양에 조건부로 찬성 하는 진정서처럼 보이지만, 실은 일본 측에 보류된 14개 조선인보통학교의 이양에 반대하는 논리를 펴고 있고, 그러한 주장의 배경에는 조선에서의 '내선일체' 실현, 그리고 「만주국」의 국군모병이라는 상황이 놓여 있다. 이를 근거로 '일본국민', '황국신민'이요 장차 '황국군인'이 될 재만 조선인 자제의 기초교육을 위하여 재만 일본인과 동등한 수준의 교육을 요구하고 있는 것이다. 이들에게 "오족협화"는 조선인을 '일본제국신민'의 지위에서 끌어 내리는 것으로 인식되고 있다.

한편 간도間島의 고병용은 1939년 2월 「교육과 민족적 특수성」[51]이란 글에서 다음과 같이 주장한다.

치외법권 철폐 후 재만 조선인 교육기관이 「만주국」의 신학제로 통합되었지만, 전 주민의 9할이 조선인인 간도에서 1할에 불과한 만주인의 특성에 맞춘 학제 때문에 "1할을 위하야 9할이 희생되는" 모순이 연출되고 있다고 지적한다. 그는 이의 개선을 위해 간도조선인, 재만 조선인의 두 가지 특수성을 강조하는데, 하나는 근래 조선에서 "내선일체 운동이 구현화俱現化 하여, 내선 양 민족이 동등한 정도의 교육을 받도록 모든 제도가 혁신되고"있다는 것이다.

또 하나는 지원병제와 관련시킨 것으로서, 다음과 같다.

또한 조선에 志願兵制度가 실시된 것은 앞으로 徵兵制度의 前提이라고 하는데, 만일 朝鮮人에게 徵兵制가 실시되는 이번에는 滿洲에 있는 조선인은 어떻게 될까. 제외할까. 그렇지 않으면 같이 징병할까. 이

---

51) 高炳鎔, 「在滿朝鮮人當面問題 : 教育과 民族的特殊性」, 『在滿朝鮮人通信』 63, 1939년 2월, 9쪽.

제 같이 징병하게 될 경우, 이 차별 있는 교육을 받은 在滿朝鮮人은 素質이 不良할 염려가 없지 않은 것입니다. … 모름지기 이 교육문제는 우리 第二國民의 생명선이라고 할 것이니, 이것이야말로 우리의 당면한 重要問題가 아닌가 합니다.

조선에서 실시되는 지원병제, 그리고 앞으로 당연한 실시가 예상되는 징병제를 포착하여, 이것이 "(만주국의-필자) 제2국민"인 재만 조선인에게도 적용될 때, 치외법권 철폐 이후 「만주국」에서 전개된 차별교육으로 "소질이 불량"해진 조선인이 지원, 징병되지 않을 수도 있고, 전장에 참여하더라도 그 역할을 못할 수 있다는 이유를 들어 재만 조선인에게 병사로 "징병"할 수준의 교육을 실시할 것을 요구하고 있다. 조선인에게 적절한 '황민화' 교육의 실천을 요구하는 가운데 재만 조선인 교육의 개선 요구를 감추고 있다.

1939년 초 「만주국」은 '내선일체'를 재만 조선인에게 적용하여 지원병 모집을 시작했고, 재만 조선인은 급격하게 '황민화'의 길로 들어서야만 했다. 그러나 재만 조선인은 '황민화' 요구를 도리어 일본제국의 국민교육國民敎育을 조선인에게도 실시하라는 주장의 근거로 바꾸고는 지원병제와 징병제의 실시를 통해 그 실현을 기대하였던 것이다.

끝으로 치외법권 철폐 후의 상황에서 '내선일체'의 논리를 앞세워 재만 조선인교육의 개선을 요구한 사람들은 어떠한 부류들이었을까. 재만 조선인의 교육문제를 다룬 최창국에 따르면,[52]

교육권 이양에 대하여는 당시 각지에서 反對聲이 있었고 지금도 교육내용의 불충실이 目前에 보이므로, 이를 일본 측에 반환하라는 즉 敎

---

52) 崔昌國, 「在滿朝鮮人敎育問題」, 『春秋』 2-4, 1941년 5월, 57~67쪽. 崔昌國은 1940년에는 만주국협화회 중앙본부 개척과 소속이었다. 「機密室, 우리 社會의 諸內幕」, 『三千里』 12-9, 1940년 10월, 17~19쪽.

育權을 還元시키라는 논자가 있다. 이에 대하여 中堅層 즉 靑年官吏나 協和會職員이나 기타 滿洲建國에 열의를 가진 사람들은 「還元」에 반대하고 기구를 현상대로 유지하고 내용을 충실하게 하려 한다. 敎育權還元論이 주장되는 이유는 … 여하튼 還元論은 건국이전의 土豪紳士에게 만코, 반대론은 청년층에게 많다.

라고 하여, 크게 두 부류로 나누고 있다. 한 부류는 치외법권 철폐 시 교육행정권 이양 반대론자들로, 1941년 시점에도 「만주국」의 재만 조선인 자제에 대한 교육의 질이 낮다는 이유로 그 교육행정권을 일본에 다시 환원시키자고 주장하고 있는 '환원론자'들이고, 이들은 「만주국」 건국 이전부터 만주에서 활동하던 재만 조선인 '토호신사'들이다. 또 한 부류는 교육행정권 환원에 반대하고, 현상을 유지한 상태에서 내용을 충실히 하자는, 말하자면 현상유지론자들로, '중견층' 즉 「만주국」의 조선인 '청년관리'와 '협화회직원' 등 관료군에 속하는 젊은 부류들이다.

그리고 최창국은 교육행정권 '환원론자'들의 주장의 배경에는 '민족협화'를 표방하는 「만주국」에서 일본인만 교육행정권을 이양하지 않고 보류하고 있는 점, 조선에서의 지원병제 시행과 '신교육령'에 따른 교육제도의 변경, 교육행정권 이양 후 조선과 대비되는 재만 조선인 교육의 질 저하, 내선일체에 대한 몰이해를 들고 있다. 그에 따르면 '환원론자'들은 "만주 신 국가에 대한 애국심을 도모지 생각치 않는" 즉 "일본 제국 신민"의 입장에만 서있는 자들이라 한다.

최창국의 글 전체를 보면 그는 '환원론자'를 비판하는 현상유지론자에 속한다. 그는 위의 글의 말미에서 자신이 구상한 교육개선 내용을 제시하면서 다음과 같이 말하고 있다.

나는 만주국이 원래 民族複合國家라는 의미에서 각 민족을 각각 그 지위에서 바르게 명랑하게 성장시킬 필요가 있다고 생각한다. 이러한

관점에 서면 금일의 新國家學制는 滿人 중심의 單式學制인 것이 이상
하다. 滿人 중심의 학제에 조선인교육을 적용시키려는 데서 무리가 생
기는 것은 上述에도 지적하였거니와 下記에도 명료히 알릴 것이다. 이
나라의 학제는 내용적으로는 적어도 ①日鮮系 ②滿系 ③蒙系 ④白露系
에 적용되는 複式이라야 될 것이다. 그러면 朝鮮系敎育에 있어서도 容
易히 鮮內事情과 전통과 생활태도를 잘 고려하게 될 것이다. 이러한
現學制의 개혁을 전제로 하여 이양을 찬동하는 것이 나의 의견이다.

최창국은 「만주국」이 '오족협화'의 민족복합국가로서 각 민족의 특
성을 고려한 학제의 적용을 강조하고, 이를 전제로 한 재만 조선인 교
육행정권의 이양을 찬성하는 입장에 있는 현상유지론자이다. 그렇지만
그는 일본인과 조선인을 '일선계'로 즉 하나의 민족으로 묶어서 보고
있다. 이는 '내선일체'의 논리를 앞세우지는 않지만 최창국 역시 재만
조선인은 '일본민족'이기 때문에 교육을 재만 일본인의 수준에 맞추어
개선해 달라는 입장에 있는 것이다. 그 역시 '내선일체'라는 상황논리
에서 벗어나기 힘들었던 것이다.

그런데 최창국은 같은 글의 또 다른 부분에서, 치외법권 철폐 시 교
육행정권 이양 반대를 처음 강하게 주장했던 곳은 '간도'였다고 한다.
1938년 재만 일본인 교육행정권의 이양 문제에 반대했던 것이 봉천 조
선인 '유식자'들이었다면, '환원론자'들의 뿌리는 간도에 있다는 것인데,
다음 사례는 간도의 '토호신사'의 성격의 일단을 엿보게 한다.

1938년 「만주국」 관동군은 간도에 거주하는 조선인 청년의 지원으
로 구성되는 '간도특설부대間島特設部隊'를 설치한다는 계획을 추진했
다.53) 그해 10월 간도에서는 대대적 축하행사가 열렸는데, 당시의 지역

---

53) 특설부대는 지원병 모집을 표방하였지만 실은 지역마다 인원수가 할당
    되어 그 지원이 강제되었다고 한다. 지역할당제에 대해서는 曹建, 「일제
    의 간도성 '조선인특설부대' 창설과 재만 조선인 동원(1938-1943)」, 『한국

신문은 「울면서 감격/ 간도성 내 조선인특설부대 용정에서 축하대회」, 「조선인특설부대를 만주국군에 특설/ 간도성에 획기적 장거」 등의 제목으로, "간도주재 반도인半島人의 일대 영예이자 만주국 구성분자로서의 최고의 의무"이라는 내용 등으로 보도했다.[54] 이에 맞추어 간도성공서間島省公署는 '지방유력자'들을 불러 간담회를 개최하고, 설치취지를 숙지시키고 열의 있는 후원을 요구했다. 그런데 연길延吉 주재 일본영사관은 '간도특설부대'의 설치가 재만 일반 조선인에게 미치는 영향에 대하여 다음과 같이 보고하고 있다.

一般 在留朝鮮人은 본 제도에 관하여 겉으로 祝意를 나타내고 있는 바이나, 본 특설부대가 滿軍의 一翼이라는 점에 내심 흡족하지 않다고 생각하는 자 많다. 10월 11일 省公署의 본 제도에 관한 간담회 석상에서 한 유력 조선인이 '조선인특설부대는 어떻게 좀 일본군의 일부로 할 수 없겠습니까'라고 노골적으로 질문한 것은 그 동안의 사정을 말한다.[55]

이는 조선인 '유력자'들은 간도특설부대는 관동군이 만주국군의 일부로 설립한 것임을 알고 있음에도 그에 대한 지원이 '만주국 구성분자'로서 '민족협화'를 실현하는 것이라기보다는 '내선일체'로 이어지는 '황민화'운동으로 받아들이려 하고 있음을 잘 보여주는 사례라 할 수 있을 것이다.

---

근현대사연구』 49, 2009, 59~65쪽 참조.
54) 「(沸立つ感激) 間島省內朝鮮人特設部隊 龍井では祝賀大會」, 『間島新報』 1938년 10월 15일자; 「朝鮮人特設部隊を滿洲國軍に特設 間島省に劃期的 壯擧」, 『朝鮮新聞』 1938년 10월 12일자; 「間島祝賀會 開催 朝鮮人 特設部隊 新設記念으로」, 『東亞日報』 1938년 10월 16일자.
55) (일본)外務省東亞局, 『昭和十三年度執務報告 第二册(第二課關係)』, 256쪽. 반면 간도특설부대에 대한 중국인의 반향은 "거의 무관심한 상태"라고 하고 있다.

그러나 이러한 인식이 조선인 '유력자'만의 것은 아니었다. 육군특별지원병 지원자들도 동일하게 인식하고 있었음은 "일본군에 들어가고 싶지만, 시골에서는 일본군에도 들어갈 수 없으므로 어떻게 하든 국군(간도특설부대-필자)에 들어가 천황에 봉공할 수 있다. 이것은 가문의 명예도 되고 부락에 대해서 면목도 선다"[56]고 언급하여, 간도특설부대로의 지원을 통해 '황국신민'으로서의 의무를 함으로써 자신의 지위를 향상시키고자 한 것에서 확인할 수 있다.

이상과 같이 재만 조선인은 그들에 대한 '내선일체' 원리의 적용과 육군특별지원병제의 실시로 '황국신민'의식을 가질 수 있었고, 또한 이를 근거로 '일본신민'으로서 '황국군인'을 육성하기 위한 교육행정 개선을 끊임없이 요구했지만, 「만주국」에서 일본계 즉 '내지인'으로서의 특권은 끝내 부여받지 못했고, 오로지 전시동원을 위한 봉사만 강요받았다. 조선총독부가 1938년에 공포한 제3차 교육령과 같이 교육상의 차별을 해소한 것처럼 보이는 기만적 조치조차도 만주국에서는 끝내 이루어지지 않았다. 1943년도의 재만 조선인에 대한 실태조사와 그 활용방안을 담고 있는 자료에 의하면, 당시까지 재만 조선인은 협화회 전국연합협의회가 개최될 때마다 자신들의 교육문제를 제기하여 그 개선을 요구했지만 "오늘날까지도 대부분이 미해결인 채 일만 양국 정부의 선처를 기다리고 있다"는 상황이었다.[57] 재만 조선인이 '황국신민'으로서의 자각과 긍지를 높이면 높일수록 만주국 '민족협화' 원리와의 모순은 심화되어 갔다.

## V. 맺음말

1937년 말 「만주국」의 치외법권 철폐로 재만 조선인 친일조직인 조

---


56) 「東滿地區從軍宣化工作員懇談會」, 『協和運動』 3-2, 1941년 2월, 18쪽.
57) 滿洲帝國協和會中央本部調査部, 『國內に於ける鮮系國民實態』, 1943, 37쪽.

선인민회는 해산되고 협화회로 합류하게 된다. 1938년 초 민족별분회에서 지역별분회로의 개편은 「만주국」의 통제장치이기는 하지만 재만 조선인을 대변할 수 있는 조선인단체가 소멸되는 것을 의미했다. 재만 조선인은 「만주국」의 '민족협화' 이데올로기 하에서 협화회를 통한 '선계'의 '만주국민'으로 통합되기를 강요받았다.

그러나 일본이 조선에 '내선일체' 원칙을 강화, 적용하고 육군특별지원병제도 및 신교육령을 공포한 1938년 초부터 재만 조선인은 '내선일체'가 자신들에게도 적용되기를 기대하면서 '내선일체'를 통한 '황국신민'화를 전제로 자신들이 처한 상황의 개선을 적극 요구하기 시작했다.

우선 재만 조선인은 「만주국」의 '민족협화' 운동에 대한 자신들의 참여를 '만주국 국민'이기 이전에 '일본국민', '황국신민'으로서 참여하는 것으로 해석해 가면서 조선인에 대한 민족별 지도와 조선인분회(조선인지도부, 선계공작간사회 포함)의 설립을 요구했다.

1938년 말 '만주국군'에 조선인지원병부대인 간도특설부대가 신설되고, '내선일체'의 재만 조선인에 대한 적용 아래 1939년 초부터는 조선인 청년에게도 육군특별지원병으로의 지원이 시작되지만, 협화회 내의 조선인에게는 '내선일체'를 실현하기 위해 재만 조선인을 '황군병사'로 해 줄 것을 요구하는 소리가 강건하게 존재하였고, '만주국군'보다는 지원병으로의 지원을 통한 '황국병사'가 되고자 하는 지향이 강했다.

또한 재만 조선인은 조선인에게 징병제가 실시될 것이라는 전망 하에 충량한 '황군병사', '황국신민'을 육성하고 나아가 '일본제국 군대의 근간'인 장교계급을 조선인에게서 배출한다는 논리를 내세우면서 재만 조선인 자제에 대한 교육상황의 개선을 요구했다. 이들 조선인들은 '내선일체'의 주장으로 「만주국」의 '민족협화'의 원리에 대항하고, '황국신민'으로서의 지위를 요구한 것이다.

치외법권 철폐에 따른 교육행정권 이양 반대에서 '내선일체'를 앞세워 재만 조선인 교육상황을 재만 일본인 수준으로 바꾸고자 줄기차게 주장했던 조선인은 만주국 건국 이전부터 만주에서 활동하며 뿌리내린 '토호신사' 들이었고, 현상유지를 통한 상황 개선을 주장한 것은 「만주국」의 '청년관리'와 협화회 직원들이었다. 그렇지만 그들의 주장은 정도의 차이와 합리적 설명에서의 차이는 있을지언정 '내선일체'의 상황논리에서 크게 벗어난 것은 아니었다.

그러나 「만주국」에서 이들 조선인의 요구는 수용되지 않았다. 조선인분회는 1941년 전시동원 체제를 강화하기 위한 '국민인보조직'이 결성되면서 협화회의 분과위원회로 흡수되었고, 동원정책과 직접 관련이 없는 생활, 교육과 관련된 사업은 기능하지 못하게 되었다. 협화회 전국연합협의회를 통해 거의 해마다 줄기차게 제기하였던 교육상황 개선 요구도 끝내 이루어지지 않았다. 재만 조선인을 협화운동에 합류시키려던 「만주국」의 의도도 성공할 수 없었다. 협화회 조선인회원의 수는 해산 직전 민회 회원 수의 절반도 되지 않았다.[58] 육군특별지원병

---

58) 기존연구에는 협화회 조직이 빠른 속도로 조선인 사회에 침투했다는 것에 별 이견이 없는 듯하다. 그러나 기존연구를 토대로 한 필자의 계산에 따르면, 민회가 해산하기 직전인 1936년 6월 말 민회연합회가 파악한 산하 민회 123개의 회원 수는 합계 176,299명으로 재만 조선인 전체인구 894,744명의 약 19.7%가 가입한 셈이다. 이에 반해 1940년 협화회 조선인 회원 수는 87,370명으로 재만 조선인 전체인구 1,309,053명의 약 6.6%가 가입한 셈이다. 회원 수는 1936년 단계에 비해 1/2에 못 미치고 가입률은 1/3에 못 미쳤다. 이는 종전 민회에 가입하였던 회원이 협화회로의 가입을 기피 또는 방기하였음을 보여주는 것이다. 협회회의 지역별 분회로의 변경 이후 농촌 오지에 산재해 있던 재만 조선인의 파악이 쉽지 않았다는 점을 감안하더라도 협화회의 조선인 가입률은 상당히 낮았다. 더욱이 재만 조선인 총인구수가 치외법권 철폐 이후 꾸준히 증가추세였던 점을 감안한다면, 만주국이 민회를 해산시킨 후 협화회를 통해 조선인을 장악하려고 한 시도는 절반의 성공에 그쳤다고 해도 좋을 것이다. 이상에서 제시한 각 수치는 滿洲國史編纂刊行會, 『滿洲國史 各論』, :滿蒙同胞援護會, 1971, 107쪽; 신규섭, 「만주국'의 협화회와 재만 조선인」 113~114쪽;

제를 재만 조선인에 적용하여 전쟁동원 병력을 확보하고자 했던 일본의 계획도 손으로 꼽을 수 있을 정도의 지원자 수에 경악했을 정도로 실패로 돌아갔다.[59)]

결국 조선인을 전쟁에 동원하기 위해 일본이 택한 '내선일체'의 '황민화'정책은 재만 조선인을 동원하지 못한 채 보다 강화된 징병제의 단계로 넘어갈 수밖에 없었고, '내선일체'의 논리에 편승하여 '일본국민', '황국신민'으로 자신들의 상황을 개선시키려 했던 재만 조선인들의 절규도 그 결과를 얻지 못한 채 「만주국」 '민족협화'와의 갈등을 심화시켜 나갔던 것이다.

임성모, 「식민지 조선인의 '만주국 경험'과 그 유산」 역사문제연구소 2002년 정기학술대회 발표문, <표 12>, <표 13>; 김경일, 「제1장 개관」, 『동아시아의 민족이산과 도시』, 역사비평사, 2004,  52쪽 <표 1-7>에 의거했다.
59) 1939년 1명, 40년 1명, 41년에는 대대적인 지원병모집공작에도 불구하고 단 2명에 그쳤다. 申奎燮, 『帝國日本の民族政策と在滿朝鮮人』(東京都立大學 박사학위논문, 2002), 180~182쪽 참조.

# 『半島史話와 樂土滿洲』에 나타난 친일담론

정 혁 진*

## I. 서 론

한국 역사에서 일시적으로 타의에 의해서 국가가 통제되었던 시대가 있었다. 그러한 타의에 의한 역사 전개는 자연스럽게 굴절된 인간 군상들을 만들어냈다. 이러한 인간 군상들에 대한 연구는 주로 친일과 관련되어서 진행되었고 되어가고 있다. 친일이라는 용어 자체가 잘못된 것은 아니지만, 친일이란 용어와 역사가 결합이 되었을 때는 그 파장 효과는 자못 클 수밖에 없다. 그것은 분명히 타의에 의한 지배된 시대에서 표출되어져 나올 수밖에 없는 나름대로의 이유가 있겠지만, 그러나 역사 앞에는 누구나 자유와 평등을 추구할 수 있는 권리가 있듯이, 자기들의 개인적인 욕망을 위해서 그러한 만인이 가져야만 하는 자유와 평등을 빼앗아 간 그들은 단죄 받아야만 하는 마땅한 역사의 죄인들이다.

친일파 청산의 문제는 한국적 근대성과 식민성과 연루되어 있는 근대의 이중성과 그 맥을 같이한다. '민족을 위한 친일'이라는 허구적 관

---

* 명륜중학교(안성) 교장

넘 속에 친일성과 민족성의 이중적 정체성이 유지되었던 근본적인 전
제조건으로 나타난다. 이러한 이중적 정체성은 특히 식민지 조선 보다
는 만주국에서 더욱이 선명하게 나타나고 있다.

만주국은 일제제국주의에 의해서 만들어졌고, 만주국에는 많은 조
선민[1]들이 있었고 특히 친일 성향이 강한 인물들이 사회적 지위와 개
인의 영리를 추구하였다. 이러한 그들의 활동 공간으로 유명한 책이 바
로 『반도사화와 낙토만주』이다.

『반도사화와 낙토만주』는 친일인물들을 연구하는데 중요한 자료이
다. 국내에서는 그다지 소개되지 않았던 책으로 최근에 이 책을 통해서
연구하는 연구자들이 있다. 친일파 연구에 소중한 자료지만 자료의 확
보성 때문에 최근에 소개된 연구 성과물은 단지 인물들을 분류하는데
지나지 않고 있다. 본 연구는 『반도사화와 낙토만주』에 나오는 인물들
을 단지 분류의 차원이 아니라 그들의 글을 통해서 친일성 문제를 본
격적으로 분석함으로써 이후 친일파 연구에 일조를 하고자 한다.

이러한 그들이 사회적 지도자로서 뜻뜻하게 여러 방면에서 활동한
사실을 만주국에서 발행된 『반도사화와 낙토만주』에서 분석하고자 하
는 것이 본 논문의 목적이다.

## Ⅱ. 시대적 배경

간도 지방은 조선 시대 후반부터 농토를 찾아 조선 농민의 이주가
조금씩 있었으나 그것이 본격화된 것은 개항 이후이다. 1905년부터 한

---

1) 조선민이라는 용어는 필자가 임의적으로 사용하였다. 일반적으로 조선인
   이라고 하지만, 이 조선인이라는 단어는 일본제국주의자들이 사용한 용어
   로서 한국 역사에서 사용할 수 있는 용어로는 타당하지 않다. 따라서 조
   선인 보다는 조선국민 또는 조선민으로 사용하는 것이 더 객관적이고 역
   사적 용어로 타당하다고 생각하기 때문에 조선인 대신에 조선민을 이 글
   에서는 사용하고자 한다.

일합방을 전후하여 항일무장세력이 이주하여 독립운동의 근거지를 건설하고자 했으며, 일제의 토지조사사업이 진행되면서 땅을 빼앗긴 농민들이 대거 간도로 이주해 갔다. 그곳에서 조선의 이주민들은 일본과 중국의 군벌 관계의 변화에 따라 한편으로는 일제의 보호 명목의 추적과 간섭을 받아 이중의 고통을 겪어야 했다. 그러나 그런 만큼 항일무장독립운동과 반일자치운동이 활발했고 1920년대 중반이면 항일공산주의자 단체도 생겨나면, 간도 지방에서의 반만 항일 투쟁은 더욱 격렬해졌고 그에 따른 중국 군벌과 일제의 대응도 더 무자비해졌다. 1931년 일제의 본격적인 만주 침략에 의한 만주사변과 1932년 만주국 건국은 새로운 생존과 대응방식을 요구했다. 1933년부터 일본은 대토벌을 벌여 소위 치안불량지역의 농촌을 불태우고 집단부락화하며 수많은 양민을 학살하는 참극을 벌였다. 1937년 중일전쟁이 발발하자 일제와 만주국은 전쟁 수행을 위해 각종 통제를 강화하는 한편 유축농업으로의 전환과 식량증산을 강요하였다.

청일전쟁과 러일전쟁의 승리에 힘입어 한일합병으로 제국주의의 반열에 오른 일본은 식민지 조선을 발판으로 중국 대륙으로의 진출을 지속적으로 도모하였다. 그러나 극심한 경제공황으로 인한 사회불안으로 일본사회에서는 서로 대립적인 두 경향이 확산되었다. 사회불안으로 인한 노동운동과 농민운동의 격화를 기반으로 한 사회주의세력의 확산과 군부를 중심으로 한 파시스트 세력의 급속한 대두가 그것이었다. 군부 파시스트 세력의 대두는 대내적인 사회불안과 중국 국민혁명이 만주로 파급되면서 공황을 계기로 심화된 만주 농촌경제의 악화를 배경으로 확산되고 있던 반제·반일운동에 대한 위기의식의 발로였다. 후발 자본주의 제국의 열세를 극복하기 위하여 이미 획득한 식민지 조선을 발판으로 중국대륙으로 진출하려는 일본에게 공황의 심화와 함께 확산되고 있는 만주 정세의 변화는 무엇보다 중대한 문제였다.

일본에게 만주는 후발 자본주의 산업국 일본이 의지할 수밖에 없는 대상이지만 궁극적으로는 경쟁자인 구미 열강과 필적할만한 경쟁력을 갖출 자원을 확보하고 팽창하기 위한 대륙전진의 실질적인 교두보로서 정치·경제적으로 그 의미가 매우 컸다. 이러한 중요한 목적을 가지고 만주에 대한 일본의 정책은 만선사관으로 표출되어 나왔다.

만선사관은 조선의 대륙역사의 독자성과 자주성을 부인, 일선일체, 일만일체, 일만공존, 선만일여를 강조하여 조선이 태곳적부터 대륙 특히 민주로부터 출발했다는 역사관을 왜곡하기 위한 것이었다.

다시 말하면 만선사관이란 한반도의 역사를 만주의 역사에 부속시켜서 생각하는 역사관이다. 한반도는 독자적으로 발전하지 못하고 만주에서 딸려서 발전해왔다는 역사관인데, 타율성론과는 일맥상통하는 것이다. 이외의 또 반도적 성격론이란 것이 있다. 반도적 성격론이란 반도라는 지리적 조건 때문에 한국의 역사는 대륙에 종속되어 있을 수밖에 없다는 논리이다. 즉 반도이기 때문에 대륙만큼 강대국이 될 수 없고 또 주변의 강대국들의 압력을 받아서 자율적 발전이 어렵다는 논리이다. 이것은 중국, 몽고족, 일본의 압력을 받아왔다고 하는 논리이다. 결국 이러한 논리는 만선사관을 강화하여 한반도의 주체적인 역사를 부정하고 한반도와 만주를 하나로 결합시키고자 하는 일본 제국주의 침략의도를 확연하게 엿볼 수 있는 것이다.

결국 만선사관은 당시 한국의 각종 사회문제 해결과 만주개발 및 한국과 만주를 위한 광의의 국방과 치안을 확보해야 한다는 일본 군국주의 대륙 침략의 정당성으로 자리 잡았다. 그리하여 일제는 만주에서 극성을 부렸던 한국인들의 항일 무장 세력을 없애기 위해 친일파 조선민을 적극 양성했다.

이러한 만선사관을 통해서 성립된 또 다른 하나의 역사가 바로 만주국이다. 만주국은 일본 제국주의에 의해서 일본침략주의에 적극적으로 협조한 국가이다. 하지만 만주국이 짧은 시간 내에 이룩한 국가체제는 분명히 당시로서 이상적인 형태이고, 많은 나라 사람들이 동경의 대상으로 생각하였다.

그리고 만선사관을 주도적으로 이끈 곳이 만주국이다. 만주국은 일제가 1931년 9월 18일 중국을 침략하는 만주사변을 일으켜 흑룡강성, 요동성, 길림성 등 3개성 일대를 영토로 하는 만주국을 세운 후에, 1934년 국호를 만주제국으로 고치고 해방 전까지 14년 동안 유지된 정당성 없는 국가다.

만주사변을 통해 관동군에 의해 건설된 만주국은 서양 식민지에서처럼 잔악한 제국주의 폭력 통치의 면모를 보였다. 만주국이 여타 다른 제국으로서 발전할 수 있었던 이유는 첫째, 만주국에 대항할 수 있는 강력한 사회계급이 없었다. 둘째, 만주국이 위치해 있는 만주에는 그야말로 무주공산의 빈 공간이었다. 셋째, 만주국은 장작림의 군벌체제가 가지고 있던 유리한 것들을 주워 담았다.[2] 이러한 것들을 기본으로 하여 만주국은 빠른 속도로 경제개발과 숙정작업 등 만주국에 필요한 여러 정책들을 쉽게 펼칠 수 있게 되었다.

## Ⅲ. 『半島史話와 樂土滿洲』의 구성과 성격

만주는 대륙으로 전진하기 위한 전진기지 식민지 조선을 안정적으로 확보하고 대륙으로 전진하기 위한 동력 및 산업발전과 일본사회의 안전을 위협하는 적화의 위험에 대한 방비라는 차원에서 일본제국의 초석이자 생명선으로 중요하였다.

만주국이 건국되기 이전과 이후에도 많은 이주자들이 있었다. 특히 이러한 이주자들 가운데 많은 수를 차지한 것은 조선민이었다. 만주국에서 조선민들은 여러 방면에 있어서 뛰어난 활약을 하였다. 그리고 많은 문인, 학자들이 만선일보를 비롯한 여러 공간에서 작품과 학문적 업

---

2) 한석정, 「국가의 경계와 효과에 관한 연구; 초기 만주국의 경우」『한국사회학회』, 1999.

적을 게재하였다.

하지만 만주국이 가지고 있는 한계성이 있듯이 만주국에서 간행된 모든 활동 공간은 역시 친일과 관련되어 질 수 밖에 없다. 일본 제국주의의 선봉장 역할을 한 만주국에서 활동한 수많은 조선민들 중에 특히 지식인계층이나 사회 지도층들은 자신들이 의도하였던 의도하지 않았던 것과 상관없이 일본 제국주의의 동화되거나 아니면 소극적으로 동조한 인물들이다.

이들이 그들의 공간으로 가장 많이 이용한 것이 『滿鮮日報』이고, 그리고 그 하나의 성과물로 나온 것이 바로 『半島史話와 樂土滿洲』이다. 이 책에 글을 게재한 대부분의 사람들은 조선에서나 만주에서 지식인계층이고 사회지도층이었다.

소위 위만주국이라는 불리는 만주국에서 1943년 만주제국 건국 10주년을 기념하여 친일 우리말 신문인 만선학해사에서 특집으로 『半島史話와 樂土滿洲』을 출판하였다. 이 책에는 당시 친일적인 성향을 가지고 있던 조선의 사회적인 지도자와 인물들이 적극적으로 참여하였다. 결국 일본제국주의의 하수인이라고 할 수 있는 만주국에서 그들의 정당성을 확보하기 위해 간행된 책에 참여한 계층과 관련인물들 및 기고 내용은 학계가 비상한 관심을 가지고 연구할 귀중한 자료이다.

이 책의 등장한 인물은 반복적으로 나오는 인물을 포함하여 총 147명이다. 그러나 동일 인물이 여러 번 등장하기 때문에 정확히 나오는 인물은 93명이다.[3] 이 책에 나오는 인물 중에서 張景惠, 南次郎, 東條

---

3)

| 번호 | 이 름 | 직 업(당시) |
|---|---|---|
| 1 | 吳世昌 | 서예가 |
| 2 | 李如星 | 조선일보 조사부장, |
| 3 | 張景惠 | 만주국총리대신 |
| 4 | 金一洲 | 화가 |
| 5 | 趙玉峰 | 화가 |
| 6 | 伊東致昊(尹致昊) | 전 연희전문교장 |

| 7 | 淸原範益(李範益) | 만주국특임참의 |
|---|---|---|
| 8 | 俞鎭午 | 보성전문법과과장 |
| 9 | 靑木一夫(朴八陽) | 협화회중앙본부 |
| 10 | 洪炳哲 | 만선학해사 |
| 11 | 俞燦根 | 만선학해사 |
| 12 | 南次郎 | 전 조선총독부총독 |
| 13 | 東條英機 | 대일본제국총리대신 |
| 14 | 梅津美治郎 | 관동군사령관 |
| 15 | 汪精衛 | 중화민국정부주석 |
| 16 | 金子定一 | 육군소장 |
| 17 | 李鴻周 | 계림분회고문 |
| 18 | 金光昌永(金昌永) | 만주국치안부이사관 |
| 19 | 李鍾萬 | 대동공전설립자 |
| 20 | 鳥川僑源(鄭僑源) | 국민총력조선연맹총무부장 |
| 21 | 伊原相弼(尹相弼) | 개척총국참사관 |
| 22 | 金川聖 | 매일신보사장 |
| 23 | 徐 椿 | 매일신보사주필 |
| 24 | 金秊洙 | 만주국명예총영사 |
| 25 | 高山達源(張達源) | 지방처참사관 |
| 26 | 林漢龍 | 만주척식공사참사 |
| 27 | 徐範錫 | 만몽산업주식회사 |
| 28 | 李能和 | 총독부조선사편수회위원 |
| 29 | 黃義敦 | 사학자 |
| 30 | 崔南善 | 사학자 |
| 31 | 洪承耉 | 사학자 |
| 32 | 李瑄根 | 대동농사학교장 |
| 33 | 藤田亮策 | 경성제국대학교수 |
| 34 | 李丙燾 | 사학자 |
| 35 | 具本雄 | 화가 |
| 36 | 柳子厚 | 경제학자 |
| 37 | 莊本信一(莊麒俊) | 조선일보사 |
| 38 | 金應斗 | 협화회수도본부위원 |
| 39 | 李性在 | 만선일보사장 |
| 40 | 車相瓚 | 기자 |
| 41 | 金斗憲 | 혜화전문학교교무과장 |
| 42 | 李秉岐 | 시인 |
| 43 | 天台山人 | 문인 |
| 44 | 柳洪烈 | 동성상업학교교수 |
| 45 | 安 廓 | 국문학자 |
| 46 | 柳東泉 | 대동학원, 서해농장 |

| 47 | 李光洙 | 소설가 |
|---|---|---|
| 48 | 李昇圭 | 전 명륜학원강사 |
| 49 | 金哲洙 | 대동출판사 |
| 50 | 朴 巖 | 대동공전교수 |
| 51 | 高裕燮 | 개성박물관장 |
| 52 | 金亨奎 | 경성제국대학도서관 |
| 53 | 宋錫夏 | 민속연구가 |
| 54 | 咸和鎭 | 음악협회조선음악부장 |
| 55 | 方鍾鉉 | 조광사 |
| 56 | 趙賢景 | 여류문사 |
| 57 | 西村眞太郎 | 중추원 |
| 58 | 李克魯 | 조선어학회 |
| 59 | 鄭寅承 | 조선어학회 |
| 60 | 李殷相 | 전 조선일보사, 조광주간 |
| 61 | 權悳奎 | 국어학자 |
| 62 | 崔益翰 | 전 동앙일보조사부장 |
| 63 | 申瑩澈 | 조선일보사 |
| 64 | 一條實孝 | 공작 |
| 65 | 申鼎言 | 야담가 |
| 66 | 玄相允 | 중앙학원교장 |
| 67 | 頭山滿 | 동경 |
| 68 | 金東煥 | 대동아사 사장 |
| 69 | 金村基鎭(金基鎭) | 전 매일신보사회부장 |
| 70 | 金斗鍾 | 제세의원장 |
| 71 | 高文龍 | 의학박사 |
| 72 | 金映遂 | 전 혜화전문학교교수 |
| 73 | 金山泰洽(金泰洽) | 불교시보사장 |
| 74 | 權相老 | 혜화전문학교교수 |
| 75 | 安寅植 | 명륜전문학교교수 |
| 76 | 孫晋泰 | 보성전문학교도서관장 |
| 77 | 李敦化 | 천도교상무천도사 |
| 78 | 申 琳 | 전 대중공론사 주필 |
| 79 | 金井昌德 | 신경중앙교회목사 |
| 80 | 鄭尙仁 | 만주조선기독교총회장 |
| 81 | 山本和一 | 봉천시공서 |
| 82 | 沈亨澤 | 만선일보사 |
| 83 | 武藤富男 | 만주국정부홍보처장 |
| 84 | 金庠基 | 중앙중학교 |
| 85 | 北斗學人 | 문인 |
| 86 | 淸原雄吉(李雄吉) | 목단강성 |

英機, 梅津美治郎, 汪精衛, 藤田亮策, 西村眞太郎, 頭山滿, 武藤富男, 日高丙子郎, 山本和一, 金井昌德, 一條實孝, 金子定一 등 14명을 제외한 79명은 한국인이다. 특히 자기의 이름을 창씨개명하여 사용한 이는 伊東致昊(尹致昊), 淸原範益(李範益), 靑木一夫(朴八陽), 金光昌永(金昌永), 鳥川僑源(鄭僑源), 伊原相弼(尹相弼), 高山逵源(張逵源), 莊本信一(莊麒俊), 金村基鎭(金基鎭), 金山泰洽(金泰洽), 淸原雄吉(李雄吉), 月城鍾萬(李鍾萬), 鶴山憲(金斗憲), 香山光郎(李光洙), 高山棲麟(高文龍), 安東相老(權相老), 白山一熊(李敦化), 平山勝敏(申琳), 島山光雄(鄭尙仁), 德山海男(洪陽明), 平山瑩澈(申瑩澈), 常岡炳哲(洪炳哲) 등 22명이다. 그런데 일본제국주의 침략전쟁기인 1943년에 기존에 사용하고 있던 창씨개명을 사용하지 않고 한국이름을 사용하고 있는 일부 사람들의 의도가 과연 무엇인지에 대해서 객관적인 연구가 필요할 것 같다.

이들 중에서 글을 제일 많이 게재한 이는 黃義敦이다. 그는 이 책에서 11편의 글을 게재하였다. 李丙燾 8편, 李秉岐 6편, 崔南善 5편, 俞燦根·柳子厚 4편, 洪炳哲·高裕燮·車相瓚 3편, 李範益·李瑄根·權悳奎·李克魯·金斗鍾·崔益翰·安廓·李重華 2편이고 나머지는 글과 그림 1편씩 게재하고 있다.

이들 한국인들을 구체적으로 직업적으로 분석하면 다음과 같다.[4)]

| 87 | 李重華 | 국어학자 |
|---|---|---|
| 88 | 蔡弼近 | 신학교장 |
| 89 | 洪陽明 | 매일신보사 |
| 90 | 申彦龍 | 만선일보사 |
| 91 | 申基碩 | 개척총국 |
| 92 | 尹海榮 | 시인 |
| 93 | 日高丙子郎 | 왕도서원부원장 |

4) 이 분류는 임의적인 분류이다. 여기에 보이는 인물들이 현재 한국사회에서 알려져 있는 사람들이 있는가 하면 반대로 전혀 알려져 있지 않은 사람들도 있기 때문에, 『半島史話와 樂土滿洲』에 표기된 직명 내지 직업을 가지고 분류 작업을 하였다.

| 번호 | 직 업 | 이 름 |
|---|---|---|
| 1 | 화가·서예가 | 吳世昌, 金一洲, 趙玉峰, 具本雄 등 4인 |
| 2 | 역사학자 | 黃義敦, 崔南善, 洪承耈, 李丙燾, 李瑄根, 高裕燮, 宋錫夏, 金庠基, 李能和 등 9인 |
| 3 | 국어학자 | 安廓, 李克魯, 鄭寅承, 權悳奎, 李重華 등 5인 |
| 4 | 문인·소설가 | 李秉岐, 李光洙, 天台山人, 趙賢景, 李殷相, 北斗學人, 尹海榮, 金東煥, 金村基鎭(金基鎭) 등 9인 |
| 5 | 언론인 | 李如星, 洪炳哲, 俞燦根, 金川聖, 徐椿, 莊本信一(莊麒俊), 李性在, 金哲洙, 崔益翰, 申瑩澈, 金山泰洽(金泰洽), 申琳, 沈亨澤, 洪陽明, 申彦龍, 車相瓚, 方鍾鉉 등 17인 |
| 6 | 교육계 | 伊東致昊(尹致昊), 俞鎭午, 李鍾萬, 金斗憲, 柳洪烈, 柳東泉, 李昇圭, 朴巖, 金亨奎, 玄相允, 金映遂, 權相老, 安寅植, 孫晋泰, 등 14인 |
| 7 | 정치·관료 | 淸原範益(李範益), 靑木一夫(朴八陽), 李鴻周, 金光昌永(金昌永), 鳥川僑源(鄭僑源), 伊原相弼(尹相弼), 高山達源(張達源), 林漢龍, 金應斗, 淸原雄吉(李雄吉), 申基碩 등 11인 |
| 8 | 종교인 | 李敦化, 鄭尙仁, 蔡弼近 등 3인 |
| 9 | 경제인 | 金秊洙, 徐範錫, 柳子厚 등 3인 |
| 10 | 의학계 | 金斗鍾, 高文龍 등 2인 |
| 11 | 기타 | 咸和鎭, 申鼎言 등 2인 |

　　이들은 당시 조선과 만주에서 활동한 대표적인 지식인이고 사회지도층 인사라는 사실을 알 수 있다. 따라서 이들이 이 책에 글을 게재한 자체가 문제지, 그 내용이 조선과 조선민에 대한 긍정적인 내용이 있다 하더라도 역사의 죄인이라는 굴레에서 면죄부를 얻을 수는 없다.

　　특히 이 책의 성격은 西村眞太郎이 쓴 「言語上으로 본 內鮮文化의 交涉」이라는 글에 나와 있듯이 內鮮을 기본적으로 하고 있다는 사실에서 알 수 있다.5) 이 '內鮮"이라는 용어는 일본 제국주의가 그들의 불법

---

5)　西村眞太郎, 「言語上으로 본 內鮮文化의 交涉」『半島史話와 樂土滿洲』, 368쪽.
　　'內鮮文化의 交涉이 言語上에 展開된 年代는 歷史上으론 神代로부터 始作된 것이다. 五六年前의 일이나 國語, 朝鮮語 同一論上으로 보면 그 年代는 五千年천나 八千年의 짧은 年數는 아닐 것이다. 따라서 有史以前에로 올라가 그 根源을 探求하지 안하면 或은 誤謬를 犯할른지도 모르므로

적인 침략을 미화시키고 그들에게 복종을 강요하기 위해서 사용한 것
이다. 또 武藤富男이 쓴 「民族協和道義의 勝利」라는 글에서

> 我滿洲國이 建國十周年을 마지 함에 있어 소리 높이 자랑할 수 있
> 는 第一의 것은 民族協和의 大理想이다. 日本人, 漢人, 滿洲人, 蒙古人
> 等 諸民族이 서로 親和하여 힘을 合하여시 建設에 從事하고 있는 것
> 이 滿洲國의 姿態이다. (중략) 內地와 朝鮮人이 完全이 融合되었다는
> 事實은 民族協和의 理想을 推進하는데 있어서 한 가지 훌륭한 歸一的
> 인 標本도 될 수 있는 것이다. 이러한 意味에서 民族協和의 理想國家
> 인 滿洲國內의 半島同胞 및 이들을 送出한 朝鮮內 半島同胞의 實務는
> 크다 할 것이다.[6]

고 하는데, 이 역시 일본을 축으로 민족협화를 강조하면서 '內鮮'을 이
야기하고 있다. 기본적으로 이 책에 게재된 글의 대부분은 기본적으로
'內鮮' 사상을 저변에 담고 있음을 알 수 있다. 이 '內鮮'의 구체적인 사
례는 다음 장에서 살펴보기로 하겠다.

## Ⅳ. 『半島史話와 樂土滿洲』의 친일담론

'동양사학'이라는 학문적 담론은 일본의 제국 제도나 식민 제도에
나타나는 정치권력과의 다양한 교환과정 속에서 산출되어 반복되면서
발전 되어 온 일본의 식민담론을 작동시키는 근본적인 동인이다.[7] 또
한 이러한 담론은 30년대 후반에 유럽에서는 파시즘의 물결이 격렬하
게 일어났고 가깝게는 일본군국주의가 점차 광포해지기 시작하면서

---

有史以後의 交涉은 歷史에 의해서 究明하지 안하면 안 된다.'
6) 滿鮮學海社, 『半島史話와 樂土滿洲』, 617~618쪽.
7) 노영무, 「친일시와 식민담론」『국어교육』 109호, 2002.

이 시기에 계급이나 민족으로부터 '동양'으로의 비약이 일어난 것[8])과 함께 사유할 수 있다. 유럽 중심의 보편주의에 대한 불신이 확산됨과 동시에 '동아시아'의 특수성, 독자적 전통이 '진리'의 반열로 승격되었고, 동양주의의 확립을 위한 노력이 상당한 설득력을 지니며 담론적 패권을 확보할 수 있게 되었다.

1930년대를 전후해서 본격화한 근대 비판과 근대 이후의 시대 원리를 모색했던 담론의 체계 안에서 조선의 지식인들은 차별의 표지를 벗고 보편적인 주체로 신생할 수 있는 가상을 체험했다. 식민지 지식인들은 제국주체를 꿈꾸며 질주했고, 식민 현실을 자각하며 분열했다.

1930년대 후반이야말로 국가주의, 즉 국민국가의 이데올로기가 확장된 형태로 강화되는 전환기였다. 법으로 폭력으로, 언어로 하나의 인간 공동체와 자유로운 개인들의 정신을 강탈하려는 내셔널리즘의 한 극단이 일제 파시즘과 그 논리적 기반인 동양주의 이데올로기로 전면화되는 시기였다.

이데올로기적으로 문화적으로 타자를 배제하고 억압하면서 동시에 제국의 국민적 동일성을 확보하려는 것은 내선일체, 오족협화 등 내셔널리즘의 주요한 담론적 기제에 속한다.

1930년대 후반기 새로운 형태의 내셔널리즘의 기획은 국민국가, 민족국가의 이념적 추구를 매우 제한되고 협소한 범주로서 반성하기 시작했다. 조선민을 비롯한 피식민지인들에게 새 혈통과 역사를 수탈함으로써 거대한 제국의 운명공동체를 상상하는 내선일체, 오족협화의 슬로건은 친일 자체를 유력한 역사적 주체화의 모델로 부각시킬 만큼 강한 파급력을 발휘하기 시작했으며, 동양주의 담론은 이 같은 특수한 역사적 맥락 하에서 대두되어 이론적 패권을 확보할 수 있었다.

만주는 1930년대 후반 조선에서 화두가 되었으며, 많은 이미지를 유

---

8) 김철, 「'근대의 초극', 『낭비』 그리고 베체치아」, 『민족문학사연구』 18, 민족문학연구소, 2001, 389쪽.

포하면서 식민지적 주체의 정체성을 형성한 기표이기도 하다. 만주국 건국 이후 조선민들의 만주 이주는 정책적으로 장려되었는데, 1933~35년까지 보조금을 지급하는 등 조선민은 5차례에 걸쳐 12,273명이 이주하였다.[9]

1936년 6월에는 만주 이주를 관장할 회사 설립에 관한 법령이 제정되고, 조선민은 만주국에서 치외법권을 가지는 등 조선민의 만주에서의 지위는 '일본'제국에 의해 인정받았다. 뿐만 아니라 '만주'라는 단어에는 이미 일본이 만들려고 한 이데올로기가 숨어 있다. 청나라의 한 영토가 '만주족'에서 나온 용어를 따서 지역명으로 사용되기 시작한 것은 일본 에도 시대의 지도에서 비롯되었고, 이로 인해 유럽 등 서구 제국에서는 '만주'를 마치 별도의 공간으로 인식하기 시작했다.[10] 즉 러시아와 일본의 남진, 북진정책의 거점으로서 이 공간을 인식했기 때문에 이 공간을 '만주'라고 부르기 시작한 것이다.

이러한 복잡한 지리적, 정책적 일본의 대표적 이데올로기를 보여주는 것이 소위 '만보산 사건'이다. 1928년부터 1931년까지 조선민 박해에 관한 훈령이 300개 이상이나 되는 등 조선민은 당시 일본 제국주의의 전위로 취급되어 중구인과 조선민 개척자간의 갈등은 심각한 수준에 이르렀다. 이를 통해 일본 정부의 한 지도자가 재만 조선민 보호를 명목으로 출병을 제안하기도 하는 등 일본은 만주에서의 조선민과 중국인의 갈등을 이용해 만주에서의 입지를 확보하려는 시도를 하기도 했다. 여기서 알 수 있는 것은 조선민이 당시 만주에서 '준일본인'의 신분으로 활동하고 있었다는 것이다. 그렇기 때문에 조선민들은 '만주'가 식민지라는 이미지를 가졌다. 일본인이 조선에서 가졌던 지위를 조선민이 만주에서 가지게 되고, 이러한 지위를 추구하게 되었던 것이다.

조선의 지식인들이 만주로 눈을 돌리면서 다가 온 것은 중국과 조

---

9) 한석정, 『만주국 건국의 재해석』, 동아대학교출판부, 1999, 165쪽.
10) 中見立夫, 「歷史のなかの"滿洲"」『環』 10, 藤原書店, 2002 여름호.

선의 차이이다. 조선 내에서는 일본인과 조선민이라는 두 부류로 구분되던 것이 '만주'로 진출하면서는 '일본인'의 정체성을 표피에 가지게 되었으며, 따라서 '만주인'과는 다른 또 다른 정체성을 가진 존재라는 것에 대한 차이가 부각되기 시작했던 것이다.

일제는 친일의식의 확산을 통해 한인사회의 동요를 막기 위한 수단의 일환으로 언론 통제를 강화해 갔으며, 1936년 4월에 흥아협회가 창립되면서 『재만조선민통신』이 발행하였다. 흥아협회는 1936년 4월 봉천 육군특무기관장 三浦敏事를 회장으로 조직되었다. 기관지 '통신'을 발행하여 한인사회에 대한 일제의 사상통제 정책을 주도했던 것으로 보인다. 흥아협회 사무장이었던 서범석을 비롯하여 최남선, 최린, 간도협조회 김동한, 간도성장 이범익, 봉천 일본총영사관 부영사 최탁 등 다양한 친일 인물들이 기고한 논설들이 게재되고 있다.

『滿洲日報』가 3·1운동 직후인 1919년 7월 봉천에서 발행되었다. 이신문은 총독부 기관지였던 『每日申報』의 기자 鮮于日이 중심이 되어 간행하였다. 『獨立新聞』에서는 이 신문이 봉천에서 유력한 일인의 후원을 얻어 발행되었으며, '某 언론의 추악함이 독자에게 반감을 起케 한다고 보도하였다.[11] 鮮于日은 1906년 1월에 一進會의 기관지였던 『國民新報』의 기자로 출발하여 주필을 거쳐 1915년에 『每日申報』로 자리를 옮긴 인물이었다.

또한 1920년대의 신문으로는 『間島申報』가 발행되었는데 이 신문은 1910년 2월 24일 간도 일본총영사관이 발행했던 『間島時報』와 용정에서 발행되었던 등사본인 『東滿通信』 등이 통합하여 1921년 창간된 것으로 보인다. 이 신문의 국문 주필은 李敎一이었다. 이교일은 간도에 오기 전 일본신문인 『國民新聞』의 서울주재 통신원으로 활동하였던 인물이었다.

---

11) 『獨立新聞』, 1919년 9월 2일자, 「만주일보」의 출현.

1935년 11월 11일 만주국정부와 관동군, 관동청 등으로 구성된 홍보위원회를 조직하고 만국통신사를 비롯한 13개회원 신문사의 언론을 통제하였다. 이러한 분위기에서 1937년 10월 일간지 『滿鮮日報』가 창간되었다. 이후 『滿鮮日報』는 1938년 말 국내의 언론인을 대거 영입하여 진용을 보강했는데, 만주 건국대학 교수인 崔南善을 고문으로, 만주국 협화회 수도본부의 金璟載를 촉탁, 만주국 외교부의 朴錫胤, 총무청 참사관 秦學文, 民政府 拓政司의 尹相弼 등을 명예객원으로 임명하기도 하였다.

『半島史話와 樂土滿洲』와 더불어 만주와 만주에서 활약한 친일파와 그들의 행적을 알 수 있는 중요한 자료는 『滿鮮日報』이다. 즉 1937년 『滿鮮日報』 발간으로 특히 재중 조선민문학은 중요한 전환기를 맞게 된다. 『滿鮮日報』는 '협화미담 현상모집'을 비롯하여 '금연문예작품', '군가모집', '개척가사 현상모집' 등을 통해 정기적으로 작품을 공모, 당선작에 고액의 상금을 주는 등 국책문학을 적극 장려하는 한편, 일제가 만주국을 통해 내세운 이른바 '오족협화'와 '왕도낙토'를 적극적으로 홍보하였다. 결국 이러한 『滿鮮日報』의 발간은 만주지역에서의 친일파를 정당화시키고, 아울러 친일파의 활동무대가 되었다.

이러한 만주지역에서의 일제의 언론통제는 3·1운동 이후 본격화되었다. 이들은 일제의 권력과 자본을 바탕으로 성장하였으며, 1930년대 후반 중일전쟁을 전후하여 '통신'과 『滿鮮日報』가 발행되면서 보다 극단적인 친일화 경향을 나타내고 있었다.

『滿鮮日報』가 지속적으로 친일파와 그들의 활동을 장려하고 확대시키는 역할을 하였다면 『半島史話와 樂土滿洲』는 이러한 모든 것을 한권으로 압축해 놓은 좋은 자료이다. 물론 여기에 게재한 모든 사람들을 친일파라고 이야기하고 그들이 게재한 글들이 친일성을 가지고 있다고 이야기 할 수는 없다. 그러나 기본적으로 『半島史話와 樂土滿洲』라는 책이 가지고 있는 성격상 이 지면에 보이고 있는 대부분 사람들이 당시 우리 사회에서 지도층으로 활약한 사인물들이고 그들의 글이 친일성을 띤 글이 아니라도, 친일에 대한 정당성을 부여하기 위한 만든 이 책에 글을 게재한 자체가 이미 역사적 죄인으로 평가할 수 있는 것이다.

이 책에 글을 게재한 인물들의 친일담론을 살펴보기 전, 한국사에서 전개된 친일담론의 변화를 먼저 요약하면, 첫째, 1919년 3·1운동 전후 시기까지는 매국노·왜노·정탐 등 구체적인 대상을 지칭하는 용어가 주로 사용되었다. 따라서 친일이라는 용어가 포괄적인 용어로 정착되어 있었던 것은 아니었다. 그리고 친일이라는 용어가 사용되더라도 대부분 관료나 경찰 등 일제의 지배 기구에 포섭되어 있는 사람들만을 대상으로 하고 있다. 둘째, 해방 후 매국노·부일협력자·전범·민족반역자 또는 반민족행위자 등의 용어가 친일이라는 용어와 아울러 혼용되었다. 이 시기의 친일이라는 용어는 '민족 반역' 또는 '반민족'이라는 용어와 구분해서 사용하고자 하는 노력이 있었다. 대표적인 구분은 민주주의민족전선의 개념이다. 즉 '친일파'는 일본제국주의에 의식적으로 협력한 자를 총칭하고, '민족반역자'는 친일파 중에서도 극악한 부분을 지칭하는 것으로 제한하고 있는 것이다. 세 번째, 1947년 과도입법의원에 제출된 초안에서 '친일파'를 부일협력자·민족반역자·전범 들 3가지로 '협력'자를 세분하여 정의하고 있다. 네 번째, 1948년 9월 '반민족행위처벌법'이 제정됨으로써 친일 행위를 '반민족'행위로 수렴하였다.[12] 또 송건호는 1930년대 후반에 들어와서 적극적으로 친일행위를 한 사람들을 다음 세 부류로 나누고 있다.[13] 첫째는 독립운동으로 검거된 후 마지못해 소극적으로 친일행위를 한 사람들, 둘째, 처음에는 소극적이었으나 차츰 조선민족을 위한 길이라고 믿게 되어 자발적 적극적으로 친일행위를 한 부류(이광수, 최남선 등) 셋째, 조선독립의 희망을 포기

---

12) 윤해동, 「친일파 청산과 탈식민의 과제」 『당대비평』 10, 2000.
13) 宋建鎬, 『韓國現代史』, 두레, 1986, 376~385쪽.

하여 일제통치를 받아들이는 대신 조선민의 참정권 자치권을 덕기 위해 일제정책에 적극적 협력한 부류이다. 이와 같은 친일개념과 친일파에 대한 담론이 시대적 상황에 의해서 그 성격 규명이 달라지고 있음을 알 수 있다.

이러한 친일담론에 나타나는 기본적인 친일에 대한 인식을 바탕으로 『半島史話와 樂土滿洲』에 보이는 친일담론에 대해서 서술하고자 한다.

이 책의 속표지에는 만주국 국무총리 張景惠가 쓴 '王道樂土'라는 붓글씨가 있다. 바로 이 4글자가 당시 만주국의 건국이념이며 동시에 이 책의 중심내용이다.

먼저 이 책의 편찬자인 洪炳哲, 俞燦根의 '인사말'에서

> 出版報國에 뜻을 두고 이 方面에 提携하여 오던 바 今番 滿鮮內外 有志諸氏며, 清原閣下 崔六堂 伊原閣下, 申瑩澈 諸先生의 鞭撻下에 血族的으로 보나 歷史的으로 보나 同原分類이요 永遠不可分의 密接한 關係에 있는 內鮮文化的 結合을 五年前부터 그 原稿를 收集하여 오다가 이제 이 篇帙을 엮게 된 것은 一生의 光榮으로 여기는 바이며 이것이 조금이라도 우리의 文化交流에 있어서 貢獻되는 바 있다하면 더 말할 수 없는 幸福으로 아는 바이다.14)

고 하였는데 인사말에서 알 수 있는 바와 같이 혈족적으로 역사적으로 동원본류라는 시각과 내선문화적 결합이라는 말을 통해서 이 책의 성격이 친일성을 가지고 있음을 알 수 있다.

이러한 기본적인 성격을 가지고 이들은 원고 수집을 하였고, 수집이 끝나자 만주국 국무총리 張景惠, 전 연희전문학교장 伊東致昊(윤치

---

14) 滿鮮學海社, 『半島史話와 樂土滿洲』, 20쪽.

호), 만주국 특임참의 淸原範益(이범익), 보성전문법과 과장 俞鎭午, 협화회 중앙본부 靑木一夫(박팔양), 전 조선총독부 南次郞, 대일본제국 총리대신 東條英機, 관동군사령장관 梅津美治郞, 중화민국정부 주석 汪精衛, 육군소장 金子定一, 계림분회 고문 李鴻周, 만주국 치안부 이사관 金光昌永(김창영) 등의 사람들한테 서문, 제자 등을 특별 요청하였다. 이들의 요청을 받은 대부분의 인사들은 이 책에 글이나 그림, 그리고 글자를 게재하였다. 이들 중에서 먼저 俞鎭午가 쓴 「序」을 보면 '歷史와 理論'이라는 부제로

> 우리朝鮮은 內鮮一體 또는 鮮滿一如의 큰 旗발아래 바야흐로 새로운 歷史속으로 突入하려 하고 있다. 이때에 際하여 이 動亂에 處하고 이 變革에 應하기 爲한 卓拔한 理論이 待望됨은 勿論이거니와 그理論에다가 充實한 內容을 주고 潑剌한 生命을 불어넣기 爲해서는 精緻한 歷史的回顧가 또한 必要함은 말할 것도 없는 바이다.15)

고 일본과 조선의 내선일체와 조선과 만주의 선만일여를 정당화시키고 있는 것을 알 수 있다. 또한 국민총역조선연맹 총무부장 鳥川僑源(정교원)은 「內鮮一體의 倫理的歸結」이라는 글에서

> (전략)生을 皇國에서 받은 者라면 이 땅에 가서 누구든지 內鮮의 깊이 맺은 줄을 더 굳게 맺고자함을 볼 것이다. 時局進展에 따라 內鮮一體는 論議의 時代를 지나서 實踐段階에 들어갔다 (중략) 半島의 여러 나라에 對하여 일찍이 大和朝廷은 誘掖保護의 손을 폈으며 或은 物資를 준다든지 或은 軍隊를 駐屯시킨다든지 或은 官職을 設하고 때로는 誘掖을 加하며 文化의 交流를 計劃한 것 等 참으로 密接不可分의

---

15) 滿鮮學海社, 앞의 책, 18쪽.

關係가 있는 것은 顯著한 事實이다(중략) 源泉을 밟아 올라가면 內鮮
關係는 元來 文化的交流가 있을 뿐 아니라 人種이든 語系든 같고 漢
子音譯方法도 같다 (중략) 지금 같이 內鮮人兩者와 氏名이 顯著하게
다르게 된 것은 그 後의 變化다 (중략) 이렇게 元來는 같았는데 途中
에서 길을 달리한 데 지나지 않는다. 이런 意味에서 內鮮一體는 옛날
에의 復歸다 (중략) 內鮮一體는 朝鮮統治의 最高理想인 同時에 實로
內鮮兩者의 倫理的歸結이라 생각한다.16)

고 하였다. 이와 같이 내선을 적극적으로 강조하고 있는 것이다. 만주
에서의 인종지도는 대동아공영권의 오족협화라는 이념과는 달리 '일본
인 / 조선민 / 만주인, 몽고인, 백계 러아사인'이라는 권력관계로 형성되
어 있었다.17)

　문명화의 사명이란 물론 일본인의 시선일 때 그 시선을 닮고픈 서
열 2위 조선민의 시선은 일본인의 그것과는 다를 수밖에 없다. 왜냐하
면 식민종주국 일본을 제외한 아시아 諸國은 모두 식민지 경험을 겪어
야 했던 식민지인이었기 때문이다. 여기에서 식민지 토착 친일엘리트
의 지향성이 도출되는바 그것은 서구의 근대를 모방한 일본의 근대를
마시 모방하고자 염원했던 내선일체의 이념이었다.

　식민지 토착 친일 엘리트들의 내면 풍경에 놓인 것은 일제의 식민
담론 중의 하나인 황민화 속에 내재되어 있었던 근대성과 계몽성을 포
함한 국민화 과정 곧 내선일체의 밑그림이었다. 그 밑그림을 열심히 그
리는 것이 민족을 위한 길이었고 민족을 위한 친일이라는 논리였다.

　金川聖은 또한 「扶餘新都의 史蹟」라는 글에서

　　　새로운 내선일체의 역사적 회고로 가득찬 왕도도 대개는 荒廢하여

---

16) 滿鮮學海社, 앞의 책, 29~30쪽.
17) 윤대석, 「일본의 그늘」『내일을 여는 작가』, 2002 여름호, 41쪽.

졌으나, 세기에 빛나는 황기 二천六백년을 맞아 동아신질서 건설의 기
초가 견고하여 지고 동아공영권의 확립도 날로 진척되어가고 있는 오
늘, 총독부에서는 내선일체의 큰 정신적 殿堂으로서 그리고 대륙경영
의 守護神鎭座의 성지로서 官弊大社 扶餘神宮을 어조영하기로 계획하
고 소화十四년도 이강 五개년 계속 一백五十만원 경비로 벌써 공사에
착수하였다. 이리하야 내선일체의 발상지 백제의 부여는 神都로서 새
로운 면목을 가추고 세기의 각광을 받으며 엄연한 자태로 갱생하야 二
천三백만 반도 민중은 昭和의 성대를 마저 내선일체의 역사적 사실을
돌이켜 생각하고 선조와 선인에 대하야 感恩의 정성을 바쳐 내선일체
의 아름다운 열매를 거두기로 된 것이다.[18]

고 하였다. 이는 내선의 기원을 백제까지 비정하여 일본의 내선정책이
역사적 근거를 가지고 있음을 증명하고자 한 것이다. 申瑩澈은 「在滿
朝鮮人敎育의 科擧와 現在」에서

　　　　滿洲事變을 지나 滿洲國이 創建된 以後는 日滿兩國의 慈光과 恩□
　　　가 아울러 미치고 젖어 王道樂土에서 힘찬 建設에 한 귀퉁이에 힘찬
　　　役割을 하고 있는 것은 嚴然한 事實이다.[19]

이 글에서도 재만조선민의 교육의 본질이 일본과 만주국을 위한 교
육을 목표로 하고 있음을 알 수 있고, 그 내면적인 흐름은 역시 '내선'
과 '선만'이라는 사실이다. 이러한 교육의 기조는 이미 조선내의 교육
정책에서 볼 수 있다. 강동진의 글에서 보면 다음과 같이 설명하고 있
다. "조선민에 대하여는 두뇌를 개발하기 전에, 먼저 손발을 움직이는
습관을 양성하는 연구를 할 필요가 있다. 조선의 교육관계 당국자가 손

---

18) 滿鮮學海社, 앞의 책, 33쪽.
19) 滿鮮學海社, 앞의 책, 431쪽.

발을 움직이기 위한 교육 이상으로 한걸음이라도 더 나가게 될까 봐 염려되는 바이다. 손발을 움직이기 위한 교육은 당연히 조선 교육의 전부임을 각오하고 조선민은 싫건 좋건, 효과가 있건 없건 오직 그것만으로써 만족하지 않으면 안 된다.[20] 이처럼 일본의 교육정책은 조선이나 만주국이나 똑 같은 의식 속에서 실시되고 있음을 알 수 있다. 일본은 일본을 위한 식민지교육만을 실시하고 있는 것이다.

鄭尙仁은 「長老敎와 滿洲朝鮮基督敎會合同槪觀」에서

滿洲敎會는 今後로 滿洲建國 精神에 體得하여 大東亞 新秩序建設에 大貢獻을 期約하는 同時에 福音主義의 使命을 贖罪救靈의 事業을 完遂하려는 者이며 따라서 敎道報國에 皇道實踐을 힘껏 만진하려는 者이다.[21]

고 하였는데, 이는 기독교 역시 일본 천황에 대한 충성과 일본 침략주의를 정당화시키는데 기독교를 이용하고 있음을 보여주고 있다. 盧承均은 「南京條約百年記念」이라는 글에서

萬若에 日露戰役에 帝國이 赫赫한 大勝利를 하여 그들의 氣勢를 눌르지 않았던들 그들은 드디어 中國을 分割하고 말았을지도 모른다. 日露戰役의 帝國의 勝捷은 英米帝國主義의 侵略態度를 一變시켜 領土的 野心으로부터 經濟的搾取에로 그 鋒鋩을 돌리게 하는 同時에 그들로 하여금 日本可恐이라는 認識을 깊게 하였다.[22]

고 서술하고 있다. 이는 일본의 중국으로의 침략과 아울러 일본의

---

20) 강동진, 『일본언론계와 조선』, 30쪽.
21) 滿鮮學海社, 앞의 책, 609쪽.
22) 滿鮮學海社, 앞은 책, 622쪽.

만주국 건국을 정당화시키고 있음을 보여주는 것이다. 즉 제1차 세계대전 이후 전쟁의 양상이 총력전화한 가운데 만주사변을 도발한 일본은 구미 열강에 대한 근대적 산업 성장의 열세와 경제공황을 인한 경제적 난관 그리고 국민의 불만을 극복하고 전진해 가기 위하여 '국민통합'을 위한 이데올로기적 사상통제에 박차를 가하였다. 파시즘화와 더불어 강화된 일본의 국민 통합을 위한 사상통제는 만주를 중심으로 이권을 대립하고 있는 소련과 국내의 반제·사회혁명운동을 촉진하는 공산주의에 대한 더욱 엄격한 취재와 통제체제를 구축하는 방식으로 전개되었다.

일제의 파시즘화와 함께 수반된 사상통제의 강화는 적화의 위협에 대한 정책을 통하여 국민의 정신적 통제체제를 구축함으로써, 한편으로는 파시즘화에 비판적인 지배층내부의 분열을 예방·방지하고 다른 한편으로는 대륙팽창을 담보할 국민적 통합을 통한 총동원체제를 구축하기 위한 것이었다.

한편 조선과 만주국과의 관계에 대해 淸原範盆(李範盆)은 「滿鮮一如」라는 글에서

> 日本과 滿洲의 兩帝國이 政治的으로 經濟的으로 또는 國防的으로 一體不可分의 關係를 가진 것은 只今 다시 말할 것까지도 없이 天下周知의 事實이다. 따라서 日本의 一部인 朝鮮과 滿洲와의 關係는 스스로 分明하다.23)

라고 하였다. 이는 일제가 민족자결주의에 대해서도 조선과 일본은 한 민족이었으므로 한일합병이야말로 민족주의를 발휘한 것이라고 주장한 것과 연결해서 생각할 수 있다. 즉 "조선과 일본은 태고 이래 떨어

---

23) 滿鮮學海社, 앞의 책, 28쪽.

질 수 없는 가까운 관계에 있었다. 그 국토는 많은 경우가 한 나라였다. 즉 오늘날의 일선관계는 단지 역사적 추세와 전설적 관계가 자연으로 복귀한 것이라고 할 수 있을 뿐만 아니라, 민족자결주의를 남김없이 발휘한 좋은 예가 된다. 日鮮同族의 친화적 결합은 현대사조인 민족주의를 가장 완전하게 발휘하는 까닭이라고 말할 수 있다."[24] 라는 사실에서도 알 수 있다.

徐範錫은 「協和運動과 우리의 自覺」이라는 글에서

> 滿洲國의 建國으로 享有한 우리의 幸福이 올시다. 그러니까 滿洲國은 우리의 나라요 우리의 나라인 以上 이것을 死守하고 이 나라를 빛나게 하고 世界에 떨치도록 우리는 最大의 勞力을 하여야 할 것이 올시다.[25]

라고 하였는데, 그리고 오족협화와 내선일체는 모두 일본 제국주의의 지배 이데올로기이지만 조선에서는 내선일체를 만주국에서는 오족협화을 내세웠다. 그런데 이것이 재만 조선민에게는 심각한 갈등으로 다가오는 것이다. 만주국 내에 살고 있는 조선민들은 한편으로는 만주국의 국민으로서 오족의 하나임에 틀림없다. 또한 조선민은 강점 이후 일본 국민이기 때문에 일본 국민이기도 한 것이다. 따라서 재만 조선민은 내선일체의 대상이기도 하고 오족협화의 대상이기도 한 것이다. 만주국과 관동군은 재만조선민을 오족협화의 하나로 보려고 하였기에 당연히 만주국 국민으로 간주하였다. 이에 반해 조선총독부는 내선일체를 강조하면서 재만조선민을 일본국민으로 간주하였다. 1936년 미나미 총독이 내선일체를 강조하기 시작하면서 이러한 갈등은 더욱 커지게 되었다.

---

24) 강동진, 『일본언론계와 조선』, 175쪽.
25) 滿鮮學海社, 앞의 책, 47쪽.

그 이전에만 해도 재만 조선민들이 일본국민이기는 하지만 조선총독부 스스로 일시동인정도 보았지 내선일체까지는 나아가지 않았기에 그렇게 큰 문제는 없었다. 하지만 조선총독부가 전쟁 동원을 하기 위하여 내선일체를 강조하면서 갈등이 생기기 시작하였다. 특히 1937년 만주국에서 치외법권이 철폐되면서 이러한 갈등은 한층 심화되었다.

또 北斗學人이라는 이름의 한 문인은 「滿洲國建國十周年」이라는 글에서 이렇게 썼다.

> 滿洲國의 建國과 爾後의 隆隆한 發展은 오로지 天命에 遵由한 것이며 天佑의 加護에 依한 것이지만 一方 友邦日本의 終始一貫한 援助의 結果로 今日과 같은 驚異的 發達을 遂한 것이다. 日滿兩國의 關係는 單純한 利害關係로가 아니라 東洋固有의 道義情神을 基底로 하여 一德一心의 不可分的 友誼를 맺어온 것이다.[26]

또 淸原雄吉의 글에서는

> 滿洲建國은 日本皇軍의 起動力으로 成立되었다. 建國當時 世界與論은 全部反對이였고, 가진 壓力牽制를 받았다. 此는 世界舊秩序에 對한 一大挑戰이었고 此를 反面으로 보면 滿洲建國은 世界新秩序建設의 一大前奏曲이 된 點이다.[27]

라고 하였는데 이는 만주국의 건국이 일본에 의해서 되었음을 분명히 알 수 있는 것이다.

이와 같은 의식을 가지게 된 원인은 다음과 같다. 즉 만주사변 이후 파쇼화된 일제는 중일전쟁의 장기화로 총체적인 자원 문제가 수반되

---

26) 滿鮮學海社, 앞의 책, 625쪽.
27) 滿鮮學海社, 앞의 책, 626쪽.

어 전시 고도국방국가 확립을 위한 총동원체제 구축이 긴요했다. 특히 정신적 총동원이 강조되었다. 정신적 총동원이 핵심은 일본인의식구조의 주축을 이루고 있는 천황제·국체를 통로로 한 사상통제정책·전향정책이었다. 천황제를 이론적으로 인정한 공산주의자의 전향[28] 성명을 계기로 정책적으로 개발된 전향정책은 공산주의자가 국체를 인정하면 다시 일본국민 공동체의 일원으로 받아들이는, 동족의식에 기초해 일본인을 대상으로 한 사상통제정책이자 사상범에 대한 사회적 재결합 방식으로 극히 일본적인 것이었다. 일본 군부 파시즘은 일본인의 국체인식을 활동하여 지속된 전쟁을 통해서 일본 내셔널리즘을 강화하며 총동원체제를 공고히 하여 팽창하고자 하였다.

---

28) 전상숙, 『일제시기 한국 사회주의 지식인 연구』, 지식산업사, 2004.
전향이라는 용어가 특별한 의미를 갖게 된 것은 스페인 내란과 독소동맹 체결을 계기로 하여 지식인들이 '양심의 이름으로' 이론적·세계관적 변화를 표명하면서였다. 이후 전향은 사람들의 정치·사회적 태도에 영향을 미치는 신념체계, 곧 이데올로기의 전환이라는 의미로 사용되었다. 프랑스 대혁명 이후 인간사회의 성격까지 파악할 수 있는 논리적 체계성을 갖춘 인간 사고와 관념의 신념체계라는 의미로 사용되기 시작한 이데올로기의 주창자, 이데올로그는 곧 정치사회의 현실과 지향가치를 분석·체계화하는 기능과 능력을 갖춘 지식인들이다. 현실정치 상황 속에서 지식인이 수용한 이데올로기, 신념체계는 지배체제에 대한 판단과 비판의 기준이며 또한 변화된 미래를 제시해 줄 수 있는 정치이념이다. 비판적 지식인들의 이데올로기에는 현실의 정치사회에 대한 갈등과 고민, 그리고 갈등요인을 극복하기 위한 실천적 의지가 내포되어 있는 것이다. 그러므로 지식인의 이데올로기의 전환, 전향에는 그의 현실정치사회에 대한 양심적 판단과 그에 따른 논리가 전제된다. 전향은 특정 시기의 정치·사회 변동에 대한 지식인의 비판 의식과 양심적 판단에 의거하여 발생하게 된다. 역사적 경험을 통해서 알 수 있는 바와 같이 지식인의 양심에 기초한 현실정치에 대한 이론적·세계관적 전향은 주관적 개별적으로 이루어진다. 그리고 현실의 정치사회에 대한 지식인 개인의 양심의 판단에 따른 전향은 어느 시대에나 있을 수 있다. 그러한 전향이 일제 파시즘기에 한·일 양국에서 집단적으로 대량 발생하여 일종의 '사회현상'화하였다.

중일전쟁을 계기로 고도국방국가체제 구축에 박차를 가한 일본은 이를 위하여 명치유신 이래 민족공동체의 구심점 역할을 해온 천황제를 활용한 '국체' 이데올로기를 강조·강화함으로써 사상통제정책을 강화·확대하였다. 그러나 전시불안을 배경으로 한 유사종교의 확산과 반복 취체된 인민전선사건 등 국내 치안상황은 그리 낙관적이지 않았다. 그리하여 중일전쟁의 전면화와 함께 고도국방 국가체제 확립의 한 축으로 사상통제를 중심으로 한 치안 유지·확보에 박차를 가하였는데, 그 핵심에는 '전향'이 자리하고 있었다.

식민제국의 지배정책을 배경으로 한 식민지 사회의 전향은 지배 민족에서는 물론, 피지배 민족에서도 각기 이를 인식하고 그에 대응하는 양상과 그에 따른 논리가 미묘하고 첨예한 편차를 내포하게 된다.

한편 세계공황에도 불구하고 소련은 1928년 이래 제1차 5개년계획을 성공적으로 완수하여 그 입지를 강화하고 있었다. 소련은 국민당과의 합작을 이용하여 중국·몽고·만주의 적화에 특별한 노력을 기울이고 있었다. 1929년 중국과의 분쟁 이후에는 북만주 지역에 대한 압력을 증대하여 외몽고의 발전을 통하여 거점을 강화하고 시베리아 개발 사업을 촉진하며 만주시장으로 진출하고 있었다.

이러한 만주정세의 불안과 소련의 진출은 공황기 일본 국내의 사회적 불안과 더불어 만주에 대한 관심을 증대시켜 군부 파시스트세력이 대두하여 만주사변을 일으키는 계기를 제공하였다. 이러한 시기의 군인으로서 뛰어난 활약한 소기 장군에 대해서 徐椿은 「朝鮮總督小磯將軍論」이라는 글을 써서 小磯의 출생으로부터 생애와 취미와 업적을 소개하고 나서

대동아 전쟁하 반도가 짊어지고 있는 역사적 특수 사명은 十억 동양인들의 발전과 동아공영권 건설의 추진력이 되고 있는 이때에 일찍부터 일본 유수의 南進論의 제창자였고 또한 만주 이주협회장의 중임

을 맡아 만주개혁에 온 정력을 바쳐온 소기총독의 탁월한 정치적 구상과 과단성 있는 실천력이 반도 통치사상에 찬연히 빛나는 새로운 금자탑을 세우고도 남음이 있을 것이다. 남녀노유를 불고하고 반도의 전 민중은 두 팔을 들어 우리들의 새 총독을 마지하며 마음으로부터 우러나는 기쁨과 신뢰와 기대를 가지고 온정총독의 지휘를 기다리는 바이다.[29]

라고 하였다. 이는 일본은 그 동안 여러 가지 면에서 조선보다 뒤쳐져 있는 나라로 인식되었기 때문에 조선민의 자존심이 일본의 지배를 허락할 수 없었다. 또한 조선의 경우 전통적으로 이익보다는 의와 도리를 중시하는 유교의 영향권 내에 있었기 때문에 단순한 무력의 위협이나 경제력의 유인으로만 지배하기 어렵다고 할 수 있다. 따라서 일본의 조선 지배를 가능하게 했던 것은 무엇보다도 일본 측의 납득할만한 '논리' 즉 이데올로기라고 할 수 있다. 물론 이 같은 일제의 전략은 조선 백성들에게는 성공하지 못했다. 일본이 조선의 합병을 위해 차례차례 협약을 체결할 때마다 수많은 군중이 모여 울부짖고 시위하였다. 그러나 적어도 한일합병이 쉽게 성사되도록 협력한 친일파들은 일제의 논리를 그들 스스로 일본에 협력한 이유로 또한 자기정당화의 논리로 삼았다.

이 책의 마지막을 장식하고 있는 이가 윤해영이다. 우리에게는 선구자의 작사자로 널리 알려져 있는 인물이다. 그러나 윤해영에 대한 평가는 그는 전형적인 친일시인이라 것이다. 그의 대표적인 작품이 바로 이 책에 게재된 「樂土滿洲」이다.

1. 五色旗 너울너울 樂土滿洲 부른다.
   百萬의 拓士들이 너도나도 모였네.

---

29) 滿鮮學海社, 앞의 책, 39쪽.

> 우리는 이 나라의 福을받은 百姓들
> 希望이 넘치누나 넓은 땅에 살으리
> 2. 松花江 千里언덕 아지랑이 杏花村
>    江南의 제비들도 봄을 따라 왔는데
>    우리는 이 나라의 흙을 맡은 일꾼들
>    荒蕪地 언덕우에 힘찬 광어 두루자
> 3. 끝없는 地平線에 五穀金波 굼실렁
>    노래가 들리누나 아리랑도 興겨워
>    우리는 이 나라에 터를 닦는 先驅者
>    한千年 歲月後에 落華萬世 빛나리[30]

이 시에서는 만주국의 건국을 축하하면서 만주국에 충성을 다하자는 의미를 내포함과 동시에 만주국을 건국한 일본에 대한 미화를 담고 있다. 일반적으로 자신들의 동포를 억압하는 식민주의자들의 목소리를 대변하고자 했던 친일시의 내적 논리는 친일성과 민족성의 이중적 정체성이 지도민족을 향한 지향성으로 통합되는 소위 '민족을 위한 친일'이란 허구적 관념이었다. 그러한 논리에 다가갈수록 서구의 근대를 기형 또는 왜곡된 근대로 받아들였던 일본의 근대에 가까워질 수 있다고 믿었던 식민지 친일 지식인의 내면풍경에 놓인 것은 대동아공영권이나 내선일체라는 프리즘을 통해 현현했던 일본중심의 새로운 신질서가 진정성이라는 이름으로 명명되었던 식민지 현실이었다.

조선의 지식인들 역시 조선민이면서 일본인이기를 바랐고, 식민지의 피지배인이면서도 대일본제국이라는 제국의 일원이 되길 바랐던 것이다. 이러한 경계에서 이들이 모두 단순히 동화와 거부의 한 측면, 즉 제국 경계 밖의 독립 혹은 제국의 일원으로서 정체성만을 추구했다

---

30) 滿鮮學海社, 앞의 책, 690쪽.

고 볼 수는 없을 것이다.

이 책에 글을 게재한 인물 중에서 이광수가 있다.[31] 이광수는 우리 문학사에서 거론하지 않을 수 없는 중요한 위치를 점하고 있다. 그러나 그의 친일 행적은 그에게는 영원히 지울 수 없는 오점으로 남아 있다. 식민지 시대의 대표적인 인물인 이광수를 통해 당시 지식인계층 내지 사회지도계층의 친일으로의 전향에 대해서 알아보고자 한다.

이광수가 젊은 시절에 체험한 일본은 서구적 근대를 일찍이 달성한 나라이고 양육강식이라는 근대주의 논리에 따라 약한 조선을 식민지화하는 것이 당연할 정도의 힘을 갖고 있는 나라였다. 일찍이 조선정벌의 이론적인 근거인 정한론을 주장한 바 있던 후쿠자와에 대해서 조차 서구 문명을 받아 들여 일본의 구사상, 구제도를 타파하는 데 공헌한 인물로 묘사하였다. 이처럼 이광수는 일본의 힘에 압도되고 있었다.

이광수는 조선의 전통문화를 개혁되어야 할 문화로 인식하고 그 반작용으로 일본의 근대문화를 이상화했다. 이광수는 노골적인 전통 부정, 과거와의 단절을 통해 고립된 개인의 내면을 제시하였다. 이는 잘 알다시피 노블의 토착화를 위한 선결작업이면서 또한 미적 자율성의 이념을 실현하는 일과도 연관된 것이었다. 즉 심미주의의 세례를 받은 미적 주체는 분리, 분할의 과정과 분열 통합의 상습적 수사인 '민족'으로의 전체화 과정을 통시에 요청하는 모순 안에서 오히려 정당화된다.

따라서 일제의 만주 침략을 긍정적으로 인식하고 있던 이광수로서는 만주사변을 조선을 발전시킬 수 있는 중요한 계기로 여기고 있었던 것이다. 이광수는 조선을 일본과 중국의 연결 고리로 간주하던 일제의 대륙 침략 정책을 조선 민족의 활로로 인식하고 있었다.

대동아공영권의 건설이 아시아를 서구 제국주의의 질곡에서 해방시키는 일과 직결되어 있다는 이광수의 생각은 일제의 침략 전쟁을 근

---

31) 滿鮮學海社, 앞의 책, 286쪽.

대국가 사이의 제국주의 전쟁이 아니라 서구 대 아시아의 인종 전쟁, 문화 전쟁으로 규정하는 것으로 이어졌다.

이광수는 이 전쟁에서 문화적으로 우월한 아시아 곧 일본이 승리할 것을 확신했다. 그리고 일본의 승리는 근대 사회 이후 서구에 의해 지배를 받아 온 아시아의 해방으로 이어질 것으로 보았다.

이광수의 이러한 인식은 식민지 조선이나 여타의 식민지 諸國은 일본의 식민담론을 효과적으로 실현시키기 위한 도구이자 제물이라 인식과 동일하다고 할 수 있다. 그러한 과정에서 대두되었던 지식과 권력의 담합은 식민지 지배의 실상이며 그것은 마침내 전시동원체제 속에서 막강한 위력을 발휘하게 된다.

이럼 의미에서 일본의 식민 사상과 과학은 아시아의 주체이자 근대의 주체임을 스스로에게 재확인하는 과정이었고, 식민지 시대 이후인 전후에도 그 생명력을 잃지 않고 주기적으로 나타나는 망언을 통해 반복되는 것이다.

# V. 결 론

지금까지 『半島史話와 樂土滿洲』를 중심으로 그 당시의 시대적 배경과 친일담론에 대해서 약술하였다. 처음으로 시도된 『半島史話와 樂土滿洲』에 대한 분석이라는 나름의 위안으로 이 글의 의미를 부여하고, 당시의 총체적인 시대적 개관을 통하여 이 글의 결론으로 대체하고자 한다.

만주사변과 만주국의 성립은 아시아 최강국으로서의 일본의 위상을 더욱 강화하는 계기가 되었다. 이에 따라 일본의 힘이 강할수록 조선의 독립은 사실상 불가능해진다는 현실론적 인식이 강화되었다.

일반적으로 친일 지식인들이 본격적으로 친일 활동을 하기 시작한 것은 1930년대 말 이후부터였다고 알려져 있다. 그리고 친일화의 계기로는 중일전쟁 이후의 전시 동원 체제 아래 자행된 가혹한 탄압이 흔히 거론되어 왔다. 실제로 탄압과 회유에 의한 친일파가 된 경우가 없지는 않았을 것이다.

식민지 시절을 살아야 했던 사람들의 근본적인 동질성은 시대 변화의 속도에 적응하건 못하건 모두 식민성이라는 분모를 가지고 있다. 왜냐하면 그들은 식민주의의 범주에서 자유로울 수 없었기 때문이다.

일본의 '식민정책학'이란 '일본문화론'의 구체적 방안이자 실천이었다. 일본문화론이 일본의 내적 국경에 내재한 한계점을 설정함으로써 그 내부를 에워싸고 있는 문화적 속성이 위협받지 않게 하려는 담론적 특성을 띠고 있다면, 식민정책학이란 일본문화론의 구체적 실천담론이기 때문이다. 즉 타자 또는 타자성을 통해 또는 그들과의 문화적 차이의 기술을 통해서 일본인의 문화적 통일성을 재현시키는 이데올로기 장치와 같은 식민정책학의 역할은 타자를 전제로 한 '일본국민의 창출 과정'[32]을 수행하는 것이었다.

일본문화론에서 중요한 역할을 사상이 바로 자유주의이다. 개인의 자유, 권리, 행복을 강조하고 국가간섭을 배제하고자 하는 자유주의 사상은 애국심을 약화하는데 기여할 수 있으며 일본 역시 이러한 자유주의의 본질을 충분히 활용하였다. 즉 일본은 병합 이전에 조선민의 애국심을 약화시키고 식민화로 유도하기 위해 자유민권 사상을 조선에 전파하는데 노력하였다. 특히 일본의 대표적인 자유민권론자 후쿠자와 유키치는 일본에 온 조선 유학생들을 지도하면서 그들에게 자유주의 사상을 가르쳤고 이후 이들을 한일 병합에 협조하는 세력으로 키웠다. 이 사상은 왕의 절대적 권력에 대한 비판이었고 이러한 비판은 조선의 국권 약화로 이어질 수 있는 것이었다.[33]

---

32) 최석영, 『일제의 동화이데올로기의 창출』, 서경문화사, 1997, 350쪽.
33) 후쿠자와 유키치는 조선에 대해서는 군권비판 사상을 유포하였으면서 정작 자국인 일본에 대해서는 그 사상을 적용하지 않았다.

자유주의 논리에 우리가 주목해야 하는 또 다른 이유는 그것이 국가주의 논리와 달리 오늘날 여전히 효력을 발휘하는 이념이기 때문이다. 자유주의적 주장들은 여전히 맹위를 떨치며 일본제국주의 또는 서구국가들의 행위를 합리화하고 있다. 특히 오늘날 신자유주의적 경향들은 이러한 것을 더욱 부추기고 있다. 자유주의는 개인의 자유로운 행위와 판단을 보호할 것을 주장하므로, 이러한 여론들을 정당화하고 또한 일본 제국주의자들 및 친일인사들에 대한 면죄부를 제공할 수 있다. 따라서 우리가 자유주의를 조심해야 하는 이유가 여기에 있는 것이다.

한편 식민지 조선 역시 자본주의 경제의 세례를 받으면서 식민지인들을 '경제적 인간'으로 만들고 있었다. 지식인들 역시 이 틀에서 벗어나 있었던 것은 아니다. 수탈과 빈곤, 궁핍, 단순히 이런 것들만 식민지인을 구성한 것은 아니었다. 잘 살고 싶은 욕망, 좀 더 좋은 것을 소비하고 싶은 욕망, 이런 소비 욕망을 식민지에서 사는 식민지이라고 갖지 않은 것은 아니었다. 그러나 '식민지'라는 현실을 강조하는 해석 방법은 이러한 욕망은 존재하지 않거나 별로 중요하지 않은 것으로 간주해 왔고, 이 시기 지식인들의 정체성 역시 정치적, 이데올로기적 '식민지'라는 측면이 강조되어 왔다.

이러한 측면을 강조한 파농은 식민지적 주체의 정체성은 역사·문학·과학·경제·신화 텍스트들의 이질적인 집합물에 의해 역사화되며 식민지적 주체는 항상 바깥으로부터 중첩 결정된다고 하였다.[34]

---

34) Frantz Fanon 저, 이석호 옮김, 『검은 피부, 흰 가면』, 인간사랑, 1998, 116쪽.

# 일제침략전쟁기 만주국의 음악계 연구

정 영 진*

## I. 서 론

만주제국은 일본 관동군關東軍이 1931년 9월에 만주사변을 일으켜 중국 북동부를 점거한 뒤 1932년 3월 1일 만주국 성립을 선언하고, 청조淸朝의 폐제廢帝(宣統帝) 푸이[溥儀]를 집정執政에 앉혔으며, 수도는 신경新京(지금의 長春), 연호를 대동大同이라 하였다. 일본은 같은 해 9월 일만의정서日滿議政書에 조인하고 만주국을 정식으로 승인하였으며, 이어 독일·이탈리아·교황청·에스파냐·헝가리·폴란드 등의 일부 국가가 승인하였다. 만주국은 러허작전[熱河作戰]으로 청더[承德]가 점령됨으로써 국토는 랴오닝[遼寧]·지린[吉林]·헤이룽장[黑龍江]·러허의 4성省, 인구는 3,000만에 이르렀고, 1934년 3월 제정帝政이 수립되면서 연호를 강덕康德으로 고쳤다.

만주국은 일본·조선·만주·몽골·중국의 오족협화五族協和와 왕도낙토王道樂土를 표방하였으나, 실권은 관동군사령관이 장악하였고, 중국인의 국무총리 및 각부대신은 장식품에 지나지 않았다. 또 경제면에서

---

* 경성대학교 연구교수

도 일본인의 만철滿鐵이 전 철도를 경영하고 닛산[日産] 콘체른이 진출하여 개발 사업을 독점하였다. 1945년 8월 소련의 참전으로 인해 관동군이 괴멸하자 곳곳에서 민중반란民衆叛亂이 일어나 푸이가 잡히고 만주국도 무너졌다.

이런 만주국은 정치·행정·사법·군사 등 모든 외형적인 방면에서 국가체제를 지니고 있었지만 실질적으로는 관동군을 정점으로 한 일본인들에 의해 모든 통치권이 장악된 채 독립국가와 같은 틀과 형식을 유지하고 있었다. 따라서 정치·행정·사법·군사 등 모든 방면에 외부 민족 특히 중국인들의 의사는 제대로 반영되지 못한 채 일본권부의 통치의지가 그대로 발현되고 있었다.

일제가 세운 괴뢰정부인 만주국에 조선인들은 1930년대 대략 3546가구가 형성되었다.[1] 만주국의 동화 이데올로기는 '일만동족론日滿同族論', '황도주의皇道主義', '민족협화民族協和'라는 세 가지로 구성되어 있었다.[2] 따라서 만주제국에 정착한 조선인은 철저히 일제의 동화정책에 따라야만 하였다. 1920년대 무장독립운동이나 1930년대의 항일 빨치산운동이 만주의 농촌지역을 배경으로 전개되었던 것과 대조적으로, 도시로 이주했던 조선인 지식인들과 관료 군인들 일부는 친일의 길을 걸었으며, 이들은 해방 후 귀환하여 남한사회에서 지배집단의 일원이 되었다.[3] 이들 중 소수에 속하는 식민지 중상층 계급과 일부 지식인들에

---

1) 남창룡, 『만주제국 조선인』(서울: 신세림, 2000), 25쪽. 이후 1934년에는 총인구가 약 3,030만 3천명이었는데, 그 가운데 농가인구가 2,566만 7천명이었다. 따라서 만주국에서 농촌인구가 차지하는 비율이 84.7%정도임을 알 수 있어 대부분이 피지배 계층인 농민이었음을 알 수 있다. 尹輝鐸, 『日帝下 滿洲國研究』(서울: 一潮閣, 1996), 8쪽.
2) 保坂祐二, 『日本帝國主義의 民族同化政策 分析』(서울: 제이앤씨, 2002), 307쪽.
3) 김경일·윤휘탁·이동진·임성모 공저, 『동아시아의 민족이산과 도시』(서울: 역사비평사, 2004), 3쪽.

〈그림 1〉 1940년대 만주국의 지도

게는 만주는 기회의 땅이기도 했다. 그리고 이들의 상당수가 해방 후 남한사회로 귀환하여 흔히 만주 인맥으로 불리는 지배계급의 한 분파가 되었다. 따라서 만주제국의 중상층에 해당하는 몇몇 조선인 부류는 일제의 침략정책에 편승한 인물들이다. 그 대표적인 인물이 일본의 외무성과 조선총독부의 보조금을 받아가며 운영되었던 『만선일보滿鮮日報』4)의 고문으로 있었던 최남선과 편집부장 염상섭을 들 수 있다. 『만선일보』는 1937년 당시의 만주국 수도였던 신경에서 발행되고 있던 친일적 한국어 신문『만몽일보滿蒙日報』와 용정에서 발행되고 있었던 같은 친일적 한국어 신문『간도일보間島日報』를 통합하여 단일지로 발간하면서 제호를 바꾼 것이다.『만몽일보』는 1933년 만주사변 후 지금의 장춘인 신경에서 창간된 일간신문이었다.

친일적 한국어 신문이 필요한 이유는 당시 만주에는 150만에서 200만에 명에 달하는 한국인이 있었기 때문이었다. 즉 정책적으로 이들을 대상으로 언론을 장악하여 통제할 필요성을 인식하였기 때문이며, 이들 두 신문을 통합함으로써 효율적인 언론통제가 가능하였던 것이다. 따라서 이를 통하여 그들의 정치 구호였던 만선일여滿鮮一如를 달성하고 5족협화五族協和를 도모하려고 한 것이었다.

『만선일보』로 새로 출발한 다음해인 1938년 말에는 일제로부터 많은 자금을 보조받아 조석간을 발행하고 일본내에도 지국을 설치하는 등 사세를 확장하였다. 초기에는 사장에 이용석李容碩, 역대 고문에 진학문秦學文과 최남선崔南善, 편집국장에 염상섭廉想涉5)과 홍양명洪陽明 등 한국인이 취임하였으나 얼마 후부터는 일본인들이 그 자리를 차지하였다. 1945년 만주국의 패망까지 만주지방 유일의 한국어 신문이었다. 그리고 박영준朴榮濬, 염상섭, 안수길安壽吉 등이 이 신문에 소설을 연재하기도 하였다.

---

4) 원래 만주에는『滿蒙日報』와『間島日報』등의 조선어신문이 발간되고 있었는데 關東軍 홍보처가 두 신문을 통합하여 신경에서 1937년『滿鮮日報』를 발간하게 된다.『만선일보』는 조선인에 의해 운영되어 사장, 부사장, 고문(최남선), 편집부장(염상섭)과 아울러 안수길 등 30명 가까운 기자들이 있었다. 이들은 만주국 보도부에서 파견한 일본인 주간에 의해 통제되었으며, 1945년 8월 일제의 패망까지 발행되었다. 김경일·윤휘탁·이동진·임성모 공저,『동아시아의 민족이산과 도시』, 23쪽.

5) 염상섭(1897~1963)은 일제말기인 1936~1945까지 만주 신경에 살면서『만선일보』편집국장·회사 홍보담당관 직을 하면서 생활하였고, 광복과 더불어 귀국하여 다시『경향신문』초대편집국장을 지내기도 하였다.

따라서 본 연구는 일제침략전쟁기 만주국의 대표적인 언론이
었던 『만선일보』의 음악기사 및 방송프로그램을 중심으로 만주국 음
악계 상황과 조선음악인들의 활동상을 가늠하고자 한다. 이를 통하여
만주국에서 음악방송의 향방과 기능 그리고 만주국에서 활동한 음악
인들의 행보를 조명하여 일제침략정책사연구 및 한국음악사의 연구
영역 확대에 일조하고자 한다.

## Ⅱ. 만주음악계와 라디오방송 음악

### 1. 신경음악원新京音樂院

1941년 당시 만주국에는 만주예문연맹滿洲藝文聯盟이라는 기관이 있
었다. 이 기관에는 만주에 있어서의 각종 예문단체의 연락기관으로서
만주문예가협회滿洲文藝家協會, 만주악단협회滿洲樂團協會, 만주미술가협
회滿洲美術家協會, 만주서도가협회滿洲書道家協會, 만주사진가협회滿洲寫眞
家協會, 만주공예가협회滿洲工藝家協會, 만주작곡가협회滿洲作曲家協會, 만
주무용가협회滿洲舞踊家協會 등이 소속되어 있었다. 이들 단체는 예문의
종합적 발전을 도모하기 위해서 각 단체를 구성하여 만주문예연맹을
결성하고 정부는 각 단체를 직접 지도하였다. 또한 그들은 종합 잡지
『藝文』을 발행하였다.

<예시 1>

정부의 지도 요강에는 결전시국에 즉응하는 예문활동방책으로 예문
가는 국민으로 하여금 건국정신을 체인體認케 하고 더욱더 결전의식을
앙양함과 동시에 국정 시책에 즉응하여 예문의 총력을 결집하고 국가
의 요청에 응해야 할 것이다. 그리고 예문활동의 구체적 방책에 대해서
일반 창의적 연구를 거듭하여 유감없이 예문봉공의 성誠을 다하여야

할 것이다.[6]

위 <예시 1>에서 보듯 당시 만주국에서 활동 하였던 문예인들은 결국 만주 정부의 지도하에 예문봉공의 정성을 다하여야 하였다.

신경음악원 1942년 4월 1일 신경음악단新京音樂團[7]으로 흡수될 때까지 신경교향악단, 신경취주악단을 내부에 두고, 교육부, 작곡부, 만주악부滿洲樂部와 만주인의 악원양성소樂員養成所를 둔 만주국 최고의 음악원이었다. 여름철에는 대동공연야외음악당大同公演野外音樂堂에서 시민후생음악회를 매주 토요일에 개최하기도 하였으며, 하얼빈교향악단과의 합동 연주회를 개최하는 등, 만주국 수도에서 최대의 전문적 음악 단체로서 존재하고 있었다. 그러나 이 음악원은 경축노래나 국가國歌의 제정 등에 관계하며, 전시하 국가의 요청에 협조하는 일원적인 음악 전문가 조직을 확립하는데 총력을 쏟고 있었다.[8]

따라서 신경음악원의 실체는 만주국의 예속하에서 전시하 음악보국을 위한 단체로 볼 수 있다. 이 단체에서 활동하였거나 유학한 조선인 음악가들 가운데 대표적인 인물이 안병소安柄珆 전 국방부 정훈 음

---

6) 林種國, 『親日文學論』(서울: 민족문제연구소, 2005), 161~166쪽.
7) 신경음악단은 일본음악단의 통합 정리에 호응 해 맹방 만주국의 음악계에서도 만주국의 악단을 통합하여 1942년 4월 1일을 기해 전 음악단체를 일원화 한 新京音樂團을 결성했다. 만주 정부의 홍보처에서 모든 작업을 알선하였다. 이것에 포함된 단체는, 新京音樂院, 滿蓄管弦樂團, 日蓄管弦樂團, MTOY放送管弦樂團이며, 새로운 기구는 管弦樂部, 合唱部, 滿洲樂部, 室內樂部, 吹奏樂部로 나누어져 있다. 이사장은 아마카스 마사히코(甘粕正彦), 이사에는 타케모토(武本) 放送副局長, 사카마키(坂卷) 滿映作業管理所長 , 이나(伊奈) 滿蓄文芸部長, 이시마루(石丸) 日蓄支店長, 단장에는 오오츠카준(大塚淳)이 취임했다. 村松道彌, "滿洲音樂情報," 『音樂之友』(東京: 音樂之友社, 1942), 第2卷, 第5号, 106~107쪽.
8) 村松道彌, 「戰時下滿洲國の音樂活動」 『音樂之友』(東京: 音樂之友社, 1942), 第2卷, 第2号, 46~52쪽.

악대장과 전봉초全鳳楚 전 서울대 음대 학장을 들 수 있다.

그리고 카네시로 쇼타이(金城聖泰)로 창씨개명한 김성태는 1943년 만주 신경교향악단 시절 극영화 "사랑과 원수"로 만주영화주식회사로부터 영화음악상을 받기도 하였다.

그 외 만주국에는 1941년에 설립된 만주악단협회가 있었다. 이 조직은 1941년 만주국 정부에서 발표한 <예문지도요강>을 받들어 결성된 단체이다. 위원장에 오오쓰카준[大塚淳]과 위원에는 오노자키히토시[小野崎仁]·사와아키라희[佐和輝禧] 등과 사무국장에 이나후미오[伊奈文雄]가 위촉 되었다. 이 조직에 가맹한 단체는 만주 각지에서 활동하는 관현악단 7개 단체, 취주악단 21단체, 합창단12단체가 소속되었으며, 대련지역은 우교友交 단체로서 따로 편성되어 있었다. 이들은 1941년 가을에 가맹 합창단의 합창 봉납을 11월 25일과 26일 양일간 펼쳤고, 또 협회설립 기념음악제를 신경의 후생 회관에서 12월 5~7일 3일간 5회에 걸쳐 개최하여 만주국에 대한 예문봉공에 참여 하였다.9)

## 2. 신경라디오방송과 음악프로그램

일본이 식민지 혹은 점령지에서의 방송은 1925년 7월 관동關東체신국에 대련大連방송국을 신설하여 500W의 실험방송을 시작한 것에서부터 출발한다.

당시 만주국 및 일본제국 직할령 관동주의 방송국 현황은 <표 1>과 같다. <표 1>에서 보듯 일본은 1925년 대련을 시작으로 각 직할지에 방송국을 개국하여 화식문화의 이식에 필요한 소통로를 확보해 나간다. 그리고 그들이 식민지의 라디오 방송 네트워크를 개설하는 방법은 일본 본토의 네트워크를 바탕으로 일본 방송협회에 속하게 하여 방송전반을 국가 관리에 두는 것과 또 다른 하나는 식민지 단위의 독자적인

---

9) 村松道彌, 앞의 논문, 49滿.

네트워크를 형성해 그것을 일본 방송협회와 제휴시켜 필요에 따라 각
식민지의 체신부나 체신청과의 제휴로 감독하는 것이었다. 전자와 후
자의 차이는 전자가 일본국가 예산(혹은 일본 방송협회)을 바탕으로 설립
되는 것인데 비해 후자는 각 식민지에서 활동하고 있는 해외주재 일본
인 자본을 토대로 설립 운영되는 것이었다. 이에 신경방송국은 후자에
의해 설립 운영되게 되었다.

〈표 1〉 일본제국 직할령 관동주의 방송국 현황10)

| 호출<br>부호 | 방송국명 | R 1 | R 2 | 변경<br>연월일 | 적요 | 비고 |
|---|---|---|---|---|---|---|
| JQAK | 대련 | 1925.08.09 | 1937.11.01 | 1938.04.01 | 중앙 방송국 | |
| | | | | 1945.08.-- | 폐지 | |
| JQBK | 안동 | 1937.10.20 | 1939.12.15 | 1945.08.-- | 폐지 | |
| ZILY | 심양 | 1928.10.01 | | 1933.12.15 | 호언 변경 MTBY | 구COMK |
| MOHB | 합이빈 | 1928.01.01 | | 1933.12.15 | 호언 변경 MTFY | 구COHB |
| MTAY | 신경 | 1933.04.16 | | 1933.09.15 | 호언 변경 MTCY | |
| MTBY | 심양 | 1928.10.01 | 1938.10.15 | 1938.04.01 | 중앙 방송국 | |
| | | | | 1945.08.-- | 폐지 | |
| MTCY | 신쿄 | 1933.04.16 | 1934.11.01 | 1938.04.01 | 중앙 방송국 | |
| | | | | 1944.02.-- | 방송총국 | |
| | | | | 1945.08.-- | 폐지 | |
| MTDY | 손오 | 1943.12.01 | | 1945.08.-- | 폐지 | |
| MTEY | 아카미네 | 1943.12.01 | 1943.12.01 | 1945.08.-- | 폐지 | |
| MTFY | 합이빈 | 1928.01.01 | | 1938.04.01 | 중앙 방송국 | |
| | | | 1940.07.01 | 1945.08.-- | 폐지 | |
| MTGY | 모단강 | 1937.06.01 | 1941.12.15 | 1944.02.-- | 중앙 방송국 | |
| | | | | 1945.08.-- | 폐지 | |
| MTHY | 승덕 | 1937.07.22 | 1941.12.15 | 1944.02.-- | 중앙 방송국 | |
| | | | | 1945.08.-- | 폐지 | |
| MTIY | 무순 | 1944.09.01 | | 1945.08.-- | 폐지 | |
| MIJY | 안잔 | 1944.09.01 | | 1945.08.-- | 폐지 | |
| MTKY | 연제 | 1938.04.01 | 1942.11.01 | 1943.05.01 | 명칭 변경<br>마지마 | |
| | 마지마 | | | 1945.08.-- | 폐지 | |
| MTLY | 치치하루 | 1938.04.01 | 1939.06.20 | 1944.02.-- | 중앙 방송국 | |
| | | | | 1945.08.-- | 폐지 | |

---

10) http://j2k.naver.com/j2k_frame.php/korean/radiofly.to/wiki

| MTMY | 본계호 | 1944.09.01 | | 1945.08.- | 폐지 | |
|---|---|---|---|---|---|---|
| MTNY | 가목사 | 1938.04.01 | 1942.03.20 | 1945.08.- | 폐지 | |
| MTOY | 금현 | 1939.04.14 | 1939.04.14 | 1945.08.- | 폐지 | |
| MTPY | 잉코우 | 1939.02.10 | 1939.02.10 | 1945.08.- | 폐지 | |
| MTQY | 부금 | 1939.10.01 | (미개국) | 1945.08.- | 폐지 | |
| MTRY | 해납이 | 1938.12.24 | 1939.07.11 | 1945.08.- | 폐지 | |
| MTSY | 쿠로카와 | 1938.12.20 | 1942.04.15 | 1945.08.- | 폐지 | |
| MTTY | 통화 | 1940.11.20 | 1941.12.08 | 1945.08.- | 폐지 | |
| MTUY | 빼이안 | 1941.02.01 | 1941.02.01 | 1945.08.- | 폐지 | |
| MTVY | 히가시 야스 | 1942.03.28 | 1944.10.01 | 1945.08.- | 폐지 | |

신경방송국은 1931년 만주사변 그리고 만주국 건국에 따라, 관동군 특수 통신부에 의해 1933년 4월에 신경에서 출력1kW로 일본어 방송 (MTAY)이 개시되면서 개국을 한다. 이 직후에 심양, 신경의 각 방송국 은 만주국 교통부에 이관되었고, 8월 31일의 만주전신전화회사의 설립 에 따라 대련 방송국과 함께 그 산하에 들어갔다. 이 만주전신전화회사 는 만주의 전신전화사업을 주로 하는 회사로 남만주철도(만주철도)와 같 은 특수 기업이었다.

1934년 11월에는 신경방송국으로부터 장파 180kHz(출력100kW)로 제2 방송이 시작되었는데, 이것은 일본어에 의한 제1방송과 중국어, 만주어 (일부의 방송국에서는 조선어, 러시아어, 몽고어)에 의한 제2방송의 두 계통의 방 송이 행해지게 되었다.

신경방송국의 방송프로그램을 소개하면 아래 <예시 2>와 같다.

<예시 2> 신경방송국 방송프로그램[11]

12월 1일 조간④ MTCY 二月一日(金曜日) 新京中央放送局放送順 序 午前部 興亞奉公日 7.00(新京)아나운스 7.01(東京)興亞奉公日 一. 朝O의時間 가.國歌君力代 나.宮城遙拜 二.講說. 8.25(大連)아침音樂 (레코드) 國民歌謠行進曲과 國民歌 一.판파레 二.國民歌謠『大行日本

---

11) 『만선일보』 1939년 12월 1일 조간 4면.

의 노래』三.行進曲『자라는日本』四.行進曲『나아가는日章旗』五.國民
歌『大行日本의 노래』六.愛國行進曲 10.05(大連)어린이時間 노래공부
(一)여보여보거북님 午後部 0.01(新京) 吹奏樂(레코드) 一.殉國勇士를
弔慰하는노래(齊唱府) 陸軍戶由學校軍樂隊 三.太陽의 勇者 쓰자 吹奏
樂團 8.00(新京)混聲合唱 新京放送合唱團.


위 <예시 2>에서 보듯 방송 내용은 거의가 일본 제국의 침략전략인
흥아봉공興亞奉公을 위하여 편성되었음을 알 수 있다. 그 가운데서도 특
히 음악에 상당한 비중을 두고 있다. 그런데 그 음악은 대부분 일본 국
민가요나 애국행진곡 등 일본의 침략전쟁을 호도하는 것들이다. 그러
므로 만주국에서의 라디오 방송은 일본의 침략전쟁을 정당화 혹은 호
도하는 기능을 담당하고 있었다고 볼 수 있다.

아래 <자료 1>은 본 연구자가 현재까지 정리된 신경중앙방송국의
프로그램 가운데 음악기사만을 주제색인 한 것이다. 아래 주제색인은
1939년 12월 9일부터 1940년 1월 15일까지『만선일보』에 게재된 신경중
앙방송국의 음악프로그램 및 관련 기사를 담고 있다.


<자료 1>

JOBK文藝科作曲 國民歌謠 불길을끄지마라 1939.12.9(라)

歌劇 管絃樂 돈나메이아나(序曲레닛엑크作曲) 1939.12.28

歌劇 管絃樂 스잔나의秘密(序曲페라리作曲) 1939.12.28

歌劇포프만이야기 倫敦(런던)交響管絃樂團 指揮비잠 1939.12.19

가루슈다트의舞蹈會 管絃樂과吹奏樂 1939.12.9(라)

歌謠曲 廣東의꽃파는색시 松O映子 1939.12.27

歌謠曲 그거리저거리 노래나쯔꼬 1939.12.23

歌謠曲 복숭아언덕넘어서 松O映子 1939.12.27

歌謠曲 빌딩의窓으로부터 一郎 1939.12.20

歌謠曲 靑春부루스 노래나쯔꼬 1939.12.23

歌謠曲 出征兵士를보내는歌 永田絃次郎 1939.12.9(라)

歌謠曲 出征兵士를보내는노래 노래나쯔꼬 1939.12.23

歌謠曲 킹레코드 어머니가것는길 1939.12.16

歌謠曲 킹레코드 어머니의자장歌 1939.12.16

歌謠曲 포리톨會社提供레코드 1939.12.28

家庭時間 時局歌謠의練習 1939.12.12(라)

가푸리鳥 알겐진당고(레코드) 푸레새트대이피카管絃團 1939.12.19

京城學藝社 朝鮮民謠選集 林和氏編 1939.12.16

輕音樂 로이얄과풀 구로멧다山下放送樂團 1939.12.9(라)

輕音樂 上海夜曲 구로멧다山下放送樂團 1939.12.9(라)

輕音樂 쟈이니즈파도로루 구로멧다山下放送樂團 1939.12.9(라)

輕音樂 쟈이니즈파도로루 구로멧다山下放送樂團 1939.12.9(라)

輕音樂 푸로메사 구로멧다山下放送樂團 1939.12.9(라)

季燕芬 新京中央放送局X마스祝歌 王道樂土滿洲宣揚 1939.12.27

고루네릅鍾(序曲푸랑켓트作曲) 喜歌劇 管絃樂 1939.12.28

고향을떠나는노래 合唱 獨逸民謠 1939.12.22

곰아저씨 管絃樂 1939.12.17

空中을지키라 德山班作曲 어린이時間 1939.12.26

關東軍樂隊 第二回演奏會 1939.12.16

關東軍囑託 金東漢銅像 協和會中央本部囑託 1939.12.10(기)

管樂(越天樂) 新京音樂院 第十一回定期公演 1939.12.28

管絃器獨奏 구라리밋토獨奏 理由가있어요 1939.12.10(라)

管絃器獨奏 구라리밋토獨奏 푸른달밤의사랑 1939.12.10(라)

管絃器獨奏 쌕스폰獨奏 세레나데 1939.12.10(라)

管絃器獨奏 쌕스폰獨奏 印度의노래 1939.12.10(라)

管絃器獨奏 오보獨奏 白馬 1939.12.10(라)

管絃器獨奏 푸류드獨奏 미누엣트 1939.12.10(라)

管絃器獨奏 푸류드獨奏 세레나데 1939.12.10(라)

管絃樂 歌劇 돈나메이아나(序曲레닛엑크作曲) 1939.12.28

管絃樂 歌劇 스잔나의秘密(序曲페라리作曲) 1939.12.28

管絃樂 곰아저씨 1939.12.17

管絃樂 交響曲第8番 베도밴作曲 1939.12.18

管絃樂 도로레스왈츠 1939.12.15(라)

管絃樂 東洋風組曲 소피作曲 1939.12.26

管絃樂 박크닷트의酋長 奉天滿鐵管絃樂團 1939.12.17

管絃樂 悲○序曲 부람스作曲 1939.12.25

管絃樂 산스시의아츰 1939.12.17

管絃樂 詩人과農夫 줏페作曲 1939.12.21

管絃樂 아메이카의巡達兵 1939.12.15(라)

管絃樂 아침音樂 슈벨트作品 1939.12.10(라)

管絃樂 玩具兵隊의觀兵式 1939.12.17

管絃樂 玩具兵隊의觀兵式 1939.12.17

管絃樂 圓舞曲 반디불 1939.12.15(라)

管絃樂 意匠의起源 헨델作品 1939.12.21

管絃樂 즐거운썰매노리 1939.12.17

管絃樂 참새의行列 1939.12.17

管絃樂 天國과地獄 옷멤막크作曲 1939.12.21

管絃樂 코다이루자장歌에의한幻想曲 1939.12.15(라)

管絃樂 喜歌劇 고루네릅鍾(序曲푸랑켓트作曲) 1939.12.28

管絃樂 喜歌劇 앙고夫人의딸(序曲레콕크作曲) 1939.12.28

管絃樂(魔笛) 新京音樂院 第十一回定期公演 1939.12.28

管絃樂과吹奏樂 가루슈다트의舞蹈會 1939.12.9(라)

管絃樂과吹奏樂 메리위도왈쯔 메하루作曲 1939.12.27

管絃樂과吹奏樂  봄의小夜曲  1939.12.9(라)

管絃樂과吹奏樂  小夜曲  하이든스作曲  1939.12.27

管絃樂과吹奏樂  小夜曲  하이든스作曲  1939.12.28

管絃樂과吹奏樂  音樂玉平寂子  1939.12.9(라)

管絃樂과吹奏樂  合唱隊의왈쯔  푸스作曲  1939.12.27

管絃樂과吹奏樂  行進曲獨逸의騎士  엔돌作曲  1939.12.27

管絃樂과吹奏樂  行進曲라멧키  요한슈도라우스作曲  1939.12.27

管絃樂團加入  提琴家安炳昭  新京音樂院  1939.12.9(일)

廣東의꽃파는색시  歌謠曲  松○映子  1939.12.27

交響曲(하이든曲)  新京音樂院  第十三回定期公演  1939.12.28

交響曲第8番  베도밴作曲  管絃樂  1939.12.18

交響曲第六番悲愴  交響樂  차이콥스키作曲  1939.12.12(라)

交響曲第六番悲愴  콘셀봐로얄交響管絃樂團  휘립푸코뱅指揮  1939. 12.12(라)

交響樂  交響曲第六番悲愴  차이콥스키作曲  1939.12.12(라)

구노作曲  만도링四重奏  파우스트  1939.12.18

구라리밋토獨奏  管絃器獨奏  理由가있어요  1939.12.10(라)

구라리밋토獨奏  管絃器獨奏  푸른달밤의사랑  1939.12.10(라)

救世主  合唱  텐델作曲  1939.12.25

口傳民謠選  金素雲  博文書館  1939.12.16

國都影戱院(新京)  新戱劇  大同劇團  1939.12.23

國立管絃樂團創設豫定  新京音樂院  豫算十五萬圓  1939.12.9(일)

國立音樂院論擡頭  音樂滿洲建設  大摠院長  1939.12.22

國立音樂院論擡頭  音樂滿洲建設  新京音樂院宿題  1939.12.22

國務院會議  戰時大豫算  總額十六億五千萬圓  1939.12.17

國民歌謠  國民奉祝歌  合唱中央合唱團  1939.12.22

國民歌謠  紀元二千六百年頌歌  中央合唱團  1939.12.27

國民歌謠  南京空襲  伴奏(大阪라디오오케스트라)  1939.12.13(延吉라)

國民歌謠  奉祝國民歌  東京放送管絃樂團  1939.12.23

國民歌謠  불길을끄지마라  JOBK文藝科作曲  1939.12.9(라)

國民歌謠  愛國의꽃  獨唱鈴木富姜子  1939.12.9(라)

國民歌謠  日章旗를우러러  伴奏(大阪라디오오케스트라)  1939.12. 13(延吉라)

國民奉祝歌  國民歌謠  合唱中央合唱團  1939.12.22

國防會館  出征軍人遺家族招待演藝大會  國婦首都本部主催  1939. 12.16

國婦首都本部主催  出征軍人遺家族招待演藝大會  國防會館  1939. 12.16

그거리저거리  歌謠曲  노래나쯔꼬  1939.12.23

琴과長唄  東京  1940.1.3

金東漢銅像  關東軍囑託  協和會中央本部囑託  1939.12.10(기)

金素雲  口傳民謠選  博文書館  1939.12.16

今日은하로라는날  어린이時間  興亞奉公日의노래  1939.12.10(라)

妓生  廢品모아獻納  1939.12.10(라)

紀元二千六百年頌歌  國民歌謠  中央合唱團  1939.12.27

桔梗打令  朝鮮歌謠  獨唱高英子  1939.12.23

桔梗打令  朝鮮歌謠  伴奏趙仁澤  1939.12.23

桔梗打令  朝鮮歌謠  合唱新京高麗音樂硏究會  1939.12.23

吉林公演(基督靑年會館)  朝鮮黃金座劇團四十名  團長成光顯  1939. 12.9(일)

吉林라듸오營業所長  中村榮作滿洲電氣電話株式會社  1940.1.3

南京空襲  國民歌謠  伴奏(大阪라디오오케스트라)  1939.12.13(延吉라)

노래나쯔꼬  그거리저거리  歌謠曲  1939.12.23

노래나쯔꼬  靑春부루스  歌謠曲  1939.12.23

노래나쯔꼬  出征兵士를보내는노래  歌謠曲  1939.12.23

團長成光顯  朝鮮黃金座劇團四十名  吉林公演(基督靑年會館)  1939. 12.9(일)

大同劇團  新戲劇  國都影戲院(新京)  1939.12.23

大連  아침音樂  챌로小品集  1939.12.13(라)

大摠院長  國立音樂院論擡頭  音樂滿洲建設  1939.12.22

大板　獨唱合唱과管絃樂　大板放送交響樂團　1940.1.3

大板放送交響樂團　大板　獨唱合唱과管絃樂　1940.1.3

德山班作曲　空中을지키라　어린이時間　1939.12.26

도로레스왈츠　管絃樂　1939.12.15(라)

獨逸民謠　고향을떠나는노래　合唱　1939.12.22

獨唱高英子　桔梗打令　朝鮮歌謠　1939.12.23

獨唱高英子　朴淵瀑布　朝鮮歌謠　1939.12.23

獨唱高英子　揚山道　朝鮮歌謠　1939.12.23

獨唱高英子　日打令　朝鮮歌謠　1939.12.23

獨唱高英子　二八靑春歌　朝鮮歌謠　1939.12.23

獨唱鈴木富姜子　國民歌謠　愛國의꽃　1939.12.9(라)

獨唱合唱과管絃樂　大板放送交響樂團　大板　1940.1.3

돈나메이아나(序曲레닛엑크作曲)　歌劇　管絃樂　1939.12.28

東京　琴과長唄　1940.1.3

東京放送管絃樂團　奉祝國民歌　國民歌謠　1939.12.23

東洋風組曲　管絃樂　소피作曲　1939.12.26

들薔薇　슈벨트作曲　어린이時間　1939.12.26

로이렙作曲　四葉의크로바　어린이時間　1939.12.26

로이얄과풀　輕音樂　구로멧다山下放送樂團　1939.12.9(라)

柳秋月　萬古江山外三曲　朝鮮歌謠　1939.12.13(延吉라)

劉春榮　新京中央放送局X마스祝歌　王道樂土滿洲宣揚　1939.12.27

倫敦(런던)交響管絃樂團　歌劇포프만이야기　指揮비쟘　1939.12.19

倫敦(런던)交響管絃樂團　歌劇포프만이야기　指揮비쟘　1939.12.19

萬古江山外三曲　朝鮮歌謠　柳秋月　1939.12.13(延吉라)

萬古江山外三曲　朝鮮歌謠　李綠　1939.12.13(延吉라)

萬古江山外三曲　朝鮮歌謠　李春花　1939.12.13(延吉라)

만도링四重奏　파우스트　구노作曲　1939.12.18

滿洲樂 新京音樂院 第十四回定期公演 1939.12.28

滿洲樂(萬年歌) 新京音樂院 第十一回定期公演 1939.12.28

滿洲樂(漁翁樂) 新京音樂院 第十一回定期公演 1939.12.28

滿洲樂(花六板) 新京音樂院 第十一回定期公演 1939.12.28

滿洲電氣電話株式會社 吉林라듸오營業所長 中村榮作 1940.1.3

메누엣트 室內樂 哈爾濱放送室內樂團 1939.12.16

메리위도왈쯔 메하루作曲 管絃樂과吹奏樂 1939.12.27

메하루作曲 메리위도왈쯔 管絃樂과吹奏樂 1939.12.27

멘데르스존作曲 봄의숨길 合唱 1939.12.22

名曲鑑賞 아름다운물방아집의색씨 슈벨트作曲 1939.12.17

모든하늘은神의榮光을나타내고 合唱 하이든作曲 1939.12.25

舞踊의綉惑 푸이라메루파이아交響管絃樂團 指揮스도챱스키 1939. 12.19

미누엣트 管絃器獨奏 푸류드獨奏 1939.12.10(라)

바이올린과管絃樂 序奏部와狂想的回旋曲 산산作曲 1939.12.23

바이올린과管絃樂 지고이넬와이젠 사라데作曲 1939.12.23

바이올린獨奏와델로獨奏 新京 아침음樂(레코드) 1940.1.3

바이올린協奏曲 新京音樂院 第十三回定期公演 1939.12.28

바하作曲 平均琴洋琴曲第二番C短調 피아노獨奏 1939.12.19

博文書館 口傳民謠選 金素雲 1939.12.16

朴淵瀑布 朝鮮歌謠 獨唱高英子 1939.12.23

朴淵瀑布 朝鮮歌謠 伴奏趙仁澤 1939.12.23

朴淵瀑布 朝鮮歌謠 合唱新京高麗音樂硏究會 1939.12.23

박크닷트의酉長 奉天滿鐵管絃樂團 管絃樂 1939.12.17

朴賢淑 奏鳴曲D長調 피아노獨奏 1939.12.19

朴賢淑 平均琴洋琴曲第二番C短調 피아노獨奏 1939.12.19

반디불 管絃樂 圓舞曲 1939.12.15(라)

伴奏(大阪라디오오케스트라) 國民歌謠 南京空襲 1939.12.13(延吉라)

伴奏(大阪라디오오오케스트라) 國民歌謠 日章旗를우러러 1939.12.13 (延吉라)

伴奏趙仁澤 桔梗打令 朝鮮歌謠 1939.12.23

伴奏趙仁澤 朴淵瀑布 朝鮮歌謠 1939.12.23

伴奏趙仁澤 揚山道 朝鮮歌謠 1939.12.23

伴奏趙仁澤 日打令 朝鮮歌謠 1939.12.23

伴奏趙仁澤 二八靑春歌 朝鮮歌謠 1939.12.23

밧하特輯(四) 부란덴불그(콘엔트第四番마長調) 新京 1940.1.15

밧하特輯(三) 新京(레코드) 1940.1.3

放送事業擴充强化 協和會協力 北邊地區 1939.12.28

白馬 管絃器獨奏 오보獨奏 1939.12.10(라)

白玟 新京中央放送局X마스祝歌 王道樂土滿洲宣揚 1939.12.27

베구시作曲 圓舞曲 아름다운것 1939.12.27

베도밴作曲 管絃樂 交響曲第8番 1939.12.18

兵營의西班牙색시 알겐진당고(레코드) 푸레새트대이피카管絃團 1939. 12.19

복숭아언덕넘어서 歌謠曲 松○映子 1939.12.27

봄의小夜曲 管絃樂과吹奏樂 1939.12.9(라)

봄의숨길 合唱 멘데르스존作曲 1939.12.22

奉天滿鐵管絃樂團 管絃樂 박크닷트의酉長 1939.12.17

奉祝國民歌 國民歌謠 東京放送管絃樂團 1939.12.23

부란덴불그(콘엔트第四番마長調) 밧하特輯(四) 新京 1940.1.15　.

부람스作曲 悲○序曲 管絃樂 1939.12.25

釜山放送局 朝鮮語放送計劃 1939.12.10(기)

北邊地區 放送事業擴充强化 協和會協力 1939.12.28

불길을끄지마라 國民歌謠 JOBK文藝科作曲 1939.12.9(라)

悲○序曲 管絃樂 부람스作曲 1939.12.25

빌딩의窓으로부터 歌謠曲 一郎 1939.12.20

사라데作曲 지고이넬와이젠 바이올린과管絃樂 1939.12.23

辭說 朝鮮民謠 韓竹頌 1939.12.16

四葉의크로바 로이렙作曲 어린이時間 1939.12.26

산산作曲 바이올린과管絃樂 序奏部와狂想的回旋曲 1939.12.23

산스시의아츰 管絃樂 1939.12.17

上海夜曲 輕音樂 구로멧다山下放送樂團 1939.12.9(라)

序曲코리오란(베토밴曲) 新京音樂院 第十三回定期公演 1939.12.28

序曲코리오란(베토밴曲) 新京音樂院 第十三回定期公演 1939.12.28

序奏部와狂想的回旋曲 산산作曲 바이올린과管絃樂 1939.12.23

聲樂 張泳琳 新京音樂院 1939.12.13(기)

세레나데 管絃器獨奏 쌕스폰獨奏 1939.12.10(라)

세레나데 管絃器獨奏 푸류드獨奏 1939.12.10(라)

小夜曲 하이든스作曲 管絃樂과吹奏樂 1939.12.27

小夜曲 하이든스作曲 管絃樂과吹奏樂 1939.12.28

소피作曲 東洋風組曲 管絃樂 1939.12.26

送別歌 合唱 信時作曲 1939.12.22

松O映子 歌謠曲 廣東의꽃파는색시 1939.12.27

松O映子 歌謠曲 복숭아언덕넘어서 1939.12.27

슈만作曲 流浪의百姓 어린이時間 1939.12.26

슈벨트作曲 들薔薇 어린이時間 1939.12.26

슈벨트作曲 名曲鑑賞 아름다운물방아집의색씨 1939.12.17

슈벨트作曲 菩提樹 合唱 1939.12.22

슈벨트作品 아침音樂 管絃樂 1939.12.10(라)

스잔나의秘密(序曲페라리作曲) 歌劇 管絃樂 1939.12.28

時局歌謠의練習 家庭時間 1939.12.12(라)

詩人과農夫 管絃樂 쥿페作曲 1939.12.21

新京 밧하特輯(四) 부란덴불그(콘엔트第四番마長調) 1940.1.15

新京 아침音樂(레코드) 바이올린獨奏와멜로獨奏 1940.1.3

新京(레코드) 밧하特輯(三) 1940.1.3

新京音樂院 豫算十五萬圓 國立管絃樂團創設豫定 1939.12.9(일)

新京音樂院 張泳琳 聲樂 1939.12.13(기)

新京音樂院 提琴家安炳昭 管絃樂團加入 1939.12.9(일)

新京音樂院 第十四回定期公演 滿洲樂 1939.12.28

新京音樂院 第十四回定期公演 피아노獨奏 1939.12.28

新京音樂院 第十三回定期公演 交響曲(하이든曲) 1939.12.28

新京音樂院 第十三回定期公演 바이올린協奏曲 1939.12.28

新京音樂院 第十三回定期公演 序曲코리오란(베토밴曲) 1939.12.28

新京音樂院 第十三回定期公演 序曲코리오란(베토밴曲) 1939.12.28

新京音樂院 第十三回定期公演 合唱 1939.12.28

新京音樂院 第十二回定期公演 女性三部合唱(구노曲) 1939.12.28

新京音樂院 第十二回定期公演 피아노바이올린二重奏(모찰트曲) 1939.12.28

新京音樂院 第十二回定期公演 피아노三重奏(배트벤曲) 1939.12.28

新京音樂院 第十二回定期公演 絃樂四重奏(하이든曲) 1939.12.28

新京音樂院 第十二回定期公演 絃樂合奏(홍쿠만作) 1939.12.28

新京音樂院 第十一回定期公演 管樂(越天樂) 1939.12.28

新京音樂院 第十一回定期公演 管樂(越天樂) 1939.12.28

新京音樂院 第十一回定期公演 管絃樂(魔笛) 1939.12.28

新京音樂院 第十一回定期公演 管絃樂(魔笛) 1939.12.28

新京音樂院 第十一回定期公演 滿洲樂(萬年歌) 1939.12.28

新京音樂院 第十一回定期公演 滿洲樂(漁翁樂) 1939.12.28

新京音樂院 第十一回定期公演 滿洲樂(花六板) 1939.12.28

新京音樂院 第十一回定期公演 테너獨唱(細田逐) 1939.12.28

新京音樂院 第十一回定期公演 絃樂合唱(세레나데) 1939.12.28

新京音樂院 第十一回定期公演 混聲合唱(日本讚歌) 1939.12.28

新京音樂院 第十一回定期公演 混聲合唱(海ゆかば) 1939.12.28

新京音樂院  坂西輝信  1939.12.9(일)

新京音樂院宿題  國立音樂院論擡頭  音樂滿洲建設  1939.12.22

新京中央放送局X마스祝歌  王道樂土滿洲宣揚  季燕芬  1939.12.27

新京中央放送局X마스祝歌  王道樂土滿洲宣揚  劉春榮  1939.12.27

新京中央放送局X마스祝歌  王道樂土滿洲宣揚  白玟  1939.12.27

新京中央放送局X마스祝歌  王道樂土滿洲宣揚  李香蘭  1939.12.27

信時作曲  送別歌  合唱  1939.12.22

新日本音樂  八幡船  1939.12.9(라)

新戲劇  大同劇團  國都影戲院(新京)  1939.12.23

室內樂  메누엣트  哈爾濱放送室內樂團  1939.12.16

쌕스폰獨奏  管絃器獨奏  세레나에  1939.12.10(라)

쌕스폰獨奏  管絃器獨奏  印度의노래  1939.12.10(라)

아름다운것  베구시作曲  圓舞曲  1939.12.27

아름다운물방아집의색씨  슈벨트作曲  名曲鑑賞  1939.12.17

아메이카의巡達兵  管絃樂  1939.12.15(라)

아일랜드民謠  才女  合唱  1939.12.22

아침音樂  管絃樂  슈벨트作品  1939.12.10(라)

아침音樂  大連  첼로小品集  1939.12.13(라)

아침音樂(레코드)  바이올린獨奏와델로獨奏  新京  1940.1.3

알겐진당고(레코드)  가푸리鳥  푸레새트대이피카管絃團  1939.12.19

알겐진당고(레코드)  兵營의西班牙색시  푸레새트대이피카管絃團  1939. 12.19

알겐진당고(레코드)  憂鬱한멋쟁이  푸레새트대이피카管絃團  1939.12.19

앙고夫人의딸(序曲레콕크作曲)  喜歌劇  管絃樂  1939.12.28

愛國의꽃  國民歌謠  獨唱鈴木富姜子  1939.12.9(라)

揚山道  朝鮮歌謠  獨唱高英子  1939.12.23

揚山道  朝鮮歌謠  伴奏趙仁澤  1939.12.23

揚山道  朝鮮歌謠  合唱新京高麗音樂研究會  1939.12.23

어린이時間 空中을지키라 德山班作曲 1939.12.26

어린이時間 들薔薇 슈벨트作曲 1939.12.26

어린이時間 四葉의크로바 로이렙作曲 1939.12.26

어린이時間 流浪의百姓 슈만作曲 1939.12.26

어린이時間 興亞奉公日의노래 今日은하로라는날 1939.12.10(라)

어머니가것는길 歌謠曲 킹레코드 1939.12.16

어머니의자장歌 歌謠曲 킹레코드 1939.12.16

御業은인우짓습니다 合唱 하이든作曲 1939.12.25

엔돌作曲 行進曲獨逸의騎士 管絃樂과吹奏樂 1939.12.27

女性三部合唱(구노曲) 新京音樂院 第十二回定期公演 1939.12.28

永田絃次郎 歌謠曲 出征兵士를보내는歌 1939.12.9(라)

藝妓 廢品모아獻納 1939.12.10(라)

豫算十五萬圓 國立管絃樂團創設豫定 新京音樂院 1939.12.9(일)

오보獨奏 管絃器獨奏 白馬 1939.12.10(라)

옷멤막크作曲 天國과地獄 管絃樂 1939.12.21

玩具兵隊의觀兵式 管絃樂 1939.12.17

玩具兵隊의觀兵式 管絃樂 1939.12.17

日打令 朝鮮歌謠 獨唱高英子 1939.12.23

日打令 朝鮮歌謠 伴奏趙仁澤 1939.12.23

日打令 朝鮮歌謠 合唱新京高麗音樂研究會 1939.12.23

王道樂土滿洲宣揚 季燕芬 新京中央放送局X마스祝歌 1939.12.27

王道樂土滿洲宣揚 劉春榮 新京中央放送局X마스祝歌 1939.12.27

王道樂土滿洲宣揚 白玟 新京中央放送局X마스祝歌 1939.12.27

王道樂土滿洲宣揚 李香蘭 新京中央放送局X마스祝歌 1939.12.27

요한슈도라우스作曲 行進曲라멧키 管絃樂과吹奏樂 1939.12.27

憂鬱한멋쟁이 알겐진당고(레코드) 푸레새트대이피카管絃團 1939.12.19

圓舞曲 管絃樂 반디불 1939.12.15(라)

圓舞曲 아름다운것 베구시作曲 1939.12.27

越後獅子 箏曲 今井慶松 1939.12.23

越後獅子 箏曲 今井慶松 1939.12.23

流浪의百姓 슈만作曲 어린이時間 1939.12.26

音樂劇 胡桃에서나온人形 챠이콥스키作曲 1939.12.17

音樂滿洲建設 國立音樂院論擡頭 大摠院長 1939.12.22

音樂滿洲建設 國立音樂院論擡頭 新京音樂院宿題 1939.12.22

音樂玉平寂子 管絃樂과吹奏樂 1939.12.9(라)

意匠의起源 管絃樂 헨델作品 1939.12.21

李綠 萬古江山外三曲 朝鮮歌謠 1939.12.13(延吉라)

이봐노프作曲 코카사스의風景 組曲 1939.12.26

理由가있어요 管絃器獨奏 구라리밋토獨奏 1939.12.10(라)

李春花 萬古江山外三曲 朝鮮歌謠 1939.12.13(延吉라)

二八靑春歌 朝鮮歌謠 獨唱高英子 1939.12.23

二八靑春歌 朝鮮歌謠 伴奏趙仁澤 1939.12.23

二八靑春歌 朝鮮歌謠 合唱新京高麗音樂硏究會 1939.12.23

李香蘭 新京中央放送局X마스祝歌 王道樂土滿洲宣揚 1939.12.27

印度의노래 管絃器獨奏 쌕스폰獨奏 1939.12.10(라)

一郞 빌딩의窓으로부터 歌謠曲 1939.12.20

日章旗를우러러 國民歌謠 伴奏(大阪라디오오케스트라) 1939.12. 13(延吉라)

林和氏編 朝鮮民謠選集 京城學藝社 1939.12.16

잘자라 合唱 쯔가루마츠리오作曲 1939.12.22

張泳琳 聲樂 新京音樂院 1939.12.13(기)

才女 合唱 아일랜드民謠 1939.12.22

箏曲 越後獅子 今井慶松 1939.12.23

쟈이니즈파도로루 輕音樂 구로멧다山下放送樂團 1939.12.9(라)

쟈이니즈파도로루 輕音樂 구로멧다山下放送樂團 1939.12.9(라)

戰時大豫算　總額十六億五千萬圓　國務院會議 1939.12.17

提琴家安炳昭　管絃樂團加入　新京音樂院 1939.12.9(일)

第十四回定期公演　新京音樂院　滿洲樂 1939.12.28

第十四回定期公演　新京音樂院　피아노獨奏 1939.12.28

第十三回定期公演　新京音樂院　交響曲(하이든曲) 1939.12.28

第十三回定期公演　新京音樂院　바이올린協奏曲 1939.12.28

第十三回定期公演　新京音樂院　序曲코리오란(베토밴曲) 1939.12.28

第十三回定期公演　新京音樂院　序曲코리오란(베토밴曲) 1939.12.28

第十三回定期公演　新京音樂院　合唱 1939.12.28

第十二回定期公演　新京音樂院　女性三部合唱(구노曲) 1939.12.28

第十二回定期公演　新京音樂院　피아노바이올린二重奏(모촬트曲) 1939.12.28

第十二回定期公演　新京音樂院　피아노三重奏(배트벤曲) 1939.12.28

第十二回定期公演　新京音樂院　絃樂合奏(흥쿠만作) 1939.12.28

第十一回定期公演　管樂(越天樂)　新京音樂院 1939.12.28

第十一回定期公演　新京音樂院　滿洲樂(萬年歌) 1939.12.28

第十一回定期公演　新京音樂院　滿洲樂(漁翁樂) 1939.12.28

第十一回定期公演　新京音樂院　滿洲樂(花六板) 1939.12.28

第十一回定期公演　新京音樂院　混聲合唱(海ゆかば) 1939.12.28

第十一回定期公演　테너獨唱(細田遂)　新京音樂院 1939.12.28

第十一回定期公演　絃樂四重奏(하이든曲)　新京音樂院 1939.12.28

第十一回定期公演　絃樂合唱(세레나데)　新京音樂院 1939.12.28

第十一回定期公演　混聲合唱(日本讚歌)　新京音樂院 1939.12.28

第二回演奏會　關東軍樂隊 1939.12.16

組曲　코카사스의風景　이봐노프作曲 1939.12.26

朝鮮歌謠　桔梗打令　獨唱高英子 1939.12.23

朝鮮歌謠　桔梗打令　伴奏趙仁澤 1939.12.23

朝鮮歌謠　桔梗打令　合唱新京高麗音樂研究會 1939.12.23

朝鮮歌謠 萬古江山外三曲 柳秋月 1939.12.13(延吉라)

朝鮮歌謠 萬古江山外三曲 李綠 1939.12.13(延吉라)

朝鮮歌謠 萬古江山外三曲 李春花 1939.12.13(延吉라)

朝鮮歌謠 朴淵瀑布 獨唱高英子 1939.12.23

朝鮮歌謠 朴淵瀑布 伴奏趙仁澤 1939.12.23

朝鮮歌謠 朴淵瀑布 合唱新京高麗音樂硏究會 1939.12.23

朝鮮歌謠 揚山道 獨唱高英子 1939.12.23

朝鮮歌謠 揚山道 伴奏趙仁澤 1939.12.23

朝鮮歌謠 揚山道 合唱新京高麗音樂硏究會 1939.12.23

朝鮮歌謠 日打令 獨唱高英子 1939.12.23

朝鮮歌謠 日打令 伴奏趙仁澤 1939.12.23

朝鮮歌謠 日打令 合唱新京高麗音樂硏究會 1939.12.23

朝鮮歌謠 二八靑春歌 獨唱高英子 1939.12.23

朝鮮歌謠 二八靑春歌 伴奏趙仁澤 1939.12.23

朝鮮歌謠 二八靑春歌 合唱新京高麗音樂硏究會 1939.12.23

朝鮮民謠 辭說 韓竹頌 1939.12.16

朝鮮民謠選集 林和氏編 京城學藝社 1939.12.16

朝鮮語放送計劃 釜山放送局 1939.12.10(기)

朝鮮黃金座劇團四十名 吉林公演(基督靑年會館) 團長成光顯 1939. 12.9(일)

奏鳴曲D長調 피아노獨奏 朴賢淑 1939.12.19

奏鳴曲D長調 피아노獨奏 하이든作曲 1939.12.19

쥿페作曲 詩人과農夫 管絃樂 1939.12.21

中央合唱團 紀元二千六百年頌歌 國民歌謠 1939.12.27

즐거운썰매노리 管絃樂 1939.12.17

지고이넬와이젠 사라데作曲 바이올린과管絃樂 1939.12.23

指揮스도챤스키 푸이라메루파이아交響管絃樂團 舞踊의綉惑 1939. 12.19

쯔가루마츠리오作曲 잘자라 合唱 1939.12.22

차이콥스키作曲  交響樂  交響曲第六番悲愴 1939.12.12(라)

참새의行列  管絃樂 1939.12.17

첼로小品集  大連  아침音樂 1939.12.13(라)

챠이콥스키作曲  音樂劇  胡桃에서나온人形 1939.12.17

天國과地獄  管絃樂  옷멘막크作曲 1939.12.21

淸宮藝華(下)  崔南善 1940.1.15

靑春부루스  歌謠曲  노래나쯔꼬 1939.12.23

첼로피아노와管絃樂團  하루빈放送管絃樂團  멘데루스존作曲 1939. 12.20

첼로피아노와管絃樂團  하루빈放送管絃樂團  멘데루스존作曲 1939. 12.20

總額十六億五千萬圓  國務院會議  戰時大豫算 1939.12.17

崔南善  淸宮藝華(下) 1940.1.15

蓄提樹  合唱  슈벨트作曲 1939.12.22

出征軍人遺家族招待演藝大會  國婦首都本部主催  國防會館 1939. 12.16

出征兵士를보내는歌  歌謠曲  永田絃次郎 1939.12.9(라)

出征兵士를보내는노래  歌謠曲  노래나쯔꼬 1939.12.23

코다이루자장歌에의한幻想曲  管絃樂 1939.12.15(라)

코카사스의風景  組曲  이봐노프作曲 1939.12.26

콘셀봐로얄交響管絃樂團  交響曲第六番悲愴  휘립푸코벵指揮 1939. 12.12(라)

哈爾濱放送室內樂團  室內樂  메누엣트 1939.12.16

킹레코드  歌謠曲  어머니가것는길 1939.12.16

킹레코드  歌謠曲  어머니의자장歌 1939.12.16

테너獨唱(細田遂)  新京音樂院  第十一回定期公演 1939.12.28

텐델作曲  救世主  合唱 1939.12.25

파우스트  구노作曲  만도링四重奏 1939.12.18

坂西輝信  新京音樂院 1939.12.9(일)

八旛船  新日本音樂 1939.12.9(라)

平均琴洋琴曲第二番C短調  피아노獨奏  바하作曲 1939.12.19

平均琴洋琴曲第二番C短調 피아노獨奏 朴賢淑 1939.12.19

廢品모아獻納 妓生 1939.12.10(라)

廢品모아獻納 藝妓 1939.12.10(라)

푸레새트대이피카管絃團 가푸리鳥 알겐진당고(레코드) 1939.12.19

푸레새트대이피카管絃團 兵營의西班牙색시 알겐진당고(레코드) 1939. 12.19

푸레새트대이피카管絃團 憂鬱한멋쟁이 알겐진당고(레코드) 1939.12.19

푸로메사 輕音樂 구로멧다山下放送樂團 1939.12.9(라)

푸류드獨奏 管絃器獨奏 미누엣트 1939.12.10(라)

푸류드獨奏 管絃器獨奏 세레나데 1939.12.10(라)

푸른달밤의사랑 管絃器獨奏 구라리밋토獨奏 1939.12.10(라)

푸스作曲 合唱隊의왈쯔 管絃樂과吹奏樂 1939.12.27

푸이라메루파이아交響管絃樂團 舞踊의綉惑 指揮스도챱스키 1939. 12.19

피아노獨奏 新京音樂院 第十四回定期公演 1939.12.28

피아노獨奏 奏鳴曲D長調 朴賢淑 1939.12.19

피아노獨奏 奏鳴曲D長調 하이든作曲 1939.12.19

피아노獨奏 平均琴洋琴曲第二番C短調 바하作曲 1939.12.19

피아노獨奏 平均琴洋琴曲第二番C短調 朴賢淑 1939.12.19

피아노바이올린二重奏(모찰트曲) 新京音樂院 第十二回定期公演 1939.12.28

피아노三重奏(배트벤曲) 新京音樂院 第十二回定期公演 1939.12.28

하루빈放送管絃樂團 멘데루스존作曲 첼로피아노와管絃樂團 1939. 12.20

하이든스作曲 小夜曲 管絃樂과吹奏樂 1939.12.28

하이든作曲 모든하늘은神의榮光을나타내고 合唱 1939.12.25

하이든作曲 御業은인우짓습니다 合唱 1939.12.25

하이든作曲 奏鳴曲D長調 피아노獨奏 1939.12.19

하이퀸든作曲 小夜曲 管絃樂과吹奏樂 1939.12.27

韓竹頌 辭說 朝鮮民謠 1939.12.16

合唱 고향을떠나는노래 獨逸民謠 1939.12.22

合唱 救世主 텐델作曲 1939.12.25

合唱 모든하늘은神의榮光을나타내고 하이든作曲 1939.12.25

合唱 봄의숨길 멘데르스존作曲 1939.12.22

合唱 送別歌 信時作曲 1939.12.22

合唱 新京音樂院 第十三回定期公演 1939.12.28

合唱 御業은인우짓습니다 하이든作曲 1939.12.25

合唱 잘자라 쯔가루마츠리오作曲 1939.12.22

合唱 才女 아일랜드民謠 1939.12.22

合唱 蕾提樹 슈벨트作曲 1939.12.22

合唱隊의왈쯔 푸스作曲 管絃樂과吹奏樂 1939.12.27

合唱新京高麗音樂硏究會 桔梗打令 朝鮮歌謠 1939.12.23

合唱新京高麗音樂硏究會 朴淵瀑布 朝鮮歌謠 1939.12.23

合唱新京高麗音樂硏究會 揚山道 朝鮮歌謠 1939.12.23

合唱新京高麗音樂硏究會 日打令 朝鮮歌謠 1939.12.23

合唱新京高麗音樂硏究會 二八靑春歌 朝鮮歌謠 1939.12.23

合唱中央合唱團 國民奉祝歌 國民歌謠 1939.12.22

行進曲獨逸의騎士 엔돌作曲 管絃樂과吹奏樂 1939.12.27

行進曲라멧키 요한슈도라우스作曲 管絃樂과吹奏樂 1939.12.27

헨델作品 意匠의起源 管絃樂 1939.12.21

絃樂四重奏(하이든曲) 新京音樂院 第十二回定期公演 1939.12.28

絃樂合奏(흥쿠만作) 新京音樂院 第十二回定期公演 1939.12.28

絃樂合唱(세레나데) 新京音樂院 第十一回定期公演 1939.12.28

協和會中央本部囑託 金東漢銅像 關東軍囑託 1939.12.10(기)

協和會協力 北邊地區 放送事業擴充强化 1939.12.28

胡桃에서나온人形 챠이콥스키作曲 音樂劇 1939.12.17

混聲合唱(日本讚歌) 新京音樂院 第十一回定期公演 1939.12.28

混聲合唱(海ゆかば) 新京音樂院 第十一回定期公演 1939.12.28

휘립푸코벵指揮 交響曲第六番悲愴 콘셀봐로얄交響管絃樂團 1939. 12.12(라)

興亞奉公日의노래 어린이時間 今日은하로라는날 1939.12.10(라)

喜歌劇 管絃樂 고루네릅鍾(序曲푸랑켓트作曲) 1939.12.28

喜歌劇 管絃樂 앙고夫人의딸(序曲레콕크作曲) 1939.12.28

위 <자료 1>은 신경방송의 음악프로그램 가운데 일부이다. 그 가운데 일본 침략체제에 편승한 주요 방송음악 몇몇을 정리하면 다음과 같다.

歌謠曲 出征兵士를보내는歌 永田絃次郎 1939.12.9(라)

家庭時間 時局歌謠의練習 1939.12.12(라)

空中을지키라 德山班作曲 어린이時間 1939.12.26

國民歌謠 國民奉祝歌 合唱中央合唱團 1939.12.22

國民歌謠 紀元二千六百年頌歌 中央合唱團 1939.12.27

國民歌謠 南京空襲 伴奏(大阪라디오오케스트라) 1939.12.13(延吉라)

國民歌謠 愛國의꽃 獨唱鈴木富姜子 1939.12.9(라)

國民歌謠日章旗를우러러伴奏(大阪라디오오케스트라) 1939.12.13(延吉라)

國防會館出征軍人遺家族招待演藝大會國婦首都本部主催 1939.12.16

新京音樂院 第十一回定期公演 混聲合唱(海ゆかば) 1939.12.28

따라서 일본제국은 만주국에까지 그들의 영향력 아래에 두고 있었다. 그 지역에서의 방송은 다분히 침략체제의 호도나 침략전쟁 미화의 한 방편으로 이용하고 있었다. 그리고 당시 전시체제인 일본 정부가 음악에 대한 생각의 일면을 볼 수 있는 아래 <예시 3>이 있다.

<예시 3>
내용: 전쟁의 와중에 음악을 전직으로 하는 사람은 얼마나 일하고

얼마나 봉공하면 좋을까 하는 물음을 마련해, 정보국의 미야자와(宮澤) 정보관에 그 해답을 받았다.

"결전 태세하이니까 음악은 안 된다고 하는 것은 이상하다. 오늘의 전쟁은, 그다지 간단하게 끝장나지 않고, 음악과 같은 것은 오히려 많이 국가가 도움이 되는 것이 많이 있는 것은 아닐까 생각한다. 히라이데(平出) 대령(해군 보도부)의 [음악은 군수품이든지]라고 하는 말을 생각한다. 음악은 사기의 고양 혹은 건전한 오락으로서 매일의 생활양식과 같다. 이 외 공장 등에 있어 음악을 적당하게 들려주는 것으로 작업의 능률이 오른 곳도 있다고 하는 보고가 있다. 그러니까 그것이 좋은 것으로 꼭 음악회를 개최해 시국과 동조한다면 걱정할 필요는 없다.[12]

따라서 위 <예시 3>에서도 일본제국이 전시하 음악을 어떻게 이용하였는지를 잘 보여 주는 일면이다.

## 3. 만주국의 조선음악인들

조선의 식민지 중상층 계급과 일부 지식인들에게는 만주는 기회의 땅이기도 했다. 특히 조선의 음악인들은 자의적으로 만주국에 활동 근거지를 마련하여 음악의 학습 및 활동을 전개하였다.

만주제국에 머물며 문예활동을 하였던 대표적인 음악가들을 정리하면 다음과 같다.[13]

① 김동진金東振: 전 경희대 음대교수 및 학장

---

12) 宮澤縦一, "いま此の時の楽壇人は如何にすべきか," 『音楽之友』(東京 : 音楽之友, 1942), 第2卷, 第2号, 18~23쪽.
13) 이 자료는 남창룡의 『만주제국 조선인』 가운데 148~224쪽의 "만주제국 조선인 인명사전(284명)"에 의거하였다.

1938년 일본고등음악학교 졸업, 1939년 신경교향악단 바이올린 및 작곡담당. 이 신경교향악단은 당시 조선의 경성후생실내악단과 제휴를 맺고 있었던 악단이었다.[14)]

1941년 조선음악협회 양악부 부원으로 활동.

② 안병소安柄珆: 전 국방부 정훈음악대장, 한국교향악단 창립 및 지휘자.

1929년 홍난파에게 바이올린을 배운 뒤 유겐크라인에게 바이올린 사사.

1939년 만주 신경음악원 독주자 겸 악장.

1941년 조선음악협회 평의원인 부인 이애내李愛內와 함께 연악원 설립

1942년 조선음악협회 주최, 조선총독부 후원의 제1회 음악경연대회의 제금부 심사전문위원으로 활동.

③ 전봉초全鳳楚: 전 서울대 음대교수 및 학장, 서울 바로크합주단 상임 지휘자

1943년 만주 신경음악원 교향악부 입단.

1944년 만주 신경음악원 수석.


이 밖에도 季燕芬, 劉春榮, 白玫 등이 신경중앙방송에 출연하여 왕도낙토만주선양王道樂土滿洲宣揚을 위하여 크리스마스 축가를 부르기도 하였다.[15)]

---

14) 건전한 국민음악예술의 수립을 위하여 경성후생실내악단은 그간 반도악단에서 활발한 활동을 하여왔는데 저간 신경교향악단과의 제휴로 일부 회원이 이동하엿으나 이번 반도악단의 중진을 망라하여 새로운 출발을 하게 되었다. 이 악단은 현제명씨를 이사장으로 하야 연주가로 양금에 김원복·윤기선, 편곡에 이홍열, 제금에 정희석 씨 등이 참가하엿다. 그런데 동악단은 주로 생산지대인 광산 공장을 주로 위문음악 행각을 하여 산업전사들의 사기를 북돋고 나아가 순진한 국민음악 건설에 매진하기로 되어 압날의 활동은 자못 기대되는 터인데 첫 공연은 이달 중순경 청진 대화숙의 초청으로 함북일대 생산장에서 위문연주를 하기로 되엇다. 『每日申報』 1944년 5월 15일자.

15) 新京中央放送局X마스祝歌 王道樂土滿洲宣揚 季燕芬, 劉春榮, 白玫 『滿鮮

그 밖에 『滿鮮日報』에 보이는 만주국에서 주요 조선인 및 조선음악인 등의 기사 내용을 정리하면 아래 <자료 2>와 같다.

<자료 2> 『滿鮮日報』 음악기사에 게재된 만주국 조선인들의 활동

| 1939년 2월 | 1일 | 高麗音樂硏究會特別出演 | 高麗音樂硏究會 | 金東振 |
|---|---|---|---|---|
| 2월 | 3일 | 國都樂團에 活氣 在京音樂家總集合 | 國都樂團 | 林滿映등 |
| 2월 | 4일 | 奉祝皇紀2600年 演劇과 音樂의 밤 | 新京朝鮮人協和文化部 등 | 金東漢 |
| 2월 | 4일 | 奉祝皇紀2600年 演劇과 音樂의 밤 | 新京朝鮮人協和文化部 등 | 金東漢등 |
| 2월 | 6일 | 紀元二千六百年奉祝 『演劇과 音樂의 밤』 盛況－協和文化部員의 熱演에 陶醉 | 協和會鷄林分會 | 李大均등 |
| 2월 | 9일 | 半島가 나은 世界的提琴家 安柄珆氏 來京－新京音樂院 首席部員으로 就任 | 新京音樂院 | 安柄珆 |
| 3월 | 1일 | 朴容九氏 獨唱會, 主催 朴容九 後援會 後援 萬鮮日報社 北滿支社 | 朴容九 後援會 | 朴容九 |
| 3월 | 1일 | 朴容九氏 獨唱會, 主催 朴容九 後援會 | 朴容九 後援會 | 朴容九 |
| 3월 | 2일 | 音樂家朴永九氏歡迎會大盛況 | | 朴永九 |
| 3월 | 2일 | 本報撫順支局後援 音樂舞踊의 밤－舊正에 開催키로 決定 | 滿鮮日報社 | 白榮德등 |
| 3월 | 2일 | 朴容九獨唱會 大盛況리에 終幕 | | 朴容九 |
| 3월 | 3일 | 朝鮮이 낳은 聲樂家 朴容九氏 獨唱會 －哈爾 본부지사 후원하에 | | 朴容九 |
| 4월 | 2일 | 本報支局主催로 安基永獨唱會 | | 安基永 |
| 4월 | 2일 | 朴容九씨 獨唱會, 牧丹江에서 開催 | | 朴容九 |
| 4월 | 2일 | 朝鮮樂劇團來演 | | 張世貞 |
| 6월 | 2일 | 歌手 朝鮮樂劇團의 名花들 | | 李花子 |
| 6월 | 2일 | 歌手 朝鮮樂劇團의 히로－ | | 金貞九 |
| 6월 | 2일 | 歌手 朝鮮樂劇團의 히로－ | | 南仁樹 |
| 7월 | 8일 | 大衆娛樂의 最高峰 朝鮮樂劇團來演 | | 洪燦 |

---

日報』, 1939.12.27.

| 1940년 3월 | 7일 | 朝鮮樂劇團 | 朝鮮樂劇團 | 李蘭影외 |
|---|---|---|---|---|
| 4월 | 3일 | 國都樂團에 活氣 在京音樂家總集合 | 國都樂團 | 林滿映등 |

위 <자료 2>에서 보듯 만주국의 음악활동에 관여하였던 주요조선인 및 조선음악인은 金東振, 林滿映, 金東漢, 李大均, 安柄珆, 朴容九, 白榮德, 安基永, 張世貞, 李花子, 金貞九, 南仁樹, 洪燦, 李蘭影, 林滿映 등이다. 그 가운데 金東漢, 李大均 등은 일본 紀元二千六百年奉祝 <演劇과 音樂의 밤>에 조선문예인 자격으로 자리를 빛낸 전적을 보이고 있다.

# Ⅲ. 결 론

본 연구는 일제침략전쟁기 『만선일보』의 음악기사 및 방송프로그램을 중심으로 만주국 음악계 상황과 조선음악인들의 활동상을 연구하였다. 그 결과를 정리하며 본고를 마무리 짓고자 한다.

첫째, 만주음악계의 상황 개황으로 신경음악원을 정리하였다.

신경음악원 1942년 4월 1일 신경음악단新京音樂團으로 흡수될 때까지 신경교향악단, 신경취주악단을 내부에 두고, 교육부, 작곡부, 만주악부滿洲樂部와 만주인의 악원양성소樂員養成所를 둔 만주국 최고의 음악원이었다. 이 음악원은 경축노래나 국가國歌의 제정 등에 관계하며, 전시하 국가의 요청에 협조하는 일원적인 음악 전문가 조직을 확립하는데 총력을 쏟고 있었다.

따라서 신경음악원의 실체는 만주국의 예속하에서 전시하 음악보국을 위한 단체로 볼 수 있으며, 이 단체에서 활동하였거나 유학한 조선인 음악가들 가운데 대표적인 인물이 안병소安柄珆 전 국방부 정훈음악대장과 전봉초全鳳楚 전 서울대 음대 학장이 있다.

둘째, 신경라디오방송과 음악프로그램에 대하여 조명하였다.

신경방송국은 1931년 만주사변 그리고 만주국 건국에 따라, 관동군 특수 통신부에 의해 1933년 4월에 신경[창춘]에서 출력1kW로 일본어 방송(MTAY)이 개시되면서 개국을 한다. 이 직후에 심양, 신경의 각 방송국은 만주국 교통부에 이관되었고, 8월31일의 만주전신전화회사의 설립에 따라 대련 방송국과 함께 그 산하에 들어갔다. 이 만주전신전화회사는 만주의 전신전화사업을 주로 하는 회사로 남만주철도(만주철도)와 같은 특수 기업이었다.

1934년 11월에는 신경방송국으로부터 장파 180kHz(출력100kW)로 제2방송이 시작되었는데, 이것은 일본어에 의한 제1방송과 중국어, 만주어(일부의 방송국에서는 조선어, 러시아어, 몽고어)에 의한 제2방송의 두 계통의 방송이 행해지게 되었다.

방송 내용은 거의가 일본 제국의 침략전략인 흥아봉공興亞奉公을 위하여 편성되었음을 알 수 있었다. 그 가운데서도 특히 음악에 상당한 비중을 두고 있었는데 그 음악은 대부분 일본 국민가요나 애국행진곡 등 일본의 침략전쟁을 호도하는 것들이다. 그러므로 만주국에서의 라디오 방송은 일본의 침략전쟁을 정당화 혹은 호도하는 기능을 담당하고 있었다고 볼 수 있다.

셋째, 만주국의 조선음악인들에 대하여 고찰하였다.

조선의 일부 음악인들은 자의적으로 만주국에 활동 근거지를 마련하여 음악의 학습 및 활동을 전개한 인물로 자신의 입신양명을 위하여 노력하였다. 그 대표적인 면면이 김동진金東振(전 경희대 음대교수 및 학장), 안병소安柄玿(전 국방부 정훈음악대장), 전봉초全鳳楚(전 서울대 음대교수 및 학장) 등이며, 이외에도 季燕芬, 劉春榮, 白玫 등이 신경중앙방송에 출연하여 왕도낙토만주선양王道樂土滿洲宣揚을 위하여 크리스마스 축가를 부르기도 하였다.

그리고 金東漢, 李大均 등은 일본 紀元二千六百年奉祝 <演劇과 晉

樂의 밤>에 조선 문예인 자격으로 자리를 함께하였다.

따라서 위에 열거한 만주국에서 활동한 조선문예인 및 조선음악가들은 일제침략체제를 수용한 전력前歷을 가지고 있다.

## 참고문헌

宮澤縱一, 「いま此の時の樂壇人は如何にすべきか」『音樂之友』(東京: 音樂
　　　之友, 1942), 第2卷, 第2號.

권병웅, 「이흥렬: 항일민족음악가로 둔갑한 일제 군국가요의 나팔수」『청산
　　　하지 못한 역사 3』, 서울: 반민족문제연구소, 1994.

김경일·윤휘탁·이동진·임성모 공저, 『동아시아의 민족이산과 도시』, 서울:
　　　역사비평사, 2004.

김봉우, 『일제식민통치비사』, 서울: 청아출판사, 1989.

남창룡, 『만주제국 조선인』 서울: 신세림, 2000.

노동은, 「일제하 음악인들의 친일논리와 단체」『굴욕의 노래, 친일음악』, 서
　　　울: 민족문제연구소, 2002.

류연산, 『만주아리랑』, 서울: 돌베개, 2003.

문정창, 『근세일본의 조선침탈사』, 서울: 백문당, 1964.

박경식, 『일본제국주의의 조선지배』, 서울: 청아출판사, 1986.

박은경, 『일제하 조선인관료 연구』, 서울: 학민사, 1999.

保坂祐二, 『日本帝國主義의 民族同化政策 分析』 서울: 제이앤씨, 2002.

尹輝鐸, 『日帝下 滿洲國硏究』 서울: 一潮閣, 1996.

윤휘탁, 『일제하만주국연구』, 서울: 일조각, 1996.

이계황 옮김(後藤靖 엮음), 『일본자본주의 발달사』, 서울: 청아출판사, 1985.

임영택, 『일제 식민지시대 한국사회와 운동』, 서울: 사계절, 1985.

임종국(반민족문제연구소), 『실록 친일파』, 서울: 돌베개, 1991.

임종국, 『일제침략과 친일파』, 서울: 청사, 1982.

林種國, 『親日文學論』 서울: 민족문제연구소, 2005.

진재교 외, 『근대전환기 동아시아속의 한국』, 서울: 성균관대학교출판부,
　　　2004.

차기벽, 『일제의 한국 식민통치』, 서울: 정음사, 1985.

村松道彌, 「戰時下滿洲國の音樂活動」 『音樂之友』(東京: 音樂之友社, 1942),
        第2卷, 第2號.
황문평, 『한국 대중연예사』, 서울: 부루칸모로, 1989.

**필자소개** (집필순)

강 대 민　　　경성대학교 사학과 교수
황 묘 희　　　한국체육대학교 강사
김 인 호　　　한양사이버대학교 교양학부 한국사전공 부교수
김 용 희　　　(前) 경성대학교 연구교수
미쓰이 다카시(三ツ井 崇)
　　　　　　　同志社大學 言語文化敎育硏究센터 전임강사
나 승 회　　　부산대학교 강사
崔 峰 龍　　　중국 대련대학 교수
김 명 구　　　(前) 경성대학교 연구교수
민 경 준　　　(前) 경성대학교 연구교수
정 혁 진　　　명륜중학교(안성) 교장
정 영 진　　　경성대학교 연구교수

## 침략전쟁기 친일 조선인의 해외활동 Ⅱ　　값 25,000원

2013년 4월 20일　　발행

저　　　자 : 강대민, 황묘희, 김인호, 김용희, 미쓰이 다카시,
　　　　　　　나승회, 崔峰龍, 김명구, 민경준, 정혁진, 정영진
발 행 인 : 한 정 희
발 행 처 : 경인문화사
편　　　집 : 신학태 김지선 문영주 송인선 조연경 강하은
　　　　　　서울특별시 마포구 마포동 324-3
　　　　　　전화 : 718-4831~2, 팩스 : 703-9711
　　　　　　이메일 : kyunginp@chol.com
　　　　　　홈페이지 : http://www.kyunginp.co.kr
　　　　　　　　　　 : 한국학서적.kr
등록번호 : 제10-18호(1973. 11. 8)

ISBN : 978-89-499-0512-9 94910